DER WIRTSCHAFTSFACHWIRT
LEHRBUCH 1

Lehrbuch 1

Dipl.-Ökonomin Elke-H. Schmidt M. A.

Der Wirtschaftsfachwirt

Lehrbuch zur Weiterbildung
Wirtschaftsfachwirtin
Wirtschaftsfachwirt

Volks- und Betriebswirtschaft
Rechnungswesen

ISBN 978-3-88264-**489**-0

© 2009
FELDHAUS VERLAG GmbH & Co. KG
Postfach 73 02 40
22122 Hamburg
Telefon +49 40 679430-0
Fax +49 40 67943030
post@feldhaus-verlag.de
www.feldhaus-verlag.de

Satz und Gestaltung: FELDHAUS VERLAG, Hamburg
Umschlaggestaltung: Reinhardt Kommunikation, Hamburg
Druck und Verarbeitung: WERTDRUCK, Hamburg

Bibliografische Information der Deutschen Nationalbibliothek
Die Deutsche Nationalbibliothek verzeichnet diese Publikation in der
Deutschen Nationalbibliographie; detaillierte bibliografische Daten
sind im Internet über http://dnb.d-nb.de abrufbar.

Vorwort

Im Handel gelernt, aber in der Industrie beschäftigt? In der Industrie gelernt, aber seit Jahren bei einem Dienstleistungsunternehmen in Lohn und Brot? In der Verwaltung ausgebildet, jetzt aber Allroundkraft in einem privaten Betrieb? Oder keinen kaufmännischen Beruf gelernt, aber jahrelang ausgeübt? Für die vielen Menschen mit solchen – heute üblichen – »Patchwork«-Berufsbiografien, denen die bisherigen branchen- oder fachbezogenen Fachwirte- und Fachkaufleuteabschlüsse verschlossen waren, ist der neue IHK-Weiterbildungsabschluss »Geprüfter Wirtschaftsfachwirt/Geprüfte Wirtschaftsfachwirtin« wie gemacht; denn die Zulassung setzt zwar eine absolvierte Ausbildung und/oder eine je nach Fallkonstellation ein- oder mehrjährige Berufspraxis voraus, bindet diese aber an keinen bestimmten Wirtschaftszweig oder Tätigkeitsbereich.

Entsprechend breit angelegt sind die Inhalte: Volkswirtschaftslehre, allgemeine und spezielle Betriebswirtschaftslehre (mit material-, produktions- und absatzwirtschaftlichen Inhalten), Unternehmensführung, Organisation, Controlling, externes und internes Rechnungswesen, Wirtschafts- und Steuerrecht, Finanzierung und Investitionsrechnung, Personalwirtschaft. Der so als »Allrounder« auf hohem Niveau weitergebildete Wirtschaftsfachwirt ist qualifiziert, verantwortliche Positionen im mittleren Management auszufüllen, ohne auf eine bestimmte Branche festgelegt zu sein. Das macht diesen Abschluss auch für diejenigen interessant, die von ihrem beruflichen Werdegang her »eigentlich« Industriefachwirt oder Handelsfachwirt werden könnten, sich aber die Option für den Einsatz in anderen Betriebsarten offen halten wollen: Denn wer weiß heute schon, wohin es ihn beruflich im Laufe seines Arbeitslebens verschlägt?

Vor etwa 5 Jahren wurden die ersten »Besonderen Rechtsvorschriften« für Wirtschaftsfachwirte (noch ohne den Zusatz »geprüft«) von einzelnen Industrie- und Handelskammern erlassen. Diese waren, ebenso wie die von verschiedenen Kammern herausgegebenen Rahmenlehrpläne, nur für die Prüfungen in den jeweiligen Kammerbezirken maßgeblich. Seit September 2008 ist nun die bundesweit gültige »Verordnung über die Prüfung zum anerkannten Abschluss Geprüfter Wirtschaftsfachwirt/Geprüfte Wirtschaftsfachwirtin« in Kraft, und zugleich wurde hierzu vom DIHK ein einheitlicher Rahmenplan vorgelegt.

Infolge dieser unterschiedlichen Grundlagen beinhaltet die Rechtsverordnung sehr großzügige Übergangsfristen, wonach bei der Anmeldung zur Prüfung bis 31. Dezember 2009 die Anwendung der bisherigen Vorschriften beantragt werden kann und begonnene Prüfungsverfahren bis zum 31. Dezember 2011 nach den bisherigen Vorschriften zu Ende geführt werden dürfen. Es ist davon auszugehen, dass die Weiterbildungspraxis diesen Rahmen ausschöpfen wird. Gleichzeitig werden alle nach dem 1. September 2008 beginnenden Lehrgänge nach der neuen Rechtsverordnung abgewickelt, wenn kein Antrag auf Anwendung der bisherigen Vorschriften gestellt wird. Es wird also bis Ende 2011 ein Nebeneinander beider Abschlüsse geben.

Unser Lehrwerk berücksichtigt diese Lage, indem es

– der Gliederung der neuen Rechtsverordnung folgt und die Inhalte des neuen Rahmenplans vollständig abarbeitet,

– in der Feingliederung, wo immer möglich, zugleich die für die nach dem bisherigen Rechtsstand maßgeblichen, wesentlich detailreicheren Rahmenpläne abbildet, woraus insbesondere im Fach »Rechnungswesen« eine sehr weitreichende Darstellung resultiert, die aber den kaufmännisch nicht vorgebildeten Teilnehmern sehr entgegenkommen dürfte.

Damit ist das Lehrwerk in jedem Fall – unabhängig von der angewendeten Prüfungsgrundlage – zur Begleitung der Lehrgänge und Vorbereitung auf die Prüfung geeignet.

Bei dieser Vorgehensweise war es notwendig, einige derjenigen Inhalte, die nach dem neuen Rahmenplan erst im Rahmen der »handlungsspezifischen Qualifikationen« vorgesehen sind, bereits in den ersten beiden, den wirtschaftsbezogenen Qualifikationen gewidmeten Bänden des Lehrwerks, zu behandeln.

Dies bezieht sich besonders auf Kapitel 2 »Rechnungswesen« in Lehrbuch 1 und Kapitel 4 »Unternehmensführung« in Lehrbuch 2: Dort werden Inhalte des Kapitels 5 »Betriebliches Management« und die Darstellung des betrieblichen Rechnungswesens aus Kapitel 6 vorweggenommen. Zugleich enthält Kapitel 4 Ausführungen zur Personalwirtschaft, die die alten Rechtsvorschriften nicht vorsahen. Der Darstellung der Inhalte im Sinnzusammenhang ist dies aber nur förderlich. Lehrbuch 3, das im Frühjahr 2009 erscheinen soll, wird dementsprechend zu diesen Inhalten vor allem veranschaulichende Beispiele enthalten.

Zwei Hinweise in eigener Sache:

– Querverweise auf andere Fundstellen eines im Text verwendeten Stichworts sind ($\rightarrow$) gekennzeichnet. Ein solcher Hinweis kann sich auch auf einen anderen Band des Lehrwerks beziehen. Bitte nutzen Sie die – absichtlich – sehr ausführlich gehaltenen Stichwortverzeichnisse am Ende eines jeden Lehrbuchs, um diese Fundstellen verlässlich aufzufinden.

– Im Lehrwerk werden an einigen Stellen historische Texte aus der Wirtschaftslehre zitiert, etwa – in Lehrbuch 1 – das Beispiel zur Arbeitsteilung von Adam SMITH und das Beispiel zur Preisbildung im Monopol von Auguste COURNOT. In diesen Fällen wurde die teils altertümliche Schreibweise der ursprünglichen Übersetzungen übernommen, auch wenn uns diese heute als »falsch« erscheint. Falls Sie jedoch Fehler oder Ungenauigkeiten anderer Art entdecken, sind diese ganz sicher nicht beabsichtigt. Der Verlag und die Verfasserin freuen sich über jeden Hinweis.*

Wir wünschen Ihnen viel Freude beim Lernen und viel Erfolg bei der Verwirklichung Ihrer beruflichen Ziele!

---

* per E-Mail an: mail@elkeschmidt.de

Inhaltsverzeichnis LEHRBUCH 1

Wirtschaftsbezogene Qualifikationen

Inhaltsübersicht LEHRBUCH 2

Wirtschaftsbezogene Qualifikationen

3 Recht und Steuern
Rechtliche Zusammenhänge · Steuern

4 Unternehmensführung
Betriebsorganisation · Personalführung · Personalentwicklung · Betriebliches Personalwesen

Arbeitsmethodik

Inhaltsübersicht LEHRBUCH 3

Handlungsbezogene Qualifikationen

5 Betriebliches Management
Betriebliche Planungsprozesse · Organisations- und Personalentwicklung · Informationstechnologie und Wissensmanagement · Managementtechniken · Elektronische Datenverarbeitung, Informations- und Kommunikationstechniken

6 Investition, Finanzierung, betriebliches Rechnungswesen und Controlling
Investitionsplanung und -rechnung · Finanzplanung und Ermittlung des Finanzbedarfs · Finanzierungsarten · Kosten- und Leistungsrechnung · Controlling

7 Logistik
Einkauf und Beschaffung · Materialwirtschaft und Lagerhaltung · Die Wertschöpfungskette · Aspekte der Rationalisierung · Spezielle Rechtsaspekte · Grundzüge des Qualitätsmanagements

8 Marketing und Vertrieb
Marketingplanung · Marketinginstrumentarium/Marketing Mix · Vertriebsmanagement · Internationale Geschäftsbeziehungen und Geschäftsentwicklung/Interkulturelle Kommunikation · Spezielle Rechtsaspekte

9 Führung und Zusammenarbeit
Zusammenarbeit, Kommunikation und Kooperation · Mitarbeitergespräche · Konfliktmanagement · Mitarbeiterförderung · Ausbildung · Moderation von Projektgruppen · Präsentationstechniken

Wirtschaftsbezogene Qualifikationen

1 Volks- und Betriebswirtschaft

1.1 Volkswirtschaftliche Grundlagen

1.1.1 Grundlagen und Grundbegriffe des Wirtschaftens

Die Begriffe der Volkswirtschaftslehre beherrschen die Nachrichten, z. B. wenn – mit Erkenntnissen klassischer und moderner Wirtschaftstheoretiker kommentiert – die jüngsten Maßnahmen der Europäischen Zentralbank verkündet oder internationale Handelsabkommen zitiert werden. Die meisten der gemeldeten Fakten haben einen – wenn auch nicht immer direkten – Einfluss auf das Leben und die Zukunft der Bürger und der Betriebe. Nur wer versteht, worum es in diesen Nachrichten geht, kann Schlussfolgerungen ziehen, reagieren, sich anpassen und, wenn nötig, wehren.

In diesem und den folgenden Abschnitten soll daher ein Grundverständnis für die wesentlichen Tatbestände des Wirtschaftens vermittelt werden. Bei vielen Begriffen mag sich der Leser fragen, ob ihre Kenntnis wirklich erforderlich ist. Muss man im Einzelnen wissen, welche genau die Leitzinsen sind, von denen so häufig die Rede ist? Wie das Bruttoinlandsprodukt berechnet wird? Was sekundäre Geldschöpfung bedeutet? Wer daran Zweifel hat, wird sich beim Lesen des Wirtschaftsteils der Tageszeitung vielleicht belohnt finden – wenn sich nämlich das bisher Unverständliche plötzlich entwirrt und nachvollziehbar wird.

WICHTIG: Wer sich einer Prüfung in Volkswirtschaftslehre unterziehen muss, muss rechtzeitig beginnen, die Wirtschaftsnachrichten zu verfolgen, da das aktuelle Geschehen immer auch prüfungsrelevant ist. Ein Lehrbuch wie das vorliegende kann diesem Aktualitätsanspruch allein nie genügen!

1.1.1.1   Bedürfnisse – Bedarf – Nachfrage

1.1.1.1.1   Bedürfnisse

Menschen haben Bedürfnisse, deren Zahl grundsätzlich gegen Unendlich strebt. »Ein jeder Wunsch, der sich erfüllt, kriegt augenblicklich Junge«, wusste schon Wilhelm BUSCH[1]. Allerdings hängt die Dringlichkeit eines Bedürfnisses von der individuellen Lebenssituation ab: Wer seine existenziellen Bedürfnisse nach Wohnung, Kleidung und Nahrung (die so genannten Existenz- oder Primärbedürfnisse) nicht erfüllt sieht, wird sich nicht mit weiter gehenden Bedürfnissen nach weniger lebenswichtigen Dingen (Sekundärbedürfnisse) befassen. Diesen Zusammenhang zwischen Lebenssituation und Bedürfnissen bildete Abraham MASLOW in seiner berühmt gewordenen **Bedürfnispyramide** ab. Diese basiert auf der Beobachtung, dass immer dann, wenn die Bedürfnisse einer Stufe befriedigt sind, eine neue Gruppe von Bedürfnissen auftaucht, bis an der Spitze der Pyramide der Wunsch nach »Selbstverwirklichung« verbleibt. Was als »lebenswichtig« und was als »Luxus« betrachtet wird, hängt offensichtlich davon ab, welche Stufe das Individuum erreicht hat, und ist insoweit eine rein subjektive Einschätzung.

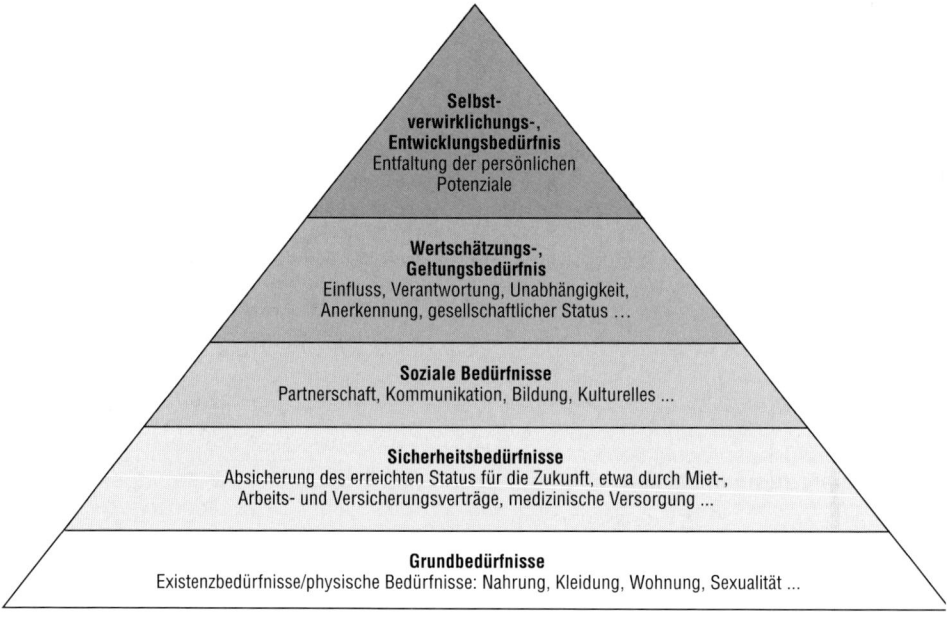

Bedürfnisebenen nach Maslow

Bedürfnisse können sich auf materielle Gegenstände oder auf immaterielle Ziele beziehen; sie können dem Individuum bewusst sein (offene Bedürfnisse) oder unbewusst vorhanden sein (latente Bedürfnisse). Die Ahnung um das Vorhandensein latenter Bedürfnisse macht sich z. B. die Werbung zunutze, die diese zu wecken versucht. Ob es allerdings gelingen kann, nicht – auch nicht unbewusst – vorhandene Bedürfnisse durch Werbung hervorzurufen, ist auch unter Psychologen umstritten.

Nicht nur einzelne Menschen haben ihre Individualbedürfnisse, sondern auch Gruppen und ganze Gesellschaften haben kollektive Bedürfnisse: Etwa nach Steuergerechtigkeit, nach besseren Bahnverbindungen oder nach weniger Gewalt im Fernsehen.

---

[1] Wilhelm BUSCH. »Niemals«

1.1.1.1.2 Bedarf und Nachfrage

Der Begriff des **Bedarfs** wird in der Literatur und auch in den verschiedenen Wissenschaftszweigen unterschiedlich definiert. Die Wirtschaftswissenschaften verstehen unter Bedarf im Allgemeinen den Teil der Bedürfnisse, der in Anpassung an die individuellen Möglichkeiten konkretisiert und in eine Beschaffungshandlung umgesetzt (»mit Kaufkraft ausgestattet«) wird: So wird etwa aus dem Bedürfnis nach Mobilität der Wunsch nach einem eigenen Auto; die Einkommens- und Lebenssituation führt zu der Entscheidung, einen gebrauchten Minivan zu kaufen.

Der Bedarf an einem bestimmten Fahrzeug führt zur **Nachfrage** auf dem entsprechenden Markt.

1.1.1.2 Güterbegriff und Güterarten

Während die Produktionswirtschaft unter Gütern nur erstellte Güter versteht, bezieht die Volkswirtschaftslehre alle Gegenstände, an denen ein Bedarf bestehen kann, in den Güterbegriff ein. Hierzu gehören auch freie, d. h. nicht-knappe und ohne Gegenleistung verfügbare Güter wie Luft, Sonnenlicht und Seewasser.

Unter ökonomischen Gütern werden diejenigen Güter verstanden, die zwar verfügbar, aber – im Verhältnis zu dem Bedarf, der an ihnen besteht – knapp sind. Diese Güter werden unter verschiedenen Gesichtspunkten systematisiert:

– Nach physischen Eigenschaften in

  – **Sachgüter**, die materieller = »stofflicher« Natur sind, und

  – **immaterielle Güter** wie Dienstleistungen und Rechte (z. B. Patente, Lizenzen);

– nach ihrer Konsumreife in

  – **Rohstoffe** als Grundbestandteile von Gütern, die erst noch produziert werden müssen,

  – **Vor- und Zwischenprodukte**, z. B. Baugruppen, die in einem Montagevorgang zu fertigen Gütern zusammengesetzt werden, oder Produkt-Vorstufen,

  – **Fertigerzeugnisse** als konsumreife Güter;

– nach ihrer Verwendungsart bzw. -dauer in

  – **Verbrauchsgüter**, die nach ihrem Verbrauch/»Verzehr« nicht mehr vorhanden sind, und

  – **Gebrauchsgüter**, die dauerhaft genutzt werden.

– Nach ihrem Verwender bzw. Verwendungszweck unterscheidet man

  – **Konsumgüter:** Dieser Begriff wird teilweise für alle Güter verwendet, die in privaten Haushalten zum Einsatz kommen, unabhängig davon, ob sie von ihrer Verwendungsart her Verbrauchs- oder Gebrauchsgüter sind. Es findet sich aber auch die Auffassung von Konsumgütern als gleichbedeutend mit Verbrauchsgütern;

  – **Vorleistungen**, die ein Betrieb von einem anderen Betrieb übernimmt und weiterbearbeitet (z. B. Rohstoffankauf vom Erzeuger und Veredelung im eigenen Betrieb);

  – **Produktivgüter/Investitionsgüter:** Auch diese Begriffe werden uneinheitlich verwendet. Teils werden sie gleichbedeutend verwendet für alle Güter, die in Unternehmen zum Einsatz kommen, unabhängig davon, ob sie im Rahmen der Produktion oder für andere Zwecke verbraucht werden oder aber der Produktion oder anderen betrieblichen Bereichen dauerhaft dienen. Teilweise werden aber auch Produktivgüter als Verbrauchsgüter angesehen und Investitionsgüter als die Gebrauchsgüter des Unternehmenssektors bezeichnet.

Die Herstellung ökonomischer Güter ist Aufgabe der Unternehmen, die aufgrund ihrer Produktionsmöglichkeiten und in Reaktion auf die vorhandene Nachfrage entscheiden, wie viel wovon wann, wie und womit hergestellt wird. Damit entscheiden sie zugleich darüber, für welche Zwecke die verfügbaren → **Produktionsfaktoren**, für die durchaus unterschiedliche Verwendungsmöglichkeiten bestünden, eingesetzt werden.

Eine solche Entscheidung wird als **Allokationsentscheidung** (Allokation = Zuweisung von Finanz- und Sachmitteln) bezeichnet.

1.1.1.3   Wirtschaftliches Handeln und ökonomisches Prinzip

1.1.1.3.1   Knappheit als Grund für wirtschaftliches Handeln

Die Knappheit der ökonomischen Güter zwingt Individuen, Gruppen und ganzen Gesellschaften immer wieder Entscheidungen bezüglich ihres wirtschaftlichen Handelns ab. Einige Beispiele sollen dies verdeutlichen:

Die Vorräte an natürlichen Rohstoffen sind begrenzt und teilweise schon sehr weitgehend ausgebeutet. Zwar gehen die Expertenmeinungen darüber, bis wann die erreichbaren Erdölvorkommen auf der Erde noch ausreichen, erheblich auseinander (seriöse Schätzungen erwarten diesen Zeitpunkt zwischen ca. 2045 und 2100); klar ist aber, dass die Vorräte nicht unerschöpflich sind. Für Erdöl gibt es eine Vielzahl von Verwendungsmöglichkeiten: Es kann raffiniert und als Treibstoff für maschinelle Anlagen und Fahrzeuge oder zur Wärmeerzeugung verbraucht werden; es dient als Grundstoff zur Kunststoffherstellung ebenso wie zur Erzeugung von Arzneimitteln, Düngemitteln, Baustoffen, Textilien und vielem mehr. Welchen Verwendungszwecken es letztlich zugeführt wird, ist eine → Allokationsentscheidung, die die Erdöl verarbeitenden Unternehmen aufgrund der Absatzmöglichkeiten treffen.

Die Produktionskapazitäten der Unternehmen sind nicht nur durch knappe Rohstoffe, sondern ebenso durch die vorhandenen Anlagen und die eingeschränkt verfügbare Arbeitskraft begrenzt. Stehen mehrere Produktionsmöglichkeiten zur Auswahl, muss das Unternehmen entscheiden, für welche Zwecke die knappen Ressourcen eingesetzt werden sollen.

Den privaten Haushalten stehen nur begrenzte Geldmittel für Konsumausgaben zur Verfügung. Die Bedürfnisse der Haushaltsmitglieder können mit diesen Mitteln nur teilweise befriedigt werden, weil die Preise der gewünschten Güter insgesamt das verfügbare Einkommen übersteigen. Die vordringlichen Bedürfnisse werden rasch in Bedarfe gekleidet und als Nachfrage am Markt vorgebracht; andere können erst nach einer Zeit des Ansparens erfüllt, wieder andere müssen ganz und gar verworfen werden. Entscheidungen hierüber gehören zum Alltag der meisten Menschen.

Gäbe es diese Knappheit nicht, wäre ein wirtschaftliches Handeln, ein »Wirtschaften«, nicht erforderlich. Knappheit ist verantwortlich für die Herausbildung von Preisen und damit letztlich von Zahlungsmitteln ebenso wie für die historische Entstehung der Arbeitsteilung.

1.1.1.3.2   Das Ökonomische Prinzip als Maximal- und Minimalprinzip

Im wirklichen Leben handeln Menschen keineswegs immer so vernünftig, dass ihre wirtschaftlichen Entscheidungen zur optimalen Ausschöpfung ihrer wirtschaftlichen Möglichkeiten führen. Gewohnheiten, Vorlieben, Bequemlichkeiten und spontane Regungen führen häufig zu Handlungen – etwa Spontankäufen oder Gewohnheitskäufen –, die einer Beurteilung nach Wirtschaftlichkeitsgesichtspunkten nicht standhalten. Die volkswirtschaftliche Theorie unterstellt jedoch häufig den rein rational agierenden Menschen, den so genannten »homo oeconomicus«, dessen wirtschaftliches Handeln bestimmten Regeln folgt.

Danach trachten rational handelnde Wirtschaftssubjekte danach,

– entweder mit einem bestimmten Einsatz (»Input«) einen möglichst großen Erfolg (»Output«) zu erzielen (ökonomisches **Maximalprinzip**),

– oder einen bestimmten angestrebten Erfolg (»Output«) mit dem geringst möglichen Einsatz (»Input«) herbeizuführen (ökonomisches **Minimalprinzip**).

Beispiele:

Frau Meier möchte auf dem Markt 3 € für Weintrauben ausgeben. Sie kauft bei demjenigen Händler, der ihr für diesen eingesetzten Betrag die größte Menge an Weintrauben überlässt. Damit handelt sie nach dem Maximalprinzip.

Frau Müller möchte auf dem Markt ein Kilo Weintrauben kaufen. Sie kauft bei demjenigen Händler, der ihr diese Menge für den geringsten Preis überlässt. Damit handelt sie nach dem Minimalprinzip.

Letztlich kaufen Frau Meier und Frau Müller aus obigem Beispiel höchst wahrscheinlich bei demselben Händler:

Daraus wird deutlich, dass Maximal- und Minimalprinzip letztlich Ausprägungen ein- und desselben Grundsatzes sind, der als **Ökonomisches Prinzip** bezeichnet wird.

1.1.1.4   Der Wirtschaftskreislauf

1.1.1.4.1   Wirtschaftssubjekte und Wirtschaftssektoren

Wirtschaftliches Handeln geht von Menschen aus. Jeder einzelne Mensch, der am Wirtschaftsleben teilnimmt, indem er Entscheidungen trifft, aber auch jede Gruppe von Menschen, die gemeinsam in Wirtschaftsdingen agiert, ist eine Wirtschaftseinheit oder ein **Wirtschaftssubjekt**.

Die elementaren Wirtschaftssubjekte sind Haushalte und Unternehmen.

Unter den **Haushalten** werden alle Wirtschaftseinheiten verstanden, die nicht ursächlich aus ökonomischen Gründen entstanden sind und nicht ausschließlich ökonomische Ziele verfolgen. Zu ihnen gehören die privaten Familienhaushalte, private Organisationen ohne Erwerbscharakter (z. B. Vereine, Parteien, Kirchen) und die öffentliche Hand mit den Gebietskörperschaften – Bund, Länder, Kreise und Gemeinden –, den Sozialversicherungsträgern und den zahlreichen sonstigen öffentlichen Einrichtungen.

In einer differenzierteren Betrachtung erhält der öffentliche Bereich den Status eines eigenen Wirtschaftssubjekts, nämlich des **Staates**.

Unternehmen (häufig auch als Unternehmungen oder Betriebe bezeichnet) verfolgen dagegen das ökonomische Ziel, mit der Erzeugung von Leistungen Gewinne zu erwirtschaften. Zu ihnen gehören Industrie-, Handels-, Handwerks-, Dienstleistungs- und handwerkliche Betriebe. Innerhalb dieser Gruppe nehmen die Banken eine Sonderstellung ein und werden, wie später noch gezeigt werden wird, daher häufig separat betrachtet.

Die Industrie- und Gewerbebetriebe werden meist nach ihrer Stellung im volkswirtschaftlichen Erzeugungs- und Verarbeitungsprozess in **Wirtschaftssektoren** eingeteilt. Eine häufige Einteilung unterscheidet

– die Urproduktion (Primärsektor), der vor allem Land- und Forstwirtschaft, Fischerei und Bergbau zugeordnet werden,

– das verarbeitende Gewerbe (Sekundärsektor) mit Industrie, Handwerk und Energiewirtschaft,

– den Dienstleistungsbereich (Tertiärsektor), dem unter anderem die Bereiche Handel, Verkehr, Kreditinstitute und Versicherungen, Tourismuswirtschaft und Wohnungsvermietung sowie die sonstigen dienstleistenden Unternehmen und Freiberufler angehören; auch die Privathaushalte und die öffentlichen Haushalte werden diesem Sektor zugerechnet.

Andere Einteilungen sehen separate Sektoren z. B. für beratende Berufe, für technologieorientierte Leistungen oder den Entsorgungsbereich vor.

Der Begriff des **Wirtschaftszweigs** (auch: **Branche**) fasst Unternehmen mit ähnlichen Produkten oder Dienstleistungen zusammen.

1.1.1.4.2 Der einfache Wirtschaftskreislauf

Wirtschaft vollzieht sich als Kreislauf von Güterströmen und – seit Aufgabe der reinen Tauschwirtschaft zugunsten der Geldwirtschaft – Geldströmen, die zwischen den verschiedenen Wirtschaftssubjekten in einem Austausch von Leistung und Gegenleistung hin- und herfließen. Wegen der hohen Komplexität der Wirtschaftsrealität, in der zahllose Wirtschaftssubjekte in komplizierten Beziehungen zueinander stehen, werden in der Volkswirtschaftslehre vereinfachte Modelle gebildet, an denen die Zusammenhänge zwischen den Arten von Wirtschaftssubjekten dargestellt und erklärt werden.

Das einfachste dieser Modelle ist der einfache Wirtschaftskreislauf. Er stellt lediglich die Beziehungen zwischen den privaten Haushalten (Konsumenten) und den Unternehmen (Produzenten) dar.

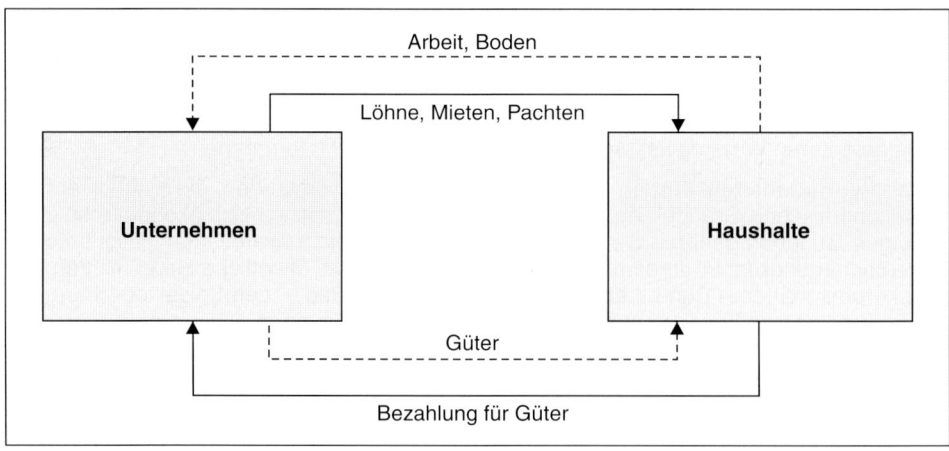

Einfacher Wirtschaftskreislauf in einer geschlossenen Volkswirtschaft

In diesem einfachen Modell werden alle → **Produktionsfaktoren** von den privaten Haushalten zur Verfügung gestellt. Diese erhalten im Gegenzug die so genannten **Faktoreinkommen**: Arbeitseinsatz wird mit Löhnen (einschließlich Gehältern, Honoraren, sonstigen

Vergütungen) und die Überlassung von Grund und Boden mit Mieten und Pachten vergütet. Die empfangenen Geldmittel werden von den Haushalten dazu eingesetzt, die in den Unternehmen produzierten Konsumgüter zu erwerben. Auf diese Weise entsteht ein geschlossenes (von äußeren Einflüssen freies) System mit jeweils einem Geld- und einem Güterkreislauf.

Das beständige gegenseitige »Geben und Nehmen« hält sowohl die Haushalte als auch die Unternehmen am Leben.

1.1.1.4.3   Der erweiterte Wirtschaftskreislauf

Im einfachen Wirtschaftskreislauf wird unterstellt, dass die Haushalte alles Geld, das sie als Faktoreinkommen für die Zurverfügungstellung von Arbeit und Boden erhalten, restlos für den Konsum verwenden. Ebenso wird unterstellt, dass die Unternehmen alles aus dem Güterverkauf eingenommene Geld als Faktoreinkommen wieder auszahlen. Tatsächlich aber werden die Haushalte einen Teil ihrer Geldeinnahmen zurücklegen wollen, um zu späteren Zeitpunkten größere Anschaffungen tätigen zu können, und die Unternehmen, die Güter nicht nur an die privaten Haushalte verkaufen, sondern auch untereinander vertreiben, wollen Rücklagen für spätere Investitionen bilden.

Im einfachen Wirtschaftskreislauf kann dieses Geld nur »im Sparstrumpf« aufbewahrt werden. Diese Form der Geldzurückhaltung wird als Horten bezeichnet. Sie ist deswegen nicht wünschenswert, weil dem Wirtschaftskreislauf dadurch Geldmittel entzogen werden.

Die Erweiterung des Wirtschaftskreislaufs sieht nun vor, dass es Kapitalsammelstellen gibt, die die nicht für den Konsum verwendeten Mittel sammeln, verzinsen und denjenigen Haushalten und Unternehmen gegen Zinsen zur Verfügung stellen, die damit größere Anschaffungen bzw. Investitionen realisieren wollen.

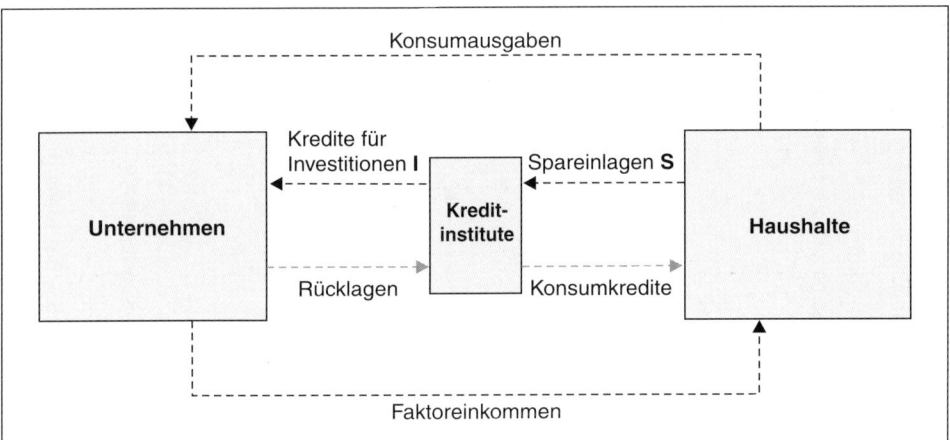

Erweiterter Wirtschaftskreislauf (nur Geldstrom) in einer geschlossenen Volkswirtschaft

Wird die Kapitalsammelstelle nur in Richtung von den Privathaushalten zu den Unternehmen genutzt, so muss im geschlossenen Kreislauf, in dem keine Gelder gehortet werden, die Höhe der Spareinlagen der Höhe der für Investitionen genutzten Gelder entsprechen:

$$I = S$$

Diese Übereinstimmung lässt sich auch durch Folgendes belegen:

Der Wert aller geschaffenen Güter (C = Konsumgüter, I = Investitionsgüter), der in Form von Faktoreinkommen an die Haushalte ausgezahlt wird, sei Y (hergeleitet aus dem altenglischen Yield = Einkommen). Dann gilt aus Sicht der Unternehmen

$$Y = C + I$$

und aus Sicht der Haushalte, die ihr Einkommen teilweise zum Erwerb von Konsumgütern einsetzen und teilweise sparen

$$Y = C + S$$

Durch Gleichsetzung ergibt sich

$$C + I = C + S$$

und nach Elimination von C verbleibt

$$I = S$$

1.1.1.4.4 Vollständiger Wirtschaftskreislauf

Der vollständige geschlossene Wirtschaftskreislauf bezieht die Rolle des Staates als Umverteilungsstation mit ein: Er empfängt Steuern von Haushalten und Unternehmen und leistet Zahlungen an diese, die teilweise Löhne für empfangene Arbeit bzw. Bezahlung für empfangene Güter und Dienstleistungen darstellen und teilweise als Transfereinkommen ohne direkte Gegenleistungen (z. B. Subventionen an Unternehmen, Sozialleistungen an Privatpersonen) ausgezahlt werden. Auch die Kapitalsammelstellen werden vom Staat in Anspruch genommen, der sie je nach finanzieller Situation und politischer Absicht als Sparkasse oder als Kreditgeber nutzt.

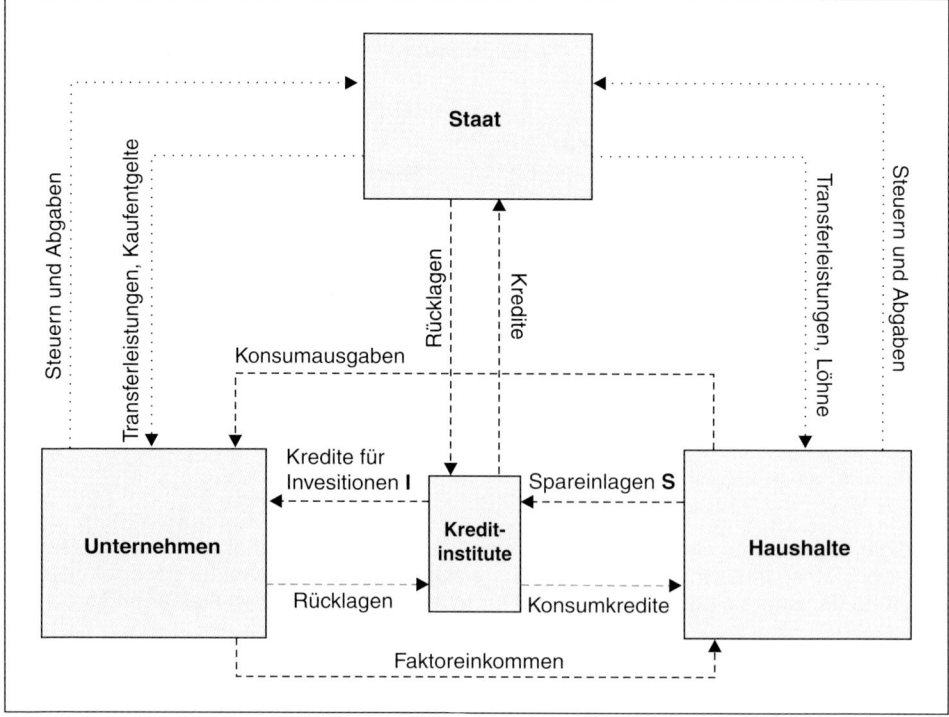

Vollständiger Wirtschaftskreislauf (nur Geldstrom) in einer geschlossenen Volkswirtschaft

1.1.1.4.5 Der Wirtschaftskreislauf der offenen Volkswirtschaft

Eine offene Volkswirtschaft unterhält Beziehungen zu mindestens einer anderen Volkswirtschaft. Diese Beziehungen können vielerlei Gestalt sein:

– Inländische Unternehmen beliefern Unternehmen im Ausland und/oder nehmen deren Leistungen in Anspruch,

– Arbeitnehmerleistungen werden grenzüberschreitend erbracht und vergolten,

– Investoren und Geldanleger transferieren Geldmittel in die jeweils andere Volkswirtschaft,

– es findet ein Austausch von Transferleistungen (Leistungen ohne direkte Gegenleistung, z. B. EU-Beiträge, Entwicklungshilfe) statt.

Während in einem geschlossenen Kreislauf die Summe der Werte aller einem Sektor zufließenden Ströme der Summe der Werte aller von ihm abfließenden Ströme entspricht, gilt dies für den offenen Kreislauf nicht zwangsläufig.

Die Erfassung der realen Wertströme erfolgt durch die mit der amtlichen Statistik betrauten Behörden im Rahmen der so genannten → **Volkswirtschaftlichen Gesamtrechnung**.

1.1.1.4.6 Expandierender und kontrahierender Wirtschaftskreislauf

Die in einem Wirtschaftskreislauf umlaufenden Werte bleiben, ebenso wie die Umlaufgeschwindigkeit, nicht konstant, sondern schwanken – teilweise erheblich – im Zeitverlauf. Diese expansiv (ausweitend) oder kontraktiv (verringernd) wirkenden Schwankungen werden in den Abschnitten über die → Konjunktur und über den → Geldwert ausführlich behandelt.

1.1.1.5 Einzel- und gesamtwirtschaftliche Zielsetzungen

Das Handeln eines Wirtschaftssubjekts hängt davon ab, welches wirtschaftliche Ziel verfolgt wird. Allgemein werden die folgenden einzel- und gesamtwirtschaftlichen Zielsetzungen unterschieden:

– Das **erwerbswirtschaftliche Prinzip**: Danach handelnde Unternehmen streben danach, ihren Gewinn, also die Differenz aus Umsatzerlösen und Kosten, zu maximieren. Analog dazu streben Konsumenten (private Haushalte) danach, durch ihre Konsumhandlungen den größtmöglichen Nutzen zu erzielen. Zur Nutzenmaximierung und Gewinnmaximierung folgen nähere Ausführungen.

– Das **genossenschaftliche Prinzip**: Nicht der Gewinn der Genossenschaft, sondern die Förderung der (meist erwerbswirtschaftlich ausgerichteten) Ziele der Mitglieder wird angestrebt.

– Das **gemeinwirtschaftliche Prinzip**: Im Vordergrund aller Bestrebungen steht die Deckung eines bestimmten Bedarfs. Das dabei verfolgte wirtschaftliche Ziel ist die Kostendeckung.

1.1.1.5.1 Nutzenmaximierung: Die Gossen'schen Gesetze

1854 entwickelte Hermann Heinrich GOSSEN in seiner Schrift » Entwickelung der Gesetze des menschlichen Verkehrs und der daraus fließenden Regeln für menschliches Handeln« grundlegende Theorien, die heute als »Gossen´sche Gesetze« bekannt sind.

Das erste Gossen'sche Gesetz ist das **Gesetz vom abnehmenden Grenznutzen (Sättigungsgesetz)**. Grenznutzen ist der Nutzen, den die letzte einer Menge zugefügte Mengeneinheit dem Gesamtnutzen hinzufügt. Dieses Gesetz besagt, dass der Nutzen der ersten Einheit eines Gutes größer ist als der Nutzen der zweiten, usw. ... Mit zunehmender Menge wächst zwar der Gesamtnutzen noch an, der Nutzenzuwachs sinkt jedoch. Irgendwann tritt eine Sättigung ein, ab der auch der Gesamtnutzen nicht mehr wächst oder sogar wieder abnimmt.

Beispiel:

Ein durstiger Mensch schätzt den Nutzen eines Glases Wasser sehr hoch ein. Das zweite Glas weiß er gleichfalls zu schätzen, allerdings schon weniger als das erste. Nach dem dritten Glas ist der Durst vollständig verschwunden und das Wohlbefinden wieder hergestellt. Würde er nun gezwungen, noch ein viertes Glas zu leeren, würde das erreichte Wohlbefinden bereits einem unangenehmen Völlegefühl weichen.

Das zweite Gossen'sche Gesetz ist das **Grenznutzenausgleichsgesetz**. Es besagt, dass der höchste Gesamtnutzen dann erreicht ist, wenn die Grenznutzen der jeweils letzten zur Bedürfnisbefriedigung herangezogenen Teilmenge der verschiedenen Güter gleich hoch sind, sich also ein einheitliches Grenznutzenniveau eingestellt hat.

Beispiel:

Ein Angehöriger eines freien Berufes steht vor der Entscheidung, wie viele Aufträge er annehmen soll. Mehr Aufträge bedeuten mehr Arbeits- und weniger Freizeit, aber auch einen höheren Verdienst. Zunächst wird er, um überhaupt Geld zu verdienen, gern Freizeit gegen Arbeitszeit eintauschen. Ab einem gewissen Arbeitspensum wird ihm mehr Geld aber weniger wert sein als Freizeit. Daher wird er sich bemühen, sein Arbeitspensum und seine freie Zeit in ein Gleichgewicht zu bringen, das dann gegeben ist, wenn der (subjektive) Nutzen der letzten hinzugefügten Arbeitsstunde dem (subjektiven) Nutzen derjenigen Stunde seiner Freizeit entspricht, die er opfern müsste, wenn er noch einen Auftrag annähme.

1.1.1.5.2   Gewinnmaximierung

In welcher Situation ist der Gewinn maximal? So lange durch den Verkauf einer zusätzlichen Einheit des angebotenen Gutes bzw. der angebotenen Leistung ein Erlös erzielt werden kann, der die hierdurch verursachten Kosten übersteigt, kann der Gewinn noch gesteigert werden. Die gewinnmaximale Situation ist daher offensichtlich dann erreicht, wenn der Grenzerlös (= der durch die letzte hinzugefügte Einheit erzielte Erlös) den Grenzkosten (= den durch diese letzte hinzugefügte Einheit verursachten Kosten) entspricht. In dieser Situation entspricht der Grenzgewinn (= der mit der letzten hinzugefügten Einheit erzielte Gewinn) genau dem Wert Null.

1.1.1.5.3   Gesamtwirtschaftliche Zielsetzungen

Die gesamtwirtschaftlichen Zielsetzungen entsprechen den Zielsetzungen der Wirtschaftspolitik, die für die Bundesrepublik Deutschland im »Gesetz zur Förderung der Stabilität und des Wachstums der Wirtschaft« (Stabilitäts- und Wachstumsgesetz – STWG – von 1967) festgelegt sind und wegen der zwischen ihnen teilweise bestehenden Zielkonflikte häufig als → »Magisches Viereck« bezeichnet und dargestellt werden.

1.1.2 Produktionsfaktoren

Was braucht man, um etwas herzustellen? Seit Jahrhunderten lautet die Antwort der Nationalökonomen auf diese Frage »Arbeit, Boden, Kapital«. Und was ist mit Gebäuden, Maschinen, Werkzeug? Was mit Know-how, Verantwortung, Führung? Selbstverständlich sind auch diese Faktoren Produktionsfaktoren. Während sie die Volkswirtschaftslehre aber den klassischen Elementarfaktoren zuordnet, kennt die Betriebswirtschaftslehre eine etwas andere Einteilung: Sie unterscheidet »Menschliche Arbeitsleistung, Betriebsmittel, Werkstoffe« und kennt auch den dispositiven Faktor »Führung«.

1.1.2.1 Der Produktionsprozess

Als Produktionsprozess wird jeder Transformationsprozess bezeichnet, der unter Einbringung verschiedener Faktoren (menschlicher Arbeit, Material, Maschinen und Werkzeuge) Erzeugnisse hervorbringt. Sowohl die Volks- als auch die Betriebswirtschaftslehre untersuchen den Produktionsprozess als denjenigen Prozess, in dem sich die Leistungserstellung im engeren Sinne vollzieht. Während sich aber die Betriebswirtschaft für den speziellen Produktionsprozess in einem Betrieb interessiert und genau untersucht, welche Rohstoffe und Vorprodukte durch bestimmte Arbeitsvorgänge und unter Zuhilfenahme bestimmter Betriebsmittel am kostengünstigsten zu einem bestimmten Produkt verarbeitet werden können, fragt die Volkswirtschaftslehre ganz allgemein nach den Produktionsfaktoren, die in eine produzierende Wirtschaft eingebracht werden müssen.

1.1.2.2 Überblick über die Produktionsfaktoren

Produktionsfaktoren sind diejenigen Güter, die im Produktionsprozess eingesetzt werden. Die Volkswirtschaftslehre unterscheidet folgende **Elementarfaktoren**:

Arbeit: Hierunter wird die menschliche Arbeitsleistung verstanden.

Boden: Der Begriff des Bodens muss erweitert im Sinne von »Natur« verstanden werden.

Kapital: Kapital entsteht, wenn Güter, die die Natur bereitstellt, durch menschliche Arbeit umgeformt werden (»produzierte Produktionsmittel«).

Diese »klassischen« Faktoren werden häufig um den Faktor »**technischer Fortschritt**« ergänzt.

Die **Betriebswirtschaftslehre** trifft eine ähnliche, jedoch an die Sachverhalte der betrieblichen Produktion angepasste Unterscheidung (→ Betriebswirtschaftliche Produktionsfaktoren).

1.1.2.3 Der Produktionsfaktor Boden

Der Faktor Boden umfasst nicht nur den Nutzen des Bodens als

– **Abbauboden** (mitsamt seinen Bodenschätzen),

- **Anbauboden** (mitsamt den darauf wachsenden Pflanzen und Früchten) und

- **Standortboden** (als Fläche, auf dem der Betrieb seiner Aufgabe nachgeht),

sondern wird über den Bodenbegriff hinaus auf die gesamte Natur oder Umwelt erweitert. Damit werden ihm alle **natürlichen Ressourcen** wie Wasser, Luft, Sonnenenergie usw. zugerechnet. Grund für diese Ausweitung ist der Umstand, dass diese natürlichen Ressourcen, die in früheren Zeiten als unbeschränkt verfügbar und kostenlos aufgefasst wurden, mehr und mehr von Verknappung betroffen und in ihrer Nutzung kostenverursachend sind.

1.1.2.4 Der Produktionsfaktor Arbeit

Der Produktionsfaktor Arbeit umfasst alle Arten zielgerichteter menschlicher Bemühungen um die Schaffung von Werten, also sowohl physische als auch geistige Arbeit. Neben der quantitativen Dimension (wie viel Arbeit wird eingesetzt?) weist Arbeit damit auch eine qualitative Dimension auf. Letztere drückt sich darin aus, dass sich Menschen in arbeitsteiligen Wirtschaften spezialisieren und ihre Tätigkeit im Rahmen eines erlernten Berufs ausüben. Arbeit kann entgeltlich oder unentgeltlich, selbstständig oder im Rahmen eines abhängigen Arbeitsverhältnisses erbracht werden. In der Wirtschaftslehre wird unter Arbeit im engeren Sinne allgemein nur die bezahlte, nichtselbstständige Arbeit betrachtet.

1.1.2.4.1 Arbeitskosten und Arbeitsergebnis

Kosten der (entgeltlichen, nichtselbstständigen) Arbeit sind zum einen die direkt an die Arbeitnehmer fließenden Löhne und Gehälter, zum anderen die Lohnnebenkosten, zu denen die Sozialversicherungsbeiträge (Kranken-, Renten-, Arbeitslosen-, Pflegeversicherung) und sonstige betriebliche Sozialleistungen (betriebliche Altersversorgung, Lohnfortzahlung, Kosten betrieblicher sozialer Einrichtungen wie Betriebskindergarten, Kantine usw.) zählen. In arbeitsintensiven Wirtschaftszweigen, z. B. im Dienstleistungsbereich, sind die Arbeitskosten der dominierende Kostenfaktor, während sie in hochtechnisierten und -automatisierten Produktionen eine immer geringere Rolle spielen.

Ergebnis der Arbeit ist ein durch menschliche Arbeitsleistung hervorgebrachtes Produkt. Werden die Menge der in einem bestimmten Zeitabschnitt erzeugten Produkte und der Arbeitseinsatz in dieser Zeit zueinander ins Verhältnis gesetzt, ergibt sich die Arbeitsproduktivität:

$$\textbf{Arbeitsproduktivität} = \frac{\text{Ausbringungsmenge (in der Periode hergestellte Stückzahl)}}{\text{Einsatzmenge (in der Periode erbrachte Arbeitsstunden)}}$$

$$= \frac{\text{Output}}{\text{Input}}$$

Je höher die Arbeitsproduktivität ist, desto weniger Arbeitskosten entfallen auf das einzelne Stück.

Ziel einer marktwirtschaftlichen Produktion ist die Gewinnerzielung. Angestrebt wird daher eine möglichst hohe Wirtschaftlichkeit, die sich im Verhältnis von Ertrag und Aufwand ausdrückt. Zu ihrer Berechnung müssen Output und Input in Geld bewertet werden:

$$\textbf{Wirtschaftlichkeit der Arbeit} = \frac{\text{Ertrag (Umsatzerlöse der Periode)}}{\text{Aufwand (Arbeitskosten der Periode)}}$$

1.1.2.4.2   Arbeitsteilung als Folge des Zwangs zum Wirtschaften

Wo Menschen zusammenleben, findet Arbeitsteilung statt. Im Frühstadium der kulturellen Entwicklung der menschlichen Zivilisationen beschränkte sie sich auf den Familienverband, dessen Mitglieder – häufig in Abhängigkeit von Geschlecht, Alter und Stellung innerhalb der Familie – unterschiedliche Aufgaben erfüllten. Ein Austausch von Gütern mit Einheiten außerhalb der Familie fand nicht statt; jeglicher Bedarf wurde in der Familiengemeinschaft selbst erzeugt und auch selbst verbraucht.

Mit dem Zusammenrücken der Menschen in dörflichen und städtischen Lebensgemeinschaften einerseits und der wachsenden – oft notgeborenen – Mobilität andererseits ging eine weiter reichende Aufgabenverteilung einher, aus der sich letztlich die **Berufe** entwickelten. »Wer was machte«, hing von persönlichen Merkmalen des Ausführenden – Talenten, Fertigkeiten, Kenntnissen, Leistungsfähigkeit –, vor allem aber davon ab, welche Güter oder Dienste in der betreffenden oder einer anderen erreichbaren Lebensgemeinschaft benötigt wurden und somit Tauschwert besaßen. Die vom Einzelnen im Rahmen des erwählten »Berufes« produzierte Menge überstieg den Eigenbedarf; zugleich verzichtete er darauf, andere, ebenfalls benötigte Güter selbst herzustellen.

Aus dem einfachen **Tausch**, bei dem jeder Partner gegen Hergabe seines eigenen Produktes genau das Gut erhielt, das er gerade selbst benötigte, entstanden **Tauschketten**. Folge war die Entwicklung zur Verkehrswirtschaft mit der Entstehung von Geld, Märkten, verschiedenen Formen des Handels, Handelsgebräuchen und gesetzlichen Regelungen.

Ein ebenso simples wie einleuchtendes Beispiel für Arbeitsteilung in der beginnenden Industrialisierung liefert der schottische Nationalökonom Adam SMITH (1723 – 1790) in seinem 1774 erschienenen Hauptwerk »An Inquiry into the Nature and Causes of the Wealth of Nations« (deutscher Titel: »Eine Untersuchung über Natur und Wesen des Volkswohlstandes«):

»Ein Arbeiter, der zur Herstellung von Stecknadeln nicht angelernt wäre, der also mit dem Gebrauch der dazu verwendeten Maschinen nicht vertraut wäre, könnte selbst bei äußerster Anstrengung täglich gerade nur eine, sicherlich jedoch keine zwanzig Nadeln herstellen.

Bei der derzeitigen Herstellungsart dagegen ist nicht nur das Ganze ein selbständiges Gewerbe, sondern es zerfällt wiederum in eine Anzahl Zweigbetriebe, von denen die meisten wieder in sich selbständig sind. Der eine Arbeiter zieht den Draht, ein anderer streckt ihn, ein dritter schneidet ihn ab, ein vierter spitzt ihn zu, ein fünfter schleift ihn am oberen Ende, damit der Kopf angesetzt werden kann. Die Anfertigung des Kopfes macht wiederum zwei oder drei verschiedene Tätigkeiten erforderlich: Das Ansetzen desselben ist eine Arbeit für sich, das Weißglühen der Nadeln ebenso, ja sogar das Einwickeln der Nadeln in Papier bildet eine selbständige Arbeit. Auf diese Weise zerfällt die schwierige Aufgabe, eine Stecknadel herzustellen, in etwa achtzehn verschiedene Teilarbeiten, die in manchen Fabriken alle von verschiedenen Händen ausgeführt werden, während in anderen zuweilen zwei oder drei derselben von einem Arbeiter allein besorgt werden.

Ich habe eine kleine Manufaktur dieser Art gesehen, in der nur zehn Mann beschäftigt waren und folglich einige zwei oder drei verschiedene Arbeiten zu übernehmen hatten. Obgleich sie nun sehr arm und infolgedessen mit den nötigen Maschinen nur ungenügend versehen waren, so konnten sie jedoch, wenn sie sich tüchtig daranhielten, an einem Tag zusammen etwa zwölf Pfund Stecknadeln anfertigen.

Ein Pfund enthält über 4000 Nadeln mittlerer Größe. Diese zehn Arbeiter konnten demnach täglich über 48000 Nadeln herstellen. Da nun auf jeden der zehnte Teil von 48000 Nadeln entfällt, so kann man auch sagen, dass jeder täglich 4800 Nadeln herstellte. Hätten sie dagegen alle einzeln und unabhängig voneinander gearbeitet und wäre niemand besonders angelernt gewesen, so hätte gewiss keiner 20, vielleicht sogar nicht einmal einer eine Nadel täglich anfertigen können, d. h. sicher nicht den 240sten, vielleicht nicht einmal den 4800sten Teil von dem, was sie jetzt infolge einer entsprechenden Teilung und Vereinigung der verschiedenen Arbeitsvorgänge zu leisten im Stande sind.«

Im letzten Satz weist SMITH auf eine Besonderheit der industriellen Arbeitsteilung hin: Sie zerlegt die Fertigungsaufgabe in verschiedene Teilaufgaben, die teils unabhängig voneinander begonnen und ausgeführt werden können (Draht vorbereiten, Kopf herstellen) und teils zeitlich/sachlogisch aufeinander folgen (Draht ziehen, Draht strecken, Draht schneiden...) letztlich aber vereinigt werden müssen (Kopf ansetzen), um ein fertiges Endprodukt zu ergeben.

Sein Beispiel steht für die wesentliche Erkenntnis, dass durch Arbeitsteilung die **Arbeitsproduktivität**, die sich im Verhältnis von Arbeitseinsatz zu Arbeitsergebnis ausdrückt, bedeutend gesteigert werden kann: *»Die Arbeitsteilung dürfte die produktiven Kräfte der Arbeit mehr als alles andere fördern und verbessern«* (SMITH).

Arbeitsteilung ist also ein probates Mittel, der Knappheit zu begegnen.

1.1.2.4.3 Unterbeschäftigung und Arbeitslosigkeit

In der Betriebswirtschaft wird von Unterbeschäftigung gesprochen, wenn vorhandene Produktionskapazitäten nicht vollständig ausgeschöpft werden. Ursächlich für diese Situation ist meist eine zu schwache Nachfrage; mögliche Reaktionen sind Kurzarbeit und, wenn die Situation länger anhält, Entlassungen.

Unterbeschäftigung im volkswirtschaftlichen Sinne liegt vor, wenn weniger als 100 % der beschäftigungswilligen und -fähigen Personen tatsächlich beschäftigt sind und die Zahl der offenen Stellen nicht ausreicht, um alle aktuell nicht beschäftigten Personen mit einer Stelle zu versehen. In dieser Situation werden die Produktionsmöglichkeiten der Volkswirtschaft nur teilweise ausgeschöpft.

Die Volkswirtschaftslehre unterscheidet die folgenden Arten von Arbeitslosigkeit:

– **Sucharbeitslosigkeit (friktionelle Arbeitslosigkeit)** ist die individuell unterschiedlich lange Zeitspanne zwischen Aufgabe eines Arbeitsplatzes und der Aufnahme einer anderen Tätigkeit: Auch bei geplantem Wechsel gelingt der Übergang zwischen zwei Stellen nicht immer nahtlos. Diese Form der Arbeitslosigkeit ist auch in Zeiten relativer Vollbeschäftigung anzutreffen.

– **Saisonal bedingte Arbeitslosigkeit** betrifft Arbeitnehmer in Wirtschaftszweigen, die naturgemäß saisonabhängig produzieren (Landwirtschaft, Bau) bzw. ihre Leistungen saisonabhängig erbringen (Tourismus).

– **Konjunkturelle Arbeitslosigkeit** betrifft viele Menschen gleichzeitig durch den Abbau von Arbeitsplätzen im wirtschaftlichen Abschwung (→ Rezession).

– **Strukturelle Arbeitslosigkeit** liegt vor, wenn in einer Region oder einem bestimmten Wirtschaftszweig weniger Arbeitskräfte mit einer bestimmten Qualifikation benötigt werden, als vorhanden sind. Sie ist meist auf Veränderungen in der Produktionsstruktur eines Wirtschaftszweigs oder einer Region zurückzuführen, die wiederum auf geänderten Markterfordernissen oder technologischen Weiterentwicklungen beruhen. In der Bundesrepublik Deutschland waren in den letzten Jahren und Jahrzehnten der Bergbau und die Stahlindustrie (und damit vor allem das Ruhrgebiet) sowie die produktionstechnisch veralteten Industrien der neuen Bundesländer betroffen. Weil es meist nur langfristig gelingt, die Region bzw. den Wirtschaftszweig auf einträgliche Geschäftsfelder umzustellen und die Qualifikation der Arbeitsuchenden entsprechend anzupassen, ist strukturelle Arbeitslosigkeit meist langfristiger Natur.

1.1.2.5 Der Produktionsfaktor Kapital

1.1.2.5.1 Sach- und Geldkapital

Der Produktionsfaktor Kapital ist aus früheren Transformationen hervorgegangen:

– Durch die Bearbeitung von Materialien, die letztlich der Natur entstammen, entstand in einer früheren Produktionsperiode ein neues Erzeugnis – zum Beispiel ein Werkzeug, eine Maschine, ein Gebäude –, das der heutigen Produktion als **Sachkapital (Realkapital)** zur Verfügung steht.

– Durch den Verkauf von Erzeugnissen aus dem Produktionsprozess der Vorperioden wurden Erlöse erzielt, die teilweise als **Geldkapital** zurückgelegt wurden und heute für **Investitionen** in Sachmittel (Maschinen, Produktionsmaterial usw.) zur Verfügung stehen.

In jedem Falle handelt es sich um einen aus den anderen beiden Faktoren Boden und Arbeit hervorgegangenen Produktionsfaktor, weswegen auch vom **derivativen** (= abgeleiteten) **Faktor** gesprochen wird.

1.1.2.5.2 Kapitalbindung und Investitionen

Je nach Geschäftszweig ist das Kapital in Unternehmen mehr oder weniger stark in Sachmitteln gebunden. Der unter Einsatz dieser Sachmittel erzielte Gewinn stellt gewissermaßen die Verzinsung des Kapitals dar. Bei Investitionen in Sachmittel muss daher eine sorgfältige Abwägung der Rentabilität erfolgen ($\rightarrow$ Investitionsrechnung).

1.1.2.5.3 Sozial- und Humankapital

Sozialkapital oder Soziales Kapital ist ein von Pierre BOURDIEU 1983 geprägter Begriff aus der Soziologie, die darunter die Gesamtheit der Ressourcen des sozialen und gesellschaftlichen Lebens versteht, zu denen der einzelne Mensch im Rahmen seiner individuellen sozialen Beziehungen Zugang hat: Wissen, Anerkennung, Hilfeleistung, Unterstützung, Zugang zu sozialen Strukturen und Netzwerken usw.

Humankapital wird in einer Erweiterung der volkswirtschaftlichen Faktorenlehre oft als zusätzlicher Faktor aufgefasst, der nicht mit dem Faktor Arbeit gleichzusetzen ist, sondern für Wissen (»Know-How«) und gelegentlich auch – ähnlich wie in der betriebswirtschaftlichen Faktorenlehre der »dispositive Faktor« – für Führung steht.

1.1.3 Inlandsprodukt und Nationaleinkommen

»Jetzt wird wieder in die Hände gespuckt: Wir steigern das Bruttosozialprodukt!« 1983 war diese Aussage der Gruppe »Geier Sturzflug« nach volkswirtschaftlicher Terminologie völlig korrekt. Heute müssten sie allerdings statt vom Bruttosozialprodukt vom Bruttonationaleinkommen singen, denn seit 1999 ist das die korrekte Bezeichnung. Wie auch immer: Viele haben mitgesungen, aber längst nicht alle haben verstanden, was genau damit gemeint war. Die Volkswirtschaftliche Gesamtrechnung, der diese Kennzahl entstammt, ist in der Tat eine hoch komplexe Angelegenheit – aber ohne sie könnten wir unser Wirtschaftswachstum nicht beziffern.

> *Ja, wir könnten nicht einmal stichhaltig beweisen, ob und dass wir eines haben, geschweige denn etwas über die Ursachen sagen. Wir brauchen sie also, die VGR – aber zum Glück gibt es eine Institution, die sie für uns aufstellt: Das Statistische Bundesamt!*
>
> *Tipp: Für jeden, der sich mit Volkswirtschaft befasst, ist das Statistische Bundesamt eine ergiebige Informationsquelle. Insbesondere vor Prüfungen sollten Sie die wesentlichen Fakten und Kennzahlen der VGR parat haben:*
>
> *Besuchen Sie daher – gern mehrmals – www.destatis.de!*

1.1.3.1 Das System der Volkswirtschaftlichen Gesamtrechnung

In den vorstehenden Abschnitten wurde bereits auf die Komplexität der wirtschaftlichen Verflechtungen in der realen Volkswirtschaft hingewiesen, die dem Nachvollzug der tatsächlichen Güter- und Zahlungsströme im Wege steht. Eine Erfassung der Geldströme erfolgt im System der Volkswirtschaftlichen Gesamtrechnung (VGR), die vom Statistischen Bundesamt für die Bundesrepublik Deutschland betrieben wird. Dabei werden alle Wertbewegungen in einem Kontensystem erfasst, das dem der doppelten Buchführung im betrieblichen Rechnungswesen ähnelt. Die hieraus gewonnenen Erkenntnisse und Kennzahlen dienen der Analyse und Prognose der wirtschaftlichen Entwicklung und damit als Grundlage für wirtschaftspolitische Entscheidungen.

Vor dem 1.4.1999 wurde in der Bundesrepublik Deutschland ein unabhängiges nationales System der VGR praktiziert. In Anpassung an internationale Regelungen und insbesondere um eine Vergleichbarkeit mit den anderen Mitgliedstaaten der Europäischen Union zu erlangen, wurde danach auf das »Europäische System Volkswirtschaftlicher Gesamtrechnungen (ESVG)« umgestellt.

Einige wesentliche Kennzahlen, die durch die VGR ermittelt werden, sind das Inlandsprodukt und das Nationaleinkommen. Bei ihrer Ermittlung werden drei unterschiedliche Sichtweisen bezogen: die der Einkommensentstehung, der Einkommensverteilung und der Einkommensverwendung.

Diese sollen hier in ihren Grundzügen vorgestellt werden.

1.1.3.2 Die Entstehung des Inlandsprodukts (Einkommensentstehungsrechnung)

Das Inlandsprodukt ist ein anerkannter Maßstab für die wirtschaftliche Leistung, die von einer Volkswirtschaft in einem bestimmten Zeitraum erbracht wurde. Es beziffert die um Gütersteuern und -subventionen bereinigte Höhe der Wertschöpfung in der betreffenden Periode, also den Wert, der sich ergibt, wenn die für die Herstellung aller Güter oder Dienstleistungen eingesetzten Vorleistungen vom Wert der Güter und Dienstleistungen abgezogen werden:

Produktionswert
– Wert der Vorleistungen

= Bruttowertschöpfung

+ Gütersteuern
– Gütersubventionen

= Bruttoinlandsprodukt

Diese Berechnung der Bruttowertschöpfung wird getrennt nach Wirtschaftsbereichen vorgenommen, die grob wie folgt eingeteilt werden (hier mit Werten aus 2006; Quelle: destatis)

Bruttowertschöpfung	**(Mrd. €)**	**(Mrd. €)**
Land- und Forstwirtschaft; Fischerei	17,84	
+ Produzierendes Gewerbe ohne Baugewerbe	531,41	
+ Baugewerbe	83,89	
+ Handel, Gastgewerbe und Verkehr	375,03	
+ Finanzierung, Vermietung und Unternehmensdienstleister	618,05	
+ Öffentliche und private Dienstleister	468,00	
= Gesamte Bruttowertschöpfung	2.094,22	
± Gütersteuern und -subventionen		227,98
= Bruttoinlandsprodukt zu Marktpreisen		2.322,20

Meist wird das Inlandsprodukt einschließlich der Abschreibungen angegeben und dann als **Bruttoinlandsprodukt (BIP)** bezeichnet. Die Angabe erfolgt entweder **nominal** (zu Marktpreisen) oder **real** (preisbereinigt).

Das Bruttoinlandsprodukt wird nach dem **Inlandskonzept** errechnet und beinhaltet nur solche Leistungen, die im Inland erbracht wurden, unabhängig davon, ob dies durch Inländer oder Ausländer erfolgt.

1.1.3.3   Die Verteilung des Inlandsprodukts

1.1.3.3.1   Der Begriff des »Nationaleinkommens«

In der Verteilungsrechnung spielen verschiedene Einkommensbegriffe einer Rolle. Der wichtigste ist der des **Bruttonationaleinkommens (BNE)**. Diese Größe, die das bis 1999 ermittelte Bruttosozialprodukt abgelöst hat, wird nach dem **Inländerkonzept** errechnet: Anders als das BIP, das die Inlandsproduktion erfasst, berücksichtigt das BNE den Geldwert aller in einer Periode von Inländern hergestellten Produkte und Dienstleistungen. Es kann aus dem BIP abgeleitet werden, indem diesem die Faktoreinkommen (Löhne, Zinsen, Gewinne), die Inländern aus dem Ausland zufließen, hinzugerechnet werden; analog sind abfließende Faktoreinkommen, die an Ausländer gezahlt werden, abzuziehen:

Bruttoinlandsprodukt (BIP)
+ Faktoreinkommen aus dem Ausland
− Faktoreinkommen an das Ausland
= Bruttonationaleinkommen (BNE)

1.1.3.3.2   Einkommen und verfügbares Einkommen

Einkommensarten, Volkseinkommen, Lohn- und Gewinnquote

Einkommen wird für die Zurverfügungstellung von Produktionsfaktoren gezahlt:

– Arbeitnehmer empfangen als Einkommen aus nichtselbstständiger Tätigkeit Löhne und Gehälter, die in der Verteilungsrechnung zum **Arbeitnehmerentgelt L** zusammengefasst werden.

– Das Einkommen der Unternehmer besteht im Überschuss ihrer Einnahmen über die Ausgaben (= **Gewinne**), Investoren von Geldkapital erhalten **Zinsen** als Einkommen. Gewinne und Zinsen werden zusammen mit **Miet- und Pachterträgen** als **Unterneh-**

mens- und Vermögenseinkommen (Investoreneinkommen) bezeichnet und in den folgenden Berechnungen gemeinsam durch den Buchstaben **G** gekennzeichnet.

Die Aufteilung des Gesamteinkommens auf die verschiedenen Einkommensarten (und Produktionsfaktoren) wird als **funktionale** (oder funktionelle) **Einkommensverteilung** bezeichnet.

Diese Einkommensarten zusammengenommen werden als **Volkseinkommen (Y)** bezeichnet. In diesem Zusammenhang interessiert besonders der Anteil der Arbeitnehmerentgelte am Volkseinkommen (= **Lohnquote**; im Umkehrschluss ergibt sich die **Gewinnquote** als Anteil der Unternehmens- und Vermögenseinkommen).

Für die Jahre 2004 bis 2006 veröffentlicht das Statistische Bundesamt die folgenden Werte (Angaben in Mrd. €):

	2004	2005	2006
Volkseinkommen	1.667,10	1.691,15	1.751,23
davon Arbeitnehmerentgelt	1.137,07	1.129,90	1.149,36
davon Unternehmens- und Vermögenseinkommen	530,03	561,25	601,87

Aus diesen Werten können folgende Quoten errechnet werden:

Lohnquote	68,21 %	66,81 %	65,63 %
Gewinnquote	31,79 %	33,19 %	34,37 %

Der aus den obigen Zahlen abzulesende Trend einer fallenden Lohn- und steigenden Gewinnquote wird durch ältere Zahlen bestätigt: Im Jahr 2001 betrug die Lohnquote noch 72,67 %, die Gewinnquote 27,33 %.

Das verfügbare Einkommen

Aus den Bruttoeinkünften müssen die Empfänger direkte Steuern (vor allem Lohn- und Einkommensteuer) und Sozialleistungen an den Staat abführen, der im Gegenzug an berechtigte Personen Transferleistungen (Kindergeld, Wohngeld, Arbeitslosengeld usw.) abgibt. Als Saldo aus abgeführten und empfangenen Beträgen und einigen weiteren Verrechnung ergibt sich das verfügbare Einkommen. Für 2006 veröffentlicht das Statistische Bundesamt die folgenden Zahlen:

	(Mrd. €)
Bruttolöhne und -gehälter	926,34
+ Arbeitgeberbeiträge	223,65
= Arbeitnehmerentgelt	1.149,99
+ Betriebsüberschuss / Selbstständigeneinkommen	579,05
+ Nettoproduktionsabgaben	253,68
= Nettoinlandsprodukt	1.982,72
+ Saldo der Primäreinkommen mit der übrigen Welt	22,17
= Primäreinkommen = Nettonationaleinkommen NNE	2.004,89
+ Laufende Transfers aus der übrigen Welt	11,16
– Laufende Transfers an die übrige Welt	38,26
= Verfügbares Einkommen	1.977,79

...

...

– Konsum	1.783,38
= Sparen	194,41
+ Vermögenstransfers aus der übrigen Welt	3,17
– Vermögenstransfers an die übrige Welt	2,82
– Bruttoinvestitionen	412,44
+ Abschreibungen	339,48
= Finanzierungssaldo	121,80

nachrichtlich:
Verfügbares Einkommen der privaten Haushalte   1.493,72
Sparen der privaten Haushalte   158,42

Aus den letztgenannten Zahlen lässt sich eine **Sparquote** der privaten Haushalte von 10,61 % errechnen. Hieraus wiederum kann eine **Konsumquote** von 89,39 % abgeleitet werden.

1.1.3.3.3   Die Einkommensverteilungsrechnung

Die produzierte Gesamtleistung bzw. ihr Gegenwert wird auf die verschiedenen Wirtschaftssubjekte verteilt. Neben den **Arbeitnehmerentgelten L** und den **Unternehmer- und Investoreneinkommen G** (siehe jeweils oben) sind folgende Umstände zu berücksichtigen:

– Der Wertverzehr, den Maschinen und Anlagen durch Nutzung erleiden, wird in Form von **Abschreibungen** (gekennzeichnet durch **D**, vom englischen Wort für Abschreibung »depreciation«) berücksichtigt.

– Es fallen verschiedene **Produktions- und Importabgaben** einschließlich kostenwirksamer Steuern an; zugleich werden **Subventionen** gezahlt. Der Saldo dieser Umverteilungen wird als **Nettoproduktionsabgabe** bezeichnet und in der Größe T_{ind} (nach dem früher an dieser Stelle verwendeten Begriff »indirekte Steuern«, wobei T aus dem englischen Wort für Steuern »taxes« hergeleitet ist) ausgedrückt. Zur Begründung: Auch der Staat ist Einkommensbezieher: Er erhält direkte Steuern (d. h. die Leistungsfähigkeit der Zahler direkt an der Quelle der Einkommensentstehung belastende Steuern, etwa die Einkommensteuer) und indirekte Steuern (Umsatzsteuer, Mineralölsteuer ...). Die direkten Steuern sind in den Größen L (Löhne und Gehälter) und G (Gewinne und Zinsen) bereits enthalten; die indirekten müssen, da noch nicht erfasst, separat angerechnet werden.

Zusammensetzung des BNE aus Sicht der Einkommensverteilung

$$BNE = L + G + D + T_{ind}$$

Nach Abzug der Abschreibungen (D) ergibt sich das Nettonationaleinkommen zu Marktpreisen NNEM. Wird zusätzlich die Nettoproduktionsabgabe (T_{ind}) abgezogen, ergibt sich hieraus das so genannte Volkseinkommen Y. Anders ausgedrückt, setzt sich das Volkseinkommen aus Löhnen und Gehältern, Gewinnen und Zinsen zusammen:

$$Y = BNE - D - T_{ind} = L + G$$

Wegen fehlender Basisdaten über die Unternehmens- und Vermögenseinkommen wird seitens des Statistischen Bundesamtes keine Verteilungsrechnung erstellt.

Einkommensumverteilung durch staatliche Eingriffe

Die Einkommen sind ungleichmäßig auf die Haushalte verteilt. Zur Darstellung der personalen (oder personellen) Einkommensverteilung wird meist die Form der Lorenzkurve gewählt, die von dem US-amerikanischen Mathematiker Max Otto LORENZ (1876–1959) entwickelt wurde.

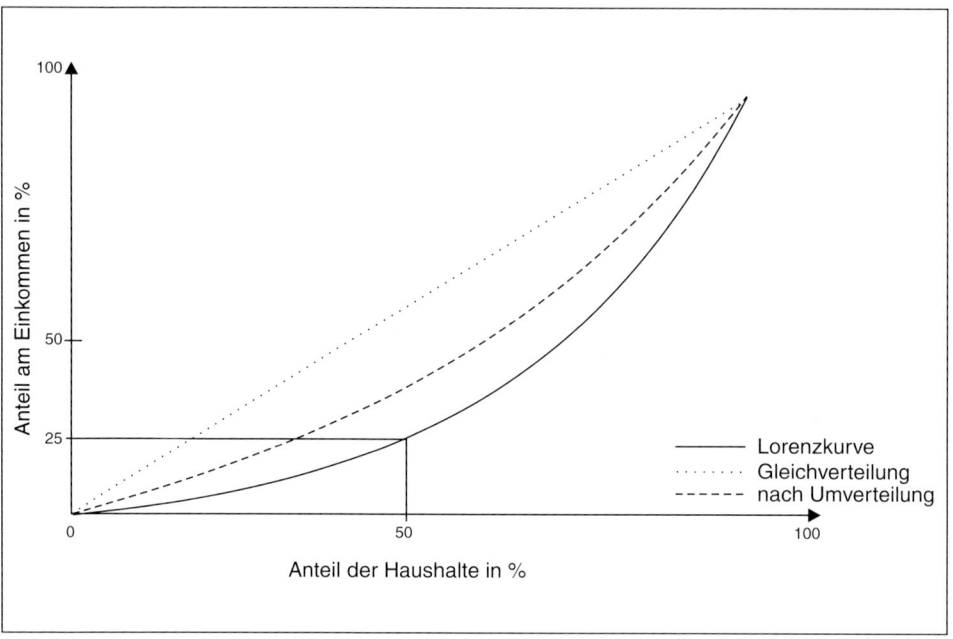

Beispiel einer Lorenzkurve zur Verdeutlichung der Einkommensverteilung in einer Volkswirtschaft

Die Kurven in diesem Darstellungsbeispiel besagen folgendes:

Ohne Umverteilung weist die Lorenzkurve aus, dass 25 % aller Einkommen auf eine Hälfte der (ärmeren) Haushalte entfallen, während die andere Hälfte 75 % der Einkommen für sich beansprucht. Durch staatliche Umverteilungsmaßnahmen wird dieses Verhältnis leicht zugunsten der ärmeren Haushalte verändert. Bei Gleichverteilung müssten gleiche Prozentwerte auf Haushalte und Einkommensanteile entfallen. Um diesen Zustand zu erreichen, müssten wirkungsvollere Umverteilungsmaßnahmen getroffen werden. Inwieweit dies geschieht, hängt vom politischen Willen ab.

Eine Kennzahl, die die Ungleichverteilung der Einkommen auf Basis von Lorenz-Kurven ausdrückt, ist der **Gini-Koeffizient**, so benannt nach dem italienischen Statistiker Corrado GINI (1884-1965). Er kann Werte zwischen 0 und 1 annehmen, wobei die Ungleichverteilung bei Annäherung an den Wert 1 immer größer wird.

Die Bundesrepublik Deutschland gehört (mit einem Wert von 0,283 für 2000), ebenso wie die skandinavischen und diverse südosteuropäische Länder, Belgien und Japan zu den Ländern mit relativer Gleichverteilung. Eine besonders krasse Ungleichverteilung wird für zahlreiche Länder Südamerikas und auf dem afrikanischen Kontinent verzeichnet.

1.1.3.4   Die Verwendung des Inlandsprodukts

In der Einkommensverwendungsrechnung, die vom Statistischen Bundesamt durchgeführt wird, wird untersucht, für welche Zwecke das BIP verwendet wurde. Verwendungszwecke sind

– der private Konsum (**CP**) der Haushalte und privaten Organisationen,

– der Staatskonsum (**CS**) als Geldwert aller Ausgaben, die der Staat tätigt, um seine Leistungen (für die Schaffung von Infrastruktur, die Bereitstellung von Polizei, Streitkräften, Gerichtswesen, Sozialleistungen usw.) erbringen zu können,

– die Bruttoinvestitionen (**I**), die sich aus Ersatzinvestitionen für abgenutzte Investitionsgüter und aus den Neuinvestitionen der Periode zusammensetzen,

– der Außenbeitrag (**EX – IM**) als Differenz zwischen exportierten und importierten Gütern und Dienstleistungen.

Die Gleichung für die Einkommensverwendung lautet also

$$BIP = CP + CS + I + (EX - IM)$$

Für 2006 liefert das Statistische Bundesamt die folgenden Zahlen:

	(Mrd. €)
Privater Konsum	1.357,50
+ Staatskonsum	425,88
+ Bruttoinvestitionen	412,44
+ Außenbeitrag	126,38
= Bruttoinlandsprodukt (BIP)	2.322,20

1.1.3.5   Das Inlandsprodukt – ein Wertmaßstab für Wohlstand?

BIP und BNE werden gern zu Zeit- und Ländervergleichen herangezogen. Dabei werden sie oft fälschlich als Indikatoren für Wohlstand und Wohlstandsentwicklung interpretiert. Dagegen sprechen folgende Argumente:

– Trotz eines absolut hohen BIP/BNE kann in der Bevölkerung des betrachteten Landes ein erhebliches Wohlstandsgefälle herrschen; tatsächlich kann Armut weit verbreitet sein. Ein verlässlicherer Indikator für die Gleich- bzw. Ungleichverteilung von Einkommen ist der beschriebene **Gini-Koeffizient**.

– BIP/BNE erfassen nur monetäre Größen und vernachlässigen sonstige Aspekte, die die Lebensqualität der Bevölkerung ausmachen. Eine Kennzahl, die die Lebensqualität in verschiedenen Ländern vergleichbar macht, ist der **Human Development Index** (HDI), der neben dem BIP (pro Kopf und umgerechnet in Kaufpreisparität, ausgedrückt in US-$) die Lebenserwartung und den Bildungsgrad der Bevölkerung (ausgedrückt durch die Alphabetisierungs- und die Einschulungsrate) einbezieht.

– BIP/BNE beziehen nur entgeltliche Leistungen ein und vernachlässigen damit ehrenamtliche Tätigkeit, Hausarbeit, Nachbarschaftshilfe und sonstige unentgeltliche Tätigkeiten, die den Wohlstand gleichwohl mehren – allerdings auch die Schwarzarbeit.

– Leistungen, die entgeltlich erbracht werden müssen, um Schäden – etwa Umwelt- und Katastrophenschäden – zu beseitigen, steigern das BIP/BNE, aber sicherlich nicht den Wohlstand.

Die Frage, ob das Inlandsprodukt bzw. das Nationaleinkommen zum Wohlstandsindikator taugt, kann daher verneint werden.

1.1.4 Wirtschaftssysteme

Welche Beziehung sollen Staat und Wirtschaft zueinander haben? Wer entscheidet, was produziert wird, wo, in welcher Weise und durch wen dies geschieht, welche Rohstoffe für welchen Zweck eingesetzt werden, wem die produzierten Güter anschließend zur Verfügung gestellt werden sollen? Wer erhält was für seine Leistung; wem sollen die Produktionsmittel gehören?

Theoretische Modelle, die auf diese grundsätzlichen Fragen Antworten geben, werden Wirtschaftssysteme genannt. Die praktische Ausgestaltung in einer realen Volkswirtschaft eines Landes wird dagegen als Wirtschaftsordnung bezeichnet. Sie wird gebildet aus allen gesetzlichen und gewachsenen Regelungen, die den Aufbau und die Abläufe der Volkswirtschaft bestimmen. Das Verständnis für das Wesen der Wirtschaftsordnung ist Voraussetzung für das Verständnis und die Beurteilung wirtschaftlicher und politischer Sachverhalte.

Das Wirtschaftssystem ist eingebettet in ein Gesamtsystem von Gesellschaftssubjekten – Menschen, Organisationen, Institutionen –, Regelungen, Bedingungen und Beziehungen, das als Gesellschaftssystem bezeichnet wird.

1.1.4.1 Idealtypische Wirtschaftssysteme und ihre Beziehung zum Gesellschaftssystem

Menschen als Mitglieder privater Haushalte wollen möglichst viele ihrer → Bedürfnisse durch Konsum befriedigen. Als Unternehmer wollen sie ihre Produktionsmittel möglichst gewinnbringend einsetzen, und als Fachkräfte möchten sie ihre Arbeitskraft so einträglich wie möglich verkaufen. Wie diese unterschiedlichen Pläne der Individuen vor dem Hintergrund der bestehenden Knappheit der Ressourcen optimal aufeinander abgestimmt werden, beschäftigt Ökonomen seit Jahrhunderten. Dabei haben sich zwei Idealtypen von Wirtschaftssystemen herausgebildet, die beide auf Arbeitsteilung setzen, sich aber hinsichtlich der Lenkung und Koordination der Pläne grundsätzlich unterscheiden: Nämlich die **Marktwirtschaft** als Oberbegriff für dezentrale Systeme und die **zentrale Verwaltungswirtschaft (Planwirtschaft)**.

Marktwirtschaft und zentrale Verwaltungswirtschaft unterscheiden sich im Wesentlichen in folgenden Punkten:

- **Eigentumsordnung:** In der Marktwirtschaft existiert privates Eigentum, über dessen Einsatz die Eigentümer im Wesentlichen frei entscheiden können. Betriebe in Privatbesitz entscheiden frei über die Geschäftsfelder, auf denen sie ihre Leistungen erbringen wollen, über ihre Vertragspartner, ihren Standort, ihre Investitionspolitik usw. In der zentralen Verwaltungswirtschaft herrscht dagegen Gemeinschaftseigentum vor, über dessen Verwendung zentral entschieden wird.

- **Planungsordnung:** In der Marktwirtschaft entscheidet jeder Betrieb, was wovon in welcher Menge wo und für wen produziert wird. Die Planung findet also dezentral, d. h. an vielen Orten, statt. Für die zentrale Verwaltungswirtschaft sind Vorgaben im Rahmen zentral erstellter Pläne typisch.

- **Lenkungsmechanismus:** In der Marktwirtschaft treffen Angebot und Nachfrage auf den dezentralen Märkten aufeinander und führen zur Herausbildung von Marktpreisen. In der zentralen Verwaltungswirtschaft setzt eine zentrale Behörde die Preise fest.

– **Motivation:** Triebfeder der Unternehmen in der Marktwirtschaft ist das Streben nach Gewinnmaximierung; die privaten Haushalte streben Nutzenmaximierung an. In der zentralen Verwaltungswirtschaft ist Planerfüllung das Oberziel.

1.1.4.1.1 Dezentrale marktwirtschaftliche Systeme

Dezentrale Wirtschaftssysteme kennen keine zentrale Planung durch den Staat oder andere zentrale Lenkungsorgane; vielmehr findet die Koordination der individuellen Pläne dezentral statt. Die Orte, an denen Individuen ihre Angebote (an Produkten, Leistungen, Geld, Arbeitsplätzen und Arbeitskraft) und ihre entsprechenden Nachfragen vorbringen, miteinander aushandeln und letztlich in Abstimmung bringen, werden **Märkte** genannt.

Dezentrale Systeme sind damit marktwirtschaftliche Systeme, die mit Blick auf den »Güteraustausch durch Verkehr am Markt« auch **Verkehrswirtschaften** genannt werden. Grundtyp ist die freie Marktwirtschaft, die aber in reiner Form nirgends existiert; vielmehr haben sich etliche Ausprägungen herausgebildet, die als Realtypen bezeichnet werden. Ein solcher Realtyp ist die → **Soziale Marktwirtschaft**, wie sie in der Wirtschaftsordnung der Bundesrepublik Deutschland verwirklicht ist.

Marktwirtschaften sind generell gekennzeichnet durch

– **Produktionsmittel im Privateigentum:** Unternehmen und alle in ihnen enthaltenen Betriebsmittel und Werkstoffe sind privates Eigentum; die mit ihnen erwirtschafteten Gewinne stehen grundsätzlich den Eigentümern zu. Investitionsentscheidungen werden im Unternehmen getroffen.

– **Freiheitsrechte:** Der Einzelne hat die Freiheit der Gewerbe-, Berufs-, Arbeitsplatz-, Vertrags- und Konsumwahl.

– **Wettbewerb und dezentrale Koordination:** Die individuellen Pläne werden über die Märkte abgeglichen. Jedes Unternehmen ist frei in der Entscheidung, was es produzieren will, ebenso wie jeder Verbraucher frei entscheiden kann, was er nachfragen möchte. Welche Mengen letztlich von welchem Gut hergestellt werden und welche Preise verlangt und gezahlt werden, ergibt sich im Zusammenspiel von Angebot und Nachfrage.

– **Streben nach Rentabilität** (Gewinnerzielung) als Triebfeder des Handelns von Unternehmen; **Streben nach höchstmöglichem Nutzen** der eingesetzten Mittel (Arbeitskraft, Einkommen, Vermögen) durch die Haushalte.

Diese Kennzeichen treffen auch auf den **Kapitalismus** zu, bei dem das Vorhandensein von Arbeitsverhältnissen zwischen Arbeitgebern und Arbeitnehmern hinzukommt. Da der Kapitalismusbegriff heute aber ideologisch »besetzt« ist und in der politischen Argumentation mit Vorstellungen von Unterdrückung und Ausbeutung verbunden wird, wird er heute nicht mehr als Bezeichnung der marktwirtschaftlichen Wirtschaftsordnung verwendet.

In einer idealtypischen freien Marktwirtschaft hätte der Staat nur die Aufgabe, die ungehinderte Ausübung der Freiheitsrechte und damit den freien Wettbewerb zu gewährleisten, und sich ansonsten nicht in das wirtschaftliche Geschehen einzumischen. Der im **Liberalismus** des 19. Jahrhunderts gelebte Grundsatz des »**Laissez faire**« (»Lasst sie gewähren!«), der dem Staat jeden Eingriff in die Wirtschaft untersagte und eine Rolle als »Nachtwächterstaat« zuwies, erwies sich jedoch als gesellschaftlich zersetzend, indem er starken, leistungsfähigen, aber auch rücksichtslosen Individuen zu wirtschaftlichen Vorteilen und Wohlstand verhalf, während weniger starke in wirtschaftliche Not gerieten.

Die Möglichkeit des Individuums, nach freiem Willen handeln zu können (**Individualprinzip**), wird daher in realen Marktwirtschaften durch gesetzlich abgesteckte Rahmenbedingungen mehr oder weniger stark in gesellschaftlich erwünschte Bahnen gelenkt.

Exkurs: Marktorientierte Wirtschaftstheorien

Bis zur Mitte des 18. Jahrhunderts bedingte die auf dem europäischen Kontinent vorherrschende Staatsform des Absolutismus eine auf die Mehrung des Reichtums des absolutistischen Herrschers ausgerichtete Wirtschaft. Es galt, den Verkauf der im eigenen Land produzierten Güter zu fördern und hierdurch Einnahmen zu erzielen, ohne andererseits Mittel ins Ausland abfließen zu lassen. Der Staat sorgte für die Einrichtung der benötigten Handwerksbetriebe und den Einsatz der entsprechenden Arbeitskräfte, beschränkte den Verbrauch im Inland, förderte den Export und erhob zugleich Importzölle. Diese Form des Wirtschaftens wird als **Merkantilismus** bezeichnet.

Einwände gegen die mit dem Merkantilismus verbundenen weitgehenden Eingriffe der Herrschaft in das Wirtschaftsgeschehen formulierte François QUESNAY (1694–1774). Der von ihm begründete **Physiokratismus** vertritt die Ansicht, dass sich die Wirtschaft in einem natürlichen Kreislauf vollziehe, der Wohlstand für alle garantiere, wenn man die Wirtschaftssubjekte nur frei gewähren ließe. Die Argumentation, es liege in der Natur des Menschen, seine ihm von der Natur verliehenen Fähigkeiten zu nutzen, und indem er dies tue, werde er zur Verwirklichung der natürlichen Ordnung beitragen, veranlasste Quesnay zu dem oben zitierten Ausruf »Laissez faire!«.

Quesnays freiheitliche Auffassung fand ihre wissenschaftliche Untermauerung in den bahnbrechenden Arbeiten des schottischen Nationalökonomen Adam → SMITH (1723–1790). Der auf die Theorien von Smith und David RICARDO (1772–1823) gründende klassische **Liberalismus** wies jedoch dem Staat die Zuständigkeit für bestimmte Kollektivbedürfnisse wie etwa Verwaltung und Rechtsordnung, Sorge für die innere und äußere Sicherheit, das Verkehrs-, Bildungs- und Gesundheitswesen zu.

Erheblich weiter gehende, aktiv in das Wirtschaftsgeschehen hineinwirkende Eingriffe des Staates forderte der englische Ökonom John Maynard KEYNES (1883–1946), der der Wirtschaft die Fähigkeit zur dauerhaften Stabilität absprach. Seine auf die Stärkung der Nachfrageseite und die Forderung nach einer → antizyklischen Wirtschaftspolitik gerichtete Theorie wird heute als **Keynesianismus** bezeichnet.

Einen Gegenentwurf zur Keynes'schen Theorie stellt der **Neoliberalismus** (prominentester Vertreter: Friedrich HAYEK, 1899–1992) dar, der die Eingriffe des Staates in wirtschaftliche Zusammenhänge für Instabilitäten verantwortlich macht und demgegenüber dem privatwirtschaftlichen Bereich die Fähigkeit zuschreibt, die Folgen von Krisen abzufedern und die von ihnen ausgehenden Erschütterungen in stabilisierende Bewegungen umformen zu können.

Marktwirtschaft setzt die Möglichkeit zu freien Entscheidungen und zur eigenverantwortlichen Verfügung über ein privates Eigentum voraus. Typischerweise ist die Marktwirtschaft daher in **freiheitlich-demokratisch orientierten** Gesellschaften anzutreffen.

1.1.4.1.2　Zentrale Systeme

Zentrale Systeme überlassen die Koordination des wirtschaftlichen Geschehens nicht den Individuen, sondern übertragen sie einer zentralen Planungsbehörde, die für vorbestimmte Zeiträume (»Jahrespläne«, »Fünf-Jahres-Pläne« usw.) festlegt, wie viel wovon womit, von wem und für wen produziert wird. Die hieraus resultierende Zentralverwaltungswirtschaft wird umgangssprachlich meist als Planwirtschaft bezeichnet.

Kennzeichen der Zentralverwaltungswirtschaft sind

- **Produktionsmittel im Staatseigentum:** Die Entscheidungen der Planungsbehörde über den Einsatz der Produktionsmittel wären in Bezug auf Privateigentum nicht durchsetzbar. Die für die jeweilige Produktion erforderlichen Mittel (Grundstücke, Maschinen, Werkzeuge, Werkstoffe usw.) werden den Betrieben zugeteilt. Über die Verwendung erwirtschafteter Mittel entscheidet die Zentralbehörde.

– **Zuteilung:** Die Berufs- und Arbeitsplatzwahl trifft die Zentralbehörde ebenso wie Entscheidungen über zu schließende Verträge. Der private Konsum wird durch Zuteilungen (z. B. Bezugskarten für Lebensmittel, Textilien, Haushaltsgeräte) gesteuert.

– **Keine freien Märkte:** Märkte, an denen eine freie Abstimmung von Angebot und Nachfrage stattfindet, gibt es nicht: Sie würden das Zuteilungssystem unterlaufen.

– **Planerfüllung als Motiv:** Gewinn kann nicht individuell erzielt, Nutzen nicht individuell beeinflusst werden. An ihre Stelle rückt das Ziel, die vorgegebenen Pläne zu erfüllen oder zu übertreffen.

Forderungen nach Planwirtschaft sind meist im Streben nach einer gerechteren und sozialeren Gesellschaft begründet. Ihr Idealbild ist die von Thomas MORUS (1477/78–1535) in dessen Hauptwerk »Utopia« entworfene klassenlose Gesellschaft, in der alles allen gehört, jeder zur Arbeit verpflichtet ist, niemand ausbeutet oder ausgebeutet wird und jeder im gleichen Maße vom gemeinsam erwirtschafteten Wohlstand profitiert.

Der vor allem mit dem Namen Karl MARX (1818–1883) verbundene wissenschaftliche **Sozialismus** versuchte den Nachweis dafür zu erbringen, dass die »kapitalistische« Marktwirtschaft zwangsläufig durch ein sozialistisches System zentral verwalteter Produktionsmittel und vergesellschafteter Arbeit abgelöst werde. Noch in den ersten Jahrzehnten nach dem zweiten Weltkrieg vertraten viele Ökonomen die Erwartung einer allmählichen Annäherung der sozialistischen Planwirtschaften des Ostens und der marktorientierten westlichen Wirtschaften bis zur Verschmelzung zu einem gemeinsamen System (»der dritte Weg«). In der Folgezeit erwies sich jedoch im Zusammenbruch der östlichen Wirtschaften die mangelnde Praktikabilität des »real existierenden Sozialismus«. Inzwischen kehren auch die Länder ehemaligen Sowjetunion zum Privateigentum und marktwirtschaftlichen Handeln zurück.

1.1.4.2   Soziale Marktwirtschaft

1.1.4.2.1   Begriff der »Sozialen Marktwirtschaft«

Unter dem Eindruck der Weltwirtschaftskrise Ende der 1920er Jahre, die, ausgehend von den Vereinigten Staaten von Amerika[2], alle kapitalistischen Volkswirtschaften erfasste und den weitgehenden Zusammenbruch des Welthandels mit der Folge von Deflation und Massenarbeitslosigkeit bedingte, entwickelten sich in den betroffenen Ländern Überlegungen, dem Staat stärkere Möglichkeiten des Einwirkens auf das Wirtschaftsgeschehen als bisher einzuräumen und insoweit einen »Wohlfahrtsstaat« zu schaffen.

In Deutschland setzte sich nach 1948 unter dem Wirtschaftminister Ludwig ERHARD eine Wirtschaftsform durch, die nach einem Vorschlag des Wirtschaftsprofessors und späteren Staatssekretärs Alfred MÜLLER-ARMACK (1901–1978) als »Soziale Marktwirtschaft« bezeichnet wird und – in dessen Worten – »das Prinzip der Freiheit auf dem Markte mit dem des sozialen Ausgleichs zu verbinden« versucht. »Wohlstand für alle« war das erklärte Ziel; das »Wirtschaftswunder« der 1950er und 60er Jahre die glänzende Bestätigung seiner Erreichbarkeit. Inzwischen ist der Glanz einer nüchternen Betrachtung gewichen, in der sich die Frage stellt, wie viel »Wohlfahrt« die Volkswirtschaft verkraften kann, ohne ihre internationale Wettbewerbsfähigkeit einzubüßen.

---

[2] Börsenzusammenbruch in USA am »schwarzen Donnerstag« 24.10.1928, in Europa einen Tag später, der folglich zum »schwarzen Freitag« wurde.

1.1.4.2.2 Ziele, Merkmale und Voraussetzungen einer Sozialen Marktwirtschaft

1.1.4.2.2.1 Ziele der Sozialen Marktwirtschaft

Die Soziale Marktwirtschaft verfolgt die Ziele der

– **Wettbewerbssicherung und -stärkung**, um so die Versorgung der Bevölkerung und zugleich Innovation und Weiterentwicklung sicherzustellen: Hierzu wurden in der Bundesrepublik Deutschland mit dem Gesetz gegen den unlauteren Wettbewerb (UWG) und dem Gesetz gegen Wettbewerbsbeschränkungen (GWB) – »Kartellgesetz« – Vorschriften erlassen, die einen unbehinderten und zugleich fairen Wettbewerb gewährleisten sollen;

– **sozialen Absicherung** derjenigen, die nicht, noch nicht oder nicht mehr zur Erzielung von Erwerbseinkommen befähigt sind: z. B. Kinder, Alte, Kranke, Behinderte, Arbeitslose. Erreicht wird dies durch umfangreiche Transferleistungen wie Renten, Arbeitslosengeld, Kindergeld usw.;

– **Umverteilung von Ertragsanteilen und Vermögen** zugunsten der Arbeitnehmer: Mittel zur Erreichung dieses Ziels sind z. B. die Steuerprogression und die staatliche Förderung der Vermögensbildung durch Prämien und Steuerbegünstigung.

Die wirtschaftspolitischen Ziele der Sozialen Marktwirtschaft sind seit 1967 im »Gesetz zur Förderung der Stabilität und des Wachstums der Wirtschaft«, kurz als »Stabilitätsgesetz« bezeichnet, verankert. Sie lauten

– hoher Beschäftigungsgrad,
– stetiges, angemessenes Wirtschaftswachstum,
– Stabilität des Geldwertes und
– außenwirtschaftliches Gleichgewicht.

Ergänzt werden diese, das »magische Viereck« bildenden Ziele häufig durch die Forderungen nach

– Erhaltung der Umwelt und
– gerechter Einkommensverteilung.

1.1.4.2.2.2 Merkmale und Voraussetzungen der Sozialen Marktwirtschaft

Die Elemente der sozialen Marktwirtschaft – gemeint sind damit die Erkennungszeichen, anhand derer die soziale Marktwirtschaft von der freien Marktwirtschaft unterschieden werden kann – ergeben sich mehr oder weniger unmittelbar aus ihren Zielen. Dabei weist die soziale Marktwirtschaft durchaus diejenigen Elemente auf, die zuvor schon als generelle Kennzeichen von Marktwirtschaften genannt wurden, allerdings mit am Gemeinwohl orientierten Einschränkungen, Ergänzungen und staatlichen Lenkungsbefugnissen:

– Das **private Eigentum** einschließlich des Eigentumsübergangs durch Vererbung ist gewährleistet und geschützt, allerdings auch mit Verpflichtungen versehen (Grundgesetzartikel 14: »Sein Gebrauch soll zugleich dem Wohle der Allgemeinheit dienen«).

– **Freiheitsrechte** finden Einschränkungen dort, wo das Gemeinwohl oder das Wohl schutzwürdiger Gruppen beeinträchtigt wird, z. B. durch das Verbot bestimmter Geschäfte generell oder in Bezug auf z. B. nicht geschäftsfähige Personen.

– Der **Wettbewerb** ist durch **marktordnende Regelungen** (in Deutschland durch die erwähnten Gesetze GWB und UWG) gesichert.

– Der Staat mischt sich in das Wirtschaftgeschehen ein und betreibt aktiv eine **stabilitäts- und wachstumsorientierte Wirtschaftspolitik** (in Deutschland in Form einer **Globalsteuerung**, bei der Bund, Länder und Kommunen eine gleichgerichtete Finanzpolitik verfolgen; vgl. auch → Stabilitätsgesetz).

– Ein **unabhängiges Geldwesen** soll die Stabilität des Geldwertes sichern. In Europa wird diese Aufgabe durch das → Europäische System der Zentralbanken (ESZB) wahrgenommen.

– Der Staat sorgt für eine gesellschaftsförderliche **Infrastruktur**, vor allem soweit deren Einrichtung nicht von privater Seite zu erwarten (weil nicht rentabel) oder erwünscht (weil dann nicht allgemein zugänglich, zu teuer oder staatlicherseits nicht hinreichend beeinflussbar) ist.

– Der Staat sorgt für **soziale Sicherheit** und sozialen Fortschritt (in Deutschland z. B. durch das Sozialversicherungssystem, Regelungen des Arbeits- und Sozialrechts usw.).

– Die aus dem Wirtschaftsgeschehen resultierende **Einkommensverteilung**, die naturgemäß die wirtschaftlich stärkeren Beteiligten begünstigt, wird durch Maßnahmen der Einkommensumverteilung (Redistribution) korrigiert, wo es im Sinne der **sozialen Gerechtigkeit** geboten erscheint (z. B. durch progressive Steuertarife, Subventionen, Sozial- und sonstige Transferleistungen).

Diese und weitere Aufgaben des Staates schlagen sich in verschiedenen Einzel»Politiken« (Strukturpolitik, Prozesspolitik, Sozialpolitik), der → **Wirtschaftspolitik** nieder.

1.1.5   Markt und Preisbildung

> *»Der Markt ist der Ort, an dem Angebot und Nachfrage zusammentreffen«. Und wo, bitte, soll das sein? Tatsächlich sind solche Orte überall, sogar »virtuell« im Internet, und was dort geschieht, ist nicht etwa zufällig oder »chaotisch«, sondern folgt Gesetzmäßigkeiten, die zu kennen sich lohnt, denn schließlich ist jeder Mensch oft gleich in mehrerer Hinsicht Marktteilnehmer: Als Nachfrager an Märkten für bestimmte Konsumgüter, aber in seiner Eigenschaft als Unternehmer oder dessen Erfüllungsgehilfe auch als Anbieter auf anderen Gütermärkten; als Nachfrager nach Darlehen oder Anbieter von Spargeldern auf dem Kapitalmarkt; als Anbieter der eigenen Arbeitskraft auf dem Arbeitsmarkt.*
>
> *Im Folgenden werden die Marktmechanismen dargestellt und transparent gemacht.*

1.1.5.1   Der Begriff des Marktes

Traditionell ist ein Markt ein Platz, an dem regelmäßig Handel oder Tausch stattfindet. In vielen Städten und Gemeinden gibt es einen solchen Platz, der, meist zentral gelegen, mindestens einmal wöchentlich Schauplatz eines meist unter freiem Himmel stattfindenden Marktes ist, auf dem meist nicht-ortsansässige Händler ihre Waren anbieten.

Die Volkswirtschaftslehre erweitert den Begriff des Marktes auf jegliches Zusammentreffen von Angebot und Nachfrage nach einem bestimmten Gut. Da dieses Zusammentreffen weder die persönliche Anwesenheit von Anbieter und Nachfrager noch die physische Gegenwart des Handelsgegenstandes erfordert, ist dieser Markt gewissermaßen »ortlos«.

Am Markt findet die Herausbildung von Preisen statt (→ **Preisbildung**).

In den folgenden Abschnitten geht es zunächst um Marktarten, Markttypen und Marktformen.

1.1.5.2 Arten von Märkten

1.1.5.2.1 Märkte als physische Orte des Handels

Als Märkte werden nicht nur Verkaufsveranstaltungen bezeichnet, sondern viele andere Veranstaltungen und Ereignisse, die **turnusmäßig** an bestimmten Plätzen abgehalten werden: etwa Weihnachtsmärkte, Bauernmärkte, Flohmärkte und Jahrmärkte. Sie unterscheiden sich hinsichtlich der Anlässe, der Anbietenden und der angebotenen Waren und Dienstleistungen. Einige dieser Märkte haben sich zu Dauereinrichtungen entwickelt und finden täglich statt, z. B. der Viktualienmarkt (ein Lebensmittelmarkt) in der Münchner Innenstadt.

Neben den Marktveranstaltungen unter freiem Himmel gibt es an vielen größeren Orten überdachte Markthallen mit festen Standplätzen, in denen meist täglich Verkauf stattfindet. Diejenigen Märkte, die sich allein an Wiederverkäufer richten, werden als **Großmärkte** bezeichnet.

Der Marktbegriff findet auch Verwendung im Einzelhandel: Fachmarkt, Supermarkt, Frischemarkt sind nur einige Beispiele.

Börsen sind Märkte, an denen nach bestimmten Regeln spezielle Waren und Rechte gehandelt werden, die im Allgemeinen **fungibel** sind (austauschbar, vertretbar; meint: ein Gegenstand, z. B. eine Stammaktie eines bestimmten Unternehmens, kann einen gleichartigen Gegenstand ersetzen – es spielt keine Rolle, welches konkrete Stück erworben wird) und für die ein Kurs gebildet werden kann (→ Kursbildung).

1.1.5.2.2 Faktormärkte und Gütermärkte

Märkte, an denen die volkswirtschaftlichen Produktionsfaktoren gehandelt werden, werden als Faktormärkte bezeichnet:

- Der Faktor »Arbeit« wird am **Arbeitsmarkt** gehandelt: Hier trifft das Angebot von menschlicher Arbeitsleistung auf vergütungswillige Nachfrager.

- Der Faktor »Boden« wird am **Immobilienmarkt** gehandelt.

- Der **Kapitalmarkt** bringt Anbieter und Nachfrager von verzinslichem Geldkapital zusammen.

Märkte, an denen sonstige Güter (Konsum- und Investitionsgüter sowie Dienstleistungen) gehandelt werden, heißen Gütermärkte.

1.1.5.2.3 Käufer- und Verkäufermärkte

Wenn sich auf einem Markt entweder die Nachfrager (Käufer) oder die Anbieter (Verkäufer) in einer günstigeren Verhandlungsposition befinden als der Gegenpart, wird von Käufer- bzw. Verkäufermarkt gesprochen. Abhängigkeiten des Verkäufers vom Käufer bzw. des Käufers vom Verkäufer, Kartelle, Monopole oder Überlegenheiten bei bestimmten, für das Geschäft notwendigen Kenntnissen können ursächlich für das Entstehen von Käufer- bzw. Verkäufermärkten sein. Darüber hinaus

- entsteht ein **Käufermarkt**, wenn die Nachfrage geringer ist als das Angebot und der Käufer nicht darauf angewiesen ist, seinen Bedarf sofort zu decken. Viele Konsumgütermärkte sind heute Käufermärkte, da die meisten lebensnotwendigen Bedarfe gedeckt sind und ein Überangebot besteht. Dementsprechend ist modernes → Marketing an Kundenbedürfnissen orientiert.

- entsteht ein **Verkäufermarkt**, wenn die Nachfrage das Angebot übersteigt und/oder sehr dringend befriedigt werden muss.

1.1.5.3   Markttypen

1.1.5.3.1   Offene und geschlossene Märkte

Märkte können jedem Anbieter und Nachfrager offen stehen oder aber nur eingeschränkten Marktzutritt gewähren. In ersten Fall wird von **offenen Märkten**, sonst von **geschlossenen Märkten** gesprochen.

Mögliche **Markteintrittsbarrieren (Marktschranken) sind**

– **wirtschaftlicher Natur:** Zutritt erhält z. B. nur, wer einem bestimmten Wirtschaftszweig angehört (dies ist häufig bei Fachmessen und -märkten der Fall) oder ein bestimmtes Mindestkapital nachweisen kann (rechtlich vorgeschrieben etwa bei Gründung einer Bank; faktisches Zutrittshemmnis in Betätigungsfeldern, die eine bestimmte Betriebsgröße bzw. einen hohen Investitionsbedarf erfordern).

– **rechtlicher Natur:** Der Zutritt setzt die Erfüllung bestimmter rechtlich festgeschriebener Anforderungen voraus (etwa beim Zugang zum Beruf des Arztes, Apothekers, Rechtsanwalts).

– **sachlicher Natur:** Der Markteintritt setzt z. B. ein bestimmtes (z. B. technologisches) Know-How voraus.

Ebenso wie Markteintrittsbarrieren gibt es auch Marktaustrittshemmnisse: Oft sind Marktaustritte mit Verlusten verbunden, weil erbrachte Vorleistungen – vor allem in spezialisiertes Anlagevermögen – vollständig verloren sind.

1.1.5.3.2   Freie und regulierte Märkte

Auf **freien Märkten** findet keine staatliche Beeinflussung der Marktfunktionalität statt: Der Marktzutritt und die Kontrahierungsfreiheit (= das Recht, Verträge abzuschließen) sind staatlicherseits nicht beschränkt; die Produktpalette ist nicht vorgeschrieben oder eingeschränkt; Mengen und Preise können sich im freien Spiel von Angebot und Nachfrage ergeben.

Staatliche Regulierungen können in Preis- oder Preisgrenzenfestschreibungen bestehen, die zum Schutz von Verbrauchern (Festlegung von **Höchstpreisen**) oder Anbietern (**Mindestpreise**) erfolgen, oder in **Mengenbegrenzungen** (Beispiel: Begrenzung der Milchproduktion in der EU durch die »Milchquote«, um Preisstabilität zu erhalten).

In so genannten **monopolgeneigten Märkten** werden häufig **Regulierungsbehörden** eingesetzt, um den Marktzugang zu regeln bzw. durch Deregulierungen zu ermöglichen. In der Bundesrepublik Deutschland ist die Bundesnetzagentur für Elektrizität, Gas, Telekommunikation, Post und Eisenbahnen als Anstalt des öffentlichen Rechts für die Aufrechterhaltung und Förderung des Wettbewerbs auf den Netzmärkten zuständig.

Den Begriff des regulierten Marktes (früher: geregelter Markt) gibt es auch an deutschen Börsen: Dort steht er für ein Marktsegment mit geringeren Zulassungsanforderungen als im amtlichen Markt.

1.1.5.3.3   Vollkommene und unvollkommene Märkte

Um die Zusammenhänge von Angebot, Nachfrage und Preis zu erklären, bedient sich die Volkswirtschaftslehre gern einer gedanklichen Konstruktion vom vollkommenen Markt, der durch folgende Merkmale gekennzeichnet ist:

– Es gibt **viele Anbieter und Nachfrager**, sodass weder die Anbieter- noch die Nachfragerseite den Markt dominiert und kein einzelner Anbieter oder Nachfrager über genügend Marktmacht verfügt, um den Preis zu beeinflussen.

– Die Anbieter und Nachfrager verhalten sich absolut **rational** (vgl. → »homo oeconomicus«): Die Anbieter von Gütern und Dienstleistungen streben **Gewinnmaximierung**, die Nachfrager **Nutzenmaximierung** an. Beide Gruppen verhalten sich stets entsprechend dem **ökonomischen Prinzip**.

– Kein Marktteilnehmer hegt irgendwelche Präferenzen:

  – Güter, die unter ein- und derselben Bezeichnung gehandelt werden, sind vollständig homogen, sodass **sachliche Präferenzen** infolge von Qualitätsunterschieden bei Kaufentscheidungen keine Rolle spielen.

  – Kein Anbieter oder Nachfrager wird von einem potenziellen Marktpartner bevorzugt, etwa wegen besonderer Freundlichkeit, oder ausgeschlossen: insoweit fehlen auch **persönliche Präferenzen**.

  – Wege und Lieferzeiten spielen keine Rolle: Jeder Anbieter kann in derselben Zeit und ohne zusätzliche Kosten liefern; damit fehlen auch **zeitliche und räumliche Präferenzen**.

– Es besteht **vollkommene Markttransparenz**: Jeder Anbieter und jeder Nachfrager ist vollständig über das gesamte Angebot und die gesamte Nachfrage sowie aktuelle Preise informiert.

– **Unendlich schnelle Anpassung:** Reaktionen des Angebots, der Nachfrage und der Preise infolge von Veränderungen am Markt erfolgen im Augenblick der Veränderung.

Eine Situation, in der die gehandelten Güter homogen sind und jeder einzelne Anbieter oder Nachfrager keinen oder nur einen sehr kleinen (ihm selbst unbekannten) Einfluss auf den Preis nehmen kann, wird als **vollständige Konkurrenz** bezeichnet. In dieser Situation agieren Anbieter und Nachfrager lediglich als → **Mengenanpasser**.

Im vollkommenen Markt gilt:

– Für ein- und dasselbe Gut kann es nur einen einzigen Preis geben. Dieser ist der **Marktpreis**.

– Alle Anbieter, die zum Marktpreis zu verkaufen bereit sind, und alle Nachfrager, die zu diesem Preis zu kaufen bereit sind, kommen zum Zuge: »**Der Preis räumt den Markt**«.

Vollkommene Märkte sind in der Realität nicht anzutreffen. Am nächsten kommen ihnen Wertpapier- und Warenbörsen. Alle anderen realen Märkte sind **unvollkommene Märkte**.

1.1.5.4 Marktformen

Nach der Anzahl der auf einem Markt anzutreffenden Anbieter und Nachfrager unterscheidet die Volkswirtschaftslehre die in der folgenden Matrix dargestellten Marktformen:

Nachfrager \ Anbieter	einer	wenige	viele
einer	bilaterales Monopol	beschränktes Nachfragemonopol**	Nachfragemonopol
wenige	beschränktes Angebotsmonopol*	bilaterales Oligopol	Nachfrageoligopol
viele	Angebotsmonopol	Angebotsoligopol	Polypol

Marktformen

* Angebotsmonopol mit oligopolistischer Nachfrage
** Nachfragemonopol mit oligopolistischem Angebot

Monopole – Marktsituationen also, in denen es nur einen Anbieter oder nur einen Nachfrager gibt – haben in der volkswirtschaftlichen Realität langfristig nur dort Bestand, wo sie in staatlicher Hand liegen oder staatlicherseits geschützt sind. In der Bundesrepublik Deutschland gibt es nach der Öffnung des Post- und Telekommunikationsmarktes nur noch wenige **Angebotsmonopole**: Beispiele sind das staatliche Lotteriemonopol und das Monopol der Bahn beim Schienennetz. Allerdings gibt es auch Wirtschaftsunternehmen mit monopolartiger Marktstellung (z. B. verfügt das Software-Unternehmen Microsoft im Bereich der PC-Betriebssysteme annähernd über ein internationales Monopol), die aber, wenn sie diese Position nutzen, um Mitbewerber beim Marktzutritt oder auf deren Märkten zu behindern, wettbewerbsrechtlich belangt werden können (wie im Falle der Fa. Microsoft geschehen, der die EU-Kommission im Jahr 2004 eine Strafzahlung von 497 Mio. € und die Pflicht zur Offenlegung der Windows-Schnittstellen auferlegte). Ein Beispiel für ein (allerdings nur nationales) **Nachfragemonopol** ist der Markt für Wehrtechnik (Panzer, Kampfflugzeuge), in dem die Bundeswehr die einzige nationale Nachfragerin ist.

Oligopole sind in der Form des Angebotsoligopols häufig anzutreffen: Für viele Konsumgüter gibt es eine nur geringe Zahl von Anbietern, der viele potenzielle Nachfrager gegenüberstehen. Beispiele sind der Markt für Kraftstoffe und der Automobilmarkt.

Das **Polypol**, in dem eine Vielzahl von Nachfragern einer Vielzahl von Anbietern gegenübersteht, ist – natürlich – nur ein ideales Modell ohne echte Entsprechung in der Realität; denn tatsächlich wird auch auf Märkten mit vielen Anbietern die Zahl der Nachfrager immer noch wesentlich höher sein und die Situation bei auf die Region beschränkter Betrachtung immer eher einem Angebotsoligopol entsprechen (wenn es z. B. in einer Stadt mit 10.000 Einwohnern 7 Lebensmittelgeschäfte gibt).

Die Marktform entscheidet sehr wesentlich über die Art und Weise, in der sich auf dem betreffenden Markt die Preisbildung vollzieht. Hiervon handeln die folgenden Abschnitte.

1.1.5.5 Preisbildung auf vollkommenen Märkten

1.1.5.5.1 Die Beziehung zwischen Angebot, Nachfrage und Preis

Der Preis dient dazu, die unterschiedlichen Interessen von Anbietern und Nachfragern, genauer: deren Wünsche nach Gewinnmaximierung auf Seiten der Verkäufer und nach Nutzenmaximierung auf Seiten der ihren Bedarf deckenden Käufer, zu einem Ausgleich zu bringen. Unter der Voraussetzung eines funktionierenden Wettbewerbs passt sich der Preis Veränderungen der Anbieter- bzw. Nachfragervorstellungen an. Preisbildung ist also kein einmaliger Vorgang, sondern ein Prozess, der sich immer wieder aufs Neue vollzieht. Über den Preis stimmen Haushalte und Unternehmen ihre Pläne aufeinander ab. Man spricht in diesem Zusammenhang von der **Koordinationsfunktion** des Preises.

In gesamtwirtschaftlicher Hinsicht haben Preise darüber hinaus folgende Funktionen:

– **Informationsfunktion (Signalfunktion, Indikatorfunktion):** Preise informieren darüber, wie knapp das betreffende Gut ist, wobei gilt: Je höher der Preis, desto knapper ist das angebotene Gut. Man spricht auch von Preisen als »Knappheitsindikatoren«.

– **Lenkungsfunktion (Allokationsfunktion):** Über die erzielbaren Preise werden die Produktionsfaktoren denjenigen Produkten und Orten zugeleitet, die die größte Nachfrage und den größtmöglichen Ertrag versprechen. Damit erfolgt ihr Einsatz immer genau dort, wo gerade Knappheit herrscht, und trägt dazu bei, die Knappheit zu vermindern.

– **Zuteilungsfunktion (Auslesefunktion, Selektionsfunktion):** Zum Zuge kommen am Markt diejenigen Anbieter und Nachfrager, die den sich herausbildenden Preis zu akzeptieren bereit sind. Insoweit findet über den Preis eine Auslese statt.

– **Einkommensverteilungsfunktion:** Letztlich entscheiden die Preise auch über die Verteilung des Einkommens: Sie bestimmen die Einkommen der einzelnen Anbieter ebenso wie die Verteilung des Einkommens auf die volkswirtschaftlichen Produktionsfaktoren Arbeit, Boden und Kapital.

1.1.5.5.2   Die Gesamtnachfragekurve

Zur Untersuchung der Preisfunktionen muss zunächst die Abhängigkeit der Nachfrage und die des Angebots vom Preis untersucht werden. Dies soll hier anhand einfacher Zeichnungen geschehen. Für die gesamte Nachfrage nach einem Gut kann angenommen werden, dass diese sinkt, wenn der Preis steigt. Unter der Annahme, dass dieses Absinken linear (gleichmäßig ohne Sprünge, Plateaus und sonstige Unregelmäßigkeiten) erfolgt, ergibt sich die folgende Nachfragekurve:

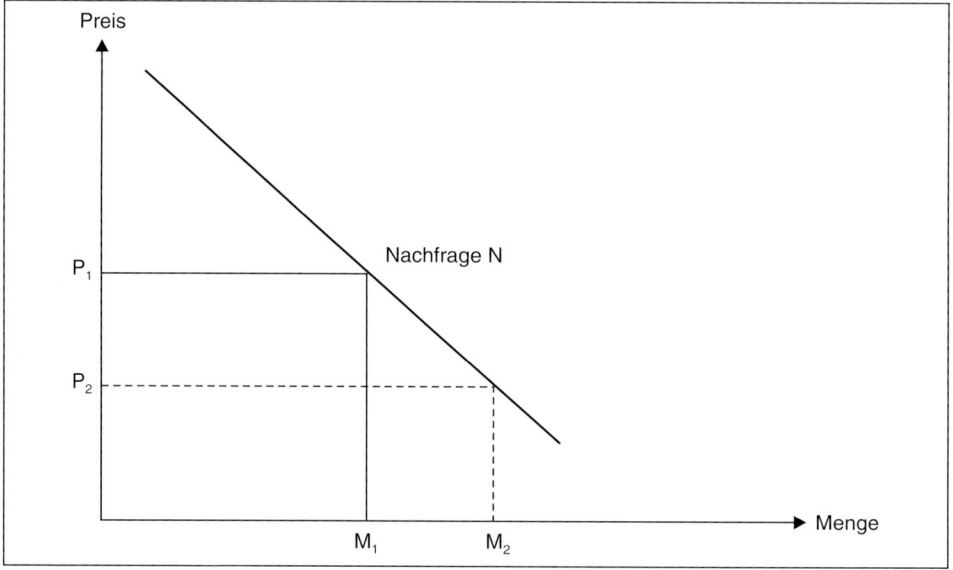

Die Nachfragekurve

Die nachgefragte Menge M sinkt mit steigendem Preis ($M_1 < M_2$, während $P_1 > P_2$ ist) und steigt mit sinkendem Preis, wobei bei bekannter Nachfragefunktion für jeden Preis die entsprechende Nachfrage (und umgekehrt) ermittelt werden kann.

Das Nachfrageverhalten kann sich im Zeitverlauf ändern, z. B. durch steigende oder sinkende Einkommen, durch eine zahlenmäßige Zu- oder Abnahme der Nachfragenden, durch Modewechsel oder das Auftreten neuer Güter auf dem Markt. Die Veränderung drückt sich darin aus, dass die gesamtgesellschaftlich nachgefragte Menge eines Gutes bei gleichem Preis steigt oder sinkt. Solche Veränderungen des Nachfrageverhaltens bewirken die Verschiebung der Nachfragekurve nach links (bei sinkender Nachfrage) oder rechts (bei steigender Nachfrage).

Die folgende Abbildung verdeutlicht, dass bei gesunkenem Nachfrageinteresse zu einem Preis P anstelle der ursprünglichen Nachfragemenge M_1 nun nur noch die Menge M_3 abgesetzt werden kann. Gestiegenes Nachfrageinteresse führt dagegen dazu, dass für den gleichen Preis P nun die höhere Menge M_2 abgesetzt wird.

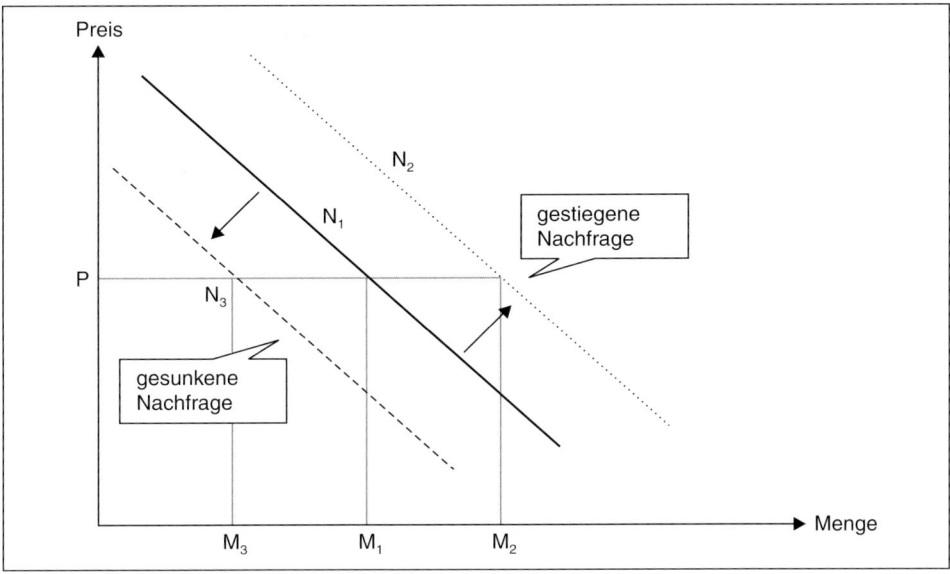

Verschiebung der Nachfragekurve bei geändertem Nachfrageverhalten

1.1.5.5.3   Die Gesamtangebotskurve

Die Angebotskurve verläuft entgegengesetzt zur Nachfragekurve: Naturgemäß werden die Anbieter umso größere Mengen absetzen wollen, je höher der erzielbare Stückpreis ist.

Auch hier führen Veränderungen im Angebotsverhalten zu einer Verschiebung der Kurve nach oben (bei sinkendem Angebot) bzw. nach unten (bei steigendem Angebot).

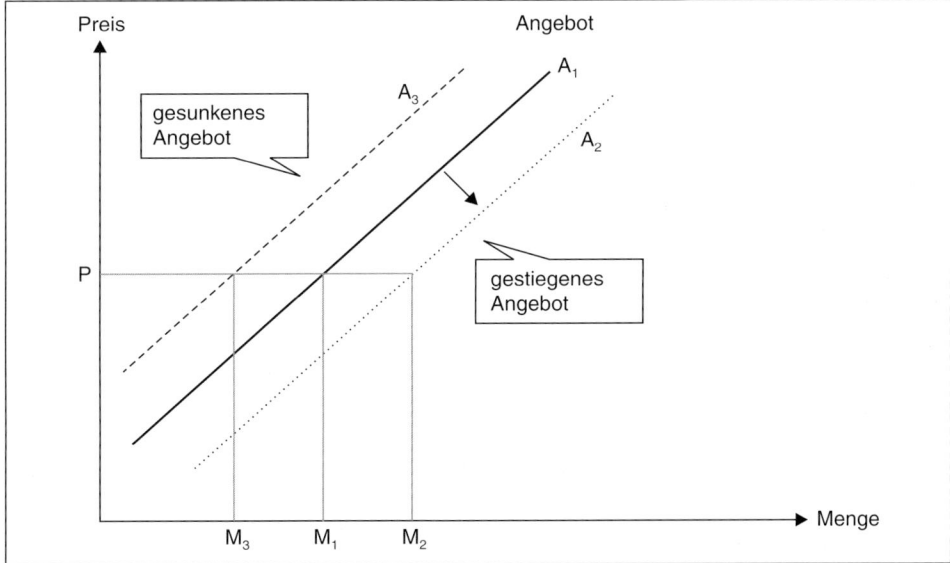

Angebotskurve mit Verschiebungen bei geändertem Angebotsverhalten

1.1.5.5.4   Nachfrage- und Angebotselastizität

Offensichtlich besteht ein Zusammenhang zwischen der nachgefragten bzw. angebotenen Menge eines Gutes und seinem Preis am Markt. Die Abhängigkeit der Nachfrage bzw. des Angebotes vom Preis ist allerdings für unterschiedliche Güter unterschiedlich stark ausgeprägt, oder, anders ausgedrückt: Bei jedem Gut reagiert die Nachfrage bzw. das Angebot individuell elastisch auf Preisänderungen.

Die Preiselastizität der Nachfrage

Es ist nicht gesagt, dass Preis und Nachfrage vollständig korrelieren (ein Preisrückgang um x % also immer eine Nachfragesteigerung um denselben Prozentsatz bewirkt), vielmehr kann es über- oder unterproportionale Reaktionen der Nachfrage auf Preisveränderungen geben.

Das Maß für die Reaktion der Nachfrage nach einem Gut auf Änderungen des Preises ebendieses Gutes ist die **direkte Preiselastizität** (auch: **Eigenpreiselastizität**). Sie gibt an, um wie viel Prozent die Nachfrage anzieht oder sinkt, wenn der Preis des untersuchten Gutes um ein Prozent erhöht oder gesenkt wird.

Man unterscheidet

– **relativ elastische Nachfrage (E < -1):** Die Nachfragemenge sinkt bzw. steigt um mehr als 1%, wenn der Preis um 1% gesenkt bzw. erhöht wird;

– **relativ unelastische Nachfrage (E > -1):** Die Nachfragemenge sinkt bzw. steigt um weniger als 1%, wenn der Preis um 1% gesenkt bzw. erhöht wird.

Anmerkung: In Teilen der Literatur wird bei Berechnung der Elastizität auf das negative Vorzeichen bei der Mengenänderung verzichtet. In diesem Falle gilt für relativ unelastische Nachfrage E < 1 und für relativ elastische Nachfrage E > 1.

Die Elastizität **E** errechnet sich nach folgender Formel:

$$E = \frac{\text{Prozentuale Mengenänderung}}{\text{Prozentuale Preisänderung}} = \frac{\dfrac{\text{Mengenänderung}}{\text{Ursprungsmenge}}}{\dfrac{\text{Preisänderung}}{\text{Ursprungspreis}}}$$

Beispiel:

Am 1.9.2005 stieg in Zusammenhang mit einer Steuererhöhung der Preis für eine Schachtel Zigaretten einer bestimmten Marke um 0,40 € von 3,60 € auf 4,00 €. Ein Tabakwarenhändler beobachtete daraufhin einen Rückgang des Absatzes an Zigarettenschachteln in einer seiner Filialen von 400 Stück pro Tag auf 265 Stück. Die Elastizität der Nachfrage errechnet sich wie folgt:

$$E = \frac{\dfrac{-135}{400}}{\dfrac{0,40}{3,60}} = \frac{-0,3375}{0,1111} = -3,038$$

Die Nachfrage reagierte relativ elastisch (– 3,038 < –1): Die Preiserhöhung um gut 11% hatte einen Absatzrückgang um gut 33 % zur Folge. Anders ausgedrückt: Die Nachfrage sinkt um gut 3 %, wenn der Preis um 1 % steigt.

Die errechnete Elastizität sagt allerdings nur etwas über die Preisempfindlichkeit der Nachfrage für genau den betrachteten Punkt der Nachfragekurve aus und kann nicht verallgemeinert werden: Die hier errechnete Preiselastizität ist daher eine **Punktelastizität!**

Eine relativ unelastische Nachfragereaktion ist bei solchen Gütern zu erwarten, die kaum verzichtbar und kaum substituierbar sind. Im Falle leicht substituierbarer Güter, von denen der Nachfrager nicht abhängig ist, reagiert die Nachfrage dagegen relativ elastisch.

Fortführung des Beispiels:

Der Nachfragerückgang erstaunt, denn es kann wohl davon ausgegangen werden, dass auf Seiten vieler Nachfrager eine Abhängigkeit besteht. Gab es also eine Möglichkeit der Substitution? Tatsächlich registrierte derselbe Tabakwarenhändler zeitgleich zum Rückgang des Zigarettenabsatzes einen Anstieg des Absatzes von Tabakfeinschnitt-Päckchen, deren Preis unverändert geblieben war, von bisher 120 auf 150 Stück.

Für die Reaktion der Nachfrage nach einem Gut auf eine Änderung des Preises für ein Substitutionsgut gibt es ebenfalls eine Kennzahl, nämlich die **Kreuzpreis-Elastizität** (auch als **Triffin-Koeffizient** bekannt).

$$E_{x1,p2} = \frac{\text{Prozentuale Mengenänderung Gut 1}}{\text{Prozentuale Preisänderung Gut 2}} = \frac{\dfrac{\text{Mengenänderung Gut 1}}{\text{Ursprungsmenge Gut 1}}}{\dfrac{\text{Preisänderung Gut 2}}{\text{Ursprungspreis Gut 2}}}$$

Für **komplementäre** (sich ergänzende) **Güter** ist eine Kreuzpreiselastizität < 0 zu erwarten, die ausdrückt, dass der Preisanstieg bei dem einen Gut einen Mengenrückgang nicht nur bei ebendiesem, sondern auch bei dem komplementären Gut auslöst. Für **Substitutionsgüter**, also in dem Falle, dass das mengenmäßig betrachtete Gut das preisveränderte Gut ersetzen kann, gilt dagegen eine gegenläufige Entwicklung und damit ein zu erwartender Wert > 0. Ist der Wert gleich 0, kann keine Beziehung zwischen den beiden Gütern hergeleitet werden.

Fortführung des Beispiels:

$$E_{x1,p2} = \frac{\dfrac{30}{120}}{\dfrac{0,40}{3,60}} = \frac{0,25}{0,1111} = 2,25$$

Offensichtlich handelt es sich um Substitutionsgüter: Eine Preiserhöhung bei Zigaretten um gut 11 % ging mit einer Absatzerhöhung um 25 % beim Tabak einher, oder, anders ausgedrückt: Je 1 % Preiserhöhung bei den Zigaretten wurde ein Mehrabsatz beim Tabak in Höhe von ca. 2,25 % bewirkt.

Die Nachfrage nach einem Gut ist nicht nur von seinem Preis bzw. korrespondierenden Preisen anderer Güter abhängig, sondern ebenso vom Einkommen der Nachfragenden. Dieser Zusammenhang kann durch die **Einkommenselastizität der Nachfrage** gemessen werden. Es gibt Güter, die bei steigendem Einkommen stärker nachgefragt werden (so genannte superiore Güter) oder schwächer (inferiore Güter).

Die Preiselastizität des Angebots

Ebenso wie die Elastizität der Nachfrage kann die **Elastizität des Angebots** auf sich ändernde Marktpreise errechnet werden: Sinkende Marktpreise erlauben bei nicht-verderblichen Gütern eine Einlagerung, bis die Marktsituation günstiger geworden ist, während bei verderblichen Gütern ein unelastisches Angebot erwartet werden kann.

Auf Beispiele soll hier jedoch verzichtet werden, da die Wirkungen denen der ausführlich dargestellten Nachfrageelastizität entsprechen.

1.1.5.5.5 Gleichgewichtspreis und Marktungleichgewicht

Bei linearem Kurvenverlauf der (dann als Geraden abzubildenden) Nachfrage- und der Angebotskurve gibt es genau einen Punkt, in dem sich beide Geraden schneiden. Dieser Schnittpunkt kennzeichnet eine Situation, in der bei einem ganz bestimmten Preis die nachgefragte und die angebotene Menge genau übereinstimmen. In diesem Punkt herrscht ein Marktgleichgewicht; der dazugehörige Preis wird Gleichgewichtspreis, die dazugehörige Menge Gleichgewichtsmenge genannt.

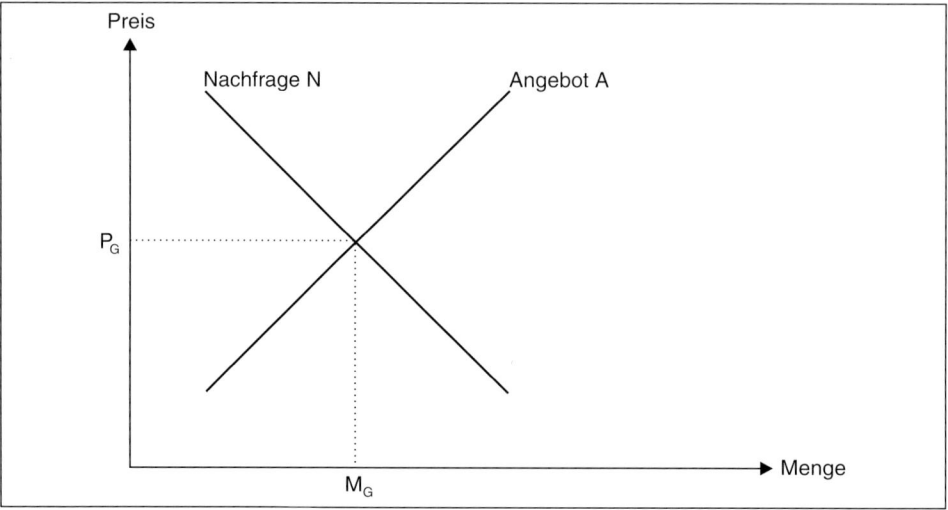

Marktgleichgewicht

Unter den Bedingungen eines vollkommenen Marktes wird sich dieses Gleichgewicht stets einstellen. Auf realen – unvollkommenen – Märkten können sich dagegen Preise über oder unter dem Gleichgewichtspreis ergeben, was einen Angebots- oder einen Nachfrageüberhang zur Folge hat.

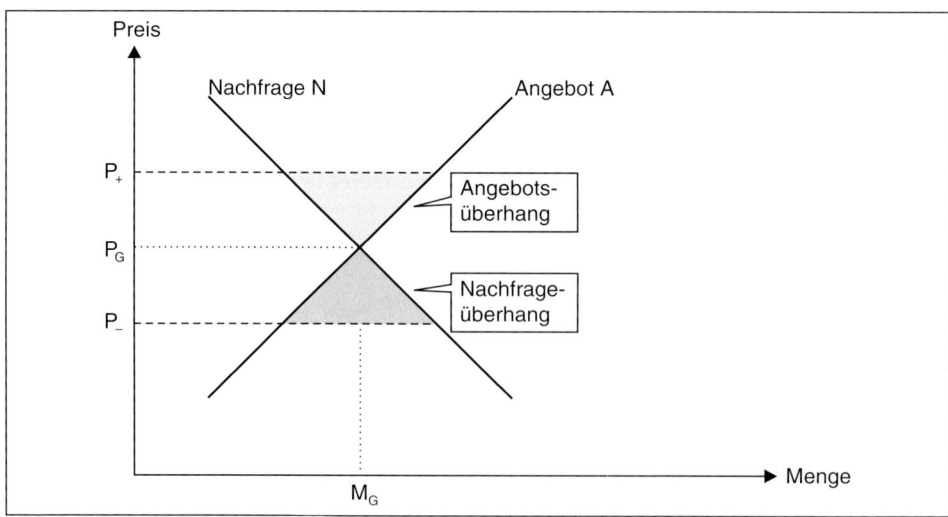

Situationen des Marktungleichgewichts

Liegt der Marktpreis über dem Gleichgewichtspreis, ist das Angebot höher als die Nachfrage. Diejenigen abgabewilligen Anbieter, die deswegen nicht »zum Zuge kommen«, werden auf diese Situation mit Preissenkungen reagieren und den Preis damit in Richtung Gleichgewichtspreis treiben. Dadurch werden neue Nachfragerschichten angelockt. Zugleich werden Anbieter, die zu diesem niedrigeren Preis nicht mehr abgabewillig sind, »aus dem Markt gehen«.

Liegt der Marktpreis unter dem Gleichgewichtspreis, übersteigt die Nachfrage das Angebot. Dieser Nachfrageüberhang wird die Anbieter veranlassen, den Preis zu erhöhen, woraufhin ein Teil der bisherigen Nachfrager »aus dem Markt geht«, dafür aber zusätzliche Anbieter auftreten.

In einem von äußeren Einflüssen (z. B. staatlichen Interventionen in die Preisfestsetzung) freien Markt entwickelt sich also aus beiden Ungleichgewichtssituationen die Tendenz zur Herstellung des Marktgleichgewichts. Im unvollkommenen und damit intransparenten Markt, in dem dem einzelnen Marktteilnehmer die Kenntnis über die Zahl der Anbieter und Nachfrager und deren Reaktionen auf Preisvariationen fehlt, liegt es aber in der Natur der Sache, dass Anpassungsreaktionen nur mit Verzögerungen und unvollständig erfolgen.

In jeder Marktkonstellation wird es Nachfrager geben, die für ein Gut mehr auszugeben bereit wären, als sie tatsächlich bezahlen müssen. Die Differenz zwischen dem Marktpreis und dem so genannten **Reservationspreis** (= Preis, den die Konsumenten maximal zu zahlen bereit wären) wird als **Konsumentenrente** bezeichnet. Die Anbieterseite wird bemüht sein, diese Konsumentenrente weitgehend abzuschöpfen. In der Praxis geschieht dies häufig durch Preisdifferenzierungen, wobei zahlungskräftigeren Konsumentengruppen ein höherer Preis abverlangt wird als Gruppen, die weniger zu zahlen imstande oder bereit sind.

Beispiel:

Der Eintritt im öffentlichen Schwimmbad beträgt 6 € für Erwachsene ohne Sonderstatus, 4 € für Schüler, Studenten und Arbeitsuchende und 2 € für noch nicht schulpflichtige Kinder.

Ebenso wird es Anbieter geben, die ihr Gut zu einem geringeren als dem Marktpreis abzugeben bereit wären. Die Differenz zwischen beiden Preisen wird als **Produzentenrente** bezeichnet.

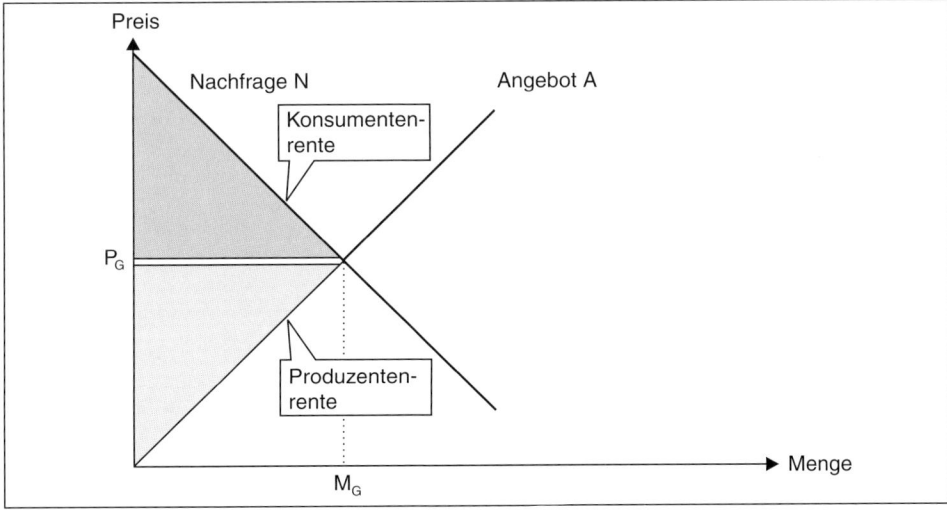

Konsumenten- und Produzentenrente

Betrachten wir noch den Fall eines geänderten Nachfrage- oder Angebotsverhaltens. Wie schon erwähnt, können Einkommensveränderungen, Modetrends usw. das Nachfrageverhalten verändern. Ebenso kann sich das Anbieterverhalten – z. B. durch sinkende oder steigende Rohstoffpreise, durch Technologiewechsel usw. – ändern. In solchen Fällen stellt sich am Markt ein neuer Gleichgewichtspreis ein.

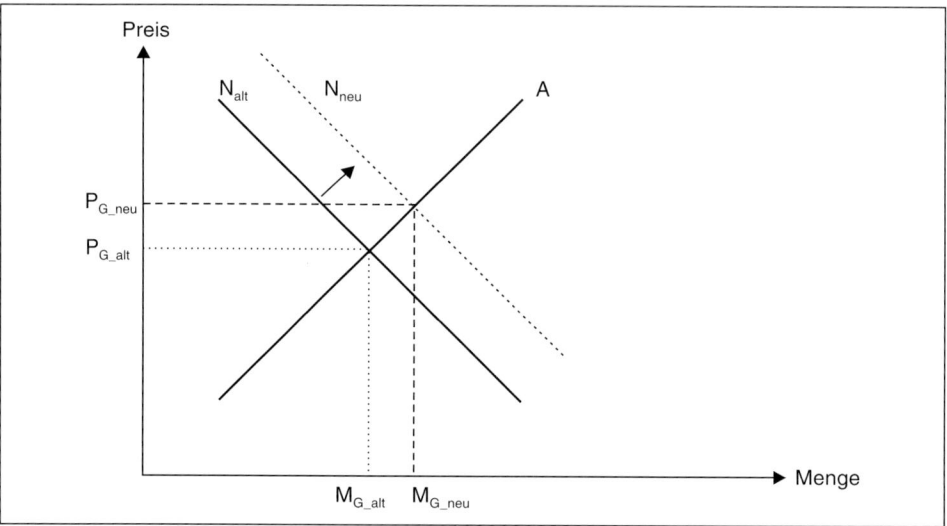

Preis- und Mengenanpassung bei Nachfrageerhöhung

Wie die obige Abbildung verdeutlicht, folgen aus einem Anstieg der gesamtgesellschaftlichen Nachfrage nach einem Gut sowohl eine Mengenausweitung als auch ein steigender Preis.

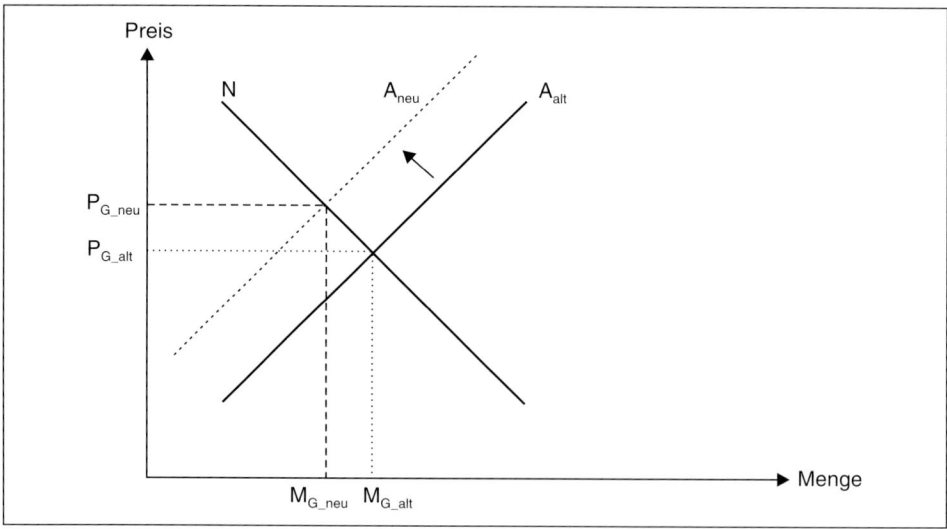

Eine Rücknahme des Angebots – zum Beispiel infolge einer Rohstoffknappheit – bewirkt, dass sich ein neues Gleichgewicht zu einem höheren Preis einstellt.

Exkurs: Herausbildung eines Gleichgewichtspreises im Börsenhandel

Wie vollzieht sich ein Prozess, bei dem sich ein Marktgleichgewicht über den Preis einstellt? Hierzu ein Beispiel von einem Markt, der dem vollkommenen Markt am ehesten nahekommt, nämlich der Wertpapierbörse:

Dem Kursmakler einer Börse liegen verschiedene Kauf- und Verkaufswünsche für von ihm gehandelte Aktien vor, die pro Auftrag eine zu geringe Stückzahl aufweisen, um im fortlaufenden Handel ausgeführt zu werden. Diese Aufträge zieht er heran, um den so genannten Einheitskurs (Kassakurs) des betreffenden Tages zu ermitteln. Dieser Einheitskurs ist derjenige Kurs, zu dem das größte Umsatzvolumen möglich ist.

Folgende Einzelaufträge liegen ihm vor:

Verkaufsaufträge		Kaufaufträge	
Stückzahl	zum Kurs von mindestens...	zum Kurs von höchstens...	Stückzahl
30	18	18	40
20	19	19	30
40	20	20	30
35	21	21	25
10	22	22	10
45	bestens*	billigst*	35
180	GESAMT		170

> * »bestens« bedeutet »auf jeden Fall verkaufen«; »billigst« bedeutet »auf jeden Fall kaufen«.

Auf den ersten Blick ist ersichtlich, dass an diesem Tag keinesfalls alle Verkaufs- und Kaufwünsche erfüllt werden können, weil sie sich sowohl hinsichtlich der Gesamtstückzahl unterscheiden als auch durch die Limitierungen teilweise ausschließen.

Der Kursmakler errechnet nun durch Kumulation (Anhäufung), wie viele Käufe und Verkäufe zu jedem einzelnen möglichen Kurs (der Einfachheit halber werden im Beispiel nur ganzzahlige Kurse als zulässig angenommen) getätigt werden könnten:

Verkäufe	Kurs	Käufe	möglicher Absatz	möglicher Umsatz
75	18	170	75	1350
95	19	130	95	1805
135	20	100	100	2000
170	21	70	70	1470
180	22	45	45	990

> Zum Kurs von 18 würden 30 Aktien mit entsprechender Limitierung sowie alle Aktien mit der Order »bestens« verkauft werden können. Zu diesem günstigen Kurs würden alle Käufer abschließen wollen. Bei einem Kurs von 19 wären 20 zusätzliche Verkäufer interessiert, aber 40 Käufer würden diesen höheren Preis nicht mehr akzeptieren usw.

Beim Kurs von 20 wäre der größtmögliche Umsatz erzielbar: 100 Stück zu je 20 Geldeinheiten. Deswegen wird dieser Kurs zum Kassa- oder Einheitskurs erklärt. 80 Aktien können an diesem Tag nicht verkauft werden, obwohl mehr als 100 Aktien zum Kurs von 20 zum Verkauf gestanden haben, da die Zahl der zu diesem Kurs kaufwilligen Nachfrager nur 100 beträgt. 70 Aktienkäufe bleiben unausgeführt, weil ihre Auftraggeber den Kurs von 20 nicht zu zahlen bereit sind.

Nun ist der Markt in diesem Beispiel, nämlich der Aktienmarkt, ein nahezu vollkommener Markt und damit durch eine Transparenz gekennzeichnet, die den meisten Märkten fehlt. Wie sich die Preisbildung auf unvollkommenen Märkten vollzieht, bleibt daher oft wenig nachvollziehbar und ist, da von den Aktionen realer Menschen geprägt, häufig wesentlich weniger »rational«.

Die Preisbildung wird von einer Reihe von Faktoren beeinflusst, nämlich von

– der Zahl der Mitbewerber und der Nachfrager, ausgedrückt durch die Marktform,

– der Markttransparenz, d. h. inwieweit es den Nachfragern möglich ist, Alternativangebote einzuholen,

– der → Elastizität der Nachfrage, d. h. der Reaktion der Nachfrager auf Preisveränderungen, und

– den Kosten, die in aller Regel nur kurzfristig unterschritten werden dürfen.

1.1.5.6 Preisbildung auf unvollkommenen Märkten

Wie vorstehend bereits dargestellt wurde, haben wir es in der realen Wirtschaft mit Märkten zu tun, die sich hinsichtlich der Zahl der Beteiligten auf Seiten der Anbieter wie auch auf Seiten der Nachfrager unterscheiden. Nur sehr selten erfüllen diese Märkte die genannten Kennzeichen des vollkommenen Marktes – allenfalls könnte man, wenn auch mit Abstrichen, die Wertpapierbörsen als vielleicht einzige reale Märkte als beinahe vollkommene Märkte ansehen. Wie kommt es nun auf solchen unvollkommenen Märkten zur Herausbildung eines Preises? Im folgenden Abschnitt soll dies am Beispiel einer Monopolsituation verdeutlicht werden. Dieses Beispiel ist bewusst ausführlich gehalten, um den nicht ganz einfachen Zusammenhang möglichst verständlich zu machen, und ist, weil in den Einzelheiten nicht »prüfungsgefährlich«, hier als »Exkurs« gekennzeichnet.

1.1.5.6.1 Exkurs: Preisbildung im (Angebots-)Monopol

Im Angebotsmonopol gibt es für das betrachtete Produkt nur einen Anbieter. Der französische Sozialwissenschaftler Augustin Antoine COURNOT entwickelte für diese Situation das bereits im Jahre 1838 veröffentlichte und seither nach ihm benannte Modell zur Preisbildung im Monopol. Die Vorgehensweise des Monopolisten bei der Preisfestsetzung erklärt er am Beispiel einer Mineralquelle, das hier wegen seiner Anschaulichkeit im wörtlichen Zitat[1] wiedergegeben werden soll:

»*Setzen wir, der einfachen Darstellung halber, voraus, dass ein Mensch im Besitz einer Mineralquelle sei, der man Heilwirkungen zuschreibt, welche keine andere bietet. Er könnte zweifellos den Literpreis dieses Wassers auf 100 Franken festsetzen, aber er würde sehr bald an der geringen Nachfrage merken, dass das nicht der richtige Weg sei, aus seinem Besitz viel herauszuholen. Er wird also den Literpreis nach und nach ermäßigen bis zu dem Betrag, der ihm den größtmöglichen Gewinn bringt. Das heißt, wenn F(p) das Gesetz der Nachfrage darstellt, so wird er nach verschiedenen Versuchen mit dem Preis p endigen, der das Produkt p x F(p) zum Maximum macht.*«

---

[1] A. Cournot, Recherches sur les principes mathematiques de la theorie des richesses, Paris 1838, in der Übersetzung von W.G. Waffenschmidt erschienen als: Untersuchungen über die mathematischen Grundlagen der Theorie des Reichtums, in: Sammlung sozialwissenschaftlicher Meister, Bd. 24, Jena 1924

Der Absatz des Produktes hängt also, wie obiges Modell zeigt, ab vom jeweils geforderten Preis, ist also um so größer, je geringer der Preis ist. Dabei versteht sich jedoch von selbst, dass das Ziel des Anbieters nicht in der Erreichung der maximalen Absatzmenge besteht: Diese könnte dadurch erzeugt werden, dass das Gut kostenlos abgegeben wird. Vielmehr wird der Anbieter nach dem maximalen Umsatz streben, der in diesem – ohne Kosten auskommenden – Modell dem maximalen Gewinn entspricht. Wie findet er diesen Punkt nun heraus?

Die nachfolgende Abbildung zeigt den Zusammenhang zwischen Preis und Menge. Die Menge X_s kennzeichnet dabei die größtmögliche Absatzmenge, die dadurch erzeugt wird, dass das Produkt verschenkt wird. Diese – nicht unendlich große – Menge wird als **Sättigungsmenge** bezeichnet. Der Preis P_p ist derjenige Preis, zu dem kein Absatz mehr stattfindet. Er wird als **Prohibitivpreis** bezeichnet. Zwischen diesen beiden Punkten sei der Einfachheit halber ein gleichförmiger (linearer) Verlauf der so genannten **Preis-Absatz-Funktion** angenommen: Im selben Maß, wie der Preis steigt, sinkt die absetzbare Menge.

In der grafischen Darstellung stellt sich diese Preis-Absatz-Funktion wie folgt dar:

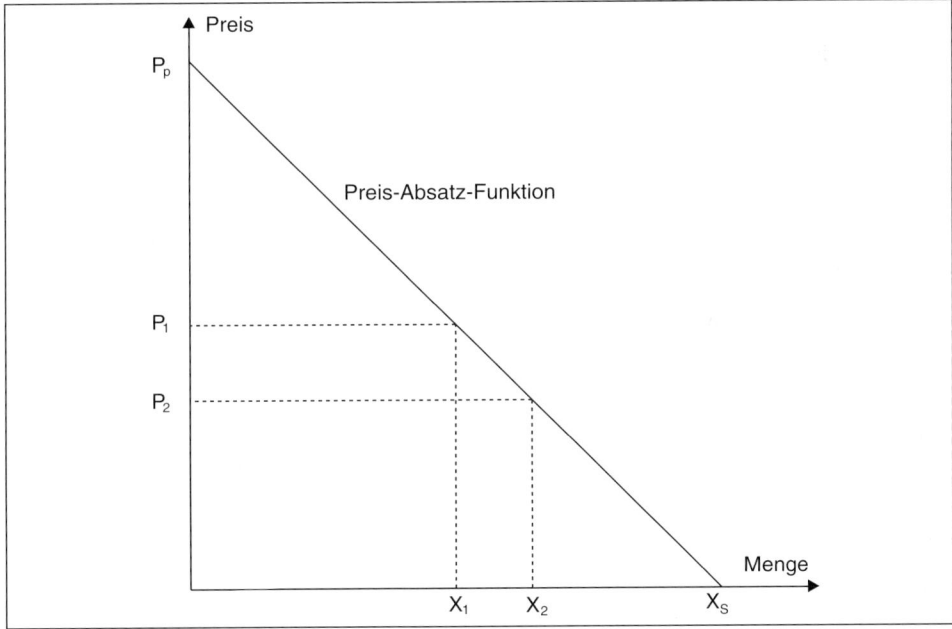

Lineare Preis-Absatz-Funktion

Für jeden Punkt auf der Preis-Absatz-Funktion kann ein Wertepaar, bestehend aus einem Preis und der hierfür absetzbaren Menge, abgelesen werden.

Beispiel:

Ein Quellenbesitzer nach Cournot'schem Vorbild hat durch Ausprobieren herausgefunden, dass, wenn er Menschen erlaubt, mit mitgebrachten Eimern und Flaschen kostenlos Wasser aus seiner Quelle zu zapfen, täglich 600 Liter abgeholt werden. Indem er eine Woche später begonnen hat, ein Entgelt zu erheben, und dieses Woche für Woche erhöht hat, konnte er die folgenden Preis-Mengen-Verhältnisse beobachten:

Preis je l in €	Absatz in l
0,00	600
0,50	500
1,00	400
1,50	300
2,00	200
2,50	100
3,00	0

Der Absatz hängt in einer nicht-zufälligen Weise vom Preis ab, man sagt auch »die Menge ist eine Funktion des Preises«. Diese kann im gegebenen Falle durch folgende Rechenvorschrift wiedergegeben werden, die sich (in diesem einfachen Fall eines linearen Verlaufs) durch das Einsetzen der Sättigungsmenge von 600 l als Konstante herleiten lässt:

x = 600 – 200p

Mit Hilfe dieser Rechenvorschrift kann für jeden Preis die absetzbare Menge errechnet werden; diese würde etwa bei einem Literpreis von 2,98 € folglich 600 – 596 = 4 (Liter) betragen.

Der Umsatz U errechnet sich aus der Multiplikation des Preises p mit der dazugehörigen Menge x zur **Umsatzfunktion**

$$U = p \cdot x$$

bzw., wenn die Preis-Absatz-Funktion x = F(p) eingesetzt wird, zu

$$U = p \cdot F(p)$$

Für den Anbieter ist also zu formulieren:

$$U = p \cdot F(p) \rightarrow max!$$

Unter der Annahme einer linearen Preis-Absatz-Funktion nimmt die Umsatzfunktion die nachfolgend abgebildete Gestalt an:

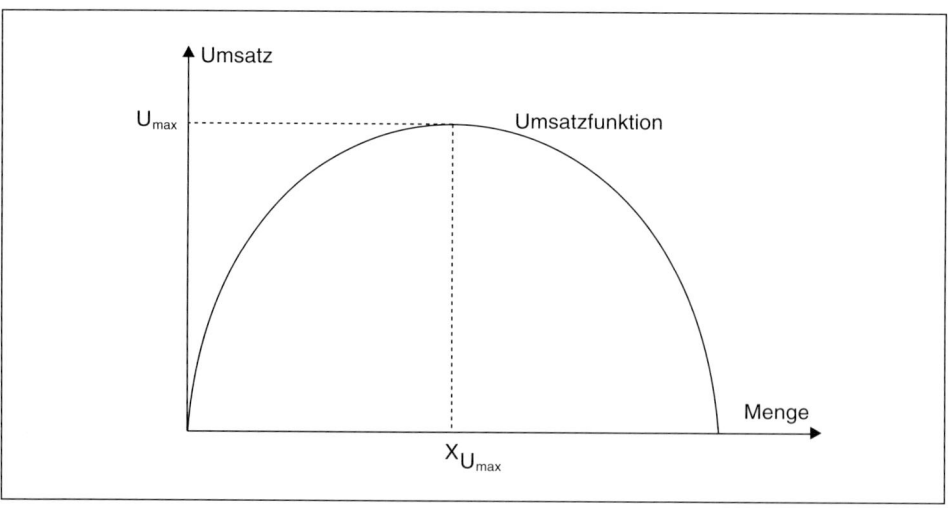

Umsatzfunktion

Fortsetzung des Beispiels:

Der Umsatz ergibt sich für die gefundenen Preis-Absatz-Kombinationen wie folgt:

Preis in €	Absatz in l	Umsatz in €
0,00	600	0
0,50	500	250
1,00	400	400
1,50	300	450
2,00	200	400
2,50	100	250
3,00	0	0

Rechnerisch kann er für alle Zwischenwerte nach der Rechenvorschrift

$U = p \cdot x$

$\quad = p \cdot (600 - 200p)$

$\quad = 600p - 200p^2$

ermittelt werden. Für einen Preis von 2,98 € ergibt sich also ein Umsatz von

$U = 600 \cdot 2,98 - 200 \cdot 2,98^2$

$\quad = 1788 - 1776,08$

$\quad = 11,92\ (€).$

Das **Umsatzmaximum** liegt auf dem Scheitelpunkt der Umsatzfunktion. Den Zusammenhang zwischen dem optimalen Preis und der optimalen Menge bzw. zwischen der Preis-Absatz-Funktion und der Umsatzfunktion zeigt die folgende Abbildung:

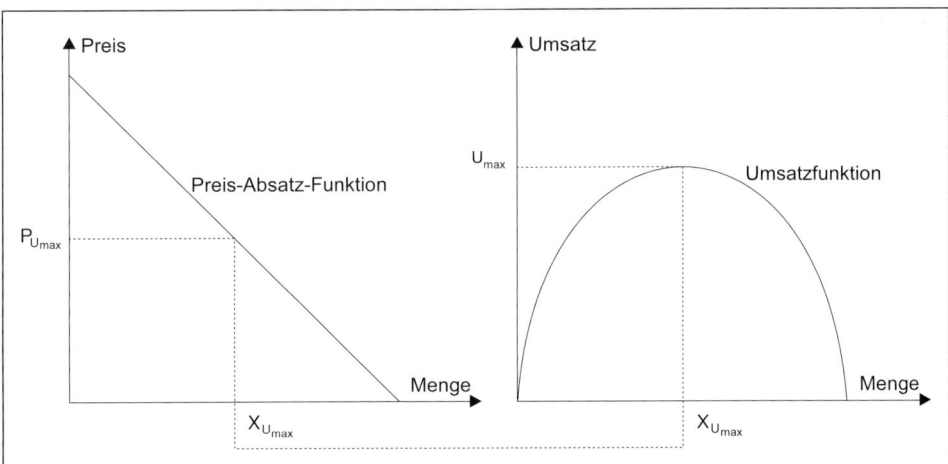

Bestimmung der umsatzmaximalen Menge und des umsatzmaximalen Preises

Fortführung des Beispiels:

Es ergibt sich (wie die Wertetabelle bereits vermuten ließ) ein Umsatzmaximum beim Preis von 1,50 € je Liter, zu dem eine Menge von 300 l abgesetzt werden und ein Umsatz von 450 € erzielt werden kann.

Der umsatzmaximale Preis kann auch rechnerisch bestimmt werden, nämlich durch die Nullsetzung der 1. Ableitung der Umsatzfunktion:

$$U = 600p - 200p^2 \to max \,!$$

$$600 - 400p = 0$$

$$p_{U_{max}} = \frac{600}{400} = 1,50$$

Das Mineralquellenbeispiel von COURNOT wie auch das oben dargestellte Beispiel vernachlässigen bis hierhin aber völlig die Tatsache, dass der zu fordernde Preis nicht allein durch die Nachfrage, sondern auch durch die Kosten der Produktion bestimmt wird. COURNOT selbst hat daher eine Erweiterung seines Beispiels geliefert, die abermals wörtlich wiedergegeben werden soll (Literaturquelle wie vor):

»*Gehen wir zum Beispiel eines Menschen über, der das Geheimnis besäße, ein künstliches Mineralwasser auf pharmazeutischem Wege herzustellen, wofür Rohstoffe und Arbeitsaufwand bezahlt werden müssen. Hier wird der Hersteller nicht mehr die Funktion p x F(p) oder den jährlichen Bruttoertrag, sondern den Nettoertrag oder die Funktion p x F(p) – K(x) zum Maximum bringen, wobei K(x) die Kosten bezeichnet, welche die Herstellung einer Anzahl von x Litern verursacht.*«

Das Interesse des Anbieters richtet sich in dieser Situation nicht in erster Linie auf die Maximierung des Umsatzes, sondern auf die Erzielung des größtmöglichen Gewinns. Daher gilt

$$G = U - K \to max!$$

mit G = Gewinn bzw. Nettoertrag
U = Umsatz
K = Kosten

Unter der Annahme, dass sich die zugrundegelegten Gesamtkosten K_g aus einem fixen Anteil K_f (z. B. für die Beschäftigung von Mitarbeitern, Zinsen und Tilgung für Maschinen) und einem variablen Anteil K_v (z. B. für Rohstoffe) zusammensetzen, ergibt sich die folgende Darstellung der **Kostenfunktionen** in Abhängigkeit von der Menge:

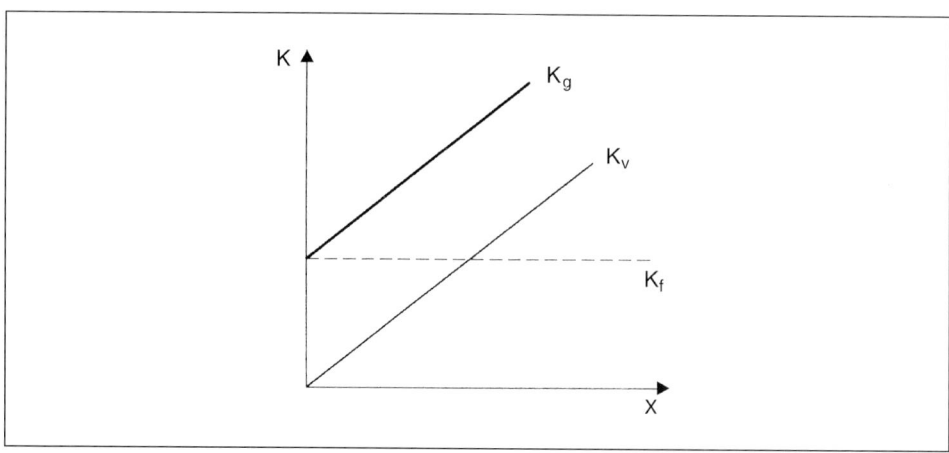

Fixkosten, variable Kosten und Gesamtkosten

Das **Gewinnmaximum** liegt links vom Umsatzmaximum, d. h. die gewinnmaximale Menge ist geringer als die umsatzmaximale Menge.

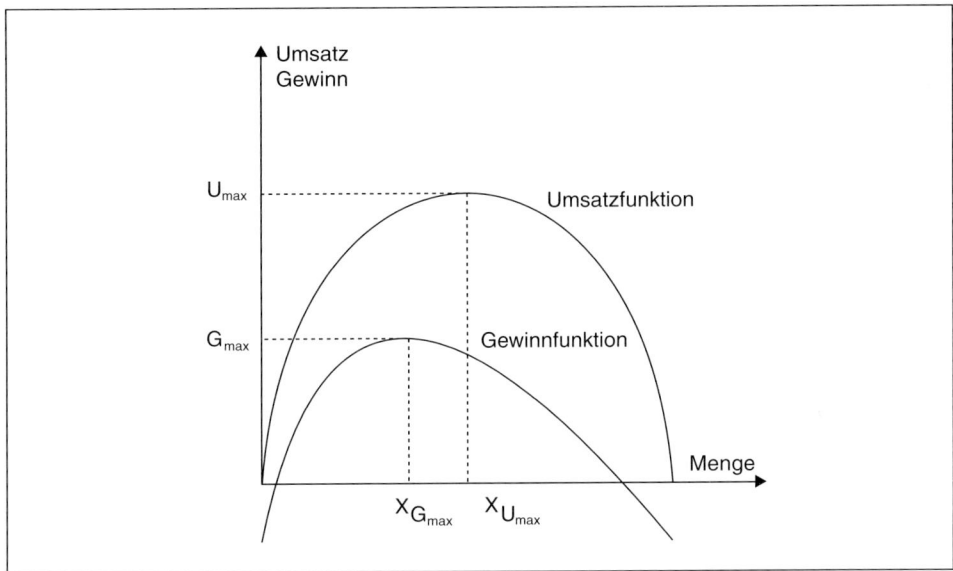

Gewinnfunktion; zum Vergleich: Umsatzfunktion

Wiederum kann die der gewinnmaximalen Menge zugehörige gewinnmaximale Preis mit Hilfe der Preis-Absatz-Funktion ermittelt werden:

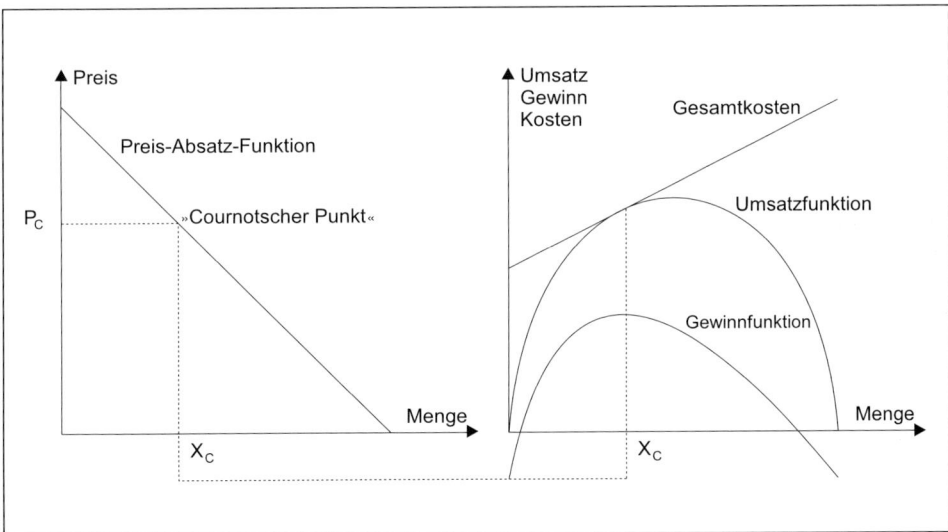

Gewinnmaximale Menge und gewinnmaximaler Preis

Der gewinnmaximale Preis ist höher als der umsatzmaximale Preis.

In Würdigung des Entdeckers dieses Zusammenhanges wird der gewinnmaximale Preis häufig als »Cournotscher Preis«, die gewinnmaximale Menge als »Cournotsche Menge« bezeichnet. Der diese Werte bestimmende Punkt auf der Preis-Absatz-Funktion heißt dementsprechend »**Cournotscher Punkt**«.

Fortführung des Beispiels:

Der Quellenbesitzer geht von 20 Verkaufs- und Arbeitstagen monatlich aus. Der Arbeitnehmer, den er für das Anmischen und Abfüllen des Mineralwassers einstellen muss, kostet alles in allem 2.500 € brutto im Monat, also 125 € je Arbeitstag. Je Literflasche fallen 0,06 € für Mineralienzusätze und 0,09 € für die Einwegflasche an. Das Mitarbeitergehalt stellt Fixkosten dar, während die mengenbezogenen Kosten variable Kosten sind. Die Gesamtkosten ergeben sich aus

$K = K_f + k_v \cdot x$

mit

K = *Gesamtkosten*

K_f = *Fixkosten je Tag*

k_v = *variable Stückkosten*

x = *Tagesmenge*

(die variablen Gesamtkosten K_v entsprechen dem Term $k_v \cdot x$)

x = *Tagesmenge*

$= 125 + 0,15x$

Die Gewinnfunktion lautet

$G = U - K$

$= 600p - 200p^2 - (125 + 0,15x)$

bzw. nach Einsetzen von 600 − 200p für x

$= 600p - 200p^2 - (125 + 0,15 (600 - 200p))$

$= 630p - 200p^2 - 215$

Der Maximalgewinn kann aus der folgenden, auf einen Monat bezogen und um Monatsabsätze, Monatsumsätze, Kosten und Gewinn erweiterten Wertetabelle nicht eindeutig abgelesen werden:

Preis €	tägl. Absatz I	tägl. Umsatz €	Monatsabsatz I (Tagesabsatz x 20 Tage)	Monatsumsatz U in € (Tagesumsatz x 20 Tage)	Fixe Kosten K_f	variable Kosten K_v (Monatsabsatz x 0,15 €)	Gesamtkosten $K = K_f + K_v$	Gewinn $G = U - K$
0,00	600	0	12000	0	2500	1800	4300	-4300
0,50	500	250	10000	5000	2500	1500	4000	1000
1,00	400	400	8000	8000	2500	1200	3700	4300
1,50	300	450	6000	9000	2500	900	3400	5600
2,00	200	400	4000	8000	2500	600	3100	4900
2,50	100	250	2000	5000	2500	300	2800	2200
3,00	0	0	0	0	2500	0	2500	-2500

Eingedenk der vorher gewonnenen Erkenntnis, dass der gewinnmaximale Preis etwas über dem umsatzmaximalen Preis liegt (bzw. die gewinnmaximale Menge etwas geringer ist als die umsatzmaximale Menge), werden in der folgenden Tabelle die Werte um p = 1,50 herum eingehender untersucht:

Preis €	tägl. Absatz I	tägl. Umsatz €	Monatsabsatz I (Tagesabsatz x 20 Tage)	Monatsumsatz U in € (Tagesumsatz x 20 Tage)	Fixe Kosten K_f	variable Kosten K_v (Monatsabsatz x 0,15 €)	Gesamtkosten $K = K_f + K_v$	Gewinn $G = U - K$
0,00	600	0	12000	0	2500	1800	4300	-4300
0,00	600	0	12000	0	2500	1800	4300	-4300
0,50	500	250	10000	5000	2500	1500	4000	1000
1,00	400	400	8000	8000	2500	1200	3700	4300
1,50	300	450	6000	9000	2500	900	3400	5600
1,53	294	449,82	5880	8996,4	2500	882	3382	5614,4
1,55	290	449,5	5800	8990	2500	870	3370	5620
1,57	286	449,02	5720	8980,4	2500	858	3358	5622,4
1,58	284	448,72	5680	8974,4	2500	852	3352	5622,4
1,60	280	448	5600	8960	2500	840	3340	5620

Der höchstmögliche Gewinn liegt offensichtlich bei einem Preis zwischen 1,57 € und 1,58 € und dem entsprechenden Absatz von 286 bzw. 285 Stück pro Tag.

Der gewinnmaximale Preis kann auch rechnerisch bestimmt werden, nämlich durch die Nullsetzung der 1. Ableitung der Gewinnfunktion:

$$G = 630p - 200p^2 - 215 \rightarrow max\;!$$

$$630 - 400p = 0$$

$$p = \frac{630}{400} = 1,575$$

1.1.5.6.2   Preisbildung auf oligopolistischen und polypolistischen Märkten

Im **Angebotsoligopol** existieren nur wenige Mitanbieter. Deswegen wird dieser Marktform oft die Neigung zu (verbotenen) Preisabsprachen unterstellt. Tatsächlich sind diese aber häufig gar nicht erforderlich; vielmehr bildet sich auf oligopolistischen Märkten meist eine stillschweigende Preisführerschaft heraus. Der Preisführer, der oft auch der Anbieter mit dem größten Marktanteil (Marktführer) ist, nimmt eine Preisveränderung vor, auf die die anderen Anbieter in mehr oder weniger gleicher Weise reagieren, um ihre Position im Markt zu behaupten.

Beispiel:

An einer Ausfallstraße befinden sich vier konkurrierende Tankstellen. Eine von ihnen senkt den Preis um 0,02 € je Liter Superbenzin. Wenn die anderen Tankstellen nicht folgen, wird ein guter Teil ihrer potenziellen Kunden zum billigeren Anbieter fahren. Dieser »verschenkt« zwar Gewinnanteile durch die Preissenkung, macht diesen Verlust aber durch den höheren Umsatz mehr als wett. Um keine Kunden – womöglich dauerhaft – an den Mitbewerber zu verlieren, ziehen die anderen Tankstellen nach und senken ihren Preis ebenfalls um 0,02 €.

Dieselbe Situation, aber eine der Tankstellen erhöht ihren Preis um 0,02 €: Wenn die anderen Tankstellen nicht nachziehen, wird diese Tankstelle das Nachsehen haben. Für die anderen drei Tankstellen ist es aber lukrativer, die Preiserhöhung mitzugehen, als die abtrünnige Kundschaft des Preisausreißers unter sich aufzuteilen. Sie werden also relativ zügig gleichfalls den Preis erhöhen.

In Oligopolen ist meist eine Neigung zur **Preisstarrheit** zu beobachten: Die Preise bleiben über lange Zeiträume mehr oder weniger stabil.

Aufgrund seiner geringen Marktmacht kann ein einzelner Anbieter im **Angebotspolypol** nur wenig Einfluss auf den Marktpreis nehmen: Preisveränderungen, die er selbst vornimmt, werden den Marktpreis nicht verändern, und die Konsequenzen seiner Preisvariation treffen allein ihn.

Betrachten wir noch einmal den städtischen Wochenmarkt: Charakteristisch ist, dass viele Marktstände dieselben – oft saisonabhängigen – Waren feilbieten, über deren Beschaffenheit und Preise sich die vorbeiflanierenden Kaufinteressenten rasch einen Überblick verschaffen können. Wer Zeit hat, dies zu tun, und keine persönlichen Vorlieben für einen bestimmten Händler hegt, wird die gewünschte Ware in der gewünschten Qualität bei dem Händler kaufen, der den niedrigsten Preis verlangt. Wollen auch andere Händler zum Zuge kommen, müssen sie entweder warten, bis der billiger anbietende Mitbewerber ausverkauft ist, oder ihre Preise anpassen.

Allerdings: In dieser Situation wird sich jeder Händler überlegen, ob er die anderen Mitbewerber tatsächlich preislich unterbieten soll, denn – was hat er davon? Wenn er nicht genug Ware anbieten kann, um die gesamte Nachfrage am Markt zu bedienen, werden, sobald er ausverkauft ist, die anderen, teureren Anbieter zum Zuge kommen und ihren höheren Preis realisieren – für ihn selbst ist die Spanne zwischen seinem Preis und dem Preis der übrigen Anbieter verloren. Und falls die anderen Anbieter ihren Preis ebenfalls senken, riskiert er zusätzlich, einen Teil seiner Ware nicht abzusetzen, weil sich die Nachfrage dann von der Markteröffnung an auf alle Anbieter verteilt – sein eigener Ertrag ist dann noch niedriger als im ersten Falle. Anders herum macht es aber auch wenig Sinn, wenn ein einzelner Händler für gleiche Qualität einen höheren Preis verlangt; denn damit würde er riskieren, dass die anderen Anbieter die – letztlich im Vorwege nicht exakt bestimmbare – Nachfrage vollständig befriedigten und er gar nicht zum Zuge käme.

Sehr wahrscheinlich ist also, dass sich stillschweigend ein einheitlicher Preis für gleiche Qualität herausbildet. Der einzelne Händler entscheidet dann nicht mehr über die Höhe des Preises, den er verlangt, sondern nur über die Menge, die er zu diesem Preis anbieten will.

Nun sind nicht alle Angebotspolypole so transparent und dicht am »vollkommenen Markt« wie im Wochenmarktbeispiel. Insofern haben Polypolisten innerhalb einer bestimmten Bandbreite durchaus die Möglichkeit zur Preisvariation.

Allgemein gilt aber im Angebotspolypol der Satz: »Im Polypol ist der Anbieter **Mengenanpasser**«. Damit wird ausgedrückt, dass der Anbieter im Polypol den Marktpreis als gegeben nimmt und seine Angebotsmenge an diesen Marktpreis anpasst.

1.1.5.7   Staatliche Eingriffe in die Preisbildung

Der Wunsch, Produzenten oder Verbraucher vor nachteiligen Folgen des Wettbewerbs am Markt zu schützen, könnte den Staat veranlassen, in das freie Spiel von Angebot und Nachfrage einzugreifen. Im Abschnitt über die → Preisbildung wurden einige Eingriffsmöglichkeiten bereits kurz angesprochen.

Die Preisbeeinflussung kann direkt erfolgen, indem Festpreise, Preisober- oder Preisuntergrenzen festgeschrieben werden, oder indirekt durch Auflagen oder Subventionen, die sich preiserhöhend oder -senkend auswirken.

1.1.5.7.1   Direkte Preisbeeinflussung durch den Staat: Mindest-, Höchst- und Festpreise

Direkte Preisbeeinflussung liegt vor, wenn staatlicherseits ein bestimmter Preis bzw. ein Höchst- oder Mindestpreis vorgeschrieben wird. Da durch diese Maßnahme die Preisbildungsfunktion außer Kraft gesetzt wird, handelt es sich bei der Festlegung von Festpreisen, Preisober- oder -untergrenzen um schwerwiegende Eingriffe in den Markt.

Mit der Festlegung von **Mindestpreisen** sollen Anbieter, deren Leistung staatlicherseits für erhaltenswert erachtet wird, vor dem Ruin geschützt werden, der sie ereilen würde, wenn der Preis am Markt gebildet würde: Ein garantierter Mindestpreis wird also in aller Regel über dem natürlichen Gleichgewichtspreis liegen und damit einen Produktionsanreiz ausüben, der einen ständigen Angebotsüberhang zur Folge hat. Dieser muss durch den Aufkauf der Überproduktion durch den Staat ausgeglichen werden. Die EU-Subventionspolitik im Agrarbereich brachte seit Ende der 1970er Jahre gewaltige Überschüsse an landwirtschaftlichen Produkten – vor allem Butter, Milch, Fleisch und bestimmte Obst-, Gemüse- und Getreidesorten – hervor, die teilweise teuer eingelagert, teilweise sogar vernichtet werden mussten: Eine Abgabe der Überschussproduktion an Entwicklungsländer, wie sie zeitweilig erfolgte, hätte langfristig die Existenz der dort einheimischen Produzenten bedroht. Durch Höchstmengenfestlegungen (»Milchquote«) und Prämien für Flächenstilllegungen oder Nutzungsumwandlungen wurde versucht, die Überproduktion zu drosseln. Allerdings konnten die berüchtigten »Butterberge« und »Milchseen« erst in neuester Zeit (seit 2007 als Folge erhöhter Nachfrage, die auch Preiserhöhungen zur Folge hatte) abgebaut werden.

Staatlich festgesetzte **Höchstpreise** unterhalb des natürlichen Gleichgewichtspreises dienen dem Schutz von Verbrauchern. Ihre Festlegung erfolgt häufig in Krisensituationen, wenn etwa infolge von Kriegen oder Katastrophen insbesondere Güter des täglichen, lebensnotwendigen Bedarfs ansonsten unerschwinglich würden. Da der Anreiz für Anbieter, ihr Angebot zu erhöhen, gering ist, müssen Subventionen geleistet werden und ggf. weitere nicht-marktkonforme Maßnahmen ergriffen werden, z. B. die Herausgabe von Bezugsscheinen, wie sie nach dem Zweiten Weltkrieg personenbezogen ausgegeben wurden (»Marken«). Typischerweise bilden sich in solchen Situationen illegale Schwarzmärkte heraus, an denen die begehrten Güter zu Marktpreisen gehandelt werden.

In Deutschland gibt es **staatliche Preisfestsetzungen** beispielsweise

– bei der **Grundvergütung für alternative Energien** nach dem Erneuerbare-Energien-Gesetz (EEG). Mit der Festschreibung garantierter Preise über lange (teils Jahrzehnte umfassende) Zeiträume sollen Anreize für (meist langfristige) Investitionen in diese Energieformen gegeben werden.

– bei der Festlegung von **Tarifen für die Personenbeförderung** im öffentlichen Nahverkehr oder in Taxis durch die Kommunen, die zum Schutze sowohl der Fahrgäste vor überhöhten Forderungen als auch der Anbieter vor einem ruinösen Preiskampf getroffen werden.

– in Form gesetzlich geregelter **Gebührensätze für bestimmte Leistungen**, etwa diejenigen der Rechtsanwälte (geregelt im Rechtsanwaltsvergütungsgesetz – RVG), der Notare (geregelt im Gesetz über die Kosten in Angelegenheiten der freiwilligen Gerichtsbarkeit – KostO), der Ärzte, soweit sie außerhalb der gesetzlichen Krankenversicherung erbracht werden (geregelt in der Gebührenordnung für Ärzte – GOÄ) und der Architekten und Ingenieure (geregelt in der Honorarordnung für Architekten und Ingenieure – HOAI).

Eine staatliche Einflussnahme auf die Preisbildung am Markt stellt auch die **Preisbindung für Bücher** dar (Buchpreisbindungsgesetz – BuchPrG).

1.1.5.7.2 Indirekte Preisbeeinflussung durch den Staat

Eine indirekte Preisbeeinflussung liegt vor, wenn Anbietern oder Nachfragern in Zusammenhang mit der Erzeugung bzw. dem Erwerb eines Gutes besondere Vergünstigungen zugestanden oder besondere Lasten auferlegt werden.

Beispiele für Vergünstigungen, die Anreize auf Anbieter bzw. Nachfrager ausüben, sind die Zahlung von **Subventionen** (als Zuschüsse, Kredite oder Bürgschaften), wenn die Erzeugung bestimmter Produkte forciert oder unterlassen wird (etwa in Form von Schlachtprämien oder Prämien für Flächenstilllegungen im Agrarbereich) und die Gewährung von **Steuererleichterungen** für die Käufer bestimmter Produkte (etwa abgasarmer Kraftfahrzeuge).

Derartige Maßnahmen gelten als marktkonform, wenn sie die Preisbildung beeinflussen, ohne direkt in sie einzugreifen. Subventionen, denen die Absicht zur Stärkung bedrohter Betriebe und strukturschwacher Branchen und Regionen zugrunde liegt, wirken aber auch wettbewerbsverzerrend, indem sie nicht-lebensfähige Betriebe und Geschäftszweige »künstlich« erhalten und Regionen von notwendigen Strukturreformen abhalten.

Eine indirekte Preisbeeinflussung liegt auch vor, wenn der Staat selbst als Nachfrager auftritt.

1.1.6 Geld und Währung

»Ware gegen Ware« – dieser Tausch war echt mühsam, wenn man einen Ochsen hatte und Schuhe wollte, aber der, der die Schuhe hatte, keinen Ochsen wollte, sondern eine Regentonne... Und wenn es dann nicht gelang, eine Tauschkette zu bilden, an deren Ende die gewünschten Schuhe standen, ging man halt wieder mit dem Ochsen nach Hause, oder – wie Hans im Glück – mit ganz etwas anderem. Geld, ein anerkanntes Tauschmittel also, in dem man den Preis für einen Ochsen und den für ein paar Schuhe ausdrücken und auch zahlen konnte, war – zusammen mit der Herausbildung von Märkten, von Arbeitsteilung und beruflicher Spezialisierung – eine wesentliche Voraussetzung für das Entstehen unserer modernen Wirtschaft.

Geld ist aber nur dann etwas wert, wenn es nicht beliebig vermehrt werden kann. Es muss also hoheitliche Kontrollmechanismen geben, und zwar möglichst solche, die nicht in Händen von Regierungen liegen – denn wer sollte die davon abhalten, die Geldpresse anzuwerfen, wenn Zahlungsmittel, etwa zur Beschaffung von Kriegsgerät, benötigt werden? Die Antwort ist ein unabhängiges Zentralbankensystem, das über Instrumente zur Kontrolle der Geldmenge verfügt. Am Beispiel des Europäischen Systems der Zentralbanken (ESZB) soll gezeigt werden, wie dies funktioniert.

1.1.6.1 Geld- und Währungsbegriff

1.1.6.1.1 Geld: Begriff, Eigenschaften und Funktionen

In Zusammenhang mit der → Arbeitsteilung wurde die Entstehung des Geldes zur Überwindung des reinen Tauschhandels »Ware gegen Ware« bereits angesprochen.

Geld als allgemeines Tauschmittel muss

– wertbeständig und haltbar,
– knapp, d. h. nicht beliebig und mühelos vermehrbar,
– fälschungssicher,
– transportabel,
– teilbar und
– allgemein anerkannt sein.

Es fungiert im Wesentlichen als

– **Tauschmittel** im Tausch »Ware gegen Geld« – »Geld gegen Ware«,

– **Zahlungsmittel**, wenn die Schuld nur mit Geld beglichen werden kann (z. B. Steuern),

– **Wertaufbewahrungsmittel**, um für spätere Käufe oder Zahlungen zur Verfügung zu stehen,

– **Wertausdrucksmittel**, über das der Wert von Dingen und Rechten ausgedrückt und vergleichbar gemacht wird,

– **Recheneinheit**, um Werte einzelner Gegenstände zu gesamten Vermögenswerten zu addieren.

In der Menschheitsentwicklung nahmen erst Waren wie Getreide, Gewürze, Muscheln und Vieh und die Edelmetalle Gold und Silber diesen Rang ein. Letztere erwiesen sich als besonders geeignet für den sich ausweitenden Handel und wurden in verschiedenen Gewichtungen hergestellt und geprägt. Entsprach der Wert des Metalls dem aufgedruckten Wert der Münze, wurde von **Kurantmünzen** gesprochen. Heutige Münzen sind durchweg **Scheidemünzen**: Ihr Wert übersteigt den Metallwert.

Da größere Mengen **Münzgeld** ein hohes Gewicht und ein Risiko auf Reisen darstellten, wurde es üblich, Münzen bei darauf spezialisierten Kaufleuten zu lagern und sich hierüber Berechtigungsscheine ausstellen zu lassen, die ihrerseits zum Tauschobjekt wurden. Auf diese Weise entstand sowohl das **Bankwesen** als auch das **Papiergeld**. Modernes Geld besteht heute häufig nur noch in Form von **Buchgeld (Giralgeld)**, das auf Konten der Berechtigten bei Kreditinstituten verbucht ist und durch Überweisungen, Schecks, Lastschriften usw. von einem Kontoinhaber auf einen anderen Kontoinhaber übertragen werden kann.

1.1.6.1.2   Währung: Begriff und Arten

Das Geldwesen eines Landes wird als Währung bezeichnet. Weltweit gibt es mehr als 150 nationale Währungen, unter denen der US-Dollar (US-$) und der Euro (€) wegen ihrer hohen Verbreitung international von besonderer Bedeutung sind. Sie werden bei vielen internationalen Transaktionen eingesetzt und vielfach von den verschiedenen nationalen Zentralbanken genutzt, um Reserven in ihnen anzulegen. Deswegen werden sie häufig als Leitwährungen bezeichnet.

Folgende Währungsbegriffe sind zu unterscheiden:

– **Goldumlaufwährung:** Als Zahlungsmittel dienen Goldmünzen, deren Nennwert dem Metallwert entspricht. Ggf. werden zusätzlich unterwertige Silbermünzen (Scheidemünzen) ausgegeben.

– **Goldkernwährung:** Als Zahlungsmittel dient Papiergeld und ggf. niederwertiges Münzgeld. Zur Deckung des umlaufenden Geldwerts oder wenigstens eines bestimmten Teils davon besteht eine Goldreserve bei der Zentralbank. Bis zum ersten Weltkrieg dominierten weltweit Goldkernwährungen; auch die Reichsmarkwährung von 1924 war eine Goldkernwährung. Heute gibt es keine Goldkernwährungen mehr.

– **Golddevisenwährung:** Die Zentralbankreserve besteht nicht in Gold, aber in Währungen von Ländern mit Golddeckungswährung.

Die Deckung moderner Währungen besteht nicht mehr in Form von Zentralbankreserven, sondern in der Wirtschaftskraft der jeweiligen Volkswirtschaft. Modernes, beliebig vermehrbares Geld (oft als »**Fiat Money**« bezeichnet, abgeleitet vom lateinischen »fiat« = »es werde«) ist damit eine »Anweisung auf das Nationaleinkommen«.

1.1.6.2 Geldmenge und Europäische Zentralbank

Die **Geldmenge** umfasst sämtliches Geld, das in einer Volkswirtschaft zur Verfügung steht. Dazu gehören Münz- und Papiergeld ebenso wie Buchgeld.

Die verfügbare Geldmenge steht den verfügbaren Waren, entgeltlichen Dienstleistungen und Rechten gegenüber. Der Wert der einzelnen Geldeinheit und die Preise für einzelne Güter hängen eng mit der Geldmenge zusammen: Würde die vorhandene Geldmenge durch »Anwerfen der Geldpresse« verdoppelt, die Menge der verfügbaren Güter aber unverändert bleiben, müssten sich die Preise jedes einzelnen Gutes ebenfalls verdoppeln, um das Gleichgewicht wiederherzustellen. Auf den Zusammenhang zwischen Geldmenge, → Kaufkraft und Preisen wird bei der Erörterung des → **Binnenwertes** des Geldes noch ausführlich eingegangen.

Die Regulierung der Geldmenge im Euroraum ist Aufgabe der Europäischen Zentralbank (EZB). Sie unterscheidet folgende Geldmengen:

Geldmenge M1 = Sichteinlagen der Nichtbanken
                         + Bargeldumlauf ohne Kassenbestände der Monetären Finanzinstitute

Geldmenge M2 = Geldmenge M1
                         + Einlagen mit vereinbarter Laufzeit $\leq$ 2 Jahre
                         + Einlagen mit Kündigungsfrist $\leq$ 3 Monate

Geldmenge M3 = Geldmenge M2
                         + Anteile an Geldmarktfonds, Repoverbindlichkeiten, Geldmarktpapieren und Bankschuldverschreibungen mit Laufzeiten $\leq$ 2 Jahre

Dabei bedeuten

Monetäre Finanzinstitute	Kreditinstitute, Bausparkassen, Geldmarktfonds.
Sichteinlagen	Einlagen bei Kreditinstituten, die ohne Kündigungsfrist (»bei Sicht«) fällig sind.
Laufzeit	Bei Einlage wird eine Laufzeit vereinbart, nach deren Ablauf über die Einlage verfügt werden kann.
Kündigungsfrist	Die Einlage wird unbefristet angenommen. Beträge, die entnommen werden sollen, müssen gekündigt werden und sind nach Ablauf der Kündigungsfrist verfügbar. Für Einlagen auf Sparbücher wird häufig vertraglich eine kündigungsfreie Verfügung von 2.000 € pro Monat vereinbart. Bis 2002 bestand in Deutschland eine gesetzliche Kündigungsfrist für Sparbücher von 3 Monaten.
Geldmarktfonds	Investmentfonds mit Geldmarkttiteln und Wertpapieren mit sehr kurzer Laufzeit.
Repoverbindlichkeiten	Verbindlichkeiten aus einer Rückkaufvereinbarung (Repo), bei der Wertpapiere verkauft und gleichzeitig zum Ablauf einer bestimmten Laufzeit zurückgekauft werden **(Wertpapierpensionsgeschäft)**. Derartige Geschäfte sind in aller Regel sehr kurzfristig, teilweise »Über-Nacht-Geschäfte«.

Geldmarktpapiere Spezielle Wertpapiere, die zwecks kurzfristiger Geldbeschaffung meist in Form abgezinster **Schuldverschreibungen** ausgegeben werden. Sie werden zum Abzinsungsbetrag verkauft und zum Nominalbetrag zurückgekauft.

Bankschuldverschreibung Von einem Kreditinstitut herausgegebenes, fest oder variabel verzinsliches Wertpapier.

Die geldpolitischen Entscheidungen und Maßnahmen der Europäischen Zentralbank sind auf die Geldmenge M3 ausgerichtet.

Indem die EZB den Wirtschaftskreislauf mit Geld versorgt, betreibt sie **primäre Geldschöpfung**. Durch ihre Politik, der Wirtschaft bei Bedarf Geld zuzuführen oder zu entziehen, kann sie die Menge des umlaufenden Geldes direkt beeinflussen. Größerer Einfluss auf die Geldmenge geht von der → **sekundären Geldschöpfung** aus.

1.1.6.3 Aufbau der Europäischen Zentralbank; Aufgaben, Ziele, Instrumente

1.1.6.3.1 Organisation der Europäischen Zentralbank (EZB)

Die Europäische Zentralbank ist die gemeinsame Währungsbehörde der 27 Mitgliedstaaten der Europäischen Währungsunion, von denen bisher 17 den Euro als gesetzliches Zahlungsmittel eingeführt haben, nämlich Belgien, die Bundesrepublik Deutschland, Estland, Finnland, Frankreich, Griechenland, Irland, Italien, Luxemburg, Malta, die Niederlande, Österreich, Portugal, Slowakische Republik, Slowenien, Spanien und Zypern (Montenegro, Kosovo, sowie die Kleinstaaten Andorra, San Marino, Monaco und Vatikan nutzen den Euro ebenfalls, sind aber nicht Mitglieder der Eurozone). Sie wurde 1998 als Rechtsnachfolgerin des Europäischen Währungsinstituts, das die europäische Währungsunion vorbereitet hatte, gegründet und übernahm am 1.1.1999 die Durchführung der Geldpolitik im Euroraum, die zuvor den Zentralbanken der einzelnen Mitgliedsländer oblag.

Die EZB hat ihren Sitz im Eurotower in Frankfurt/Main. Zusammen mit den nationalen Zentralbanken der EU-Mitgliedstaaten bildet sie das **Europäische System der Zentralbanken (ESZB)**.

Ihre Beschlussorgane, die unabhängig von nationalstaatlichen Interessen zu agieren haben, sind

– das **Direktorium**, bestehend aus einem Präsidenten, einem Vizepräsidenten und vier weiteren Mitgliedern, von denen eines zum Chefvolkswirt bestimmt wird. Die Direktoriumsmitglieder werden von den Finanz- und Wirtschaftsministern der Eurozonen-Staaten vorgeschlagen und nach Anhörung des EU-Parlaments von den Staats- und Regierungschefs der Eurozonenstaaten gewählt. Die Amtszeit jedes Direktoriumsmitglieds beträgt – bei ausgeschlossener Wiederwahl – acht Jahre. Die Amtszeiten des ersten Direktoriums waren allerdings gestaffelt, um einen kompletten Austausch des Direktoriums am Ende einer Wahlperiode zu verhindern und so die Kontinuität der Arbeit zu gewährleisten. Kein Mitgliedsland hat einen garantierten Zugriff auf einen Direktoriumssitz; dennoch waren bisher stets vier Sitze von den »großen« Mitgliedsländern Deutschland, Frankreich, Italien und Spanien besetzt. Aufgaben des Direktoriums sind die Geschäftsführung und die Umsetzung der vom EZB-Rat gefassten Beschlüsse. Mitglieder 2009 sind

   – Jean-Claude Trichet (Präsident, Frankreich)
   – Lucas Papademos (Vizepräsident, Griechenland)
   – Jürgen Stark (Chefvolkswirt, Deutschland)
   – Gertrude Tumpel-Gugerell (Österreich)
   – José Manuel Gonzáles-Páramo (Spanien)
   – Lorenzo Bini Smaghi (Italien).

– der **EZB-Rat**, dem alle Direktoriumsmitglieder und alle Präsidenten der nationalen Zentralbanken derjenigen Mitgliedsländer, die den Euro eingeführt haben, angehören. Er ist das oberste Beschlussorgan und trifft seine Entscheidungen teils mit einfachen, teils mit qualifizierten Mehrheiten, wobei jedes Mitglied eine oder mehrere Stimmen hat. Die Mitglieder des Direktoriums sind nicht stimmberechtigt.

– der **erweiterte Rat**, dem neben dem Präsidenten und Vizepräsidenten des EZB-Direktoriums die Präsidenten der nationalen Zentralbanken **aller** EU-Mitgliedstaaten angehören. Seine Zusammenkünfte dienen der Information der Zentralbankpräsidenten der »Nicht-Euro-Länder« über die EZB-Ratsbeschlüsse und haben ansonsten beratenden Charakter.

1.1.6.3.2 Aufgaben und Ziele der EZB

Hauptaufgabe des ESZB und der EZB ist die Sicherung der Preisniveaustabilität in der Eurozone. Dieses Ziel gilt als erreicht, wenn der Harmonisierte Verbraucherpreisindex in der Eurozone binnen eines Jahres um weniger als 2 % ansteigt.

Ferner soll die Wirtschaftspolitik in der Europäischen Union, die vornehmlich auf ein hohes Beschäftigungsniveau und ein beständiges Wachstum abzielt, unterstützt werden, soweit dies mit dem vorrangigen Ziel der Preisstabilität vereinbar ist.

Die Aufgaben der EZB sind im Einzelnen in Artikel 105 des »Vertrages zur Gründung der Europäischen Gemeinschaft« festgeschrieben:

– Festlegung und Ausführung der **Geldpolitik** des Euroraums,

– Durchführung von **Devisengeschäften**,

– Bewahrung und Verwaltung der offiziellen **Währungsreserven** der Mitgliedstaaten (Portfolio-Management),

– Förderung eines reibungslosen **Zahlungsverkehrs** einschließlich der Versorgung der Volkswirtschaft mit Geld,

– Genehmigung der Ausgabe von **Banknoten** (während das Recht zur Herstellung von Münzen, das so genannte Münzrecht oder **Münzregal**, der nationalen Regierung zusteht, die die Differenz zwischen dem von der Zentralbank vergüteten Nominalwert und den Herstellkosten als Einnahme im Bundeshaushalt verbucht),

– Durchführung der **Statistik**,

– Wahrnehmung der **Aufsicht** über die Kreditinstitute, insbesondere Kontrolle über die Stabilität des Finanzsystems,

– Zusammenarbeit mit und **Beratung** von internationalen und europäischen Organen.

1.1.6.3.3 Instrumente der EZB

Zur Erreichung ihres Hauptziels, nämlich der Wahrung der Preisniveaustabilität, stehen der EZB einige Instrumente zur Verfügung, die sie unabhängig von eventuellen Anweisungen nationaler Regierungen einsetzen kann. Mit dem Einsatz dieser Instrumente soll sichergestellt werden, dass die Geldmenge nur im selben Maße wächst wie die Wirtschaftskraft.

Grundsätzlich sind drei Gruppen von Instrumenten zu unterscheiden:

– Offenmarktgeschäfte,
– Ständige Fazilitäten,
– Mindestreservesätze.

Die früheren Hauptinstrumente der Deutschen Bundesbank, nämlich das auf der Refinanzierung von Handelswechseln basierende Diskontgeschäft und das Lombardgeschäft mit verpfändeten Wertpapieren, wurden bei Übergabe der Aufgaben an die EZB gestrichen. Da mehrere gesetzliche Vorschriften und viele bestehende Verträge in Deutschland Zinsen und Zahlungen an den Diskontsatz koppeln, wird gem. § 247 BGB ein **Basiszinssatz** ermittelt und veröffentlicht, der an die Stelle des bisherigen Diskontsatzes tritt.

1.1.6.3.3.1 Offenmarktgeschäfte

Offenmarktgeschäfte stellen das wichtigste Instrument zur Geldmengensteuerung dar. Dabei tritt die EZB als Geschäftspartnerin der Geschäftsbanken auf, indem sie

– Wertpapiere an Geschäftsbanken verkauft, wodurch sie dem Markt Geld entzieht, das damit nicht mehr für Kreditvergaben zur Verfügung steht, oder

– Wertpapiere von Geschäftsbanken kauft, wodurch sie diesen Geld für Kreditvergaben zur Verfügung stellt.

Diese Operationen können endgültig (als so genannter **definitiver Kauf** bzw. **definitiver Verkauf**) oder als **befristete Transaktionen** mit Rückkaufsvereinbarung (d. h. als **Wertpapierpensionsgeschäfte**) bzw. gegen Verpfändung von Sicherheiten durchgeführt werden.

Neben direkten Transaktionen am Markt bietet die EZB den Geschäftsbanken eine Reihe von Refinanzierungsgeschäften an, die über ein standardisiertes Ausschreibungs- und Zuteilungsverfahren, das so genannte **Tenderverfahren**, abgewickelt werden. Dieses Verfahren wird via Internet über das OffenMarkt Tender Operations-System **OMTOS** durchgeführt, an dem jedes in Deutschland ansässige oder niedergelassene Kreditinstitut, das zur Unterhaltung von → Mindestreserven verpflichtet ist, teilnehmen kann.

Die Offenmarktgeschäfte im Einzelnen sind:

– **Hauptrefinanzierungsgeschäfte (Haupttender):** Diese stellen das wichtigste geldpolitische Instrument zur Steuerung der Zinssätze und der Geldmenge dar. Dabei wird den Geschäftsbanken regelmäßig wöchentlich im Rahmen von Standardtendern Gelegenheit zur kürzerfristigen Beschaffung liquider Mittel mit wöchentlicher Laufzeit angeboten.

– **Längerfristige Refinanzierungsgeschäfte (Basistender):** Damit werden den Geschäftsbanken regelmäßig monatlich im Rahmen von Standardtendern Mittel mit einer Laufzeit von drei Monaten angeboten. Während die Hauptrefinanzierungsgeschäfte der kurzfristigen Geldversorgung dienen, wird mit den längerfristigen Refinanzierungsgeschäften die Grundversorgung des Bankensystems mit Zentralbankgeld sichergestellt.

– **Feinsteuerungsgeschäfte** (Fine-tuning Operations): Diese dienen dem Ausgleich kurzfristiger Liquiditätsschwankungen am Geldmarkt und werden unregelmäßig – nur bei Bedarf – angeboten. Dabei wird meist die Form der befristeten Transaktion gewählt. Alternativ kommen **Devisenswapgeschäfte** (Kassakauf oder -verkauf von Devisen bei gleichzeitigem Termingegengeschäft; Kassa = »sofort«) oder **Outright-Geschäfte** (definitiver Kauf oder Verkauf refinanzierungsfähiger Aktiva für eigene Rechnung der Zentralbank am offenen Markt) in Betracht. Zur Anlage von Überliquiditäten können den Geschäftsbanken verzinsliche **Termineinlagen** angeboten werden. Die Durchführung der Feinsteuerungsgeschäfte kann über den so genannten **Schnelltender** erfolgen, ein Ausschreibungsverfahren mit sehr kurzer Bietungsfrist, das teilweise nur mit einer beschränkten Anzahl von Kreditinstituten durchgeführt wird.

– **Strukturelle Operationen (Standardtender):** Geschäfte der vorstehend unter den Feinsteuerungsgeschäften beschriebenen Art kann die EZB auch vornehmen, um die Liquiditätslage der Geschäftsbanken langfristig zu beeinflussen und damit sicherzustellen, dass die Geschäftsbanken auf Zentralbankgeld angewiesen bleiben – anderenfalls würde das EZB-Instrumentarium ja »ins Leere laufen«. Allerdings steht zu diesem Zweck mit der → Mindestreservepolitik ein weiteres Instrument zur Verfügung.

1.1.6.3.3.2 Ständige Fazilitäten

Über die ständigen Fazilitäten können sich Geschäftsbanken **auf eigene Initiative** kurzfristig »über Nacht« zu vorab festgelegten Zinsen Zentralbankgeld beschaffen oder kurzfristig überschüssiges Geld bei der Zentralbank anlegen. Da die Zinssätze der Fazilitäten meist deutlich über den Marktzinsen für kurzfristige Ausleihungen bzw. Einlagen liegen, greifen die Kreditinstitute nur dann auf sie zurück, wenn sich am Markt keine Alternative bietet.

Die Instrumente sind im Einzelnen

– die **Einlagefazilität** zur Geldanlage bis zum nächsten Geschäftstag zu einem Zinssatz, der die untere Grenze des Tagesgeldsatzes im Euroraum darstellt;

– die **Spitzenrefinanzierungsfazilität** als Über-Nacht-Kredit zu einem Zinssatz, der die obere Grenze des Tagesgeldsatzes im Euroraum darstellt.

Der Tagesgeldzinssatz EONIA (Euro Overnight Index Average) wird von der EZB als gewogener Durchschnitt der von einer Gruppe größerer Kreditinstitute im Euroraum erhobenen Übernachtzinsen für unbesicherte Geschäfte errechnet.

1.1.6.3.3.3 Mindestreservepolitik

Die Kreditinstitute sind verpflichtet, einen bestimmten Anteil ihrer Kundeneinlagen auf Girokonten der nationalen Zentralbanken als Pflichteinlage zu unterhalten. Dabei wird für jedes Institut eine Reservebasis errechnet, die mit dem Mindestreservesatz (derzeit 2 %) multipliziert und um einen Freibetrag von 100.000 € vermindert wird. Innerhalb einer Mindestreserve-Erfüllungsperiode von einem Monat muss der sich daraus ergebende Betrag durchschnittlich als Guthaben auf dem Zentralbankkonto unterhalten worden sein. Die Mindestreserven werden mit einem für jede Periode neu festgesetzten Zinssatz verzinst (im Dezember 2007 betrug dieser Zinssatz 4,17 %); bei Unterschreitung wird ein Strafzins fällig.

Die Pflicht zur **Mindestreserve** erzeugt eine Nachfrage nach Zentralbankgeld und schafft damit einen Markt für die Offenmarktgeschäfte. Die Wirkung der Mindestreserve auf die sekundäre Geldschöpfung wird im folgenden Abschnitt dargestellt.

1.1.6.4 Geldmenge und Bankensystem: Sekundäre Geldschöpfung

Neben der geschilderten primären Geldschöpfung, die direkt durch das ESZB erfolgt, findet durch die Kreditvergabetätigkeit der Geschäftsbanken eine **sekundäre Geldschöpfung** statt. Indem die von Kunden hereingenommenen Einlagen an andere Kunden als Kredite vergeben werden, aus denen wiederum Einlagen auf anderen Konten entstehen, die wiederum als Kredite vergeben werden können, erwächst eine theoretisch unendliche Buchgeldmenge. Tatsächlich wird diesem Prozess der multiplen Giralgeldschöpfung aber dadurch ein Ende gesetzt, dass

– die Banken einen Teil des bei ihnen eingelegten Geldes als Liquiditätsreserve zurückbehalten werden, um auf Verlangen des Kunden Auszahlungen zu leisten;

– Gelder dem Kontenkreislauf entzogen und nur noch als Bargeld umlaufen;

– die Kreditnachfrage endlich ist;

– die Zentralbank mit der Mindestreservepolitik ein Instrument zur Begrenzung der sekundären Geldschöpfung anwendet.

Das folgende Beispiel soll die sekundäre Geldschöpfung verdeutlichen.

Kunde Müller zahlt 30.000 € auf ein Girokonto (= Sichteinlagenkonto) bei der A-Bank ein. Das Kreditinstitut muss im Rahmen der Mindestreservepflicht im Monatsdurchschnitt 2 % der Einlage auf ein Konto der nationalen Zentralbank einzahlen. Als Liquiditätsreserve behält sie weitere 3 % zurück. 28.500 € vergibt sie als Kredit an den Kunden Schulze. Der hebt diesen Betrag bar ab und leistet damit die Anzahlung auf sein neues Auto. Der Autohändler zahlt das Bargeld vollständig auf sein Geschäftskonto bei der B-Bank ein. Seine Bank behält ebenfalls 2 % + 3 % ein und vergibt 27.075 € als Kredit an die Kundin Krause, die diesen Betrag sofort an den Betrieb überweist, der ihre neue Küche eingebaut hat. Nun ist dieser Betrag auf einem Girokonto bei der C-Bank, die wiederum 95 % als Kredit vergibt, der über ein weiteres Handelsgeschäft auf ein Konto der D-Bank gelangt, usw.

In einer tabellarischen Übersicht stellt sich die Abfolge wie folgt dar:

Bank	Sichteinlage	Reserve	Kreditvergabe
A	30.000,00	1.500,00	28.500,00
B	28.500,00	1.425,00	27.075,00
C	27.075,00	1.353,75	25.721,25
D	25.721,25	1.286,06	24.435,19

Aus ursprünglich eingezahlten 30.000 € sind allein im Rahmen dieser drei Transaktionen nun

30.000 € + 28.500 € + 27.075 € + 25.721,25 € = 111.296,25 € entstanden.

Um zu errechnen, wie hoch der Betrag bei einer endlosen Fortsetzung der Kette maximal werden könnte, multipliziert man den Ursprungsbetrag mit dem so genannten Geldschöpfungsmultiplikator, errechnet aus 1/Reservesatz:

$$Geldschöpfungsbetrag = 30.000 € \cdot \frac{1}{0,05} = 600.000 €$$

Die sekundäre Geldschöpfung kann bei einem Gesamtreservesatz von 5 % also maximal das 20fache der Ursprungssumme betragen.

1.1.6.5 Geldwertstabilität

1.1.6.5.1 Binnenwert des Geldes

Der **Binnenwert** des Geldes drückt den Wert des Geldes im Tausch von Geld gegen Ware aus. Geldwertstabilität ist ein anderer Begriff für Preisniveaustabilität. Diese gehört zu den elementaren Zielen der Wirtschaftspolitik und ist Bestandteil des → **magischen Vierecks**. Die EZB, deren Hauptaufgabe in der Wahrung der Preisniveaustabilität besteht, sieht dieses Ziel als erfüllt an, wenn das Preisniveau binnen eines Jahres um weniger als 2 % steigt.

Zuvor wurde bereits auf den Zusammenhang zwischen der Geldmenge, der Gütermenge und dem Preisniveau hingewiesen. Dieser Zusammenhang kann in der von dem amerikanischen Ökonomen Irving FISHER aufgestellten Quantitätsgleichung (auch bekannt als Fisher'sche Verkehrsgleichung) ausgedrückt werden, die neben der Menge der gehandelten Güter Handelsvolumen (**H**), dem Preisniveau (**P**) und der Geldmenge (**G**) als vierte Größte die Umlaufgeschwindigkeit des Geldes (**U**) berücksichtigt.

Sie lautet

$$H \cdot P = G \cdot U$$

Um den Zusammenhang zwischen H und P darzustellen, löst man diese Gleichung nach einer der beiden Größen auf.

Bei Auflösung nach P ergibt sich

$$P = \frac{G \cdot U}{H}$$

Nimmt man nun die Umlaufgeschwindigkeit als konstant an, folgt aus der Gleichung, dass

– die Preise steigen, wenn die Geldmenge stärker steigt als das Handelsvolumen,
– die Preise sinken, wenn das Handelsvolumen stärker steigt als die Geldmenge.

Die Wahrung der Preisniveaustabilität setzt also voraus, dass es gelingt, die Geldmenge eingedenk der (tatsächlich ja nicht immer konstanten) Geldumlaufgeschwindigkeit so einzustellen, dass ihre Entwicklung derjenigen der gehandelten Gütermenge entspricht.

Zur Messung der Preisniveaustabilität als Maßstab für die Kaufkraft wird ein Verbraucherpreisindex gebildet. Dazu wird ein repräsentativer **Warenkorb** mit nach ihrer Bedeutung für die Verbraucher gewichteten Gütern zusammengestellt, dessen Wert im Zeitverlauf festgestellt und mit dem Wert eines Basisjahres verglichen wird.

Vereinfacht dargestellt, errechnet sich daraus der folgende

$$\textbf{Verbraucherpreisindex} = \frac{\text{Aktueller Warenkorbwert}}{\text{Warenkorbwert im Basisjahr}} \cdot 100$$

1.1.6.5.2 Inflation

Aus dem Vergleich des aktuellen Verbraucherpreisindex mit dem einer vorangegangenen Bezugsperiode (hier: des gleichen Monats im Vorjahr) kann die Preissteigerung errechnet werden. Die **Preissteigerungsrate** wird auch als Inflationsrate bezeichnet:

$$\textbf{Inflationsrate} = \frac{\text{Verbraucherpreisindex aktuell} - \text{Verbraucherpreisindex Vorjahresmonat}}{\text{Verbraucherpreisindex Vorjahresmonat}} \cdot 100$$

Inflation kann verschiedene Gründe haben. Die Wirtschaftslehre unterscheidet folgende Formen:

– **Nachfragesoginflation:** Ausgangspunkt ist eine gestiegene Nachfrage, die nicht sofort durch eine Erhöhung des Güterangebots ausgeglichen werden kann. In dieser Situation werden die Anbieter die Preise erhöhen und gleichzeitig Arbeitskräfte nachfragen, um die Produktion entsprechend der gestiegenen Nachfrage erhöhen zu können. Die Nachfrage der Produzenten am Arbeitsmarkt löst Lohnforderungen aus, die, wenn sie zu Lohnerhöhungen führen, nochmals erhöhend auf die Preise wirken. Zugleich steigt durch die ausgeweitete Beschäftigung und die gestiegenen Löhne die Nachfrage weiter... Die folgende »Lohn-Preis-Spirale« oder – je nach Sichtweise – »Preis-Lohn-Spirale« bewirkt kontinuierliche Preissteigerungen.

– **Kostendruckinflation:** Durch gestiegene Produktionskosten sehen sich einige Anbieter veranlasst, den Markt zu verlassen. Das Angebot auf dem Markt geht insgesamt zurück, während die Nachfrage bestehen bleibt. Der Nachfrageüberhang bewirkt steigende Preise. Die sich anschließenden Lohnforderungen erhöhen die Produktionskosten und drängen mehr Anbieter aus dem Markt, usw. ... Ebenso wie bei der Nachfragesoginflation ist die Situation »Nachfrage > Angebot« ausschlaggebend für die preistreibende Entwicklung, aber während bei der Nachfragesoginflation die Nachfrage beständig steigt, geht bei der Kostendruckinflation das Angebot zurück.

– **Importierte Inflation:** Preissteigerungen im Ausland können über den Import verteuerter Güter auf das eigene Land ausgeweitet werden.

Der gegenteilige Fall, nämlich die **Deflation**, die sich im Sinken des Preisniveaus ausdrückt, kann durch extreme Kaufzurückhaltung (»**Konsumstreik**«) entstehen. Ursächlich hierfür kann eine pessimistische Erwartungshaltung der Verbraucher in Hinblick auf ihre künftige Einkommenssituation oder die Erwartung weiter sinkender Preise sein. Allerdings ist eine dauerhafte Deflation wie diejenige in der Wirtschaftskrise der 1930er Jahre nach Meinung von Wirtschaftsfachleuten auszuschließen.

1.1.6.5.3   Außenwert des Geldes

Der Außenwert einer Währung im Vergleich zu einer anderen Währung wird im **Wechselkurs** ausgedrückt, der sich am Devisenmarkt bildet. Er beeinflusst die Handelstätigkeit zwischen den Währungsräumen erheblich:

– Eine Verteuerung (»Aufwertung«) der inländischen gegenüber der ausländischen Währung verteuert die inländischen Produkte im Ausland und erschwert damit den **Export**. Zugleich wird es günstiger, Waren aus dem Ausland zu **importieren**.

– Ein Wertrückgang (»Abwertung«) der inländischen gegenüber der ausländischen Währung verteuert Importe, kommt aber dem Exportgeschäft zugute.

Der Wechselkurs gibt das Tauschverhältnis zwischen beiden Währungen an, wobei folgende Notierungen möglich sind:

– Bei **Mengennotierung** wird angegeben, wie viele Einheiten der ausländischen Währung einer Einheit der inländischen Währung entsprechen. Das Euro – US-Dollar – Verhältnis wird in einer Mengennotierung angegeben (z. B. bedeutet eine Notierung des US-Dollars im Verhältnis zum Euro von 1,45, dass für einen Euro 1,45 US-Dollar verrechnet werden).

– Die **Preisnotierung** ist der Kehrwert der Mengennotierung. Das US-Dollar – DM-Verhältnis wurde in Form einer Preisnotierung angegeben (z. B. bedeutete eine Notierung der DM im Verhältnis zum US-Dollar von 1,76, dass ein Dollar 1,76 DM kostete).

Zwischen den bedeutenden Weltwährungen (Euro, US-Dollar, Yen) bestehen **flexible Wechselkurse**: Der wechselseitige Preis dieser Währungen bildet sich am Devisenmarkt durch Angebot und Nachfrage. Dieses System hat den Vorteil, dass sich konjunkturelle Schwankungen und inflationäre Tendenzen nicht zwangsläufig von einem Land auf das andere übertragen, da die Preisunterschiede zur Abschwächung der Nachfrage nach Produkten des Landes mit »teurer« Währung führen und damit die Inflation im Entstehungsland bremsen, statt sie zu exportieren. Andererseits sind Importeure und Exporteure einem Kursrisiko ausgesetzt.

Systeme **fester Wechselkurse** werden meist so angelegt, dass sich der Kurs innerhalb einer vereinbarten Bandbreite um einen festgesetzten **Leitkurs** bewegen darf. Werden deren Grenzen überschritten, sind die Notenbanken der beteiligten Länder verpflichtet, durch Stützungskäufe bzw. -verkäufe für Nachfrage bzw. Angebot am Markt zu sorgen. Ein solches System ist der **Wechselkursmechanismus II (WKM II)**, der seit 1999 die Bandbreiten der Wechselkurse zwischen dem Euro und den beteiligten Währungen von nicht am Euro teilnehmenden EU-Ländern festlegt. Derzeit nehmen Dänemark, die Slowakei und die baltischen Länder Estland, Lettland und Litauen am WKM II teil. Ziel des WKM II ist die langfristige Stabilisierung der Wechselkurse solcher Länder, die einen Euro-Beitritt anstreben. In der Vergangenheit hat sich dieses Verfahren in Vorbereitung des Euro-Beitritts von Griechenland (Euro-Beitritt 2001), Slowenien (2007), Malta und Zypern (jeweils 2008) bewährt. Die Euro-Einführung in der Slowakei ist zum 1. Januar 2009 beschlossen, Litauen plant die Einführung für 2010, Lettland für 2012.

1.1.7 Außenwirtschaft

Außenwirtschaft wird meist als »die wirtschaftlichen Beziehungen zwischen unabhängigen Staaten bzw. Volkswirtschaften« definiert. Da wir in einem Staat mit freier Wirtschafts- und Gesellschaftsordnung leben, für den das Wirtschaften keine Staatsangelegenheit, sondern vielmehr Sache der weitgehend frei agierenden Bürger ist, ist Außenwirtschaft wirklichkeitsnäher als »Gesamtheit aller wirtschaftlichen Beziehungen zwischen den Bürgern unabhängiger Staaten bzw. Volkswirtschaften sowie aller direkt zwischenstaatlichen wirtschaftlichen Beziehungen« beschrieben. Oft werden die Begriffe »Außenwirtschaft« und »Außenhandel« als Synonyme verwendet. Der Begriff der Außenwirtschaft ist aber der weiter gefasste: Er umfasst neben dem Außenhandel auch die grenzüberschreitenden Bewegungen von Kapital, Betriebsmitteln und Arbeitskräften und die internationalen Währungstransaktionen.

Die wirtschaftlichen Verflechtungen zwischen den Ländern der Erde werden zunehmend enger und dichter, und mit der in den letzten Jahren aufgekommenen Diskussion über das Für und Wider der Globalisierung sind das außenwirtschaftliche Geschehen und die außenwirtschaftspolitischen Maßnahmen und Instrumente mehr und mehr in die öffentliche Wahrnehmung gerückt. Nicht zuletzt hat hierzu auch die fortschreitende europäische Annäherung beigetragen.

Tipp: Trägerin der Zahlungsbilanz, um die es hier auch geht, ist die Deutsche Bundesbank. Sie veröffentlicht wesentliche Zahlen und Fakten regelmäßig auf ihrer Homepage: www. bundesbank.de

1.1.7.1 Grundlagen und Wesen des Außenhandels

Die meisten vorangegangenen Ausführungen zur Volkswirtschaftslehre, die sich ja vor allem auf die Darstellungen von Modellen und idealtypischen Systemen bezogen, betrachteten **geschlossene Volkswirtschaften**, wie sie im Allgemeinen innerhalb der Grenzen eines Rechtsraums (eines Nationalstaates) anzutreffen sind. Der Handel, der zwischen den Wirtschaftssubjekten ein- und desselben Nationalstaates stattfindet, wird als **Binnenhandel** bezeichnet. Im Gegensatz dazu stellt der grenzüberschreitende Handel **Außenhandel** dar.

1.1.7.1.1 Ausprägungen des Außenhandels

In der realen Welt sind vielerlei – faktische, oft auch in Bündnissen und bi- oder multilateralen Verträgen festgeschriebene – Verflechtungen anzutreffen, die die Volkswirtschaften verschiedener Länder mehr oder weniger eng miteinander verbinden. Wesentliche Bündnisformen mit häufig regionalem – oft kontinentalem – Bezug sind → **Binnenmärkte** oder

Zollunionen, »**gemeinsame Märkte**« und **Freihandelszonen**. Bei der Betrachtung der außenwirtschaftlichen Beziehung eines Landes ist folglich zwischen den internen Beziehungen innerhalb dieser Bündnisse und denen zu »Drittländern« zu unterscheiden.

Um die Gründe für das Entstehen regionaler Wirtschaftskooperationen zu verstehen, muss man zunächst das Gegenteil, nämlich die Gründe für das »Abschotten« der nationalstaatlichen Wirtschaft, untersuchen.

Konfrontiert mit ausländischer Konkurrenz, haben viele Nationalstaaten zunächst den durchaus begreiflichen Wunsch, die eigene Wirtschaft zu schützen. Klassisches Schutzinstrument ist der **Einfuhrzoll**, der beim Import ausländischer Güter an den Staat zu zahlen ist, die Ware somit verteuert und folglich die ungeliebte ausländische Konkurrenz beim Marktzutritt behindert. Zölle, die bekanntlich eine Form von Steuern darstellen, haben neben dieser Hinderungsfunktion aber auch eine wichtige Ertragsfunktion: In Nationalstaaten mit hohem Einfuhraufkommen können sie eine bedeutende Einnahmequelle darstellen. Neben den Zöllen gibt es eine Reihe weiterer, staatlich verordneter »**nicht tarifärer Handelshemmnisse**« wie Mengenbeschränkungen für Importe, nationale Normen und Standards, besondere Verwaltungsanforderungen usw.. Heute spielen derartige Handelshemmnisse eine wesentlich größere Rolle im Außenhandel als Zölle. Eine Politik, die die Einfuhr ausländischer Güter erschwert und zugleich der heimischen Wirtschaft durch die gleichzeitige Subventionierung von Ausfuhren ins Ausland Vorteile verschafft, wird als **Merkantilismus** bezeichnet; für Schutzmaßnahmen zugunsten der eigenen Wirtschaft wird auch der Begriff des **Protektionismus** verwendet. Bis ins 19. Jahrhundert war der Merkantilismus die vorherrschende nationalökonomische Strategie.

Nun gibt es aber diverse gute Gründe, die für den Handel mit ausländischen Volkswirtschaften sprechen. Der naheliegendste Grund ist die **unterschiedliche Verfügbarkeit von Gütern:** Eine Volkswirtschaft verfügt über Güter, die die andere nicht oder nicht in ausreichendem Maße besitzt bzw. herstellen kann. Ein anderer Grund ergibt sich aus der **Arbeitsteilung**, die auch in internationalen Dimensionen einen Wohlstandszuwachs (idealerweise, aber nicht zwangsläufig) für alle Beteiligten dadurch bewirkt, dass sich jede Volkswirtschaft auf die Produktion derjenigen Güter konzentrieren (spezialisieren) kann, zu der sie – etwa wegen der guten Verfügbarkeit der Rohstoffe oder aufgrund traditionell überlieferten Know-hows – am besten imstande ist. Protektionismus bringt die einzelnen Volkswirtschaften hier nicht weiter; denn wer eigene Güter im Ausland verkaufen möchte, muss seinerseits ausländische Güter auf den eigenen Märkten zulassen, und wer Güter, die im eigenen Lande fehlen, aus dem Ausland beziehen möchte, muss seinerseits bereit sein, den Mangel in anderen Ländern mit eigenen Überschüssen auszugleichen.

Das Gegenteil des Protektionismus im Handel, der **Liberalismus** im Sinne eines freien, unregulierten Welthandels also, ist andererseits auch nachteilbehaftet: Zum einen können Märkte, die im Welthandel aufgrund fehlender Bodenschätze oder einer gering entwickelten Produktion vergleichsweise wenig zu bieten haben, regelrecht »überrannt« werden, wenn sie auf protektionistische Maßnahmen verzichten; durch die Zerstörung der Binnenmärkte entsteht eine absolute Versorgungsabhängigkeit vom Ausland, deren Folgen nicht auf die Ökonomie beschränkt bleiben werden. Zum anderen muss man heute – anders als in den Anfängen des arbeitsteiligen Wirtschaftens, als die großen Wirtschaftstheorien entstanden – von einer starken Mobilität und Mobilitätsbereitschaft der Produktionsfaktoren Kapital und Arbeitskraft ausgehen: Das Kapital, mit dem Betriebsstätten geschaffen werden, geht dahin, wo die günstigsten Produktionsbedingungen (hohe Produktivität, aber auch: niedriges Lohnniveau, geringe Umwelt- und sonstige Auflagen, usw.) herrschen, und die Arbeitskräfte, allen voran die gebildeten und qualifizierten Fachkräfte, ziehen – nicht immer freiwillig – hinterher. Die heute oft gehörten Schlagwörter »Kapitalflucht« und »Arbeitskräfteabwanderung« stehen für die Gefahr der Austrocknung von Volkswirtschaften durch das Abwandern der wichtigsten Ressourcen.

Der »goldene Mittelweg« wird also häufig in Handelsabkommen gesehen, die ein »Leben und Leben-lassen« ermöglichen (wobei nicht verkannt werden soll, dass es im internationalen Handel durchaus Gewinner und Verlierer gibt). Die Entwicklung vollzieht sich dabei idealtypischerweise wie folgt:

1. Staaten, die aufgrund ihrer geografischen Nachbarschaft miteinander Handel treiben, bauen zunächst einzelne Einfuhrzölle ab.

2. Wenn zwei oder mehr Nationalstaaten untereinander ihre Zölle vollständig abgebaut haben, jedoch unterschiedliche Außenzölle bei der Einfuhr aus Drittländern erheben, entsteht eine → **Freihandelszone**.

3. Mit der Angleichung des Außenzolltarifs entsteht ein → **Binnenmarkt**. Innerhalb des Binnenmarktes dürfen Güter, Dienstleistungen, Kapital und Personen die Staatsgrenzen uneingeschränkt überschreiten; nach außen besteht eine gemeinsame Außenhandelsgrenze. Ein solcher Binnenmarkt verlangt sowohl hinsichtlich der rechtlichen Rahmenbedingungen des Wirtschaftens als auch hinsichtlich der Anwendung von Steuerungsinstrumenten nach Angleichungen (Harmonisierungen) in anderen Bereichen, etwa in der Wirtschafts- und Wettbewerbs-, Finanz-, Fiskal- und Sozialpolitik der Mitgliedstaaten. Durch diese Harmonisierungen entsteht ein **gemeinsamer Markt**.

4. Nächster konsequenter Schritt ist die Bildung einer **Währungsunion**, zunächst in Form einer Vereinbarung über bestimmte – fixe oder innerhalb festgelegter Bandbreiten floatende – Wechselkursverhältnisse, in letzter Konsequenz in Form einer gemeinsamen Währung.

5. Die in Bezug auf Wirtschaft und Währung vollzogene Union wird dann letztlich auch politisch durch die **Schaffung gemeinsamer politischer Institutionen** und Gremien, deren Entschließungen eine gemeinsame einheitliche Außenwirkung entfalten, nachvollzogen.

1.1.7.1.2   Binnenmarkt und Freihandelszonen

Binnenmarkt

Der Vertrag über die Europäische Gemeinschaft (EGV) definiert in Art. 14 den **Binnenmarkt** als einen »Raum ohne Binnengrenzen, in dem der freie Verkehr von Waren, Personen, Dienstleistungen und Kapital gewährleistet ist«. Dieser Binnenmarkt wurde für die Mitgliedstaaten der Europäischen Union am 1.1.1993 mit dem Inkrafttreten der Zollunion verwirklicht. Mit dem 1994 geschlossenen EWR-Vertrag begründeten die EU und die **EFTA-Staaten** (jedoch ohne die Schweiz) schließlich den **Europäischen Wirtschaftsraum (EWR)** als weltgrößten Binnenmarkt, wobei aber die zwischen den EU-Staaten beschlossenen und schon sehr weitreichend verwirklichten Harmonisierungen auf rechtlichem und wirtschaftlichem Gebiet nicht auf die Nicht-EU-Mitglieder des EWR ausgedehnt wurden. Der Europäische Binnenmarkt wird ausführlicher in Abschnitt 1.1.9 behandelt.

Freihandelszonen

Andere internationale wirtschaftliche Zusammenschlüsse stellen häufig so genannte Freihandelszonen dar. Im Gegensatz zur Zollunion innerhalb der EU, die neben dem Verzicht auf Zölle zwischen den beteiligten Ländern auch einen gemeinsamen Zolltarif für Einfuhren aus Drittländern vorsieht, beschränken sie sich meist auf zollfreien Handel innerhalb der angeschlossenen Staaten, während die einzelnen Mitgliedstaaten unterschiedlich hohe Zölle im Handel mit Drittländern erheben.

Beispiele für solche Freihandelszonen, von denen es weltweit mehr als 200 gibt, sind

– der Gemeinsame Südamerikanische Markt (**Mercosur**) mit Argentinien, Brasilien, Paraguay und Uruguay als Mitglieder, Venezuela als Beitrittskandidat und Bolivien, Chile, Peru, Kolumbien und Ecuador als assoziierte Partner.

– das 1994 gegründete afrikanische Wirtschaftsbündnis **Comesa (»Common Market for Eastern and Southern Africa«** als Nachfolgeorganisation der PTA – Preferential Trade Area –) von z.Zt. 20 Ländern im östlichen und südlichen Afrika, von denen sich 9 (Kenia, Simbabwe, Ägypten, Sambia, Mauritius, Sudan, Madagaskar, Djibuti und Malawi) im November 2000 zu einer Freihandelszone zusammengeschlossen haben, die mittlerweile auf 13 Mitglieder angewachsen ist. Ein gemeinsamer Markt nach dem Vorbild der EU ist für 2025 anvisiert.

– das am 1.9.2001 in Kraft getretene Freihandelsprotokoll der Staatengemeinschaft der **Southern African Development Community (SADC)**, in dessen Rahmen 11 von 15 Mitgliedsländern ihre Zölle schrittweise abbauen. Langfristiges Ziel ist eine Gemeinschaft nach dem Vorbild der EU, der aber die derzeitige Konkurrenz zwischen Comesa und SADC noch im Wege steht.

– das **Mitteleuropäische Freihandelsabkommen (CEFTA)** zwischen mehreren südost- und osteuropäischen Staaten (derzeit: Albanien, Bosnien und Herzegowina, Kroatien, Mazedonien, Moldawien, Montenegro und Serbien sowie das Kosovo).

– die **Europäische Freihandelsassoziation (European Free Trade Association EFTA)**, die von ursprünglich 10 Mitgliedern inzwischen durch EU-Beitritte auf 4 Mitglieder (Island, Norwegen, die Schweiz und Liechtenstein) zusammengeschmolzen ist. Zusammen mit der EU bilden die EFTA-Mitglieder (ohne die Schweiz) den **Europäischen Wirtschaftsraum (EWR)**, siehe oben.

– die **ASEAN**-Freihandelszone (**AFTA**) der südostasiatischen Staaten Brunei, Indonesien, Kambodscha, Laos, Malaysia, Myanmar, den Philippinen, Singapur, Thailand und Vietnam, die mit knapp 600 Mio. Einwohnern bevölkerungsmäßig größer ist als die EU.

Planungen für weitere bedeutende Handelszonen bestehen unter anderem

– für die bisher im **ASEAN**-Bündnis zusammengeschlossenen Staaten Südostasiens, die nach einem in 2001 getroffenen Beschluss zusammen mit China binnen zehn Jahren die größte Freihandelszone der Welt gründen wollen. Der dabei entstehende gemeinsame Markt hätte ca. 1,7 Milliarden Konsumenten. Als weitere mögliche Partner sind Japan und Südkorea an den Verhandlungen beteiligt. Zusammen wird diese Gruppe als **ASEAN+3** bezeichnet.

– bezüglich einer anvisierten **Freihandelszone der Amerikanischen Staaten (FTAA)** als Weiterentwicklung des bereits 1994 geschlossenen **Nordamerikanischen Freihandelsabkommens NAFTA** zwischen Mexiko, den USA und Kanada. Die ursprünglichen Pläne, eine solche Freihandelszone, die die USA und 34 Länder Lateinamerikas und der Karibik mit Ausnahme Kubas umfassen sollte, bis 2005 zu errichten, sind gescheitert. Einen Teilschritt stellt das 2005 geschlossene Freihandelsabkommen **DR-CAFTA** zwischen den USA, Costa Rica, der Dominikanischen Republik, El Salvador, Guatemala, Honduras und Nicaragua dar. Es hat den Abbau von Importhürden zum Ziel.

– im Rahmen der **Eurasischen Wirtschaftsgemeinschaft (EAEC)**, die im Jahr 2000 aus einer früheren Zollunion der Länder Russland, Weißrussland, Kasachstan, Kirgisien und Tadschikistan hervorging und neben der Bildung einer Freihandelszone eine weitergehende wirtschaftliche Zusammenarbeit bis hin zur Schaffung eines gemeinsamen Marktes mit einem gemeinsamen Zahlungssystem anstrebt. Pläne für eine **zentralasiatische Wirtschaftsgemeinschaft** aus den »Vereinigten Staaten von Zentralasien« (u. a. Kirgisistan, Kasachstan, Usbekistan, Tadschikistan) und weiteren GUS-Staaten wurden 2005 aufgegeben.

1.1.7.1.3 Die Bedeutung des Außenhandels für die Bundesrepublik Deutschland

Aus bundesrepublikanischer Sicht sind die Mitgliedstaaten der Europäischen Union die wichtigsten Außenhandelspartner (im Steuerrecht werden allerdings die Begriffe »**innergemeinschaftliche Lieferung**« und »**innergemeinschaftlicher Erwerb**« verwendet). 63% der Exporte und 70 % der Importe des Jahres 2006 wurden mit den Mitgliedstaaten der Europäischen Union realisiert. Wichtigster europäischer (und weltweiter) Handelspartner im Export war 2006 Frankreich (mit 9,5 % des gesamten deutschen Exportvolumens), gefolgt von den USA, Großbritannien, Italien und den Niederlanden. Die wichtigsten Einfuhrländer nach Frankreich (mit 8,5 % des gesamten deutschen Einfuhrvolumens) waren 2006 die Niederlande, die Volksrepublik China, die USA und Italien. Zusammengenommen spielen die Länder Asiens (mit 12 % des Exports und 17 % des Imports) und Amerikas (12 % Export, 10 % Import) eine bedeutende Rolle, während Afrika und der australisch-ozeanische Raum von untergeordneter Bedeutung sind (Quelle: destatis).

Die Bundesrepublik Deutschland wird gern als Exportland bezeichnet, und tatsächlich belegte Deutschland 2006 mit einem Exportvolumen von 986 Mrd. € (Quelle: BMWi) vor den USA (826 Mrd. €) und vor China (793 Mrd. €) den ersten Rang im weltweiten Export. Deutsche Unternehmen realisieren rund ein Drittel ihres Umsatzes im Export von Waren und Dienstleistungen. Schätzungsweise beinahe jeder vierte Arbeitsplatz hängt vom Außenhandel ab. Andererseits ist Deutschland aber auch der größte Nahrungsmittelimporteur der EU. Diese Daten machen deutlich, dass der Außenhandel zur Wahrung unserer Einkünfte und unseres Lebensstandards unverzichtbar ist.

Über den Außenhandel der Europäischen Union als Binnenmarkt geben die vom **Statistischen Amt der Europäischen Gemeinschaften (Eurostat)** gesammelten Daten Auskunft. Die Nutzung der meisten Dienste dieser von den EU-Mitgliedsländern eingerichteten Stelle ist allerdings kostenpflichtig.

1.1.7.1.4 Außenhandelspolitische Instrumente

Die außenhandelspolitischen Instrumente, die einem Staat oder einem Wirtschaftsbündnis zur Verfügung stehen, können grob eingeteilt werden in

- **Schutzinstrumente:** In den vorangegangenen Abschnitten wurden mit dem → **Einfuhrzoll** und den sonstigen, → **nicht tarifären Handelshemmnissen** bereits die wichtigsten außenhandelspolitischen Schutzinstrumente vorgestellt.

- **Instrumente zur Außenwirtschaftsförderung:** Hierunter sind Instrumente zu verstehen, die der Unterstützung außenwirtschaftlicher Projekte dienen. In Deutschland wird vor allem mit **Ausfuhrgewährleistungen (»Hermes-Bürgschaften«)** und **Investitionsabkommen** operiert. Dabei ist es das besondere Anliegen der Außenwirtschaftspolitik, die Beteiligung kleiner und mittlerer Unternehmen in die internationale Arbeitsteilung zu unterstützen.

Die folgende Übersicht zeigt einige der vom Bundesministerium für Wirtschaft und Technologie (BMWi) geförderten Instrumente der deutschen Wirtschaftsförderung:

Instrument	Kurzerklärung
Ausfuhrgewährleistungen (Hermes)	(siehe der ausführliche Text nach dieser Übersicht)
Auslandsmessepolitik	Finanzielle, organisatorische und informationelle Unterstützung der Repräsentanz deutscher Firmen auf ausgewählten Auslandsmessen; Unterhaltung des Internetportals www.german-pavilion.com
German Centres (Deutsche Industrie- und Handelszentren DIHZ)	Förderung von Zentren in privater Trägerschaft, die deutschen Unternehmen an ausländischen Standorten Räume und Serviceleistungen kostengünstig zur Verfügung stellen (z.Zt. in Beijing, Delhi, Dubai, Jakarta, Mexiko City, Moskau, Shanghai, Singapur und Yokohama
Informations- und Kontaktveranstaltungen	Informations- und Kontaktanbahnungstreffen speziell für KMU* im In- oder Ausland
Internationale Verschuldung und Umschuldung	Mitwirkung an Verhandlungen um internationale Umschuldungen von in Zahlungsschwierigkeiten geratenen Schuldnerländern in Bezug auf staatlich garantierte Zahlungsverpflichtungen und Entwicklungshilfedarlehen
Investitionsfinanzierungen in Entwicklungsländern	Neben anderen int. Trägern (EU, Weltbank...) vergibt auch der Bund durch Ausschreibung Investitionsfinanzierungen an Unternehmen. Das BMWi informiert und berät Unternehmen über eigene und externe Ausschreibungen
Investitionsförderungs- und -schutzverträge (IFV)	Schaffung stabiler Rahmenbedingungen für deutsche Direktinvestitionen in Entwicklungs- und Schwellenländern
Investitionsgarantien	Übernahme von Garantien für Investitionen im Ausland zur Absicherung des politischen (nicht des wirtschaftlichen!) Risikos für i.d.R. 15 Jahre gegen Entgelt
iXPOS	Außenwirtschaftsportal des aus Ministerien, Kammern, Ländervereinen und Verbänden bestehenden »Serviceverbund Außenwirtschaft« im Internet (www.ixpos.de)
Gewährleistungen für ungebundene Finanzkredite (UFK)	Gewährung von Garantien und Bürgschaften zur Absicherung der Rückzahlung von an Regierungen und Körperschaften des öffentlichen Rechts im Ausland gewährten Darlehen
Politische Flankierung von Auslandprojekten deutscher Unternehmen	Die hierfür geschaffene Anlaufstelle leistet Unterstützung durch eine »Türöffnerfunktion«, Lobbying, Unterstützung bei Ausschreibungen, bei Aufträgen und beim Anlagenbetrieb sowie bei ausstehenden Forderungen
Kontaktbüros Forschungskooperation	Unentgeltliche Bereitstellung von Serviceleistungen (Informationen, sprachliche und organisatorische Unterstützung, Kontaktanbahnung usw.) für KMU* durch derzeit 20 Kontaktstellen in 18 Ländern
Kooperationsförderung für technische Dienstleister	Förderung der Kooperationsanbahnung technischer Dienstleister mit ausländischen Partnern durch Arbeitsgemeinschaften, Treffen, Unternehmerreisen usw.
Spezielle Finanzierungshilfen für Direktinvestitionen	Finanzierung von Investitionen in Entwicklungs- und Reformländern durch die DEG (Deutsche Investitions- und Entwicklungsgesellschaft mbH); Förderung von Investitionsvorhaben insbes. von KMU durch die Kreditanstalt für Wiederaufbau (KfW)
Vermarktungshilfeprogramm für Unternehmen aus den neuen Ländern	Vermarktungsunterstützung durch Beratung, Kontaktanbahnung, Werbemittelerstellung; Teilnahme an Lieferantenforen im europäischen Ausland

Instrumente der deutschen Außenwirtschaftsförderung   *KMU = kleine und mittlere Unternehmen

Weiterführende Informationen sind über das Internetportal des Bundesministeriums für Wirtschaft und Technologie (www.bmwi.de) erhältlich.

Das wichtigste und bekannteste unter den genannten Instrumenten sind die **Exportkreditgarantien** (»Ausfuhrgewährleistung«, »Hermesdeckungen«). Diese bieten deutschen Unternehmen die Möglichkeit, ihre Exporte in Nicht-OECD-Mitgliedstaaten (oft Entwicklungs- und Schwellenländer), für deren Absicherung keine privatwirtschaftlichen Angebote bestehen, gegen wirtschaftliche und politische Risiken abzusichern. Damit werden viele Exporte der deutschen Wirtschaft erst möglich, zumal Kreditgeber, die solche Geschäfte finanzieren sollen, entsprechende Sicherheiten verlangen. Ohne die Hermes-Gewährleistungen wären deutsche Unternehmen im internationalen Wettbewerb benachteiligt, da entsprechende Instrumente in allen Industrieländern bestehen. In 2006 wurden ca. 20,3 Mrd. EUR durch Hermes-Gewährleistungen abgesichert , wovon ca. 72 % der Deckungen auf Exporte in Schwellen- und Entwicklungsländer entfielen. Nach Angaben des BMWi entfielen die höchsten Deckungsvolumina auf Russland, die USA, China, die Türkei und Israel.

Angeboten werden Einzel- und revolvierende Deckungen für politische, wirtschaftliche und Nichtzahlungsrisiken, Ausfuhr-Pauschal-Gewährleistungen, Finanzkreditgarantien und -bürgschaften sowie Fabrikationsrisikogarantien und -bürgschaften. Die Abwicklung der Ausfuhrgewährleistungen hat der Bund einem privaten Mandatarkonsortium unter Federführung der Euler Hermes Kreditversicherungs-AG übertragen. Der Spielraum der Mandatare bei der Entscheidung über die Übernahme einer Gewährleistung ist im Rahmen einer Mandatarermächtigung geregelt. Grundsatzfragen und die Indeckungnahme großer Exportgeschäfte werden von einem Interministeriellen Ausschuss (IMA) entschieden, in dem neben dem Bundesministerium für Wirtschaft und Technologie das Finanzministerium, das Auswärtige Amt und das Ministerium für wirtschaftliche Zusammenarbeit und Entwicklung vertreten sind und Sachverständige hinzugezogen werden können.

Hermesdeckungen können nach einer Prüfung der Förderungswürdigkeit und der Vertretbarkeit der Risiken gewährt werden. Kriterien der **Förderungswürdigkeit** können strukturpolitische Erwägungen, außenpolitische Zielsetzungen, ökologische, soziale und entwicklungspolitische Gesichtspunkte sein, aber auch direkte inländische Interessen wie die Sicherung von Arbeitsplätzen werden berücksichtigt. **Risikomäßige Vertretbarkeit** bedeutet, dass eine realistische Aussicht auf einen schadenfreien Verlauf gegeben sein muss.

Der Exporteur hat für die Ausfuhrgewährleistung ein **Entgelt** zu zahlen, dessen Höhe sich nach Art, Umfang, Laufzeit und Risikoeinstufung eines Geschäfts richtet. Im Schadenfall ist je nach Risikokategorie und Instrument eine Selbstbeteiligung des Exporteurs von 5 %, 10 % oder 15 % fällig.

In 2006 wurde mit Ausfuhrgewährleistungen ein positives finanzielles Ergebnis erzielt, das aufgrund von Sondereffekten die Rekordhöhe von 6,6 Mrd. € erreichte, wovon 4,3 Mrd. € auf vorzeitige Umschuldungstilgungen aus Russland entfielen

Um Auslandsprojekte deutscher Firmen künftig stärker und systematischer zu unterstützen, hat das BMWi in 2001 eine **Anlauf- und Kontaktstelle für die politische Flankierung** eingerichtet, bei der deutsche Unternehmen Projekte einreichen können, für die sie jetzt oder zu einem späteren Zeitpunkt die politische Unterstützung der Bundesregierung wünschen. Die Anlaufstelle beschafft, unter anderem unter Einschaltung der deutschen Auslandsvertretungen, Informationen, die eine Einschätzung des Projektes ermöglichen, und berät gemeinsam mit dem Unternehmen über geeignete flankierende Maßnahmen.

Neben dem Bund engagieren sich auch die Länder in der Außenwirtschaftsförderung, wobei der Schwerpunkt auf der Förderung der kleinen und mittleren Unternehmen und der Zusammenarbeit in- und ausländischer Regionen liegt.

1.1.7.2 Die Zahlungsbilanz

Der **Internationale Währungsfonds (IWF)** definiert die Zahlungsbilanz wie folgt:

»Unter der Zahlungsbilanz eines Landes versteht man die systematische Aufzeichnung der ökonomischen Transaktionen, die während eines bestimmten Zeitraums zwischen Inländern und Ausländern stattgefunden haben«.

Die Definition der **Deutschen Bundesbank** lautet:

»Die Zahlungsbilanz registriert den Wirtschaftsverkehr mit dem Ausland, d. h. den Austausch von Gütern, Dienstleistungen und finanziellen Ansprüchen zwischen Wirtschaftseinheiten des Inlands und des Auslands. Die Zahlungsbilanz lässt sich damit als systematische Darstellung aller wirtschaftlichen Transaktionen oder »Wertströme« zwischen Inländern und Ausländern in einer Periode charakterisieren«.

Im Einzelnen werden Transaktionen zwischen der Bundesrepublik und dem Ausland in der Zahlungsbilanz – jeweils für eine bestimmte Abrechnungsperiode (Monat, Quartal, Jahr) – in Bezug auf Waren, Dienstleistungen, Kapital und Devisen erfasst.

1.1.7.2.1 Die Teilbilanzen der Zahlungsbilanz

Die Zahlungsbilanz gliedert sich in verschiedene Einzelbilanzen:

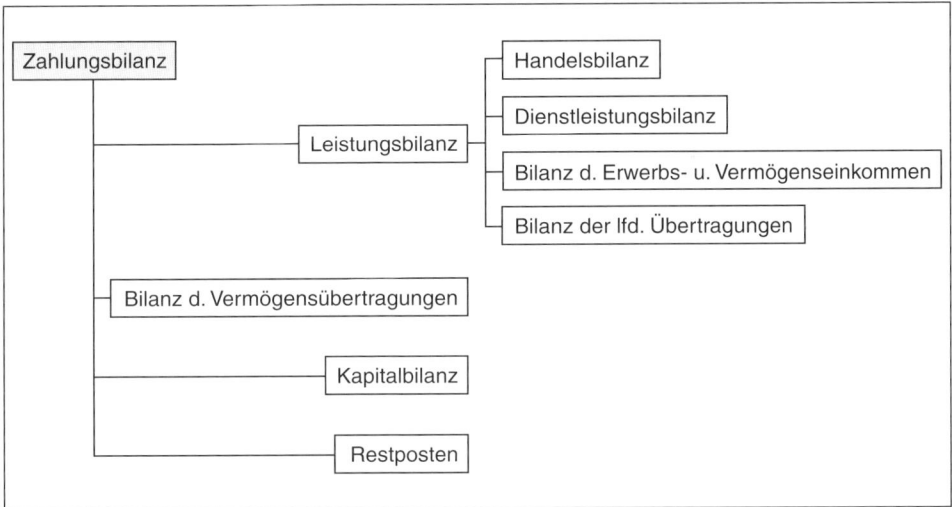

Gliederung der Zahlungsbilanz

Bei den erfassten Werten handelt es sich um zeit**raum**bezogene Stromgrößen, nicht um Bestandsgrößen zu einem bestimmten Zeit**punkt**, wie etwa bei der Handelsbilanz eines Unternehmens!

Die Zahlungsbilanz wird nach dem Prinzip der doppelten Buchführung geführt: Jede Buchung führt zu einer Gegenbuchung, sodass jede Transaktion zweimal erfasst wird. Dabei erscheinen auf der Aktivseite der Zahlungsbilanz (bzw. der jeweiligen Unterbilanz) diejenigen Transaktionen, die aus der Sicht des Inlandes mit Zahlungseingängen verbunden sind, während Zahlungsausgänge auf der Passivseite gebucht werden.

Beispiel:

Ein inländischer Lieferant liefert Waren auf Ziel an einen ausländischen Käufer. Dieser Vorgang führt zu einer Buchung auf der Aktivseite der Leistungsbilanz, die den Warenexport erfasst, da aus diesem der Anspruch auf einen Zahlungseingang herrührt. Die Kreditgewährung an den Käufer stellt einen Kapitalexport dar, der auf der Passivseite der Kapitalverkehrsbilanz gebucht wird.

Die Zahlungsbilanz für die Bundesrepublik Deutschland wird von der Deutschen Bundesbank monatlich in Zusammenarbeit mit dem Statistischen Bundesamt erstellt. Das **Außenwirtschaftsgesetz (AWG)** und die dazugehörige **Außenwirtschaftsverordnung (AWV)** verpflichten alle Teilnehmenden im Außenwirtschaftsverkehr, ihre mit Firmen oder Personen im Ausland (so genannten Gebietsfremden) ausgetauschten Zahlungen und sonstigen Leistungen der zuständigen Landeszentralbank anzuzeigen.

Meldepflichtige Zahlungen betreffen z. B. den Auslandsreiseverkehr, Transportleistungen im Güterverkehr, Zahlungen im Versicherungsverkehr, Zahlungen in Zusammenhang mit verschiedenen Dienstleistungen (z. B. Verwertung von Urheberrechten, Leistungen für Forschung und Entwicklung, freiberufliche Tätigkeit, sonstige administrative Leistungen, Kommunikationsleistungen), Löhne, Gehälter und Gagen an ausländische Anspruchsberechtigte bzw. für Inländer aus dem Ausland, Provisionen, Mieten, private Übertragungen aufgrund von Schenkungen und Erbschaften, Veränderungen bei Vermögensanlagen und Krediten, Direktinvestitionen in fremden Wirtschaftsgebieten und vieles mehr. Der Meldepflicht unterliegen auch Geldtransaktionen der öffentlichen Hand, etwa Renten, Wiedergutmachungsleistungen, Zahlungen für diplomatische Vertretungen und an internationale Organisationen, Entwicklungshilfe usw. Von der Meldepflicht (bis auf genau bezeichnete Ausnahmen) **befreit** sind Zahlungen im Betrag oder Gegenwert von nicht mehr als 12.500 €, Wareneinfuhrzahlungen, Ausfuhrerlöse sowie Zahlungen im Zusammenhang mit der Aufnahme oder Rückzahlung von Krediten mit einer ursprünglich vereinbarten Laufzeit oder Kündigungsfrist von nicht mehr als 12 Monaten. Ebenfalls befreit sind bestimmte Zahlungen im Transithandel.

Die Meldungen müssen auf amtlichen Vordrucken erfolgen und sind den die Zahlung durchführenden Geldinstituten oder der Landeszentralbank einzureichen.

Die gemeldeten Daten dienen nicht nur der Aufstellung der Zahlungsbilanz der Bundesrepublik Deutschland, sondern werden darüber hinaus für die **Zahlungsbilanz der Europäischen Union** verwertet. Für die Erstellung der Handelsbilanz liefert das Statistische Bundesamt Daten der **Außenwirtschaftsstatistik** an die Deutsche Bundesbank.

1.1.7.2.1.1   Die Leistungsbilanz

Die **Leistungsbilanz** erfasst Waren- und Dienstleistungsströme, Erwerbs- und Vermögenseinkommen sowie sonstige Übertragungen. Im Einzelnen beinhaltet sie

– die **Handelsbilanz** (Außenhandelsbilanz), in der Exporte von Waren auf der Aktivseite und die Warenimporte auf der Passivseite erfasst werden. Ein exportorientiertes Land wie Deutschland weist hier naturgemäß einen Aktivüberhang (= Überschuss) auf.

– die **Dienstleistungsbilanz**, in der analog zur Handelsbilanz die Dienstleistungen bilanziert werden. Für die Bundesrepublik ergibt sich hier regelmäßig ein Defizit, d. h. die vom Ausland erbrachten Dienstleistungen (»Importe«) übersteigen die vom Inland für das Ausland erbrachten (»exportierten«) Dienstleistungen. Ein Grund hierfür ist die rege Reisetätigkeit deutscher Bürger.

– die Zusammenfassung der Salden der Handels- und Dienstleistungsbilanz, die den **Außenbeitrag zum Bruttoinlandsprodukt** ergibt, der als einer der Indikatoren zur Beurteilung des außenwirtschaftlichen Gleichgewichts genutzt wird.

– die **Bilanz der Erwerbs- und Vermögenseinkommen**, die an das Ausland geleisteten Erwerbs- und Vermögenseinkommen (Zinsen für Anlagen aus dem Ausland, Lohnzahlungen für im Inland arbeitende Ausländer auf deren Konten in ihren Heimatländern) erfasst.

– die **Bilanz der laufenden Übertragungen**, die Gegenbuchungen zu einseitigen Transferzahlungen ohne direkte Gegenleistung enthält, die der Staat z. B. an internationale Organisationen, an die EG und für Entwicklungshilfe leistet. Die Übertragungsbilanz ist naturgemäß defizitär; sie weist einen hohen Passivsaldo auf.

Der Leistungsbilanzsaldo ist in Deutschland in den letzten Jahren (nach einigen vorangegangenen defizitären Jahren) wieder – und mit steigender Tendenz – positiv, wofür der hohe Überschuss der Handelsbilanz verantwortlich ist. Die vereinfachte Darstellung einer Leistungsbilanz zeigt die folgende Abbildung.

Leistungsbilanz	2006
1. Außenhandel	
Ausfuhr (fob)	893,6
Einfuhr (cif)	731,5
Saldo	**162,1**
Ergänzungen zum Außenhandel	**-18,6**
2. Dienstleistungen	
Saldo	-23,1
darunter:	
Reiseverkehr (Saldo)	(-33,5)
3. Erwerbs- und Vermögenseinkommen	
Saldo	**23,0**
darunter:	
Vermögenseinkommen (Saldo)	(24,3)
4. Laufende Übertragungen	
Saldo	**-26,8**
Saldo der Leistungsbilanz	**116,6**

Deutsche Leistungsbilanz 2006 (Quelle: www.bundesbank.de)

1.1.7.2.1.2 Die Kapitalbilanz

Die **Kapitalbilanz** erfasst die Kapitalanlageströme aufgegliedert nach Direktinvestitionen, Wertpapieren und Finanzderivaten (= Finanz- und Handelskredite, Bankguthaben und sonstige Anlagen) sowie übrigem Kapitalverkehr einschließlich der Veränderungen der Währungsreserven der Zentralbank inklusive der Goldbestände zu Transaktionswerten (»**Devisenbilanz**«). Auf der Aktivseite steht der Import von Kapital, worunter die Veränderungen der Verbindlichkeiten von Inländern gegenüber Ausländern zu verstehen sind; auf der Passivseite findet sich folglich der Kapitalexport, d. h. die Veränderungen der Forderungen von Inländern an das Ausland. Der Export von Kapital bzw. die Bestandsänderung an Auslandsforderungen wird entsprechend auf der Passivseite geführt (z. B. Auslandskredite inländischer Geld- und Kreditinstitute). 2006 wies die Bilanz des Kapitalverkehrs einen negativen Saldo von 146,3 Mrd. € auf. Um diesen Betrag überstiegen die Forderungen die Verbindlichkeiten.

1.1.7.2.2 Ungleichgewichte in der Zahlungsbilanz

Da die Unterbilanzen in der Zahlungsbilanz zusammengefasst werden, ist diese rechnerisch immer ausgeglichen: Zahlungsbilanzungleichgewichte machen sich nur innerhalb der Betrachtung einer Einzelbilanz bemerkbar. Wenn von → **außenwirtschaftlichem Gleichgewicht** gesprochen wird, ist damit im Allgemeinen die Leistungsbilanz gemeint, die, wie oben bereits dargelegt wurde, in Deutschland dank hoher Handelsausfuhrüberschüsse in den letzten Jahren einen Überschuss ausweist.

Häufig wird auch der so genannte **Außenbeitrag** als Differenz zwischen Exporten und Importen von Waren und Dienstleistungen der Periode als Indikator für die Erreichung des außenwirtschaftlichen Gleichgewichts herangezogen. Je nach Quelle wird ein außenwirtschaftliches Gleichgewicht angenommen, wenn der Außenbeitrag nicht mehr als ca. 1,5 bis 2,5 % des Bruttoinlandsprodukts (alternativ: Bruttonationaleinkommens) einer Periode beträgt. Ein positiver Außenbeitrag steht für einen Exportüberschuss (d. h. es fließen mehr Mittel aus dem Ausland zu als in das Ausland ab), ein negativer Saldo für ein Defizit (d. h. höherer Mittelab- als -zufluss).

Der Sinn der Forderung nach einer ausgeglichenen Leistungsbilanz erschließt sich über die Betrachtung der Währungsreserven und – in einem System flexibler Wechselkurse – des Wertverhältnisses der Währungen der am Außenhandel beteiligten Wirtschaftsräume. Im Fall eines **Leistungsbilanzüberschusses** aufgrund hoher Auslandsnachfrage erfolgen hohe Devisenzuflüsse, die den Wert der inländischen gegenüber der ausländischen Währung stärken. Dies wiederum wirkt belebend auf den Import und zugleich dämpfend auf den Export, sodass eine Tendenz zum Ausgleich besteht. Im Fall eines **Leistungsbilanzdefizits** überwiegen die Importe, mit denen eine hohe inländische Nachfrage nach Devisen und damit eine Schwächung des inländischen Geldwertes einhergeht. Letzteres wiederum ermöglicht ausländischen Nachfragern preisgünstige Einkäufe: Steigende ausländische Nachfrage aber wirkt sich tendenziell ausgleichend aus.

Ein »quasi-automatischer« Ausgleich durch das Regulativ von Angebot und Nachfrage kann natürlich nur erfolgen, wenn für die Marktbeteiligten Ausweichmöglichkeiten bestehen. Falls bestimmte unverzichtbare Güter nur von einem bestimmten ausländischen Wirtschaftsraum bezogen werden können, insoweit also Abhängigkeiten bestehen, wird ein Ausgleich nicht zustande kommen; vielmehr wird in den beteiligten Volkswirtschaften regelmäßig ein Leistungsbilanzüberschuss bzw. -defizit auftreten.

Regelmäßige außenwirtschaftliche Überschüsse bzw. Defizite zeigen vor allem Folgen bei der Beschäftigung: Hohe Auslandsnachfrage stärkt und sichert die Beschäftigung im Inland; werden dagegen Güter und Dienstleistungen nicht selbst im Inland erzeugt, sondern importiert, ist der Effekt auf die Beschäftigung negativ. Letztlich gefährdet ein dauerhaftes Defizit die Zahlungsfähigkeit.

1.1.8 Wirtschaftspolitik und Sozialpolitik

1.1.8.1 Wirtschaftspolitik

Wirtschaftspolitik – ist das nicht die Disziplin innerhalb der Politik, von der Spötter behaupten, sie sei zwecklos? »Wirtschaft wird in der Wirtschaft gemacht« – wer hätte das nicht schon gehört oder angesichts der Diskussionen über Globalisierung, Arbeitsplatzverlagerung und nomadisierende »Heuschreckenkapitalisten« nicht auch schon selbst vermutet? Tatsächlich hat eine Wirtschaftspolitik, die in der sozialen Marktwirtschaft nur regelnd eingreift, wo das soziale Element ansonsten ungeschützt erscheint, und auch dabei bemüht ist, wettbewerbskonform zu agieren, nur einen beschränkten Einfluss auf das wirtschaftliche Geschehen. Macht- und wirkungslos ist sie dennoch nicht – schauen wir uns ihre Ziele und Instrumente also genauer an!

1.1.8.1.1 Ziele der Wirtschaftspolitik

Zuvor wurden bereits die wirtschaftspolitischen Ziele der → Sozialen Marktwirtschaft erwähnt. Sie sind seit 1967 im »Gesetz zur Förderung der Stabilität und des Wachstums der Wirtschaft«, kurz als »**Stabilitätsgesetz**« (StWG), verankert.

Sie lauten

– hoher Beschäftigungsgrad,
– stetiges, angemessenes Wirtschaftswachstum,
– Stabilität des Geldwertes und
– außenwirtschaftliches Gleichgewicht.

Nicht im Gesetz festgeschrieben, aber häufig ergänzend genannt sind Forderungen nach

– Erhaltung der Umwelt und
– gerechter Einkommensverteilung.

1.1.8.1.1.1 Stabilität des Preisniveaus

Stabile Preise bedeuten, dass das Geld als Tauschobjekt am Markt seinen Wert behält. Ständig steigende Preise (Inflation) wären gleichbedeutend mit einem laufenden Geldwertverfall und würden wirtschaftswesentliche Verhaltensweisen und Transaktionen behindern oder vereiteln. In Zeiten raschen Geldwertverlusts lohnt es nicht, zu sparen oder Kredite zu vergeben (aufzunehmen dagegen schon, wenn die Zinsen nicht auch »davonlaufen«). Inflation ist sozial ungerecht, denn Besitzer von Sachmitteln (Immobilien, Edelmetalle usw.) sind bevorteilt, weil ihr Vermögen seinen Wert behält, während die Besitzer von Geldvermögen sowie Arbeiter und Rentner, die auf laufenden Zahlungen angewiesen sind, benachteiligt werden. Instabile Preise können nicht als Vergleichs- und Entscheidungsgrundlage bei Konsum- und Investitionskäufen dienen. Unsicherheit und Vertrauensverlust behindern die Entwicklung der Wirtschaft und fördern im Extremfall die Herausbildung illegaler Nebenmärkte mit eigenen Warenwährungen, wie nach dem Zweiten Weltkrieg in Deutschland mit der »Zigarettenwährung« geschehen.

Nicht zuletzt ist Preisstabilität eine wesentliche Voraussetzung für ein → außenwirtschaftliches Gleichgewicht. Sie ist vorrangige Aufgabe des → Europäischen Systems Zentraler Banken (ESZB), die ihrer Aufgabe mit den bereits ausführlich erörterten Instrumenten nachkommt.

1.1.8.1.1.2 Vollbeschäftigung

Der Begriff der Vollbeschäftigung wird meist allein auf den Faktor Arbeit bezogen, ist aber auch darin unklar definiert: Er könnte dafür stehen, dass »jeder, der kann (und/oder will), eine Arbeit hat«, könnte aber auch an der offiziell erhobenen Arbeitslosenquote festgemacht werden. Wie auch immer: Statt von Vollbeschäftigung wird heute ohnehin von einem »hohen Beschäftigungsstand« gesprochen – eine hundertprozentige Beschäftigung kann auch unter idealen Bedingungen wegen der stets vorhandenen → friktionellen und → strukturellen Arbeitslosigkeit nicht erreicht werden.

Ein hoher Beschäftigungsstand als Ziel steht dafür, dass für möglichst viele erwerbsfähige Personen die Möglichkeit bestehen solle, ihren Unterhalt durch eigene Arbeit zu verdienen, und damit der Kreis derjenigen Personen, die trotz Arbeitsfähigkeit staatliche Sozialleistungen beziehen, möglichst gering sein solle. Eine Verfehlung dieses Ziels belastet den Staat mit Sozialleistungen und gefährdet den sozialen Frieden.

1.1.8.1.1.3 Außenwirtschaftliches Gleichgewicht

Offene Volkswirtschaften wie die der Bundesrepublik Deutschland treiben einen regen Wirtschaftsaustausch mit dem Ausland. Als förderlich für einen stabilen Außenhandel wird ein außenwirtschaftliches Gleichgewicht angesehen. Anhand der → Zahlungsbilanz wird ein außenwirtschaftliches Gleichgewicht angenommen, wenn

– die → **Leistungsbilanz** ausgeglichen ist oder
– der → **Außenbeitrag** nicht mehr als 2,5 % des → **Bruttoinlandsprodukts** ausmacht oder
– der → Außenbeitrag den Saldo der → **Bilanz der laufenden Übertragungen** deckt.

Außenwirtschaftliches Gleichgewicht drückt sich darin aus, dass keines der in einer Außenhandelsbeziehung beteiligten Länder wirtschaftliche Probleme (Inflation, Arbeitslosigkeit, Rezession) in das andere beteiligte Land exportiert noch aus diesem importiert.

1.1.8.1.1.4 Wirtschaftswachstum

Das Wirtschaftswachstum wird in der (preisbereinigten) Veränderung des → Bruttoinlandsprodukts gegenüber dem Vergleichszeitraum der Vorperiode ausgedrückt. Wirtschaftswachstum wurde lange Zeit als unverzichtbar für einen anhaltenden und wachsenden Wohlstand der Bevölkerung angesehen. Heute herrscht eine differenziertere Betrachtung vor, die die Wirkungen des Wachstums auf die Ökologie und die Wohlstandsverteilung – auch in globaler Hinsicht – mitberücksichtigt. Nicht das höchst mögliche Wachstum, sondern ein angemessenes und stetiges Wachstum bei gleichzeitigem Schutz der Umwelt und gerechter Einkommensverteilung werden angestrebt.

1.1.8.1.1.5 Weitere Ziele

Die Erweiterung des → magischen Vierecks auf ein Sechseck sieht als zusätzliche Ziele

– eine gerechte Einkommensverteilung und
– den Schutz der Umwelt

vor.

Damit wird das Wachstumsziel gewissermaßen mit einem Qualitätsanspruch verbunden: Nicht »Wachstum um jeden Preis«, sondern Wachstum im Einklang mit Gerechtigkeit und **Nachhaltigkeit** soll angestrebt werden.

1.1.8.1.2 Zielkonflikte: Das magische Viereck/Sechseck

Die vorstehend genannten und in § 1 StWG aufgeführten Ziele, nämlich

– Preisniveaustabilität,
– hoher Beschäftigungsstand,
– außenwirtschaftliches Gleichgewicht und
– stetiges, angemessenes Wirtschaftswachstum

bilden das »Magische Viereck« der Wirtschaftspolitik – magisch deshalb, weil es, wie noch gezeigt werden wird, praktisch unmöglich ist, alle vier Ziele gleichermaßen zu erreichen, weil zwischen den Zielen **Zielkonflikte** bestehen: Wird ein Ziel vollständig verwirklicht, hat dies notgedrungen die Verschlechterung des Zielerreichungsgrades bei mindestens einem anderen Ziel zur Folge.

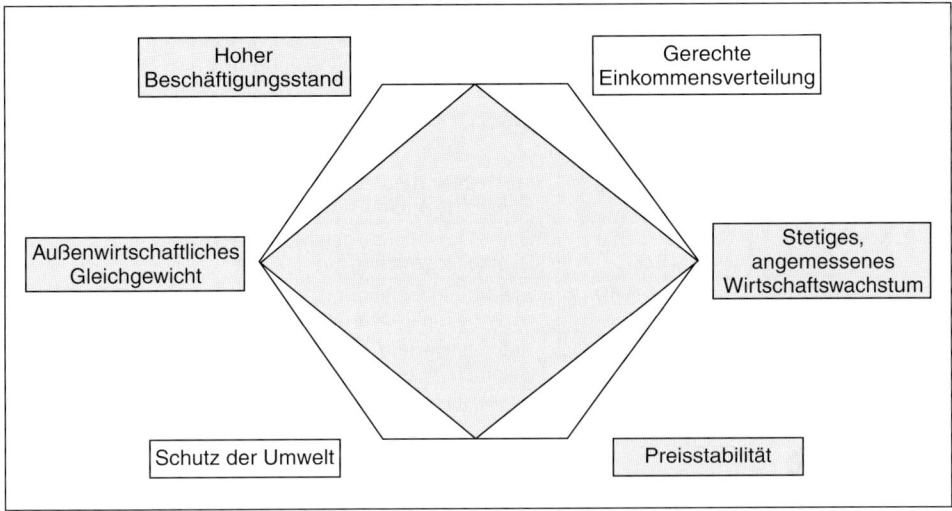

Das »Magische Viereck« und seine Erweiterung zum »Magischen Sechseck«

Beispiel:

Nehmen wir an, es herrsche »Vollbeschäftigung« in dem Sinne, dass nahezu jeder Erwerbsfähige auch beschäftigt ist und aus Sicht der Unternehmen eine Knappheit an Arbeitskräften besteht: In dieser Situation könnte ein Unternehmen, das zusätzliche Arbeitskräfte benötigt, versuchen, diese durch das Angebot höherer Löhne und Gehälter abzuwerben und für sich zu gewinnen, und ein Unternehmen, das Abwanderung verhindern will, müsste auf höhere Lohnforderungen eingehen. Das Lohnniveau würde zwangsläufig steigen. Die Mehrkosten würden die Unternehmen auf die Preise aufschlagen: Damit wäre die Preisniveaustabilität nicht (mehr) gegeben. Höhere Preise wiederum würden in einer exportorientierten Volkswirtschaft einen Rückgang der Auslandsnachfrage bewirken. Ein Nachfragerückgang bliebe aber mittelfristig nicht ohne Folgen auf die Beschäftigung in den Betrieben: So kann das Erreichen der Vollbeschäftigung letztlich zu Entlassungen führen!

1.1.8.1.3   Dynamische Wirtschaft

1.1.8.1.3.1   Konjunkturverlauf

Die wirtschaftliche Entwicklung verläuft nicht immer gleichförmig: Ihre Geschwindigkeit variiert, und auch ihre Richtung kann sich verändern. Seit Längerem – erste systematische Beobachtungen stammen aus dem 19. Jahrhundert – beobachten Ökonomen ein mehr oder weniger regelmäßiges »Auf und Ab« der Wirtschaft. Die wirtschaftliche Situation wird auch als Konjunktur, ihre zyklische Veränderung als Konjunkturverlauf bezeichnet. Dabei werden mehrere Zyklen unterschieden, die einander überlagern

Strukturelle Schwankungen

Diese meist nach dem russischen Wissenschaftler Nikolai KONDRATIEFF, der sie 1926 als erster beschrieb, benannten »**Kondratieff-Wellen**« (auch in der Schreibweise Kondratjew-Wellen oder -Zyklen verbreitet) sind mit einer Dauer von 45–60 Jahren die längsten wirtschaftlichen Schwankungen. Ihre Ursache sind tiefgreifende strukturelle Veränderungen, meist verursacht durch technologische Innovationen, deren Entdeckung oder Erfindung häufig schon länger zurücklag, die aber erst in den zugewiesenen Zeiträumen zu umfassender wirtschaftlicher Bedeutung gelangten. Allgemein werden die folgenden vergangenen Zyklen (mit in der Literatur teils abweichenden Zeiträumen) unterschieden:

Phase	Zeitraum ca. Höhepunkt ca	Anlass
»1. Kondratieff«	1780 – 1840 **1825**	Mechanisierung, Textilindustrie Symbol: Dampfmaschine
»2. Kondratieff«	1840 – 1890 **1875**	Stahl, Dampfloks, -schiffe, Transport Symbol: Eisenbahn
»3. Kondratieff«	1890 – 1940 **1915**	Elektro-, Maschinen-, Chemietechnik Symbol: Elektrizität, Verbrennungsmotor
»4. Kondratieff«	1940 – 1980 **1965**	Automatisierung, Mobilisierung, Petrochemie Symbole: Auto, Atomenergie, Computer
»5. Kondratieff«	seit 1980 **??**	Information und Kommunikation Symbol: Internet

Über Zeitraum und Kerninhalte des »6. Kondratieff« kann gegenwärtig nur spekuliert werden. Meist genannt wird in Wissenschaftskreisen das Themenfeld »Life Sciences« mit den Bereichen Bio-/Gentechnologie, Gesundheit/Wellness und Ökologie. Oft wird davon ausgegangen, dass sich die Zyklen infolge der Dynamik der technologischen Entwicklung verkürzen werden. Es gibt allerdings auch Ökonomen, die das Vorhandensein dieser Wellen bezweifeln oder rundweg abstreiten.

Konjunkturelle Schwankungen

Die eigentlichen konjunkturellen Schwankungen vollziehen sich in einem Auf und Ab, in dem ein voller Zyklus je nach Untersuchung zwischen 2 und 11 Jahren dauert. Die bisweilen in der Literatur gezogene Parallele zu den biblischen »sieben fetten und sieben mageren Jahren« hinkt allerdings, weil die Aufschwungphase meist mehrere Jahre umfasst, während der Abschwung oft steil und in vergleichsweise kurzer Zeit von 1–2 Jahren vonstatten geht.

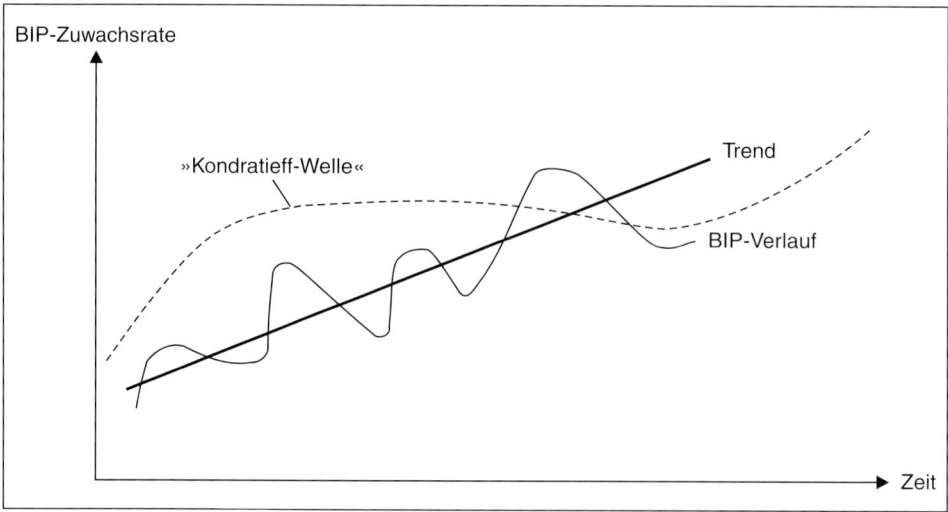

Konjunkturelle Schwankungen und ihre »Glättung«

Vier Phasen des Konjunkturzyklus werden unterschieden:

I.   Aufschwung (**Expansion**),

II.   Hochkonjunktur (**Boom**),

III. Abschwung (**Rezession**, wobei dieser Begriff von Teilen der Literatur nur verwendet wird, wenn tatsächlich negatives Wachstum stattfindet, während bei Rückgängen des BIP-Zuwachses nur von Abschwung gesprochen wird) und

IV.   Tiefstand (bei sehr dramatischen Tiefständen, in denen das BIP tatsächlich schrumpft (»negatives Wachstum«), wird von **Depression** gesprochen).

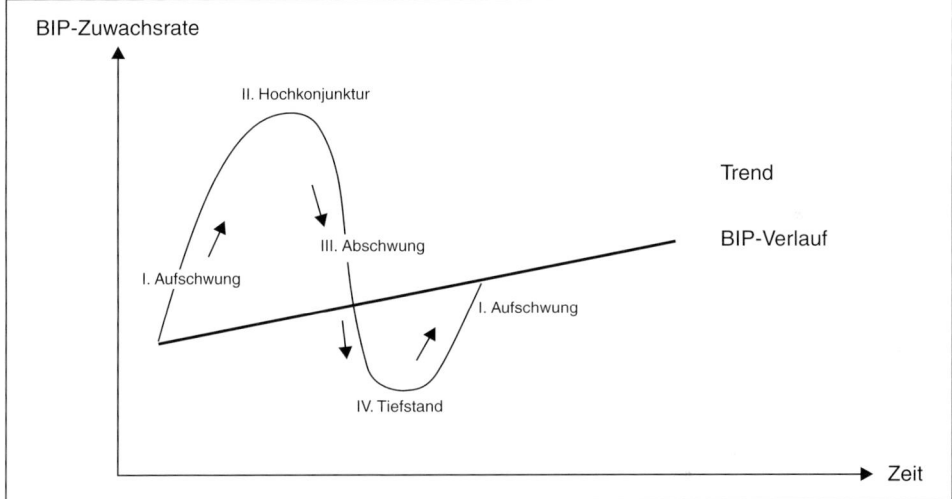

Der Konjunkturzyklus

Die Abbildung stellt eine Situation dar, in der auf dem tiefsten Stand immer noch ein Wirtschaftswachstum stattfindet.

1.1.8.1.3.2   Konjunkturindikatoren

Konjunkturindikatoren sind veränderliche Merkmale der Wirtschaft, die Rückschlüsse auf die aktuelle Konjunkturlage und auf sich anbahnende Veränderungen zulassen.

Unterschieden werden (allerdings unscharf; die Zuordnungen einzelner Indikatoren zu diesen Gruppen werden je nach Quelle auch anders getroffen)

– **Frühindikatoren**, die Veränderungen früher als andere anzeigen. Beispiele sind die regelmäßig von Wirtschaftsforschungsinstituten erhobenen Indizes über die Erwartungen und die Stimmung von Teilen der Wirtschaft (z. B. ifo-Geschäftsklimaindex, Index für Konjunkturerwartungen des ZEW – Zentrum für Europäische Wirtschaftsforschung –, Consumer Confidence), die Entwicklung der Auftragseingänge und die Investitionsneigung.

– **Präsenzindikatoren**, die eine Diagnose der augenblicklichen Wirtschaftslage ermöglichen. Hierzu zählen Arbeitsmarktdaten, Zinsniveau, Reallohnniveau und Konsumverhalten.

Typisch für die verschiedenen Konjunkturphasen sind die folgenden Kennzeichen:

	Aufschwung	Boom	Abschwung	Tiefstand
Zinsniveau	↗	↑	↘	↓
Preissteigerung	↗	↑	↘	↓
Reallohnzuwachs	↗	↑	↘	↓
Beschäftigung	↗	↑	↘	↓
Investitionsneigung	↑	→	↘	↓
Produktion	↑	↑	↘	↓
Konsum	↗	↑	↘	↓

Nicht immer stellt sich das typische Erscheinungsbild ein, etwa wenn die Zinsen trotz Rezession auf hohem Niveau verharren. Aktienkurse sind als Indikatoren weniger geeignet: Der früher hergestellte Zusammenhang von hohen Zinsen und sinkenden Kursen (weil bei hohem Zinsniveau die sichere Anlage in Zinspapieren lohnender erscheint als das risikobehaftete Aktienengagement) kann heute nicht mehr beobachtet werden.

– **Spätindikatoren**, die die Diagnose im nachhinein bestätigen. Hierzu gehören die Entwicklung des Preisniveaus → Inflationsrate) sowie die Ergebnisse der Volkswirtschaftlichen Gesamtrechnung (BIP, BNE) und der Zahlungsbilanz (Leistungsbilanzsaldo, Außenbeitrag).

1.1.8.1.4 Träger der Wirtschaftspolitik

Als Träger der Wirtschaftspolitik, die mit den ihnen zur Verfügung stehenden Mitteln versuchen, wirtschaftliche Gegebenheiten und Abläufe zu beeinflussen, fungieren staatliche, überstaatliche und teils weisungsgebundene, teils weisungsungebundene, teils mit öffentlich-rechtlichen Befugnissen ausgestattete Institutionen.

Träger der **staatlichen Wirtschaftspolitik** sind

– der Bundestag, die Landtage und die kommunalen Entscheidungsgremien (Gemeinderäte) als Legislative,

– die Bundes- und Landesregierungen und die Kommunalverwaltungen als Exekutive und

– das Bundesverfassungsgericht sowie die Arbeits- und Sozialgerichte als Judikative.

Institutionen mit **öffentlich-rechtlichen Entscheidungsbefugnissen** sind z. B.

– die Bundesagentur für Arbeit, das Umweltbundesamt, das Bundeskartellamt,
– die Kammern (IHK, Handwerkskammern),
– die Deutsche Rentenversicherung.

Die Funktion, Träger der staatlichen Wirtschaftspolitik zu **beraten** und zu **informieren**, haben z. B.

– die Bundesbank als Teil des → ESZB,
– das Statistische Bundesamt,
– der Sachverständigenrat zur Begutachtung der gesamtwirtschaftlichen Entwicklung.

Erheblichen Einfluss auf die Wirtschaftspolitik haben die privatrechtlichen **Unternehmensverbände** und **Gewerkschaften**.

Überstaatlich (supranational**)** wirken z. B.

– die Europäische Union,
– die Vereinten Nationen,
– der Internationale Währungsfonds (IFW) und
– die Welthandelsorganisation (WTO)

auf die nationale Wirtschaftspolitik ein.

1.1.8.1.5 Bereiche und Maßnahmen der Wirtschaftspolitik

In der Sozialen Marktwirtschaft hält sich der Staat nicht aus der Wirtschaft heraus; vielmehr übernimmt er eine Reihe von wirtschaftspolitischen Aufgaben, die sich in den folgenden »Politiken« niederschlagen:

– Ordnungspolitik,
– Prozesspolitik (Geld-, Finanz-, Fiskalpolitik) und
– Strukturpolitik.

Die Sozialpolitik zählt nicht direkt zu den wirtschaftlichen Aufgaben. Gleichwohl gehen von ihr bedeutende wirtschaftliche Einflüsse aus.

1.1.8.1.5.1 Ordnungspolitik

Ziel der staatlichen Ordnungspolitik ist die Herstellung und Aufrechterhaltung eines Rahmens, innerhalb dessen sich das Wirtschaftsgeschehen vollziehen kann. Hierzu gehören

– der Erlass, die ständige Anpassung und die Durchsetzung von **Gesetzen, Richtlinien** und **Verordnungen**, z. B. Handelsgesetzbuch, Gewerbeordnung, Steuergesetzgebung, Umweltrecht, Gesetz gegen Wettbewerbsbeschränkungen. Im Zentrum steht dabei das Ziel, den Wettbewerb vor schädlichen Handlungen, wie Absprachen unter Anbietern, oder der Entstehung und/oder Ausnutzung von marktbeherrschenden Stellungen zu schützen.

– die staatliche Einrichtung und Legitimation von **Institutionen** mit wirtschaftsrelevanten Befugnissen, etwa des Europäischen Systems der Zentralbanken ($\rightarrow$ ESZB) oder von Ämtern mit Aufsichtsbefugnissen über bestimmte Geschäftätigkeiten (z. B. Bundesanstalt für Finanzdienstleistungsaufsicht, Kartellamt).

– die **Mitgliedschaft** bzw. Beteiligung in überstaatlichen Zusammenschlüssen (z. B. die Europäische Union), Organisationen (z. B. WTO) und Übereinkommen (z. B. das Kyoto-Protokoll).

Stets gilt, dass Eingriffe und Maßnahmen des Staates **marktkonform** zu sein haben, also das Zusammenspiel von Angebot und Nachfrage nicht stören dürfen. Während z. B. Regelungen zur Verhinderung von Preisabsprachen in diesem Sinne marktkonform sind, wäre die Festlegung von Festpreisen für bestimmte Güter eine nicht-marktkonforme Maßnahme.

1.1.8.1.5.2 Prozesspolitik (Geld-, Finanz- und Fiskalpolitik)

Die Prozesspolitik betreibt die Beeinflussung der »quantitativen Marktergebnisse« durch aktive staatliche Eingriffe in den Wirtschaftsprozess. Diese Eingriffe sollen dann erfolgen, wenn bestimmte Marktergebnisse – etwa das Wirtschaftswachstum oder die Beschäftigtenzahlen – nicht den politischen Wünschen und Zielen entsprechen.

Durch das aktive Eingreifen im Gegensatz zur bloßen Regelung durch Gesetze und sonstige Rechtsvorschriften unterscheidet sich die Prozess- von der Ordnungspolitik. Ihre Tätigkeitsfelder sind die

– **Geldpolitik**, d. h. die Politik, die darauf abzielt, den Geldwert und damit die Preise stabil zu halten. In Europa liegt die Geldpolitik nicht in Händen der Regierungen, sondern ist dem regierungsunabhängigen (gleichwohl zur Unterstützung der wirtschaftspolitischen Ziele verpflichteten) → **Europäischen System der Zentralbanken (ESZB)** übertragen. Diese Entkoppelung der Geldpolitik von der Regierungszuständigkeit findet sich auch in anderen Marktwirtschaften, wobei aber z. B. in den USA die Ziele des Federal Reserve Systems weitreichender definiert sind und ausdrücklich auch Wachstums- und Beschäftigungsziele einschließen. Die Instrumente der Geldpolitik wurden bereits ausführlich dargestellt.

– **Finanzpolitik**, d. h. die Politik der Einnahmen und Ausgaben des öffentlichen Hand. Sie umfasst die Festlegung von Steuern und ihrer Verwendung, die Entscheidung über die Aufnahme von Schulden und die Verabschiedung von Haushalten in Bund, Ländern und Kommunen (**Haushaltspolitik**). Wenn finanzpolitische Maßnahmen ergriffen werden, um gezielt die Konjunktur und das Wirtschaftswachstum zu beeinflussen, wird hierfür der Begriff der **Fiskalpolitik** verwendet. Ihre Maßnahmen können – je nachdem, welche Ursache für die aktuelle konjunkturelle »Schieflage« angenommen wird – eher angebotsorientiert oder eher nachfrageorientiert sein. **Angebotsorientierte Maßnahmen** entlasten die Unternehmen, z. B. durch Senkung der Unternehmenssteuern oder durch Gewährung von Subventionen. **Nachfrageorientierte Maßnahmen** erhöhen das verfügbare Einkommen der Konsumenten, z. B. durch gezielte Steuersenkungen und verstärkte Finanztransfers zu den Haushalten.

Als geeignete Strategie der Prozesspolitik zur Konjunkturbeeinflussung wird allgemein ein **antizyklisches Verhalten** angesehen: Die öffentliche Hand selbst soll sich mit ihrer eigenen Nachfrage am Markt zurückhalten, wenn sich die Wirtschaft in einer Phase der Hochkonjunktur befindet, und mit verstärkter eigener Nachfrage die Konjunktur beleben, wenn diese in eine Rezession gerät.

Im Rahmen einer solchen Politik ließe sich eine **Konjunkturausgleichsrücklage** verwenden, wie sie § 5 Stabilitätsgesetz (StWG) ermöglicht:

§ 5 [Bemessung der Ausgaben – Konjunkturausgleichsrücklage]

(1) Im Bundeshaushaltsplan sind Umfang und Zusammensetzung der Ausgaben und der Ermächtigungen zum Eingehen von Verpflichtungen zu Lasten künftiger Rechnungsjahre so zu bemessen, wie es zur Erreichung der Ziele des § 1 erforderlich ist.

(2) Bei einer die volkswirtschaftliche Leistungsfähigkeit übersteigenden Nachfrageausweitung sollen Mittel zur zusätzlichen Tilgung von Schulden bei der Deutschen Bundesbank oder zur Zuführung an eine Konjunkturausgleichsrücklage veranschlagt werden.

(3) Bei einer die Ziele des § 1 gefährdenden Abschwächung der allgemeinen Wirtschaftstätigkeit sollen zusätzlich erforderliche Deckungsmittel zunächst der Konjunkturausgleichsrücklage entnommen werden.

Die Konjunkturausgleichsrücklage wäre demnach in Jahren der Hochkonjunktur, die durch hohe Steuereinnahmen einerseits und – aufgrund der oben beschriebenen antizyklischen Nachfragepolitik des Bundes – demgegenüber geringere staatliche Ausgaben andererseits gekennzeichnet sind, aufzufüllen und in Zeiten der Rezession aufzulösen, also im Rahmen staatlicher Aufträge auszugeben, wodurch der Wirtschaft zusätzliche Mittel zugeführt würden. Aus dem Gesetz ergibt sich allerdings keine Verpflichtung zur Bildung einer solchen Rücklage, die im Haushalt der Bundesrepublik derzeit auch nicht vorhanden ist.

In § 7 StWG heißt es lediglich:

§ 7 [Mittel der Konjunkturausgleichsrücklage]

(1) Die Konjunkturausgleichsrücklage ist bei der Deutschen Bundesbank anzusammeln. Mittel der Konjunkturausgleichsrücklage dürfen nur zur Deckung zusätzlicher Ausgaben gemäß § 5 Abs. 3 und § 6 Abs. 2 verwendet werden.

(2) Ob und in welchem Ausmaß über Mittel der Konjunkturausgleichsrücklage bei der Ausführung des Bundeshaushaltsplans verfügt werden soll, entscheidet die Bundesregierung; § 6 Abs. 1 Satz 2 ist anzuwenden.

Die gleiche Wirkung wie die Auflösung der Konjunkturausgleichsrücklage hat eine Verschuldung des Bundes mit dem Zweck, die aufgenommenen Mittel konjunkturfördernd auszugeben. Hierzu heißt es in § 6 StWG:

§ 6 [Einschränkung der Ausgaben – Zusätzliche Mittel – Zusätzliche Kreditaufnahme]

(1) Bei der Ausführung des Bundeshaushaltsplans kann im Falle einer die volkswirtschaftliche Leistungsfähigkeit übersteigenden Nachfrageausweitung die Bundesregierung den Bundesminister der Finanzen ermächtigen, zur Erreichung der Ziele des § 1 die Verfügung über bestimmte Ausgabemittel, den Beginn von Baumaßnahmen und das Eingehen von Verpflichtungen zu Lasten künftiger Rechnungsjahre von dessen Einwilligung abhängig zu machen. Die Bundesminister der Finanzen und für Wirtschaft schlagen die erforderlichen Maßnahmen vor. Der Bundesminister der Finanzen hat die dadurch nach Ablauf des Rechnungsjahres freigewordenen Mittel zur zusätzlichen Tilgung von Schulden bei der Deutschen Bundesbank zu verwenden oder der Konjunkturausgleichsrücklage zuzuführen.

(2) Die Bundesregierung kann bestimmen, dass bei einer die Ziele des § 1 gefährdenden Abschwächung der allgemeinen Wirtschaftstätigkeit zusätzliche Ausgaben geleistet werden; Absatz 1 Satz 2 ist anzuwenden. Die zusätzlichen Mittel dürfen nur für im Finanzplan (§ 9 in Verbindung mit § 10) vorgesehene Zwecke oder als Finanzhilfe für besonders bedeutsame Investitionen der Länder und Gemeinden (Gemeindeverbände) zur Abwehr einer Störung des gesamtwirtschaftlichen Gleichgewichts (Artikel 104 a Abs. 4 Satz 1 GG) verwendet werden. Zu ihrer Deckung sollen die notwendigen Mittel zunächst der Konjunkturausgleichsrücklage entnommen werden.

(3) Der Bundesminister der Finanzen wird ermächtigt, zu dem in Absatz 2 bezeichneten Zweck Kredite über die im Haushaltsgesetz erteilten Kreditermächtigungen hinaus bis zur Höhe von fünf Milliarden Deutsche Mark, gegebenenfalls mit Hilfe von Geldmarktpapieren, aufzunehmen. Soweit solche Kredite auf eine nachträglich in einem Haushaltsgesetz ausgesprochene Kreditermächtigung angerechnet werden, kann das Recht zur Kreditaufnahme erneut in Anspruch genommen werden.

Die Politik der (vorübergehenden!) Verschuldung zum Zwecke der Konjunkturbelebung wird auch als »**Deficit Spending**« bezeichnet. Ein dabei möglicher, hinsichtlich seiner tatsächlichen Bedeutung aber nicht unumstrittener Effekt, auf den bereits der britische Nationalökonom John Maynard Keynes hinwies, ist der »**Crowding-Out-Effect**«:

Durch die erhöhte Kreditnachfrage des Staates am Kapitalmarkt steigen die Zinsen. Infolgedessen verzichten Unternehmen und sonstige private Investoren auf die Verwirklichung ihrer Investitionsvorhaben; die kreditfinanzierte staatliche Nachfrage drängt die private Investitionsnachfrage zurück.

1.1.8.1.5.3 Strukturpolitik

Die Strukturpolitik will auf die Wirtschaftsstruktur der Volkswirtschaft einwirken. Dabei zielt sie als **regionale** Strukturpolitik auf bestimmte geografische Regionen, als **sektorale** Strukturpolitik auf einzelne Industrien oder Branchen ab. Vorrangige Ziele sind

– die Beseitigung von Benachteiligungen etwa »strukturschwacher« Regionen,

– Hilfestellungen zur Anpassung nicht mehr wettbewerbsfähiger Industrien an die Anforderungen der globalisierten Wirtschaft und

– die kontinuierliche Verbesserung der Infrastruktur, worunter neben der technischen Infrastruktur (z. B. Verkehr, Kommunikation, Energieversorgung) auch die rechtliche (Verwaltung), kulturelle (Bibliotheken, Theater, Museen usw.) und soziale Infrastruktur (Krankenhäuser, Schulen usw.) zu verstehen sind.

Die wesentlichen Instrumente der Strukturpolitik sind Rechtsvorschriften, Steuererleichterungen, Subventionen und sonstige finanzielle Förderungen, wobei der Grundsatz gilt, dass Subventionen für Betriebe oder Wirtschaftsbereiche nur als vorübergehende Hilfe, nicht aber als Dauergabe an sonst nicht am Markt überlebensfähige Strukturen gewährt werden sollen.

1.1.8.1.5.4 Außenwirtschaftspolitik

Die Außenwirtschaftspolitik ist als wesentlicher Bestandteil der Wirtschaftspolitik eine der wichtigsten politischen Aufgaben, die vor allem aus Sicht der stark in die Weltwirtschaft eingebundenen deutschen Unternehmen herausragenden Stellenwert besitzt. Sie hat eine ordnungspolitische und eine prozesspolitische Komponente: Zum einen gestaltet sie die ordnungspolitischen Rahmenbedingungen internationaler Wirtschaftsbeziehungen. Zum anderen setzt sie bestimmte Instrumente ein, um Einfluss auf internationale Transaktionen zu nehmen. Entsprechend dem durch die soziale Marktwirtschaft vorgegebenen ordnungspolitischen Rahmen steht dabei die Eigeninitiative der Unternehmen, die sich wirtschaftlich im Ausland engagieren, im Mittelpunkt.

Aufgaben der Außenwirtschaftspolitik

Das Bundesministerium für Wirtschaft und Technologie (BMWi) nennt in seinen Publikationen folgende Aufgaben seiner Außenwirtschaftspolitik:

– **Ungehinderte Entfaltung von Wettbewerb und Handel:** Aufgabe der Außenwirtschaftspolitik ist es dafür zu sorgen, dass sich Wettbewerb und Handel möglichst ungehindert entfalten können. In bilateralen Verhandlungen und in internationalen Organisationen (UN, WTO, OECD) ist es das Ziel, Regeln für den Handel festzulegen, die Auslandsmärkte transparenter zu machen und Handelshemmnisse abzubauen.

– **Außenwirtschaftsförderung:** Aufgabe der Außenwirtschaftspolitik ist es weiterhin, die deutschen Unternehmen im Wettbewerb auf den Weltmärkten zu stärken. Insbesondere gilt das für kleine und mittlere Unternehmen, deren personelle und finanzielle Ressourcen begrenzt sind. Ziel ist es, die Basis zu verbreitern, auf der Unternehmen Entscheidungen für Auslandsinvestitionen, internationale Kooperationen oder auch grenzüberschreitende Fusionen fällen.

– **Werbung für den Wirtschaftsstandort Deutschland:** Schließlich liegt auch die Werbung für den Wirtschaftsstandort Deutschland zur Gewinnung ausländischer Investoren – als wichtiger Teil der Außenwirtschaftspolitik mit vielfältigen Berührungen zu anderen Politikfeldern – in der Federführung des BMWi.

Als zentrale Ziele betrachtet das BMWi

– den **Abbau von Handelshemmnissen** und die Öffnung von Märkten durch internationale Vereinbarungen,

– die **Stärkung der Wettbewerbssituation** insbesondere kleinerer und mittlerer deutscher Unternehmen auf den Weltmärkten und

– die **Verbesserung der Funktionsfähigkeit** des europäischen Binnenmarktes.

Die Außenwirtschaftspolitik steht in enger Beziehung zur allgemeinen Außenpolitik; denn aus dem Handel und den vielfältigen wirtschaftliche Verflechtungen erwachsen gegenseitiges Vertrauen und stabile internationale Beziehungen.

1.1.8.2 Sozialpolitik

Die staatliche Sozialpolitik zielt darauf ab, einen sozialen Mindeststandard für alle zu schaffen, die Lebensbedingungen der Bevölkerung insgesamt kontinuierlich zu verbessern, Benachteiligungen durch Ausgleichsleistungen aufzuheben und eine Gleichheit der Lebenschancen aller herzustellen. Erreicht werden sollen diese Ziele durch soziale Sicherungssysteme, durch gesetzliche Vorgaben und durch Maßnahmen der Einkommensumverteilung.

Die **Sozialversicherungen**, zu denen in Deutschland die Renten-, Kranken-, Arbeitslosen- und Pflegeversicherung sowie das berufsgenossenschaftliche Unfallversicherungswesen gehören, dienen der sozialen Absicherung von abhängig Beschäftigten. Sie sind überwiegend beitragsfinanziert, wobei sich die Beiträge, die in der Renten-, Kranken- und Arbeitslosenversicherung paritätisch, d. h. zu gleichen Teilen von Arbeitnehmern und Arbeitgebern, gezahlt werden, am Einkommen orientieren. Dabei gelten gesetzlich festgelegte, regelmäßig aktualisierte Beitragsbemessungsgrenzen als Obergrenzen für die Beitragsberechnung. Auf Sozialversicherungsbeiträge entfallen bis zu 46 % eines Arbeitnehmer-Bruttoeinkommens – ein Anteil, dessen Senkung heute unter dem Schlagwort »Senkung der Lohnnebenkosten« insbesondere von Arbeitgebern gefordert wird.

Sozialpolitische gesetzliche Vorgaben betreffen z. B. den Arbeitsschutz, die betriebliche Mitbestimmung, den Mieterschutz und den besonderen Schutz der Familie, der sich in einer großen Zahl **familienpolitischer Maßnahmen** wie Kindergeldzahlung, steuerliches Ehegattensplitting, Elternzeit, Einrichtung von Kinderkrippen und Kindertagesstätten, Kündigungsschutz für werdende Mütter usw. niederschlägt.

Mit der Kindergeldzahlung wurde bereits eine Maßnahme der Einkommensumverteilung genannt. Sie zählt zu den **horizontalen Umverteilungen**, die dadurch gekennzeichnet sind, dass sie Mittel von Einkommenserzielern, die von bestimmten sozialen Lebenslagen nicht betroffen sind, zu Betroffenen umschichten. Andere Beispiele hierfür sind die Umschichtung von Mitteln von den Erwerbstätigen zu den Rentnern oder von gesunden Beitragszahlern zu Kranken. **Vertikale Umverteilung** meint dagegen die Umschichtung von Mitteln von einkommenstarken zu einkommenschwachen Wirtschaftssubjekten, etwa durch die progressive Einkommensbesteuerung, die Freistellung eines Existenzminimums von Steuern oder die direkte Zahlung von Transferleistungen wie Wohngeld, Arbeitslosengeld II oder BAföG.

Die **Chancengleichheit** drückt sich aus im kostenfreien Zugang zu öffentlichen Schulen und Hochschulen (wobei mehrere deutsche Bundesländer derzeit die Einführung von Studiengebühren vollzogen haben oder aber erwägen), im Abbau von Zugangshemmnissen zu beruflichen und gesellschaftlichen Positionen für benachteiligte Gruppen und Minderheiten und im **Diskriminierungsverbot**, das mit dem **Allgemeinen Gleichbehandlungsgesetz (AGG)** auf Basis europäischer Richtlinien in deutsches Recht übertragen wurde.

In der Sozialpolitik gilt der **Grundsatz der Subsidiarität (Nachrangigkeit)** im Sinne einer »Hilfe zur Selbsthilfe«: Unterstützung soll nicht als lebenslange Alimentation gewährt werden, sondern nur insoweit, als der Unterstützte nicht zur Selbsthilfe in der Lage ist – und möglichst in einer Weise, die ihn zur Selbsthilfe befähigt.

1.1.9 Die Europäische Union

> *Die Europäische Union (EU), heute ein Verbund von 27 Staaten, die gemeinsam den Europäischen → Binnenmarkt bilden, blickt auf eine inzwischen mehr als fünfzig Jahre während Geschichte zurück, die nachfolgend kurz nachgezeichnet werden soll. Anschließend sollen die Grundfunktionen, Aufgaben und Ziele der EU von heute beschrieben werden. Ergänzend zur vorangegangenen Darstellungen in Zusammenhang mit der → Geldpolitik wird besonders auf die Europäische Währungsunion eingegangen.*

1.1.9.1 Abriss über die Geschichte der Entstehung der Europäischen Union

Gründung

Nach dem Zweiten Weltkrieg war Europa durch den »Eisernen Vorhang« geteilt. Die Volkswirtschaften in Ost und West entwickelten sich unterschiedlich: In den Ostblockstaaten wurden sie nationalen Zentralverwaltungen unterstellt, während sich in Westdeutschland, wie im übrigen westlichen Europa, eine marktwirtschaftliche Ordnung entwickelte. Zwischen den Staaten Westeuropas bestand der Wunsch nach einer übernationalen Integration, der sich nicht nur auf eine wirtschaftliche Zusammenarbeit erstreckte, sondern vor allem vom Gedanken gemeinsam verfolgter rechtsstaatlicher, demokratischer Grundsätze getragen war.

Erster Schritt zu einer derartigen Integration war die Gründung des **Europarats** (nicht zu verwechseln mit der Europäischen Gemeinschaft oder dessen Gremien, dem Europäischen Rat und dem Rat der Europäischen Union!) 1949 in London, der sich als Forum für allgemeine europäische Fragen, insbesondere die Menschenrechte, den sozialen und wirtschaftlichen Fortschritt, Rechtsstaatlichkeit und Demokratie versteht. Dem von der EU unabhängigen Europarat, dem der Europäische Gerichtshof für Menschenrechte angegliedert ist, gehören heute 47 Staaten an.

Eine erste wirtschaftliche Vereinigung stellte die 1951 gegründete **Europäische Gemeinschaft für Kohle und Stahl (EGKS; »Montanunion«)** dar, die die Schaffung eines gemeinsamen europäischen Marktes für Kohle, Stahl, Eisenerz und Schrott zum Ziel hatte, und vor allem den unkontrollierten Aufbau einer (zur Waffenproduktion fähigen) Schwerindustrie in Deutschland verhindern sollte.

Die Gründungsländer waren dieselben, die 1957 die **Europäische Wirtschaftsgemeinschaft (EWG)** gründeten: Frankreich, Italien, Deutschland und die »Benelux«-Staaten Belgien, die Niederlande und Luxemburg. Ziele waren eine gemeinsame Agrar- und Strukturpolitik sowie langfristig die Gründung einer → Zollunion und eines gemeinsamen → Binnenmarktes. Zugleich wurde von derselben Staatengruppe die **Europäische Atomgemeinschaft (EAG; »Euratom«)** zur Förderung der friedlichen Nutzung der Kernenergie gegründet.

1967 wurden EWG, EGKS und Euratom zur **Europäischen Gemeinschaft (EG)** fusioniert.

Mitglieder

Gründungsmitglieder: Belgien, Bundesrepublik Deutschland, Frankreich, Italien, Luxemburg, die Niederlande

Beitritte:

1973:	Dänemark, Großbritannien, Irland
1981:	Griechenland
1986:	Portugal, Spanien
1995:	Finnland, Österreich, Schweden
2004:	»Osterweiterung«: Estland, Lettland, Litauen, Malta, Polen, Slowakei, Slowenien, Tschechien, Ungarn, Zypern
2007:	Bulgarien, Rumänien

Damit umfasst die EU heute 27 Mitgliedsstaaten.

Meilensteine

01.01.1958	Inkrafttreten der Gründungsverträge (»**Römische Verträge**«)
1959	Beginn des **Zollabbaus**
1967	Zusammenführung von EGKS, Euratom und EWG zur Europäischen Gemeinschaft (EG) durch **Fusionsvertrag**
	Einsetzung der EG-Organe
	– Rat der Europäischen Gemeinschaften; heute: **Rat der Europäischen Union (= Ministerrat**, oft nur Rat genannt) als Legislative
	– Kommission der Europäischen Gemeinschaften, heute: **Europäische Kommission** als Exekutive
	– **Europäisches Parlament** mit Mitwirkungsrechten bei Gesetzgebung, Budgetverwendung und Kontrolle
1979	Erste **Direktwahl** des Europäischen Parlaments
1986	Erste Revision der Römischen Verträge durch die **Einheitliche Europäische Akte (EEA)**, in der die **Europäische Politische Zusammenarbeit (EPZ)** und das Ziel der Schaffung des Europäischen Binnenmarktes bis 1993 festgelegt werden
1987	Institutionalisierung der bisherigen Gipfeltreffen der europäischen Staats- und Regierungschefs als **Europäischer Rat**
01.01.1993	Inkrafttreten des **gemeinsamen Binnenmarktes** mit den → **Vier Grundfreiheiten**:
	– Freier Warenverkehr
	– Freizügigkeit der Arbeitnehmer
	– Freier Dienstleistungsverkehr
	– Freier Kapital- und Zahlungsverkehr

01.11.1993	Inkrafttreten des **Vertrags von Maastricht** über die Schaffung einer wirtschaftlichen und politischen **Europäischen Union (EU)**. »Säulen« der EU sind die EG, die Gemeinsame Außen- und Sicherheitspolitik (GASP) und die polizeiliche und juristische Zusammenarbeit. Mit dem Maastricht-Vertrag werden die Kriterien (»**Konvergenzkriterien**«) für den Beitritt zur dritten Stufe der **Europäischen Währungsunion** festlegt
01.01.1994	Bildung der Vertragsgemeinschaft **Europäischer Wirtschaftsraum (EWR)** zwischen den EG-Staaten und den Staaten der → Europäischen Freihandelszone (EFTA), wodurch – mit Ausnahme des EFTA-Agrarmarktes – ein größerer gemeinsamer Binnenmarkt entsteht
01.01.1995	Zweite Revision der Römischen Verträge durch den **Vertrag über die Europäische Union (EUV)** mit der vertraglichen Vereinbarung der »drei Säulen« der EU-Politik:

– Vollendung der Währungs- und Wirtschaftsunion bis 1999
– Vereinbarung einer Gemeinsamen Sicherheits- und Außenpolitik (GASP)
– Vereinbarung über die Zusammenarbeit bei der Inneren Sicherheit und Rechtspolitik

26.03.1995	Inkrafttreten des **Schengener Abkommens** über den schrittweisen Abbau der Kontrollen an den Binnengrenzen
01.01.1999	Beginn der **Euro-Einführung** zunächst als Buchgeld
01.05.1999	Inkrafttreten des **Vertrags von Amsterdam**, der die Rolle des Europäischen Parlaments stärkt
01.02.2003	Inkrafttreten des **Vertrags von Nizza**, mit dem die bestehenden EU-Verträge reformiert werden. Der Vertrag wird als Vorläufer einer **EU-Verfassung** eingesetzt, die aber bis heute wegen der Ablehnung durch mehrere EU-Staaten nicht in Kraft getreten ist
13.12.2007	Einigung auf einen Vertragstext **(Vertrag von Lissabon)**, der wesentliche Inhalte des abgelehnten Verfassungsvertrags enthält, aber keine Verfassung darstellt, sondern die bestehenden Verträge lediglich abändert
01.01.2009	**Inkrafttreten** des Vertrags von Lissabon

1.1.9.2 Wirtschafts- und Währungsbeziehungen in der Europäischen Union

1.1.9.2.1 Die »Vier Grundfreiheiten« im Europäischen Binnenmarkt

Kennzeichnend für den Europäischen Binnenmarkt sind die bereits erwähnten vier Grundfreiheiten, die hier näher beschrieben werden sollen.

Freier Warenverkehr

Freier Warenverkehr bedeutet, dass die Mitgliedstaaten der EU untereinander freien und unbeschränkten Güterhandel treiben können. In Hinblick auf Zölle ist das Ziel, Handelsbeschränkungen zwischen den Mitgliedsländer der EU aufzuheben, vollständig erreicht; denn diese erheben untereinander keine Ein- und Ausfuhrzölle, während gegenüber Drittländern ein einheitlicher Außenzoll gilt. Auch mengenmäßige Beschränkungen der Einfuhr bzw. Ausfuhr zwischen den Mitgliedstaaten und Einfuhrbeschränkungen aufgrund nationaler Zulassungsvoraussetzungen (etwa Einfuhr von Bier nach Deutschland nur dann, wenn es dem deutschen Reinheitsgebot entspricht) sind untersagt – Beschränkungen dürfen nur aus Gründen der öffentlichen Sicherheit oder des Gesundheitsschutzes verhängt werden. Weitere Ziele, nämlich die Angleichung der Mehrwertsteuer- und der Verbrauchsteuersätze (etwa Mineralöl-, Tabak-, Branntweinsteuer) und die Harmonisierung von technischen Normen und Vorschriften, sind dagegen noch nicht vollständig erreicht.

Freizügigkeit

Freizügigkeit bedeutet freie Einreise, freie Wahl des Aufenthalts-, Arbeits- und Wohnortes und Niederlassungsfreiheit für Unternehmen. Mit dem »Schengener Abkommen«, das aber noch nicht an allen Binnengrenzen umgesetzt ist, sind Personenkontrollen beim Grenzübertritt entfallen. Zugleich wurden Normen und Verfahren für die von den Mitgliedstaaten an ihren Außengrenzen durchzuführenden Kontrollen festgelegt. Praktisch bedeutet die Freizügigkeit im Europäischen Binnenmarkt, dass Personen (auch Drittstaatsangehörige), die aus einem Mitgliedsland in ein anderes übertreten, dort ein weitgehendes Aufenthaltsrecht besitzen. EU-Bürger eines Mitgliedstaates dürfen einen Arbeitsplatz in jedem anderen EU-Staat suchen und annehmen. Allerdings stehen die unterschiedlichen Berufsausbildungen und -bezeichnungen und fehlende Anerkennungen von Berufsabschlüssen einer wirklich freien Arbeitsplatzwahl oft noch im Wege.

Freier Dienstleistungsverkehr

Freier Dienstleistungsverkehr bedeutet, dass jeder, der seine Dienste in einem EU-Staat anbietet, diese auch in einem anderen EU-Staat anbieten darf. Dies betrifft alle bezahlten Tätigkeiten, die keinen Waren-, Personen- oder Kapitalverkehr darstellen. Damit fallen bis zu 70 % aller wirtschaftlichen Aktivitäten in der EU (z. B. Leistungen des Gesundheitswesens, der Medien, der Telekommunikationsanbieter, der Finanzdienstleistungen und der Versicherungen) unter die Dienstleistungsfreiheit. Bürokratische Hemmnisse und unterschiedliche Rechts- und Verwaltungsvorschriften stehen der tatsächlichen Ausübung aber häufig praktisch im Wege, sodass von einer vollständigen Verwirklichung noch keine Rede sein kann.

Freier Kapitalverkehr

Geldanlagen, Beteiligungen, Kontoeinrichtung und Geldtransfer sind jedem EU-Bürger und jedem in der EU ansässigen Unternehmen innerhalb der EU und in Beziehung zu Drittstaaten unbeschränkt möglich. Für Überweisungen innerhalb der EU gilt, dass Gebühren nicht doppelt erhoben werden dürfen und die Durchführung nicht mehr als fünf Tage in Anspruch nehmen darf. Grundstücks- und Immobiliengeschäfte sind ebenfalls – mit befristeten Einschränkungen bei bestimmten Fällen, die neu beigetretene Länder betreffen – unbeschränkt erlaubt. Allerdings sind steuer-, sicherheits- und finanzaufsichtsrechtliche Vorschriften (z. B. die Verhinderung von Geldwäsche betreffend) zu beachten.

1.1.9.2.2   Die EU-Wettbewerbspolitik

Um den freien und fairen Wettbewerb zu schützen und das Entstehen marktbeherrschender Unternehmen zu verhindern, wurde ein für alle EU-Staaten verbindliches Wettbewerbsrecht geschaffen. Für seine Umsetzung ist in Deutschland das Bundeskartellamt, auf EU-Ebene die Europäische Kommission zuständig.

Instrumente der europäischen Wettbewerbspolitik sind

– die **Fusionskontrolle**: Geplante Firmenzusammenschlüsse müssen ab einer bestimmten Umsatzschwelle angemeldet und daraufhin überprüft werden, ob sie den Wettbewerb im EU-Binnenmarkt wesentlich beeinträchtigen – in diesem Falle würden sie untersagt. Die EU-Kommission geht auch gegen Unternehmen von außerhalb der EU vor, wenn diese eine marktbeherrschende Stellung innerhalb der EU in wettbewerbswidriger Weise nutzen (Beispiel: Strafgeldbewehrte Auflagen gegenüber dem US-Konzern Microsoft).

– das **Kartellverbot (Antitrust-Vorschriften)**: Unternehmenskooperationen, vor allem → Kartelle, sind untersagt, wenn sie nicht bestimmte Bedingungen erfüllen, z. B. nachweislich zu Kostenersparnissen führen, der Entwicklung neuer Produkte nützen, im Interesse der Konsumenten liegen und den Wettbewerb nicht behindern. Für bestimmte Arten von Vereinbarungen zwischen Unternehmen wurden **Gruppenfreistellungsverordnungen** erlassen, z. B. für den Bereich Forschung und Entwicklung, für Technologietransfer und für Vereinbarungen innerhalb bestimmter Branchen.

– die **Überwachung staatlicher Beihilfen**, weil staatlicherseits gewährte Zuschüsse, Steuervergünstigungen und -befreiungen, Subventionen, Bürgschaften, Beteiligungen usw. den Wettbewerb verzerren können.

Die EU-Kommission kann neben der Untersagung wettbewerbswidriger Verhaltensweisen Geldstrafen verhängen.

1.1.9.2.3 Die Befugnisse der EU – Das Subsidiaritätsprinzip

Mit ihrer Mitgliedschaft in der Europäischen Gemeinschaft haben die Nationalstaaten einen Teil ihrer Souveränität (= unabhängige Entscheidungs- und Herrschaftsgewalt) aufgegeben. Es gilt das **Subsidiaritätsprinzip**. Grundsätzlich bedeutet dies, dass eine staatliche Aufgabe jeweils von der unterst möglichen Ebene übernommen werden soll und die obere Ebene nur eingreift, wenn die untere Ebene das Problem allein nicht bewältigen kann. Für die Beziehung zu den Mitgliedsstaaten bedeutet dies, dass die Gemeinschaft nur diejenigen Aufgaben übernimmt, die von den Mitgliedsstaaten auf ihren verschiedenen Entscheidungsebenen allein nicht zufriedenstellen wahrgenommen werden können. In den Bereichen, die nicht in die ausschließliche Zuständigkeit der Gemeinschaft fallen, darf diese nur tätig werden, wenn dies zur Erreichung des angestrebten Ziels erforderlich erscheint und die Mitgliedsstaaten die Gemeinschaft entsprechend ermächtigt haben.

EG-Richtlinien (wie sie korrekt heißen; die umgangssprachliche Bezeichnung als EU-Richtlinie ist falsch, denn die EG, nicht die EU erlässt Richtlinien!) müssen innerhalb jeweils festgelegter Fristen in nationales Recht umgewandelt werden. Geschieht dies nicht fristgerecht, kann ein dadurch benachteiligter Bürger den Staat unter Umständen in Staatshaftung nehmen und Schadensersatz verlangen. **Verordnungen** der Europäischen Gemeinschaft besitzen dagegen Durchgriffswirkung, d. h. sie gelten unmittelbar.

1.1.9.2.4 Finanzierung und Haushalt der Europäischen Union

Die der EU zur Erfüllung ihrer Aufgaben bereitgestellten Mittel stammen im Wesentlichen aus Mitteln, die der EU originär aufgrund des Gemeinschaftsrechts als Eigenmittel zur Verfügung stehen. Diese **Eigenmittel** setzen sich zusammen aus **Agrarabschöpfungen** (Abgaben auf die Einfuhr bestimmter Agrarprodukte aus Nicht-EU-Staaten, innergemeinschaftliche Abgaben auf Zucker und zuckerähnliche Produkte), **Zöllen** sowie aus Einnahmeposten, die an die Mehrwertsteuerbemessungsgrundlagen (**MWSt-Eigenmittel**) und an das Bruttonationaleinkommen (**BNE-Eigenmittel**) der Mitgliedsstaaten gebunden sind, zusammen. **Sonstige Einnahmeposten**, die keine Eigenmittel darstellen, sind Steuern und sonstige Abzüge von den Gehältern von Bediensteten der EU-Organe, Bank- und Verzugszinsen, Beiträgen von Drittländern zu Gemeinschaftsprogrammen, Rückzahlungen von nicht in Anspruch genommenen Finanzhilfen sowie ggf. dem Überschuss des vorangegangenen Haushaltsjahres.

Die Kommission erarbeitet einen Vorschlag für die Verwendung dieser Mittel, über den das Europäische Parlament und der Ministerrat beschließen. Die Verwaltung des beschlossenen Haushalts obliegt der Kommission.

Der EU-Haushalt, der alle geplanten Einnahmen und Ausgaben in Einzelplänen für die verschiedenen EU-Organe und, unterteilt nach verschiedenen Politikbereichen, aufführt, muss ausgeglichen sein, darf also kein Defizit aufweisen. **Hauptpolitikbereiche** sind die »Nachhaltige Entwicklung« und hier vor allem **Kohäsion** (wirtschaftlicher und sozialer Zusammenhalt) und **Konvergenz** (Abbau von Ungleichheiten zwischen den Regionen), »Natürliche Ressourcen«, »Freiheit, Sicherheit und Recht«, »Unionsbürgerschaft«, »Die EU als globaler Partner«, »Verwaltung« und »Ausgleichszahlungen zugunsten der neuen Mitgliedstaaten«.

Der am 18. Dezember 2007 verabschiedete EU-Haushaltsplan 2008 beläuft sich auf 129,1 Mrd. €, wobei auf die Bereiche »Nachhaltige Entwicklung« mit 58 Mrd. € und »Natürliche Ressourcen« mit 55 Mrd. € die größten Ausgaben entfallen.

1.1.9.3　　Die Europäische Währungsunion

Die Verwirklichung der Europäischen Währungsunion vollzog sich in drei Stufen:

- Stufe: 1: → **Freier Kapitalverkehr** zwischen den Mitgliedsländern. Dieser wurde im Rahmen der → vier Grundfreiheiten geschaffen.

- Stufe 2: Gründung des **Europäischen Währungsinstituts (EWI)**, das ab 1994 die Anbahnung der Euro-Einführung und die Überführung der nationalen Geldpolitiken auf eine europäische Zentralbank betrieb. Das EWI war Vorläuferin des → ESZB.

- Stufe 3: Einführung des **Euro** als gesetzliches Zahlungsmittel (1999, jedoch noch nicht als Bargeld), Festlegung der **Wechselkurse** der an der 3. Stufe teilnehmenden Mitgliedstaaten in Bezug auf den Euro und Übergang der Geldpolitik an das ESZB.

Bereits 1979 wurde mit dem **ECU** (**E**uropean **C**urrency **U**nit, ausgesprochen e'ky) eine Europäische Währungseinheit geschaffen, die aber nur als buchmäßiger Verrechnungsmaßstab diente und deren Wert sich auf Basis eines Währungskorbs aus allen Nationalwährungen der EU-Mitgliedstaaten errechnete. Für diese Nationalwährungen wurden Tauschverhältnisse (Paritäten) gegenüber dem ECU festgesetzt, auf deren Basis wiederum Paritäten zwischen den verschiedenen Währungen errechnet werden konnten. Diese durften nur innerhalb bestimmter Bandbreiten schwanken; bei Abweichungen waren die Nationalbanken zu Stützungsgeschäften (Devisenkäufen bzw. -verkäufen) verpflichtet. Gelang es nicht, die betroffene Währung in ihren Zielkorridor zurückzuführen, wurde ihre Teilnahme am EWS befristet ausgesetzt (so zwischenzeitlich mit dem britischen Pfund und der italienischen Lira geschehen). Durch das EWS wurde das europäische Währungsgefüge so weit stabilisiert, dass eine gemeinsame Währung überhaupt erst möglich wurde.

Für den Beitritt zur Dritten Stufe der EWWU wurden Teilnahmekriterien festgelegt, die von den Mitgliedsstaaten, die den Euro 1999 einführen wollten, im Referenzjahr 1997 zu erfüllen waren. Diese so genannten **Konvergenzkriterien** waren (bzw. sind für später beitretende Staaten):

- **Preisstabilität:** Die Preissteigerungsrate im betreffenden Land durfte den Durchschnitt der Preissteigerung in den drei preisstabilsten Mitgliedsstaaten um nicht mehr als 1,5 % überschreiten.

- **Zinsniveau:** Die Zinssätze für langfristige Staatspapiere des betreffenden Landes durften ein Jahr lang die Zinssätze der drei preisstabilsten Länder um nicht mehr als 2 % übersteigen.

- **Wechselkursstabilität:** Die Währung des betreffenden Landes musste sich mindestens zwei Jahre lang innerhalb der festgelegten normalen Bandbreite des EWS bewegt haben.

– **Haushaltsdisziplin:** Die Neuverschuldung der öffentlichen Haushalte durfte 3 % des → Bruttoinlandsprodukts (BIP) und die öffentlichen Schulden durften insgesamt 60 % des BIP nicht übersteigen.

1998 wurde für elf Mitgliedsstaaten (Belgien, Deutschland, Finnland, Frankreich, Irland, Italien, Luxemburg, die Niederlande, Österreich, Portugal und Spanien) die Erfüllung der Konvergenzkriterien im Referenzjahr festgestellt. Kurzfristig (allerdings, wie sich später herausstellte, zu Unrecht, da die Zahlen manipuliert waren) kam auch Griechenland hinzu. Allerdings hatten einige Mitgliedsländer drastische wirtschaftspolitische Maßnahmen ergriffen, um dies zu erreichen, und auch in Deutschland wurde der Vorwurf erhoben, dass die allzu rigide Ausgabenzurückhaltung der öffentlichen Haushalte ursächlich für die damalige hartnäckige → Rezession und die auf Rekordniveau verharrenden Arbeitslosenzahlen gewesen sei.

1999 wurde der ECU durch den Euro abgelöst, und zugleich wurden die Wechselkurse für die beteiligten Währungen **unwiderruflich festgelegt**. Dies geschah jeweils in Bezug auf den Euro: Für die Deutsche Mark wurde ein Wechselkurs von 1,95583 DM für 1 € festgeschrieben.

Von 1999 bis 2002 war der Euro lediglich **Buchgeld**. 2002 wurde er in den beteiligten Ländern auch als **Bargeld** eingeführt. Zugleich wurde die jeweilige nationale Währung durch den Euro abgelöst. Der Euro wurde auch in einigen Gebieten in Übersee eingeführt, die enge Beziehungen zu EWU-Teilnehmerländern unterhalten, etwa in Guadeloupe, Martinique, Reunion, Französisch-Guyana, Mayotte und Saint-Pierre et Miquelon. Einige Staaten, in denen europäische Zahlungsmittel als quasi-gesetzliche Zahlungsmittel fungierten, nahmen inoffiziell eine Umstellung auf den Euro vor, so etwa Montenegro und Kosovo, wo bis zur Währungsumstellung die Deutsche Mark als offizielles Zahlungsmittel in Gebrauch war.

Auch nach Einführung des Euro sind die Mitgliedsländer zur Wahrung der Stabilität verpflichtet. Daher wurde 1996 in Dublin ein **Stabilitäts- und Wachstumspakt** geschlossen, der die Haushaltsdefizitgrenze »3 % des BIP und 60 % Gesamtschuldenstand in Bezug auf das BIP« festschreibt und den Mitgliedsländern eine Berichtspflicht gegenüber der Kommission auferlegt. Die Kommission kann bei Verstößen, die nicht auf außergewöhnliche Ereignisse oder einen schwerwiegenden Wirtschaftsabschwung zurückzuführen sind, ein Defizitverfahren einleiten und empfindliche Geldstrafen verhängen. Obwohl Deutschland zu den eifrigsten Verfechtern des Stabilitätspakts gehörte, wurde 2003 gegen Deutschland wegen wiederholten Überschreitens der Haushaltsdefizitgrenze ein Defizitverfahren eröffnet, das aber 2007 eingestellt wurde.

1.1.9.4   Organe und Institutionen der EU

1.1.9.4.1   Der Rat der Europäischen Union (Ministerrat)

Der Rat der Europäischen Union setzt sich aus Ministern der Mitgliedsländer zusammen. Meist sind dies die Außenminister – daher auch die Bezeichnung als **Ministerrat** –, aber bei Fachentscheidungen kann der Rat auch aus den entsprechenden Ressortministern zusammengesetzt sein. Die Ratspräsidentschaft – ebenso wie der Vorsitz im → Europäischen Rat – wechselt alle sechs Monate in einer festgelegten Reihenfolge zwischen den Mitgliedsländern. Im ersten Halbjahr 2007 lag die Präsidentschaft bei Deutschland, im zweiten Halbjahr bei Portugal, im ersten Halbjahr 2008 bei Slowenien, gefolgt von Frankreich im zweiten Halbjahr 2008 und Tschechien/Schweden im ersten/zweiten Halbjahr 2009.

Der Rat der Europäischen Union ist – in Zusammenarbeit mit dem Europäischen Parlament und teilweise nur mit dessen Zustimmung – das **gesetzgebende Organ** der EU.

1.1.9.4.2   Der Europäische Rat

Der Europäische Rat, der rechtlich kein Organ der EU ist, ist gleichwohl deren oberstes Gremium; denn er legt – auch ohne das Recht, Rechtsakte zu verabschieden – die Leitlinien der europäischen Politik fest. Er besteht aus den Staats- und Regierungschefs der Mitgliedstaaten sowie dem Präsidenten der → Europäischen Kommission und tritt mindestens zweimal jährlich, bei Bedarf auf öfter, zusammen. Der Vorsitz wechselt analog zu demjenigen der Präsidentschaft im → Ministerrat.

1.1.9.4.3   Die Europäische Kommission

Die Europäische Kommission mit Sitz in Brüssel ist die **Exekutive**, also das durchführende Organ, der EU. Die Kommissare sind gewissermaßen die »Minister Europas« und handeln nicht als Vertreter ihres Mutterlandes, sondern als Europäer. Sie sind für fünf Jahre gewählt und haben die Aufgaben,

– **Rechtsakte** (Verordnungen, Richtlinien und Entscheidungen zur Regelung von Einzelfällen) vorzuschlagen (Initiativrecht),

– die korrekte **Ausführung der Rechtsakte** und – zusammen mit dem → Europäischen Gerichtshof – die Einhaltung des Rechts der Europäischen Gemeinschaften und der Europäischen Union sicherzustellen,

– die Gemeinschaft auf internationaler Ebene **zu vertreten**.

Derzeit schlägt jedes Mitgliedsland einen Kandidaten als **Kommissar** vor. Der von den Regierungen der Mitgliedsstaaten benannte und vom → Europäischen Parlament gewählte **Kommissionspräsident** ernennt die Mitglieder der Kommission, die allerdings nach einem Befragungsverfahren noch vom Europäischen Parlament (das die vorgeschlagene Kommission auch als Ganzes, jedoch nicht bezüglich einzelner vorgeschlagener Kommissare, ablehnen kann) bestätigt und von den Mitgliedsländern ernannt werden muss.

Die derzeitige Kommissionsgröße von 27 Kommissaren (einschließlich des Präsidenten) soll langfristig verringert werden.

1.1.9.4.4   Das Europäische Parlament

Das Europäische Parlament mit Sitz in Straßburg wird seit 1979 im fünfjährigen Zyklus von den EU-Bürgern direkt gewählt. Seit den letzten Beitritten (Rumänien und Bulgarien, 2007) gehören dem bis 2009 gewählten Parlament 785 Abgeordnete an. Diese verteilen sich – mit Ausnahme einiger fraktionsloser Abgeordneter – auf sieben Fraktionen.

Aufgaben des Parlaments sind

– die Mitwirkung bzw. (Mit-)Entscheidung bei der **Verabschiedung der Rechtsakte**, zusammen mit dem → Ministerrat,

– die Mitwirkung am Beschluss und der **Gestaltung des Haushalts**,

– die **Kontrolle** der → Europäischen Kommission.

Die Rechte des Parlaments bei der Europäischen Gesetzgebung sind eingeschränkt: Zum einen hat das Parlament kein Initiativrecht, darf also keine eigenen Gesetzesvorlagen einbringen, sondern nur diejenigen beraten, die von der Kommission eingebracht wurden. Zum anderen gilt das **Mitentscheidungsverfahren (Kodezisionsverfahren** nach Art. 251 EGV), durch das das Inkrafttreten von Rechtsakten an die Zustimmung des Parlaments gebunden ist, nur für bestimmte Politikbereiche, während in anderen – etwa im Agrarbereich – lediglich ein Anhörungsrecht besteht. Insoweit ist das Europäische Parlament nicht mit nationalen Parlamenten vergleichbar.

Das Zusammenspiel der EU-Organe verdeutlicht die folgende Abbildung:

EU-Organe

1.1.9.4.5   Der Europäische Gerichtshof

Der Gerichtshof der Europäischen Gemeinschaften – kurz: Europäischer Gerichtshof (EUGH) mit Sitz in Luxemburg – soll gewährleisten, dass

– das EU-Recht in allen Mitgliedsstaaten in gleicher Weise ausgelegt und angewendet wird,

– sich die EU-Organe und -Mitgliedsstaaten selbst an die EU-Rechtsvorschriften halten.

Es kann in Rechtsstreitigkeiten zwischen EU-Organen, EU-Mitgliedsstaaten, Unternehmen und Privatpersonen angerufen werden. Bestimmte Arten von Rechtsstreitigkeiten, insbesondere Klagen von Privatpersonen und Unternehmen und Verfahren in Zusammenhang mit dem Wettbewerbsrecht, werden an das 1989 zur Entlastung des Gerichtshofs eingerichtete **Gericht erster Instanz** weitergeleitet.

Dem Gericht gehört je ein Richter aus jedem Mitgliedsstaat an. Entscheidungen werden in mit 13 Richtern (»Große Kammer«) oder 3–5 Richtern besetzten Kammern getroffen.

1.1.9.4.6   Der Europäische Rechnungshof

Der Europäische Rechnungshof mit Sitz in Luxemburg hat die Aufgabe, die ordnungs-
gemäße Vereinnahmung und die rechtmäßige, wirtschaftlich sinnvolle und zweckentspre-
chende Verwendung von Finanzmitteln der Europäischen Gemeinschaft als unabhängiges Kontrollorgan zu überprüfen und Verstöße an die für die Ergreifung entsprechender
Maßnahmen zuständigen EU-Organe zu melden. Über rechtliche Befugnisse, Verstöße
selbst zu ahnden, verfügt er nicht.

Der jährliche Bericht des Rechnungshofs ist die Grundlage für die Billigung der von der
Kommission zu verantwortenden Mittelverwendung, die durch das Europäische Parlament erteilt wird. Kommt der Rechnungshof zu einem zufriedenstellenden Ergebnis, erteilt
er eine **Zuverlässigkeitserklärung**.

1.1.9.4.7   Weitere EU-Gremien

Einige der Gremien und Einrichtungen der EU, die zur Wahrnehmung besonderer Aufgaben geschaffen wurden, sollen hier kurz vorgestellt werden.

Der **Ausschuss der Regionen** setzt sich aus gewählten Kommunal- oder Regionalpoliti-
kern (z. B. Landräte, Bürgermeister) zusammen. Er hat beratende Funktion und wird angehört, wenn über Maßnahmen befunden werden soll, die kommunale bzw. regionale
Bereiche betreffen, etwa im Rahmen von Regionalpolitik, Verkehr und Bildung.

Der **Europäische Wirtschafts- und Sozialausschuss** (EWSA) muss gehört werden, bevor Beschlüsse über Bereiche der Wirtschafts- und Sozialpolitik getroffen werden. Ihm
gehören Vertreter von Interessengruppen (Arbeitnehmer- und Arbeitgeberorganisationen,
Landwirte, Verbraucher usw.) an; insoweit schlägt der EWSA eine Brücke zwischen den
Bürgern und den Organen der EU.

Der **Europäische Datenschutzbeauftragte** stellt sicher, dass bei der Verarbeitung perso-
nenbezogener Daten durch Organe und Einrichtungen der EU der Schutz der Privatsphäre gewährleistet ist. Jeder Bürger, der diesen Schutz verletzt sieht, kann sich an den
Europäischen Datenschutzbeauftragten wenden und Beschwerde einlegen.

Der **Europäische Bürgerbeauftragte** geht Beschwerden von Bürgern über unvorschrifts-
mäßiges Handeln von EU-Behörden nach. Beispiele für Fälle, in denen sich Bürger an
den Europäischen Bürgerbeauftragten wenden können, sind: ungerechte oder falsche
Behandlung von Sachverhalten, unnötiges Verzögern, Diskriminierung, Informations-
verweigerung und Machtmissbrauch.

Die **Europäische Investitionsbank** (nicht zu verwechseln mit der → Europäischen
Zentralbank) gewährt öffentlichen und privaten Trägern Darlehen zur Finanzierung von
Projekten, die im europäischen Interesse liegen, etwa aus den Bereichen Umweltschutz,
Energie, Forschung und Entwicklung, Verkehr usw.

1.2 Betriebliche Funktionen und deren Zusammenwirken

In jedem Betrieb – ob er nun Rohstoffe zu gegenständlichen Produkten verarbeitet oder menschliches Know-how nutzt, um Dienste anzubieten – findet eine Transformation statt: Ein Input (Rohstoffe, Know-how) wird durch Bearbeitung (industrielle Fertigungsverfahren, Dienstleistung) in einen Output (Fertigprodukt, Ergebnis) verwandelt. Damit dies gelingt, müssen die verschiedenen und tatsächlich verschiedenartigen betrieblichen Funktionsbereiche Hand in Hand arbeiten: So muss z. B. im Industriebetrieb die Materialwirtschaft genau die Rohstoffe und Vorprodukte beschaffen und im richtigen Augenblick in der benötigten Anzahl bereithalten, die vom Produktionsbereich nach bestimmten Verfahren in diejenigen Erzeugnisse verwandelt werden, um sie dem Absatzbereich dann zur Verfügung stellen zu können, wenn dieser sie für die Abgabe an die Kunden benötigt. Verwaltende Bereiche – die Personalabteilung, die Buchhaltung usw. – tragen mit ihren Leistungen zum Gelingen bei. Und damit all dies funktioniert, müssen bestimmte Rahmenbedingungen vorliegen. Vor allem um letztere geht es in diesem Abschnitt, während die betrieblichen Funktionsbereiche im Einzelnen später ausführlich behandelt werden.

1.2.1 Wirtschaftliche und rechtliche Rahmenbedingungen der Betriebe

Alle Betriebe arbeiten eingebettet in einen wirtschaftlichen, politischen und rechtlichen Rahmen, der ihre Handlungsmöglichkeiten bestimmt und begrenzt. Einige davon sind langfristig wirksam, wie etwa die → Wirtschaftsordnung; andere unterliegen ständigen Veränderungen, wie z. B. das → Zinsniveau; und während manche Gegebenheiten durch die Unternehmen bestimmt werden können – die Produktpalette und die Produktionsverfahren –, sind andere, wie das Klima am Unternehmensstandort, nicht beeinflussbar.

1.2.1.1 Wirtschaftliche Rahmenbedingungen

Zu den eher **globalen** wirtschaftlichen Rahmenbedingungen für Betriebe, auf die das einzelne Untenehmen in der Regel keinen Einfluss nehmen kann, zählen

– die staatliche **Grundordnung** und **Wirtschaftsordnung**, die darüber bestimmt, inwieweit das Unternehmen selbstbestimmt agieren kann;

– die **politische Situation**, aus der ein bestimmtes – mehr oder weniger unternehmensfreundliches – Klima und das Vertrauen in die Stabilität der aktuellen Bedingungen resultiert;

– die **wirtschaftlichen Eckdaten** wie Zins- und Preisniveau(stabilität), Lohnniveau, Steuersätze usw.;

– die **gesamtwirtschaftliche Entwicklung** (→ Konjunktur);

– die **demografische Entwicklung**, die in Bezug auf den Arbeitsmarkt und die Nachfrage von Bedeutung ist.

Eher **individuelle** wirtschaftliche Rahmenbedingungen sind

– die **Entwicklung der Region**, in denen das Unternehmen ansässig ist. Erweiterungen, aber auch die Schließungen einzelner größerer Betriebe, zeigen regional durchaus Wirkung.

– die **Branchenentwicklung**.

– wirtschaftlich relevante **Rahmendaten des Standorts**, etwa Bevölkerungsentwicklung und -zusammensetzung hinsichtlich Alter, Einkommens- und Vermögenssituation und Konsumneigung, und Rahmendaten **des Arbeitsmarktes** – Verfügbarkeit von Arbeitskräften mit dem geforderten Bildungsstand und der erforderlichen beruflichen Qualifikation; Bodenbeschaffenheit und Bodenschätze, Klima, Zugang zu Transportwegen und Energielieferanten usw. Diese Faktoren sind durch eigene Anstrengungen des Unternehmens kaum beeinflussbar mit Ausnahme der Verfügbarkeit geeigneter Arbeitskräfte, die durch eigene Ausbildungs- und Qualifizierungstätigkeit mittel- bis langfristig verbessert werden kann. Deswegen müssen sie bei Neuniederlassungen sehr sorgfältig bei der Standortwahl erwogen werden.

– die **geografische Lage** des Unternehmens in Bezug auf Zulieferer, Abnehmer und Mitbewerber. Wie wichtig die Nähe zu diesen korrespondierenden Marktteilnehmern ist, hängt stark vom Betätigungsfeld des Unternehmens am Markt ab: Während für Unternehmen des Einzelhandels die Nähe zu den Abnehmern überlebenswichtig ist, wird sie für viele Produzenten von Investitionsgütern vernachlässigbar sein, wenn hinreichende Transportmöglichkeiten bestehen. **Mitbewerbernähe** ist nicht immer schädlich, wie der Blick in viele Vorstädte zeigt, wo sich Supermärkte, Fachmärkte und Discounter häufig in unmittelbarer Nachbarschaft zueinander niederlassen (→ **Agglomeration**).

– die **Kapitalausstattung** des Unternehmens und die Möglichkeiten zur Kapitalbeschaffung. Hiervon hängen die Expansions- und Innovationsfähigkeit sowie die Fähigkeit, »Durststrecken« zu überbrücken, entscheidend ab. Ein anderer, vom Geschäftszweig des Unternehmens abhängender Faktor ist in diesem Zusammenhang die **Kapitalbindung** in Anlagevermögen, da von ihr die Flexibilität und Reaktionsmöglichkeit des Unternehmens abhängen. Industriebetriebe weisen in der Regel eine deutlich höhere Kapitalbindung auf als Dienstleistungsbetriebe.

– **unternehmensinterne Faktoren** wie Unternehmens- und Führungsphilosophie, Mitarbeiterstruktur hinsichtlich Alterszusammensetzung, Potenzial und Qualifikation, Fluktuation (Zu- und Abgänge an Arbeitnehmern), Arbeitnehmer-Gewinnbeteiligung usw. Auch diese Faktoren wirken entscheidend auf die Handlungsmöglichkeiten und -notwendigkeiten des Unternehmens ein.

Diese Aufzählung wirtschaftlicher Rahmenbedingungen ist nicht abschließend.

1.2.1.2 Rechtliche Rahmenbedingungen

Die rechtlichen Rahmenbedingungen für die Betriebe sind durch die Rechtsordnung bestimmt, in die sie eingebettet sind. Die sie prägenden Rechtsnormen, die Rechten und Pflichten der in ihrem Rahmen agierenden Wirtschaftssubjekte und -objekte und deren Rechtsgeschäfte sind Gegenstand der ausführlichen Darstellungen in Kapitel 3. Hier soll keine Vorwegnahme erfolgen; deswegen werden nur die wichtigsten rechtlichen Grundbedingungen aufgeführt. Diese sind

– die **Gewerbefreiheit** (§1 GewO), wobei aber aus einem Schutzinteresse der Allgemeinheit heraus die Ausübung bestimmter Gewerbe (z. B. Bank, Beförderungsunternehmen, Gaststätte, Lebensmittelgeschäft) genehmigungspflichtig oder an bestimmte Voraussetzungen gebunden ist (Meisterzwang in vielen Handwerksberufen);

– die **Freiheit der Berufswahl** (Art. 12 Abs. 1 GG), wobei aber bei bestimmten Gründungen (z. B. Apotheken) und freien Berufen, die kein Gewerbe darstellen (z. B. Arzt, Rechtsanwalt, Steuerberater) ein Sachkunde- und Befähigungsnachweis verlangt wird;

– die **Vertragsfreiheit** (Art. 2 Abs.1 GG): beinhaltet die Abschluss-, Inhalts-, Form- und Aufhebungsfreiheit und erlaubt jedermann, Verträge frei zu schließen, sofern diese nicht gegen geltendes Recht oder die guten Sitten verstoßen. Die Vertragsfreiheit ist in Deutschland durch etliche Ausnahmen eingeschränkt (z. B. Ladenschlussgesetz, Arbeitsrecht, Embargovorschriften im Außenhandel).

Für den Geschäftsverkehr maßgebliche **Rechtsgrundlagen** sind

– im Handelsrecht: BGB, HGB, AktG, GmbHG, GenG,
– im Steuerrecht: AO, EStG bzw. KStG, GewStG, UStG...

1.2.2   Einteilung der Betriebe

1.2.2.1   Unterscheidung »Betrieb«, »Unternehmen«, »Firma«

Die Begriffe »Betrieb« und »Unternehmen« werden häufig als Synomyme verwendet, also so, als hätten sie die gleiche Bedeutung. Andererseits formuliert Erich GUTENBERG (1897–1984), Verfasser des Standardwerks »Grundlagen des BWL«, der als Begründer der modernen Betriebswirtschaftslehre in Deutschland gilt: »Jede Unternehmung ist ein Betrieb, aber nicht jeder Betrieb eine Unternehmung«. Diese Unterscheidung folgt der Auffassung von **Unternehmen** als wirtschaftlicher Einheit und **Betrieb** als technischer und organisatorischer Untereinheit (im Sinne von »Betriebsstätte«). Das Unternehmen repräsentiert also das Ganze und steht für dessen juristische, finanzielle und wirtschaftliche Seite und kann dabei durchaus mehrere Betriebe (Betriebsstätten, Produktionsstätten) an verschiedenen Standorten aufweisen.

In der Fachsprache hat sich leider keine einheitliche Begriffsverwendung durchgesetzt. Ob der Begriff »Betrieb« im obigen Sinne eingeschränkt oder als Bezeichnung für das Unternehmen aufgefasst werden soll, ergibt sich daher beim Studium der Fachliteratur (und auch dieses Lehrwerks, das sich in den verschiedenen Abschnitten der jeweiligen Fachausdrücke bedient) nur aus dem Sinnzusammenhang.

Der Begriff der **Firma** steht eindeutig für einen ganz bestimmten Sachverhalt, nämlich den Namen, unter dem ein Kaufmann seine Geschäfte betreibt, Unterschriften leistet und klagen bzw. verklagt werden kann (siehe § 17 HGB).

1.2.2.2   Unterscheidung der Betriebe

Betriebe können in vielerlei Hinsicht voneinander unterschieden werden, z. B. nach

– Branchen (Wirtschaftszweigen),
– Größenordnung (gemessen an Gewinn, Umsatz, Zahl der Mitarbeiter usw.),
– Zielsetzung,
– Rechtsform.

Nachfolgend wird auf diese Unterschiede jeweils kurz eingegangen, mit Ausnahme der → Rechtsform, die in Abschnitt 1.3 ausführlich behandelt wird.

1.2.2.2.1   Einteilung der Betriebe nach Branchen

Die Begriffe »Branche« (französisch für Ast, Zweig; im Englischen: branch) oder »Wirtschaftszweig« werden nach Sachverhalten unterschieden:

– Unterscheidung nach **verarbeiteten Stoffen**: Unternehmen, die denselben (Grund-) Stoff als Ausgangspunkt für ihre eigene Produktion nehmen, werden häufig deswegen zusammengefasst. Beispiele sind die Mineralölverarbeitende, die Metallverarbeitende Industrie und die Holzverarbeitenden Betriebe.

– Unterscheidung nach **Art der Leistungserbringung**: Unternehmen werden zusammengefasst, weil sie ihre Leistung in gleicher oder ähnlicher Art und Weise erbringen. Beispiele sind das Baugewerbe (das mit Hochbau, Ausbau und Verkehrswegebau durchaus unterschiedliche Bauten hervorbringt), das Handwerk, der Einzelhandel, die Industrie.

– Unterscheidung nach **Produkten und Dienstleistungen**: Dabei werden Erzeuger, Händler und Dienstleister, deren Dienste in Zusammenhang mit dem betreffenden Produkt stehen, meist zusammengefasst. Beispiele sind die IT-Branche, die alle möglichen mit Informationstechnologie in Zusammenhang stehenden Aktivitäten – von der Chipherstellung über die Softwareprogrammierung bis zur Netzwerkadministration – umfasst, die Lebensmittelbranche, die erzeugende, verarbeitende und Handelsbetriebe zusammenfasst, und die Touristikbranche, der so unterschiedliche Betriebe wie Fluggesellschaften, Gastronomiebetriebe, Reiseveranstalter, regionale Tourismusagenturen und -manager zugerechnet werden.

Das → **Statistische Bundesamt** erfasst die wirtschaftlichen Tätigkeiten von Unternehmen auf Basis der in EG-Verordnungen geregelten »Statistischen Systematik der Wirtschaftszweige in der Europäischen Gemeinschaft« (Nomenclature générale des activités économiques dans les Communautés Européennes **NACE**), die weit über 1.000 Branchencodes in knapp 30 Kategorien klassifiziert, wobei diese Kategorien teils nach verarbeiteten Stoffen und teils nach Produkten und Dienstleistungen gebildet sind (z. B. Land- und Forstwirtschaft, Textil- und Bekleidungsgewerbe, Chemische Industrie, Metallerzeugung und -bearbeitung).

1.2.2.2.2   Einteilung der Betriebe nach Größenordnung

Zur Größenunterscheidung von Betrieben werden häufig die Begriffe »Großbetrieb«, »Kleinunternehmen« oder die Zusammenfassung »KMU« für »Kleine und Mittlere Betriebe« verwendet. Eine quantitativ orientierte Abgrenzung dieser Begriffe, die an der Anzahl der Mitarbeiter und am Umsatz bzw. der Bilanzsumme festmacht, findet sich in der (für die Berechtigung zum Empfang bestimmter Förderungen maßgeblichen) KMU-Definition der Europäischen Kommission (Empfehlung der Kommission 2003/361/EG):

	Mitarbeiterzahl und	**Umsatz oder**	**Bilanzsumme**
KMU insgesamt	< 250	max. 50 Mio. €	max. 43 Mio. €
Kleinunternehmen	< 50	max. 10 Mio. €	max. 10 Mio. €
Kleinstunternehmen	< 10	max. 2 Mio. €	max. 2 Mio. €

Für die Einordnung in eine dieser Kategorien müssen die Kriterien »Mitarbeiterzahl kleiner als...« und entweder »Umsatz höchstens...« oder »Bilanzsumme höchstens...« erfüllt sein.

Eine andere Größenklasseneinteilung findet sich im Handelsgesetzbuch. Sie ist maßgeblich für den geforderten Umfang der Bilanz.

1.2.2.2.3 Einteilung der Betriebe nach ihrer Zielsetzung

Die verschiedenen Zielsetzungen, die für das Handeln von Wirtschaftssubjekten maßgeblich sein können, wurden vorangehend bereits dargestellt. Nach den dort genannten Prinzipien können private, erwerbswirtschaftlich orientierte Betriebe, genossenschaftliche Betriebe und gemeinwirtschaftliche Betriebe (öffentliche Versorgungsbetriebe) unterschieden werden. Sie weichen sich vor allem hinsichtlich der Triebfedern (**Motive**) ihres Handels voneinander ab.

Allerdings darf nicht übersehen werden, dass auch privatwirtschaftliche, gewinnorientierte Betriebe ethische und soziale Ziele verfolgen können, ebenso wie öffentliche Betriebe durchaus in einzelnen Tätigkeitsfeldern eine Kostenüberdeckung anstreben können.

1.2.3 Betriebswirtschaftliche Produktionsfaktoren

Zuvor wurden bereits die volkswirtschaftlichen Produktionsfaktoren Arbeit, Boden und – als abgeleiteter (derivativer) Faktor – Kapital unterschieden. Die Betriebswirtschaftslehre trifft – in Anlehnung an GUTENBERG – eine ähnliche Unterscheidung in:

– **Menschliche Arbeitsleistung** im Sinne von ausführender Arbeit,

– **Betriebsmittel:** Maschinen und maschinelle Anlagen, Transportmittel, Werkzeuge usw.,

– **Werkstoffe:** Produktionsmaterial, Energie, Hilfsstoffe der Erzeugung.

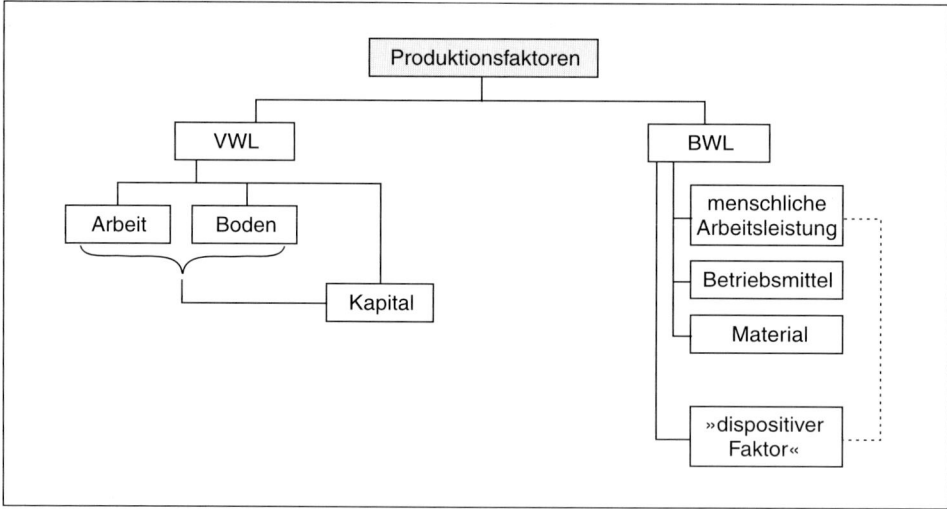

Einleitung der Produktionsfaktoren in der VWL und BWL

Die moderne BWL erweitert diese Auflistung um den Aspekt

– **Führung:** Die Betriebsführung nimmt eine Sonderstellung ein, weil sie denjenigen Faktor darstellt, der über den Einsatz der anderen Faktoren bestimmt. Deswegen werden Leitungsfunktionen auch als »**dispositiver Faktor**« bezeichnet. Häufig wird in diesem Zusammenhang die **Information** als weiterer Faktor genannt.

1.2.4 Wichtige betriebswirtschaftliche Kennzahlen

In vielen der folgenden Abschnitte – vor allem in den Kapiteln über das Rechnungswesen und das betriebliche Controlling – werden betriebliche Kennzahlen gebildet und erläutert. An dieser Stelle soll eine zusammenfassende Darstellung wesentlicher Kennzahlen erfolgen.

Führungskräfte benötigen laufend Informationen darüber, wie sich der Betrieb entwickelt: Wurden die gesteckten Ziele erreicht bzw. ist der Betrieb auf dem richtigen Weg zur Zielerreichung? Gibt es kritische Entwicklungen, die gegensteuernde Maßnahmen erfordern? Welche zukünftigen Entwicklungen zeichnen sich ab, und welche Maßstäbe sind daraus für neue Zielvorgaben abzuleiten?

Wichtige Informationslieferanten sind Kennzahlen. Kennzahlen werden gebildet, indem ausgewählte messbare und quantifizierbare betriebswirtschaftliche Daten in bestimmter Weise zueinander in Beziehung gestellt werden. Quellen für innerbetriebliche Daten sind vor allem Bilanz und GuV, Betriebsbuchhaltung/Kostenrechnung und Erhebungen der verschiedenen Fachabteilungen – vorrangig der Finanzabteilung. Jeder Betrieb entscheidet selbst, welche Kennzahlen für ihn von Wichtigkeit sind, und wird dabei bemüht sein, alle für ihn wesentlichen Faktoren auch zu erfassen. Dabei wird ein Industriebetrieb andere Zahlen bilden als ein Handels- oder ein Dienstleistungsbetrieb. Die Ergebnisse werden zur Kontrolle des Betriebes herangezogen. Diese erfolgt häufig im Rahmen eines Betriebsvergleichs.

Ein **Betriebsvergleich** ist ein Vergleich betrieblicher Vorgänge und Zustände, entweder innerhalb desselben Betriebes zu verschiedenen Zeitpunkten **(innerbetrieblicher Vergleich)** oder zwischen verschiedenen Betrieben gleicher oder unterschiedlicher Wirtschaftszweige **(zwischenbetrieblicher Vergleich)**. Betriebsvergleiche beziehen neben statistischen Kennzahlen auch Plan- und Normdaten **(Soll-Ist-Vergleich)** und Verfahren (Produktions-, Lagerhaltungs-, Vertriebs-, Verwaltungsverfahren usw.) ein. Für den ständigen Vergleich des eigenen Unternehmens mit den führenden Unternehmen der jeweiligen Branche und den Prozess der permanenten Weiterentwicklung in Richtung auf die Leistung des Vorbilds innerhalb einer »Lernenden Organisation« hat sich der Begriff des **Benchmarking** durchgesetzt.

Kennzahlen finden im innerbetrieblichen Zeitvergleich Niederschlag in Form von **Verhältniszahlen**, die über mehrere Erhebungsperioden miteinander verglichen werden, im zwischenbetrieblichen **Richtzahlenvergleich** dagegen in Form von Richtwerten, die Branchendurchschnittswerte darstellen, oder als Verhältniszahlen beim Direktvergleich von Betrieben gleicher oder unterschiedlicher Wirtschaftszweige.

Als **absolute Kennzahlen** oder **Grundzahlen** werden solche Kennzahlen bezeichnet, die dem Betrieb direkt – ohne weitere Transformation – entnommen werden können.

Die im inner- oder zwischenbetrieblichen Vergleich gewonnenen Kennzahlen müssen wiederum ausgewertet werden. Dabei kommen Verfahren der angewandten Statistik, beim innerbetrieblichen Vergleich etwa in Form der Trendanalyse, zur Anwendung. Ziel ist die Aufdeckung eines Handlungsbedarfs, also z. B. der Notwendigkeit, gegensteuernde Maßnahmen einzuleiten.

Im Folgenden sollen wesentliche betriebliche Kennzahlen dargestellt werden. Einige dieser Kennzahlen finden sich auch in den nächsten Kapiteln wieder, wo sie jeweils themenbezogen platziert sind: Diese Doppelung ist beabsichtigt. Vorweggestellt ist eine Übersicht über die unterschiedlichen **Arten von Kennzahlen**.

Wesentlich für die Charakterisierung von Kennzahlen ist außerdem die Unterscheidung in Kennzahlen nach der Zielgröße, über die sie Auskunft geben sollen. Die hiernach unterscheidbaren wichtigsten **Gruppen von Kennzahlen** zeigt die übernächste Tabelle.

Art der Kennzahl	Bildungsvorschrift	Beispiel	weitere Beispiele
Grundzahl/ absolute Kennzahl	Kann dem Betriebsgeschehen direkt entnommen werden; keine Transformation	Umsatzerlös gemäß GuV	Umsatzerlöse gemäß GuV Verbindlichkeiten LuL Inventurbestand
Gliederungszahl	Verhältniszahl, die den Anteil einer Teilmasse an einer Gesamtmasse angibt; »Quote«	Anlagenquote: $$\frac{\text{Anlagevermögen}}{\text{Gesamtvermögen}} \cdot 100$$	Eigenkapitalquote Fremdkapitalquote Frauenanteil in der Belegschaft
Beziehungszahl	Verhältniszahl, die verschiedene Gesamt- oder Teilmassen zueinander in Beziehung setzt	Eigenkapitalrentabilität: $$\frac{\text{Gewinn}}{\text{Eigenkapital}} \cdot 100$$	Gesamtkapitalrentabilität Umsatzrentabilität Produktivität
Indexzahl	Dynamische Messzahl, die die zeitliche Entwicklung mehrerer Größen bezogen auf einen Basiswert beschreibt	Preisindex: $$\frac{\text{Warenkorbwert Periode 5}}{\text{Warenkorbwert Periode 1}} \cdot 100$$	DAX, Dow Jones

Kennzahlengruppe	Kennzeichen	Berechnung	Aussagewert
Finanzierungs-, Vermögensstruktur- und Kapitalstrukturregeln	Setzen Bilanzpositionen – der Aktivseite (vertikal) – der Passivseite (vertikal) – seitenübergreifend (horizontal) zueinander oder zur Bilanzsumme in Beziehung	z. B. Anlagevermögen/ Umlaufvermögen Fremdkapital/Eigenkapital z. B. Eigenkapital/ Anlagevermögen (vgl. »Deckungsgrade«) Anlagevermögen/ Gesamtvermögen Eigenkapital/Gesamtkapital	Ausgewogenheit der Vermögensstruktur Verschuldungsgrad*) »Goldene Bankregel/ Bilanzregeln« Anlagenintensität Grad der Unabhängigkeit
Produktivitätskennzahlen	Setzen Ausbringungsmengen (Output) ins Verhältnis zu Einsatzmengen (Input)	$$\frac{\text{Ausbringungsmenge}}{\text{Einsatzmenge}} \cdot 100$$	Technische Ergiebigkeit eingesetzter Mengen: Je höher, desto besser; meist nur im Zeitvergleich oder Soll-Ist-Vergleich brauchbar
Wirtschaftlichkeitskennzahlen	Setzen den (Geld-)Wert einer Leistung ins Verhältnis zu ihren Kosten	$$\frac{\text{Nutzen}}{\text{Kosten}}$$	Aussage über die Wertrelation von Einsatz und Ergebnis; macht unterschiedliche Inputs »gleichmäßig« und erlaubt weitergehende Vergleiche gg. der Produktivität
Rentabilitätskennzahlen	Setzen am Markt erzielte Leistungen in Beziehung zum eingesetzten Eigen-, Fremd-, Gesamtkapital	z.B.: Eigenkapitalrentabilität = $$\frac{\text{Gewinn}}{\text{Eigenkapital}} \cdot 100$$	Erlaubt die Beurteilung der Sinnhaftigkeit des Kapitaleinsatzes gegenüber alternativen Anlagemöglichkeiten
Liquiditätskennzahlen	Vergleichen Betragshöhen und Fälligkeiten von verfügbaren und benötigten Mitteln	z.B.: Barliquidität = $$\frac{\text{Barmittel}}{\text{kurzfristige Verbindlichkeiten}} \cdot 100$$	Zeigt die Zahlungsfähigkeit
Cashflow und Cashflow-Kennzahlen	Ermittlung des frei verfügbaren Teils der Einnahmen;	Cashflow = Gewinn ± nicht-zahlungsaktive Erfolgsbuchungen	Maß für die Selbstfinanzierungskraft (zugleich: Kreditwürdigkeit) des Unternehmens
	Weiterverarbeitung z. B. zum Dynamischen Verschuldungsgrad	Dynamischer Verschuldungsgrad = $$\frac{\text{Fremdkapital}}{\text{Cashflow}}$$	Maß für die Entschuldungskraft des Unternehmens
	oder zum DCF (Discounted Cash Flow)	DCF = Cashflow-Erwartungswerte mehrerer Jahre werden auf den heutigen Tag abgezinst und addiert	Maßstab für die Bewertung eines Unternehmens

*) auch: Fremdkapital · 100/Gesamtkapital

1.2.4.1   Ausgewählte Kennzahlen

Die heute bereits nahezu unüberschaubare Fülle von Kennzahlen wächst noch beständig an: Vor allem Unternehmensberatungen im angelsächsischen Raum werden nicht müde, immer neue Kennzahlen zu kreieren, zu propagieren und sogar zum Markenschutz anzumelden. An dieser Stelle können nur einige wenige Kennzahlen exemplarisch dargestellt werden.

Die gewählte Gliederung der nachfolgenden Kennzahlen orientiert sich an häufig in der einschlägigen Literatur anzutreffenden Oberbegriffen. Dabei ist die Zuordnung einer Kennzahl zu einem bestimmten Oberbegriff nicht immer eindeutig: Oft könnte ein- und dieselbe Kennzahl mehreren Oberbegriffen zugerechnet werden, worauf hier aber aus Platzgründen verzichtet wurde. An einigen Stellen finden sich jedoch Hinweise auf andere plausible Zuordnungen.

1.2.4.1.1   Umschlagskennzahlen

Umschlagskennzahlen sind häufig, aber nicht ausschließlich auf **Lagerbestände** bezogen. Sie machen Verweildauern, Umschlagshäufigkeiten und Kapitalbindungen transparent.

Kennzahl	Berechnung	Aussage	Interpretation
Lagerumschlags-häufigkeit (hier: der Rohstoffe)	$\dfrac{\text{Rohstoffaufwendungen}}{\text{durchschn. Materialbestandswert}}$	Wie oft wurde der Lagerbestand umgesetzt (d. h. verbraucht und ersetzt)?	Schlecht, wenn gesunken: Hinweis auf Absatzproblem/ höhere Kapitalbindung
Durchschnittliche Lagerdauer	$\dfrac{360}{\text{Lagerumschlagshäufigkeit}}$	Wie lange hat ein Gut durchschnittlich im Lager gelegen?	Schlecht, wenn gestiegen: Ungünstige Kapitalbindung!
Forderungs-umschlagshäufigkeit	$\dfrac{\text{Umsatzerlöse}}{\text{durchschn. Forderungsbestand}}$	Wie oft wurde der Forderungsbestand umgesetzt (d. h. eingenommen und erneuert)?	Schlecht, wenn gesunken: Hinweis auf Absatzproblem/ schlechte Zahlungsmoral
Durchschnittliche Kreditierungsdauer	$\dfrac{360}{\text{Forderungsumschlagshäufigkeit}}$	Welches Zahlungsziel haben die Kunden beansprucht?	Schlecht, wenn gestiegen: Fehlende Liquidität, unrentabel
Eigenkapital-Umschlagshäufigkeit (»Asset Turnover«)	$\dfrac{\text{Umsatzerlöse}}{\text{Eigenkapital}}$	Wie oft ist das Eigenkapital über die Umsatzerlöse zurückgeflossen?	Schlecht, wenn gesunken: abnehmende EK-Produktivität; ungünstige Auswirkung auf die Rentabilität
Kapitalumschlags-häufigkeit	$\dfrac{\text{Umsatzerlöse}}{\text{Gesamtkapital}}$	Wie oft ist das Gesamtkapital über die Umsatzerlöse zurückgeflossen?	Bestandteil der Berechnung des ROI (s.u.)

1.2.4.1.2   Produktionskennzahlen

Die Produktionsstatistik umfasst zum einen die **Kostenstatistik**, die Kosten zueinander oder zu anderen Größen in Beziehung setzt, z. B. als

– **Kosten-Ertrags**-Kennzahlen, z. B.:   Aufwand · 100/Gesamtertrag

– **Kosten-Leistungs**-Verhältnisse, z. B.:   Lohnkosten/Produzierte Stücke

– **Einzelkosten-Gesamtkosten**-Verhältnisse, z. B.:   Materialkosten · 100/Gesamtkosten

– **Kosten-Zeit**-Verhältnisse, z. B.:   Fertigungskosten/Maschinenstunden

Weitere Kennzahlen ergeben sich aus der

– Auftrags- und Reparaturstatistik,
– Überwachung der Auslastung von Maschinen und Personal,
– Ausschussproduktion usw.

Beispiele für gebräuchliche Kennzahlen:

Kennzahl	Berechnung	Aussage	Interpretation/Anmerkung
Beschäftigungsgrad	$\dfrac{\text{Ist-Ausbringungsmenge}}{\text{max. Ausbringungsmenge}} \cdot 100$	Wie viel Prozent der maximal möglichen Menge wurden tatsächlich produziert?	Prinzipiell: Je näher an 100 %, desto besser; differenzierte Betrachtung der Ursachen (bewusste Drosselung wg. Absatzlage? Betriebsmittelausfall?) nötig
Betriebsmittelbeschäftigungsgrad	$\dfrac{\text{eingesetzte Kapazität}}{\text{vorhandene Kapazität}} \cdot 100$	Wie viel Prozent der vorhandenen Kapazität wurden tatsächlich abgerufen?	Prinzipiell: Je näher an 100 %, desto besser; differenzierte Betrachtung der Ursachen erforderlich
Ausschussquote	$\dfrac{\text{Ausschuss (Stückzahl)}}{\text{Gesamtproduzierte Stücke}}$	Welcher Anteil der Produktion ist nicht brauchbar?	Je näher an 0, desto besser; bei gestiegener Quote unverzügliche Fehlersuche erforderlich

1.2.4.1.3 Personalkennzahlen

Die Personalstatistik untersucht die Zusammensetzung der Belegschaft (**Personalstruktur**), Personalzu- und -abgänge (**Personalbewegung**), Arbeitsausfälle durch Krankheit, Urlaub, Streik usw., die Lohnstruktur und die betrieblichen sozialen Leistungen. Kennzahlen aus dem Bereich der Personalstatistik sind beispielsweise:

Kennzahl	Berechnung (AN = Arbeitnehmer)	Aussage	Interpretation
Beschäftigungsstruktur/Altersstruktur	$\dfrac{\text{Zahl der AN mit [best. Merkmal]}}{\text{Gesamtzahl der AN}} \cdot 100$	Wie hoch ist der Anteil der [Frauen; AN > 50 Jahre; Führungskräfte; Auszubildenden?] etc.	in Abhängigkeit von der jeweiligen Zielsetzung
Fluktuationsrate	$\dfrac{\text{Zahl der ausgeschiedenen AN}}{\text{Gesamtzahl der AN}} \cdot 100$	Wie viele AN haben das Unternehmen in der Berichtsperiode verlassen?	ggf. differenziert nach Abgangsgründen
Krankheitsquote	$\dfrac{\text{Krankheitstage}}{\text{Arbeitstage der Periode} \cdot \text{AN}} \cdot 100$	Wie hoch ist der relative Arbeitsausfall durch Krankheit?	Schlecht, wenn gestiegen; ggf. Ursachenforschung notwendig
Personalbeschäftigungsgrad	$\dfrac{\text{Ist-Beschäftigung in Std.}}{\text{Planbeschäftigung in Std.}}$	Wie viel Prozent der verfügbaren Arbeitszeit wurden tatsächlich genutzt?	Prinzipiell: Je näher an 100 %, desto besser; differenzierte Betrachtung der Ursachen erforderlich
Lohnquote	$\dfrac{\text{Personalkosten}}{\text{Umsatzerlöse}}$	Wie hoch ist der Anteil der Personalkosten an den Umsatzerlösen?	Stark abhängig von Branche und Automatisierungsgrad
Arbeitsproduktivität[*]	$\dfrac{\text{Ausbringungsmenge}}{\text{geleistete Arbeitsstunden}}$	Wie viele Stücke produziert ein AN je Arbeitsstunde?	Leistungsbeurteilung

[*] Achtung! Häufig wird hierunter eine (volkswirtschaftliche) Wertgröße verstanden, die je nach Quelle als »BIP/Anzahl der Arbeitnehmer«, »Umsatz/Arbeitnehmer« usw. angegeben wird.

1.2.4.1.4   Rentabilitätskennzahlen

Rentabilitätskennzahlen basieren auf Zahlen des Jahresabschlusses. Sie geben Aufschluss über die **Ertragskraft** des Betriebes.

Kennzahl	Berechnung	Aussage	Interpretation
Eigenkapital-rentabilität auch: Return on Equity (ROE)	$\dfrac{\text{Gewinn}}{\text{Eigenkapital}} \cdot 100$	Wie hoch wurde das eingesetzte Eigenkapital verzinst?	Erzielter Zins muss (deutlich) über dem Kapitalmarktzins liegen
Gesamtkapital-rentabilität	$\dfrac{\text{Gewinn} + \text{Fremdkapitalzinsen}}{\text{Gesamtkapital}} \cdot 100$	Welche Verzinsung hat das insgesamt eingesetzte Kapital erwirtschaftet?	Erzielter Zins muss (deutlich) über dem (nach EK- und FK-Anteil gewichteten) Marktzins liegen; vgl. WACC
Gewichtete Kapital-kosten; Gesamtkapi-talkostensatz (Weighted Average Cost of Capital, WACC)	Eigenkapitalquote · EK-Sollverzinsung + Fremdkapitalquote · FK-Zins	Was kostet der Kapitaleinsatz?	Fließt ein in die Berechnung des Cash Value Added (s.u.)
Umsatzrentabilität (»Profit Margin«)	$\dfrac{\text{Gewinn}}{\text{Umsatzerlöse}} \cdot 100$ bisweilen auch: $\dfrac{\text{Gewinn} + \text{Fremdkapitalzinsen}}{\text{Umsatzerlöse}} \cdot 100$	Wie hoch ist der im Umsatz enthaltene Gewinnanteil? Wie hoch ist der relative wirtschaftliche Erfolg, bezogen auf den Umsatz?	Wichtige Branchenkennzahl, oft differenziert nach Gewinn vor und nach Steuern
Cashflow-Eigenkapitalrendite (EK-Effizienz, EK-Rate)	$\dfrac{\text{Cashflow}}{\text{Eigenkapital}} \cdot 100$	Wie hoch ist die relative Finanzkraft des Eigenkapitals?	Je höher, desto besser; Achtung: Begriffe, vor allem »EK-Rate«, werden uneinheitlich verwendet!
Cashflow-Umsatzrendite	$\dfrac{\text{Cashflow}}{\text{Umsatzerlöse}} \cdot 100$	Welcher Anteil der Umsatzerlöse steht für Investitionen, Tilgungen, Ausschüttungen zur Verfügung?	Je höher, desto besser, branchenabhängige Höhe
Return On Investment (ROI) auch: ROIC (Return On Invested Capital) ROCE (Return On Capital Employed)	$\dfrac{\text{Gewinn}}{\text{Gesamtkapital}}$ oder (gleiches Ergebnis) $\dfrac{\text{Umsatzrentabilität}}{\text{Kapitalumschlagshäufigkeit}}$	Zeigt in der Zusammensetzung aus Umsatzrentabilität und Kapitalumschlagshäufigkeit die Ursachen für Veränderungen der Gesamtkapital-rentabilität	Eine der wichtigsten Kennzahlen; Faustregel für kleine/mittlere Unternehmen: ROI sollte um 10% betragen
Cashflow-Return On Investment (CFROI)	$\dfrac{\text{Cashflow}}{\text{Bruttoinvestitionsbasis}}$ [Bruttoinvestitionsbasis = Anlagevermögen zu historischen, inflationsbereinigten Anschaffungs-/Herstellungskosten + Umlaufvermögen - kurzfristige Verbindlichkeiten]	bereinigter ROI unter Berücksichtigung der Abschreibungen; »interner Zinsfuß« des Unternehmens	Wird mit dem WACC (s.o.) verglichen; vgl. »Cash Value Added«
Cash Value Added (CVA)®; CVA®-Index	CVA-Index = CFROI - WACC (Der CVA ist der dazugehörige absolute Betragswert)	Indikator für die Wertschöpfung oder -vernichtung in der Betrachtungsperiode	Index darf nicht < 0 sein
Economic Value Added (EVA)® (»Wertbeitrag«)	Einnahmen ./. Ausgaben ./. fiktiver Kapitalertrag am Markt	Wertsteigerung in der Betrachtungsperiode	Periodenerfolgorientierte Größe

Die Anwendung einiger Rentabilitätskennzahlen soll das folgende Beispiel verdeutlichen.

In einem Unternehmen wurden für die Berichtsperiode die folgenden Werte ermittelt:

Anlagevermögen (historische bereinigte Anschaffungs-/Herstellungskosten)	*31,5 Mio*
Umlaufvermögen	*125,7 Mio*
Kurzfristige Verbindlichkeiten	*19,6 Mio*
Eigenkapitalquote	*45,0 %*
angestrebte Eigenkapitalverzinsung	*15,0 %*
Fremdkapitalzins	*5,0 %*
Jahresüberschuss	*8,2 Mio*
Abschreibungen auf Anlagevermögen	*4,7 Mio*
Zuführung zu langfristigen Rückstellungen	*6,0 Mio*
Erträge aus der Auflösung von Rückstellungen	*1,7 Mio*

Hieraus ergeben sich folgende Werte:

Cashflow =	*Jahresüberschuss*	*8,2 Mio*
	+ Abschreibungen auf AV	*4,7 Mio*
	+ Zuführung zu langfr. Rückstellungen	*6,0 Mio*
	– Erträge aus Auflösg. v. Rückstellungen	*1,7 Mio*
	Gesamt	*17,2 Mio*
Bruttoinvestitionsbasis =	*Anschaffungskosten Anlagevermögen*	*31,5 Mio*
	+ Umlaufvermögen	*125,7 Mio*
	– kurzfristige Verbindlichkeiten	*19,6 Mio*
	Gesamt	*137,6 Mio*

CFROI
$$\frac{Cashflow}{Bruttoinvestitionsbasis} = \frac{17,2\ Mio}{137,6\ Mio} = 0,125 = \qquad 12,5\ \%$$

WACC = $45 \cdot 0,15 + 55 \cdot 0,05 = 6,75 + 2,75 = 9,5\ \%$

CVA-Index = *12,5 – 9,5 = 3,00, d. h. in der Berichtsperiode hat ein Wertzuwachs stattgefunden*

1.2.4.1.5   Weitere Kennzahlen

Abschließend folgen noch häufig verwendete Kennzahlen aus den Bereichen Finanzierung, Vermögen und Liquidität.

Finanzierungskennzahlen

Finanzierungskennzahlen geben Auskunft über die Finanzierungsstruktur, also z. B. das Verhältnis zwischen Eigen- und Fremdkapital sowie zwischen Eigen- oder Fremdkapital und Gesamtkapital.

Eigenkapitalanteil = Eigenkapital · 100/Gesamtkapital

Fremdkapitalanteil = Fremdkapital · 100/Gesamtkapital

Verschuldungsgrad = Eigenkapital · 100/Fremdkapital

Vermögenskennzahlen

Vermögenskennzahlen drücken den Vermögensaufbau aus.

Anteil des **Anlagevermögens** = Anlagevermögen/Gesamtvermögen

Anteil des **Umlaufvermögens** = Umlaufvermögen/Gesamtvermögen

Liquiditätskennzahlen

Liquiditätskennzahlen geben Aufschluss über die Zahlungsfähigkeit des Unternehmens, die eine unabdingbare Existenzgrundlage darstellt. Wie alle aus dem Jahresabschluss gewonnenen Kennzahlen stellen sie vergangenheitsbezogene, statische Werte dar.

Die Verfolgung und Sicherstellung der Liquidität muss aber unbedingt zukunftsbezogen im Rahmen einer vorausschauenden, die Kongruenz von Fälligkeitshöhen und -fristen beachtenden Planung erfolgen!

1.2.4.2 Kennzahlensysteme

In vielen Unternehmen ist es heute Praxis, Kennzahlen nicht isoliert zu ermitteln und zu betrachten, sondern zu einem in Bezug auf die angestrebten Ziele aussagefähigen System zusammenzufassen.

Dabei sollte

– ein gestaffeltes System die wichtigsten Ziele der Führungsebene in Schlüsselkennzahlen (Makro-Kennzahlen) ausdrücken, aus denen Einzelkennzahlen für die Verwendung in den Abteilungen abgeleitet werden können (»**Top-Down-Ansatz**«, Zerlegung in **Aggregationsstufen**);

– der Umfang überschaubar bleiben: So viele Einzelkennzahlen wie nötig, so wenige wie möglich (auch unter dem Gesichtspunkt der Wirtschaftlichkeit);

– jede Kennzahl einen klaren Aussagewert besitzen und hinreichend sensibel sein, um als Indikator für Veränderungen zu taugen;

– die Berechnung jeder einzelnen Kennzahl transparent sein, d. h. messbare Werte (z. B. Mengen, Beträge) in möglichst wenig komplizierter Weise verknüpfen;

– für jede Kennzahl ein Vorgabewert festgelegt werden;

– darauf geachtet werden, dass nicht nur die kurze Frist berücksichtigt wird, sondern auch eine Ausrichtung auf Fernziele erfolgt;

– die Umsetzbarkeit in ein EDV-System und die Möglichkeit der Visualisierung bedacht werden.

Das in den 90er Jahren von KAPLAN und NORTON in den USA entwickelte, inzwischen auch in deutschen Unternehmen weit verbreitete Konzept der »**Balanced Scorecard**« legt zusätzlich besonderen Wert darauf, dass neben finanziellen auch andere Perspektiven in die Analyse einfließen:

Diese sind meist die Kundenperspektive, die interne Prozessperspektive und der Komplex »Mitarbeiter/Wissen/Lernen« (vor allem im angelsächsischen Bereich finden sich bisweilen abweichend benannte Einzelperspektiven, die letztgenannte Perspektive wird z. B. häufig als »Innovationsperspektive« bezeichnet).

Das hierauf zugeschnittene Ziel- und Kennzahlensystem soll transparent machen, was das Unternehmen im Berichtszeitraum erreicht hat und was es in Zukunft erreichen will. Im Zentrum steht dabei die **Strategie (»Vision«)** des Unternehmens.

Das »Balanced-Scorecard«-Konzept

– schaut gleichermaßen zurück und vorwärts,

– stellt die aus dem **Leitbild** (der »Vision«) des Unternehmens abgeleiteten Oberziele in den Fokus,

– setzt sehr stark auf **Übersichtlichkeit** und **Visualisierung**: Die Leistung des Unternehmens wird im Gleichgewicht zwischen den vier Perspektiven auf einem einzigen Berichtsbogen dargestellt. Kennzahlen werden häufig nicht oder nicht nur als Zahlenwerte angegeben, sondern grafisch wiedergegeben, etwa in einem »Ampelsystem«, wobei Werte, die in Bezug auf den Vorgabewert in den »gelben Bereich« oder den »roten Bereich« fallen, weiter erläutert werden, der »grüne Bereich« nicht.

Die Abbildung zeigt die (üblichen) Perspektiven, die in der nachfolgenden tabellarischen Übersicht um die ihnen jeweils zuzuordnenden Messgrößen ergänzt sind.

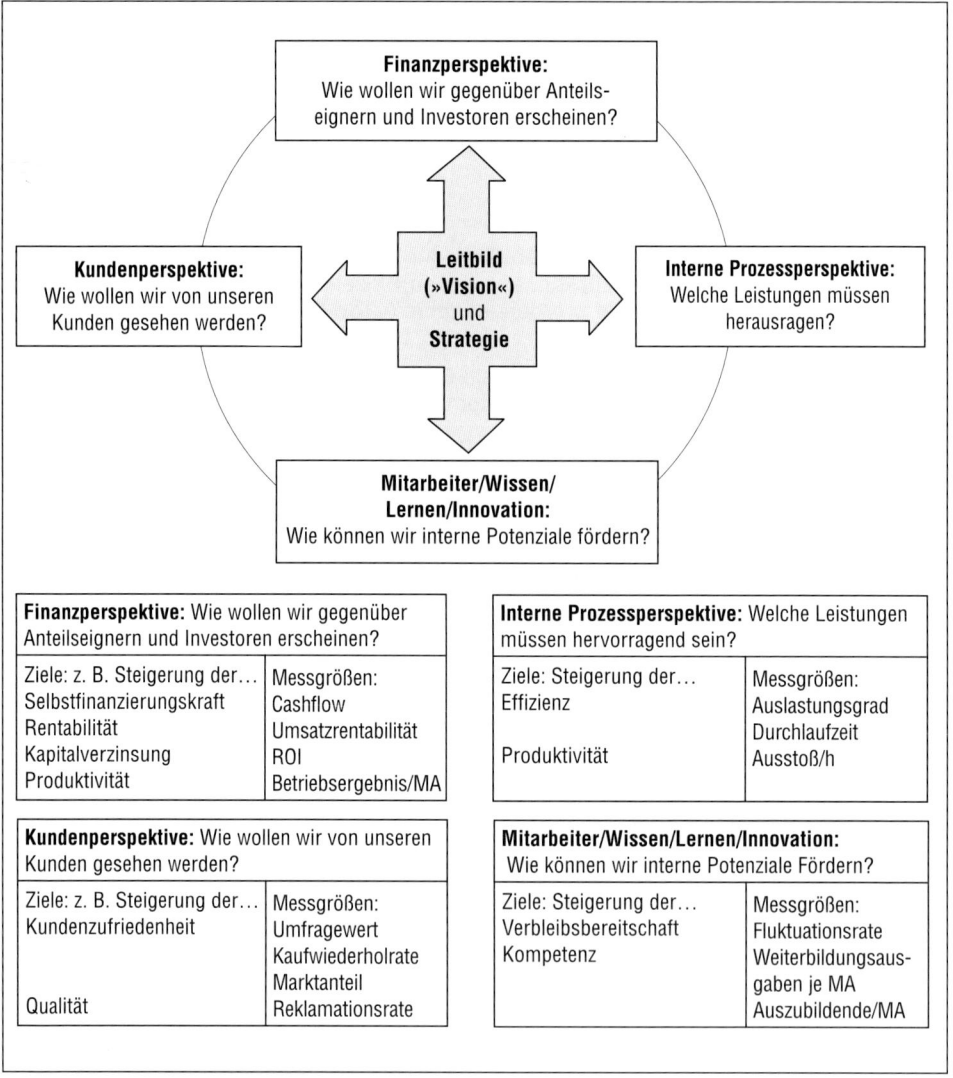

Grundperspektiven des Balanced-Scorecard-Konzepts

1.2.5   Standortwahl

Die Auswahl des Unternehmensstandorts bzw. der Standorte für die Betriebsstätten des Unternehmens wird im Allgemeinen in der Gründungsphase des Unternehmens getroffen. Sie ist eine wesentliche Grundsatzentscheidung und in ihrer Bedeutung mit der Wahl der → Rechtsform vergleichbar, weil sie ebenso wie diese nachträglich nur unter Schwierigkeiten und finanziellen Anstrengungen revidiert werden kann.

Die Standortwahl beschränkt sich dabei nicht auf Deutschland; denn durch die europäische Integration und die Öffnung der internationalen Märkte sind Gründungen oder Niederlassungen im europäischen wie außereuropäischen Ausland heute ohne weiteres realisierbar.

Wesentliche Aspekte der Standortwahl wurden bereits in Zusammenhang mit den wirtschaftlichen und rechtlichen Rahmenbedingungen angesprochen. Die wichtigsten dieser sowie einige weitere Aspekte sollen hier beschrieben werden. Anschließend wird kurz beleuchtet, wie eine Standortwahl durchgeführt werden kann.

1.2.5.1   Standortfaktoren

1.2.5.1.1   Gebundene und ungebundene Standortwahl

In einigen Entscheidungsfällen muss der Standort spezielle Voraussetzungen erfüllen, sodass eine freie Standortwahl nicht möglich ist. Eine derart **gebundene Standortwahl** betrifft Wirtschaftszweige, die an das Vorhandensein bestimmter Bodenschätze am Standort gebunden sind – etwa im Kohlebergbau – oder Anlagen, die nur unter besonderen klimatischen Verhältnissen Sinn machen, z. B. bei Windkraft- oder Photovoltaikanlagen (wobei die Unternehmen, die diese Anlagen produzieren, nicht im selben Maße an bestimmte Standortbedingungen gebunden sind). Mehr oder weniger gebunden sind auch Werften (Küste bzw. Seenähe mit Wasserstraßenanbindung) und Kraftwerke (fließendes Gewässer als Kühlwasserlieferant).

Die meisten Betriebe können ihre Standortwahl aber **ungebunden** treffen.

1.2.5.1.2   Agglomeration

Agglomeration, d. h. das Anhäufen und Zusammenballen von Betrieben an einem Standort, erfolgt oft aus einem der folgenden Gründe:

– Die **Zulieferer** eines industriellen Großunternehmens siedeln sich um das Unternehmen herum an, um von kurzen Wegen bei der heute meist praktizierten Just-in-Time-Lieferung zu profitieren.

   Beispiel:
   Ein PKW wird in den automatischen Montagestraßen eines Automobilwerks aus verschiedenen Modulen zusammengesetzt, die von verschiedenen Zulieferbetrieben angeliefert werden. Diese lassen sich am Standort des Automobilwerks nieder. Ihre eigenen Zulieferer, die die Einzelteile liefern, aus denen die Module zusammengebaut werden, folgen ihnen an den Standort nach, so dass sich letztlich die verschiedenen Produktionsstufen am selben Standort befinden.

– Großhandelsbetriebe, die eine bestimmte Branche beliefern, konzentrieren sich in einem **Großhandelszentrum**, das daraufhin besonders viele Einkäufer und Wiederverkäufer aus der betreffenden Branche anzieht.

Beispiel:

Die Einrichtungs- und Dekorationsbranche umfasst zahlreiche Sortimentsgruppen wie Möbel, Heimtextilien, Leuchten, Hausrat, Glas, Porzellan, Kerzen, Pflanzbehälter, Dekorationsartikel usw. Es macht daher Sinn, wenn sich Großhandelsbetriebe, die einzelne oder mehrere dieser Sortimentsgruppen vertreiben, zusammenschließen und von der Attraktivität des gemeinsamen Standorts profitieren.

– Industriebetriebe mit hohem **Energiebedarf** siedeln sich bevorzugt am Standort großer Kraftwerke an.

– Existenzgründer und Kleinstbetriebe, die keine eigene Verwaltung einrichten wollen oder können, lassen sich oft gemeinsam in **Existenzgründerzentren** nieder.

– Werkseigene Läden, die Auslauf- oder B-Ware direkt an Endkunden verkaufen (Factory Outlet Stores) sind häufig in **Outlet-Centern** zu finden, die als Kundenmagnet auch Käufer aus der weiteren Umgebung anziehen.

– **Technologieunternehmen** konzentrieren sich häufig an einem Standort, an dem bereits (universitäte) Forschungseinrichtungen und damit Know-How und Fachkräfte vorhanden sind.

Beispiel:

*Keimzelle des bekannten »**Silicon Valley**« südlich der San-Francisco-Bay war ein Forschungs- und Industriepark, der in den 1950er Jahren in der Nachbarschaft der Stanford University errichtet wurde. Heute finden sich dort tausende von IT-Unternehmen, darunter Adobe Systems, AMD, Apple, Cisco Systems, eBay, Google, HP, Oracle, Sun Microsystems und Yahoo!*

1.2.5.1.3   Wichtige Standortfaktoren im Überblick

Standortfaktoren sind im Wesentlichen

– **Transportkosten**, deren Höhe abhängt von

  – der Entfernung von den Beschaffungsorten (Rohstofflagerstätten, Lieferanten),
  – der Entfernung von den Absatzorten,
  – den einsetzbaren Verkehrsmitteln (Hafen, Flughafen, Schienen-, Straßenanbindung),
  – der Möglichkeit zur → Just-in-Time-Steuerung;

– **Absatzleistungen**, die z. B. abhängen von

  – der Kaufkraft,
  – der Größe des möglichen Absatzmarktes,
  – der Konkurrenzsituation,
  – im Endkundengeschäft: Erreichbarkeit durch (Lauf-)Kundschaft;

– **Kosten** und **Verfügbarkeit der Arbeitskräfte**, im Einzelnen

  – allgemeines Lohnniveau in der Region,
  – Qualifikation der verfügbaren Arbeitskräfte bzw. Aufwand für Ausbildung,
  – mit den verfügbaren Arbeitskräften erzielbare **Qualität** und **Produktivität**;

– **Steuern** und **Subventionen**

  – nationale Unterschiede in der Steuerhöhe (vor allem bei Gewerbesteuer-Hebesätzen),
  – internationale Unterschiede in der Besteuerung (Tatbestände und grundlagen),
  – in Aussicht gestellte Vergünstigungen;

– **Investitionskosten** (z. B. unterschiedliche Grundstücks- und Erschließungskosten), daraus ableitbar sind die **Abschreibungs- und Zinsbelastung;**

– **staatliches, wirtschaftliches und soziokulturelles Umfeld, z. B.**

  – Rechtssystem, politisches System und politische Stabilität,
  – Infrastruktur, Energieversorgung,
  – Umweltschutzauflagen,
  – Inflationsrate,
  – Sozialer Frieden,
  – Sprache, Kultur.

Neben diesen rationalen Aspekten ist bei Gründungen auch die Bedeutung von **persönlichen Präferenzen** nicht zu unterschätzen:

Gründer wählen häufig ihren **Heimat- oder Wohnort** als Standort für ihr Unternehmen, weil sie mit den dortigen Gegebenheiten vertraut sind und eventuell auch wichtige Geschäftspartner und politische Entscheidungsträger persönlich kennen.

1.2.5.2   Ebenen des Standortproblems

Die Standortwahl vollzieht sich – gewissermaßen »vom Allgemeinen zum Besonderen«, »vom Globalen zum Lokalen« – auf den Ebenen

– **Internationale Standortwahl:** Auf welchem Kontinent, in welchem Staat soll die Niederlassung erfolgen?

– **Regionale Standortwahl:** Welche Region, z. B. in Deutschland: welches Bundesland?

– **Lokale Standortwahl:** Welche Stadt, welcher Ort?

– **Innerörtliche Standortwahl:** Niederlassung im Ortskern, in einem bestimmten Stadtviertel, am Stadtrand?

Auch innerbetrieblich stellen sich Standortfragen: Welche Betriebsteile sollen an welcher Stelle und in welcher räumlichen Beziehung zueinander aufgestellt werden? Wo sollen innerhalb eines Gebäudes die einzelnen Abteilungen untergebracht werden? Wie sollen die Arbeitsmittel in den Produktionsstätten zueinander angeordnet werden?

Die entsprechende Planung, die maßgeblich über innerbetriebliche Transportwege, /-zeiten und notwendige Transportmittel und damit über bedeutende Kostenfaktoren entscheidet, wird häufig als **Layout-Planung** bezeichnet.

1.2.5.3   Methoden der Standortwahl

1.2.5.3.1   Standortwahl mittels ökonomischer Suchverfahren

Bei rein ökonomisch basierten Entscheidungen wird wie folgt vorgegangen:

– Die **Mindestanforderungen** an den Standort werden festgelegt.

– Die möglichen Standorte werden daraufhin untersucht, ob sie die Mindestanforderungen erfüllen. Darauf ergibt sich eine begrenzte Anzahl **möglicher Standorte**.

– Für jeden dieser möglichen Standorte werden die mit ihm verbundenen **Kosten** und die möglichen Erträge ermittelt.

– Letztlich kann daraus der wahrscheinlich **gewinnmaximale Standort** errechnet werden.

Ökonomische Suchverfahren arbeiten häufig mit **Computersimulationen**. Zu diesem Zweck werden für jeden möglichen Standort ökonomisch bedeutende Größen erfasst, soweit sie bekannt sind (z. B. Entfernungen, Verkehrsverbindungen), und, soweit sie nicht bekannt sind (produzierte und abgesetzte Stückzahlen, Einkaufs- und Verkaufspreise, Kosten zu verschiedenen Sachverhalten), mit verschiedenen wahrscheinlichen Werten belegt. In Simulationsläufen werden dann für verschiedene Konstellationen dieser Größen die zu erwartenden Gewinne berechnet. Damit wird versucht, denjenigen Standort zu identifizieren, der die besten Chancen verspricht. Ein häufig angewandtes Verfahren ist die **Monte-Carlo-Simulation**, die von gleichmäßig verteilten Zufallszahlen ausgeht. Das Verfahren wurde nach dem Casino von Monte Carlo benannt, weil beim Roulette die Wahrscheinlichkeit, mit der die Kugel auf einer Zahl liegenbleibt, für alle Zahlen gleich hoch ist.

1.2.5.3.2   Standortwahl mittels Nutzwertanalyse

Die Standortwahl ist, wie oben gezeigt, von vielen Faktoren beeinflusst, die für jedes Unternehmen und in jedem konkreten Entscheidungsfall unterschiedliche Bedeutungen haben. Häufig sind mindestens einige dieser Faktoren qualitativer Natur, sodass eine Bewertung in Preisen, Kosten oder anderen direkt verrechenbaren Größen nicht möglich ist. In solchen Entscheidungsfällen ist es sinnvoll, die Methode der **Nutzwertanalyse** anzuwenden. Sie wird an anderer Stelle noch ausführlich beschrieben und daher hier nur angerissen.

Bei der Nutzwertanalyse werden zunächst alle für die Entscheidung wesentlichen Kriterien aufgelistet und nach ihrer Bedeutung gewichtet. Diese subjektive Gewichtung kann z. B. der Kundennähe eine höhere Bedeutung als den Transportkosten und diesen wiederum eine höhere Bedeutung als der Attraktivität des Standorts als Wohnort beimessen.

Anschließend werden alle Alternativen einzeln auf die ausgewählten Kriterien hin betrachtet und nach einem einheitlichen Punktesystem (z. B. von 0 = ganz schlecht bis 10 = hervorragend erfüllt) bepunktet. Die erteilten Punkte werden dann mit den Gewichtungsfaktoren der einzelnen Kriterien gewichtet. Am Ende kann für jede Alternative eine Punktzahl errechnet werden. Im Beispiel mit aufsteigender Bepunktung zeigt die höchste Punktzahl den insgesamt besten Standort an:

Kriterien	Gewichtung	Standort A Punkte x Gewicht	Standort B Punkte x Gewicht	Standort C Punkte x Gewicht
Kundennähe	0,5	$9 \cdot 0,5 = 4,5$	$6 \cdot 0,5 = 3,0$	$5 \cdot 0,5 = 2,5$
Transportkosten	0,3	$4 \cdot 0,3 = 1,2$	$6 \cdot 0,3 = 1,8$	$9 \cdot 0,3 = 2,7$
Wohnort-Attraktivität	0,2	$7 \cdot 0,2 = 1,4$	$4 \cdot 0,2 = 0,8$	$8 \cdot 0,2 = 1,6$
Summe	1,0	**7,1**	**5,6**	**6,8**

Hier geht Standort A knapp vor Standort C als Sieger hervor.

Durch dieses Verfahren werden quantitative Kriterien gleichnamig und qualitative Kriterien überhaupt erst verrechenbar gemacht.

1.3 Existenzgründung und Unternehmensrechtsformen

Eine Geschäftsidee ist geboren und soll in die Tat umgesetzt werden, sprich: Ein Unternehmen soll gegründet werden. Das kostet nicht nur Geld, sondern erfordert auch einige Entscheidungen (außer der, wo das Geld herkommen soll): Wo soll das Unternehmen errichtet werden? Was genau soll es tun? Und in welcher Rechtsform soll es das tun? Einmal getroffen, kann keine dieser Entscheidungen »mal eben« revidiert werden. Deswegen kann man sie mit Fug und Recht als Kernentscheidungen bezeichnen.

1.3.1 Kernentscheidungen bei Unternehmensgründung

Mit der Standortwahl wurde bereits eine der Kernentscheidungen vorgestellt, die in der Gründungsphase des Unternehmens zu treffen sind. Weitere Entscheidungen betreffen

– den **Unternehmensgegenstand** (→ Marktaufgabe, → Wirtschaftszweig, Produkt...),

– die Wahl der **Rechtsform**,

– Ermittlung des **Kapitalbedarfs** und Planung der Kapitalbeschaffung (**Finanzierung**).

Da alle anderen Aspekte an anderer Stelle behandelt werden, soll im Folgenden nur die Wahl der Rechtsform beleuchtet werden.

1.3.2 Unternehmensrechtsformen

Nachfolgend sollen nur die Rechtsformen → erwerbswirtschaftlich orientierter Unternehmen betrachtet werden.

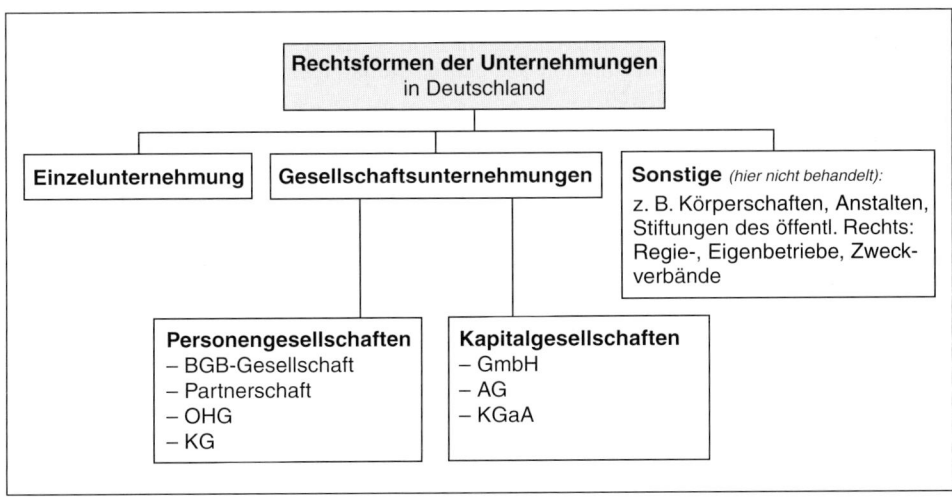

Rechtsformen der Unternehmen in Deutschland

Sie unterscheiden sich in den folgenden, wesentlichen Merkmalen:

– Rechtsgrundlage,
– Rechtspersönlichkeit,
– Firma,
– Geschäftsführung,
– Zahl der Gesellschafter,
– Organe,
– Haftung,
– Gewinn- und Verlustverteilung.

Einige der obigen Begriffe sollen hier – im Vorgriff auf Kapitel 3 – erklärt werden.

– **Rechtsgrundlage:** Wesentliche Rechtsgrundlage für alle → Kaufleute ist das **Handelsgesetzbuch** (HGB). Einige der hier behandelten Gesellschaften (BGB-Gesellschaft, Partnerschaftsgesellschaft) betreffen aber Nichtkaufleute, weswegen die HGB-Vorschriften für sie nicht gelten. Andere Rechtsformen unterliegen zwar dem HGB, sind aber zusätzlich in **speziellen Gesetzen** geregelt (z. B. GmbH-Gesetz, Aktiengesetz).

– **Rechtspersönlichkeit:** Eine Rechtsperson ist, wer rechtsfähig ist, d. h. Träger von Rechten und Pflichten sein kann. Dabei werden natürliche Personen (alle Menschen) und juristische Personen unterschieden. Zu den letzteren gehören die Kapitalgesellschaften, während die Personengesellschaften nur **teilrechtsfähig** sind (so darf eine OHG gem. § 124 HGB unter ihrer Firma bestimmte Rechte erwerben und Verbindlichkeiten eingehen, Eigentum und andere dingliche Rechte an Grundstücken erwerben, vor Gericht klagen und verklagt werden. Sie besitzt aber nicht selbst die → Kaufmannseigenschaft, sondern diese liegt bei den Gesellschaftern.

– **Firma:** Dies ist der Name, unter dem ein Kaufmann seine Geschäfte betreibt, Unterschriften leistet und unter dem er klagen bzw. verklagt werden kann. Nur Kaufleute dürfen eine Firma führen; Nichtkaufleute führen lediglich Geschäftsbezeichnungen.

– **Organe:** Jede Rechtsform sieht bestimmte Personen oder Personengruppen vor, denen die Beschlussfassung oder die Überwachung der Geschäftsführung obliegt.

– **Haftung:** Dieses für die Rechtsformwahl sehr wesentliche Kriterium kann die persönliche, unbeschränkte Haftung von Gesellschaftern oder auch Haftungsbeschränkungen vorsehen. Dabei bedeuten

  – **unmittelbare Haftung:** Der Gläubiger kann sich mit seiner Forderung an einen beliebigen Gesellschafter wenden;

  – **solidarische Haftung:** Der einzelne Gesellschafter haftet auch für Geschäfte, die ein anderer Gesellschafter im Rahmen des gemeinsamen Geschäftstätigkeit besorgt hat, folglich gesamtschuldnerisch;

  – **unbeschränkte Haftung:** Der einzelne Gesellschafter haftet mit seinem gesamten – auch dem privaten – Vermögen.

Die Haftungsbeschränkung der Kapitalgesellschaften bedeutet nicht, dass für die Verbindlichkeiten nur das Stammkapital (GmbH) oder Grundkapital (AG) haftet: Vielmehr haftet das Gesellschaftsvermögen, das im Liquidationsfalle das Stamm- oder Grundkapital im Allgemeinen deutlich übersteigt.

Nachfolgend werden, getrennt nach Einzelunternehmung, Personen- und Kapitalgesellschaften, die wesentlichen Merkmale für jede wichtige Gesellschaftsform nach deutschem Recht aufgelistet. Nicht behandelt, aber wenigstens erwähnt werden sollen die **Europäische Gesellschaft** (SE von lat. Societas Europaea) als Rechtsform für Unternehmen in der Europäischen Union, die **Europäische Wirtschaftliche Interessenvereinigung (EWIV)** und die zunehmend beliebte britische **Limited Company (Ltd.).**

1.3.2.1   Die Einzelunternehmung

Das Einzelunternehmen wird von einem einzigen Inhaber gegründet und betrieben. Da hierfür kein Mindestkapital vorgeschrieben ist und nur wenige Formalitäten erforderlich sind, ist diese Rechtsform sehr häufig bei Klein- und Kleinstunternehmen anzutreffen.

Der Einzelunternehmer muss nicht zwangsläufig ein Handelsgewerbe betreiben und daher nicht → Kaufmann im Sinne des HGB sein. Ist er jedoch Kaufmann, muss er die Bezeichnung »eingetragener Kaufmann« oder »eingetragene Kauffrau« bzw. eine der Abkürzungen »e.K.« bzw. »e.Kfm./e.Kfr.« im Firmennamen führen.

Die Einzelunternehmung im Überblick:

Rechtsgrundlage	§§ 1 – 104 HGB; Rechnungslegungsvorschriften §§ 238 – 263 HGB
Vertrag	entfällt
Firma	Personen-, Sach- oder Fantasiefirma oder Kombination mit Unterscheidungskraft und Rechtsformzusatz
Mindestkapital	nicht vorgeschrieben
Geschäftsführung und Vertretung	durch den Inhaber oder von ihm bestimmte/n Vertreter
Haftung	unmittelbare, unbeschränkte Haftung des Inhabers
Sonstiges	Eintrag für Kaufleute ins Handelsregister vorgeschrieben

1.3.2.2   Gesellschaftsunternehmungen

Motive für den Zusammenschluss mehrerer Personen zu einer Gesellschaft sind vor allem

– der Wunsch nach **Bündelung vorhandenen Kapitals** und insgesamt **verbesserter Kapitalbeschaffung**,

– die Verteilung des unternehmerischen **Risikos**,

– die **Aufteilung** von Aufgaben und Arbeit,

– die **Bündelung und Nutzung** unterschiedlicher Kenntnisse, Fertigkeiten und Fähigkeiten,

– die Verfolgung **gemeinsamer Interessen**, wobei außer Gewinnerzielung auch ideelle Ziele angestrebt werden können.

In diesem Zusammenhang stellen sich viele Fragen nach der **Gestaltung** der Gesellschaft, z. B.

– Wer soll/darf Entscheidungen treffen?

– Wer soll welche Aufgaben übernehmen?

– Wer bringt was (an Know-How, an Sachmitteln) ein?

– Wer bringt wie viel (an Geldkapital) in die Gesellschaft ein?

– Wer soll/darf die Gesellschaft nach außen vertreten?

– Wer haftet in welcher Höhe und Weise für gemeinsame Verpflichtungen?

– Wie/wann kann ein Gesellschafter aufgenommen werden oder ausscheiden?

– Wie sollen Gewinne/Verluste verteilt werden?

In aller Regel werden wegen dieser Fragen die Antworten im **Gesellschaftsvertrag** gegeben; liegt ein solcher nicht vor, gilt das Gesetz, d. h. das Gesellschaftsrecht.

Es regelt die Innenbeziehungen der Beteiligten untereinander und die Außenbeziehungen der Gesellschaft zur Umwelt.

– Das **Bürgerliche Gesetzbuch (BGB)** regelt

    – den – hier nicht behandelten – Verein,
    – die Gesellschaft bürgerlichen Rechts (GbR).

– Das **Handelsgesetzbuch (HGB)** regelt

    – die Handelsgesellschaften oHG und KG,
    – die Stille Gesellschaft.

– **Einzelgesetze** regeln

    – die Aktiengesellschaft (AktG),
    – die GmbH (GmbHG),
    – die – hier nicht behandelte eingetragene Genossenschaft.

1.3.2.2.1   Personengesellschaften

Personengesellschaften sind vor allem dadurch gekennzeichnet, dass

– sie **keine** → juristischen Personen und nur → **teilrechtsfähig** sind,

– die Gesellschaft selbst **keine Gewinnsteuern** zahlt,

– mindestens ein Gesellschafter **voll haftet**, d. h. (mit Ausnahme der GmbH & Co.KG) persönlich auch mit seinem Privatvermögen,

– jeder voll haftende Gesellschafter **gesamtschuldnerisch** für die Gesellschaft eintritt,

– Abstimmungsergebnisse **nach Köpfen** zählen,

– nur voll haftende Gesellschafter zur **Geschäftsführung** berechtigt sind,

– die Gesellschaft mit dem Tod eines voll haftenden Gesellschafters **erlischt**.

1.3.2.2.1.1   Die BGB-Gesellschaft (Gesellschaft bürgerlichen Rechts – GbR)

Die BGB-Gesellschaft ist eine Vereinigung zwischen mehreren Personen, die sich durch den Gesellschaftsvertrag gegenseitig verpflichten, die Erreichung eines gemeinsamen Zweckes in der durch den Vertrag bestimmten Weise zu fördern, insbesondere die vereinbarten Beiträge zu leisten (§ 705 BGB).

Oft handelt es sich dabei um private Gruppen, die einen gemeinsamen Zweck verfolgen, z. B. Lotto-Tippgemeinschaften und Mieter-Wohngemeinschaften. Dagegen sind Erben-, Wohnungseigentümer- und private Lebensgemeinschaften keine BGB-Gesellschaften.

Im Geschäftsleben finden sich häufig Zusammenschlüsse in der Rechtsform der GbR, z. B.

– Arbeitsgemeinschaften (ARGE) im Baugewerbe und Handwerk,

– Bankenkonsortien,

– Zusammenschlüsse von Freiberuflern, z. B. Gemeinschaftspraxen von Ärzten, Gemeinschaftskanzleien von Rechtsanwälten (vgl. auch → Partnerschaftsgesellschaft).

Die BGB-Gesellschaft im Überblick:

Rechtsgrundlage	§ 705 – 740 BGB
Vertrag	formfrei; Schriftform und notarielle Beurkundung nur bei enthaltenen Grundstücksgeschäften vorgeschrieben
Firma	keine; nur Geschäftsbezeichnung
Mindestkapital	nicht vorgeschrieben
Geschäftsführung/ Vertretung	im Innenverhältnis beliebig regelbar; im Außenverhältnis durch jeden Gesellschafter
Gesellschafter	mindestens zwei; i.d.R. natürliche Personen, in gewerblich geprägten GbR (etwa ARGEn) auch Kapitalgesellschaften
Haftung	jeder Gesellschafter haftet unmittelbar, solidarisch und unbeschränkt mit seinem Gesamtvermögen
Gewinn-/ Verlustverteilung	frei wählbar; falls nicht bestimmt: zu gleichen Anteilen

1.3.2.2.1.2   Die Partnerschaftsgesellschaft

Die Partnerschaft ist ein Zusammenschluss von freiberuflich Tätigen, die die Möglichkeiten von Haftungsbeschränkungen, die diese Rechtsform gegenüber der BGB-Gesellschaft bietet, nutzen wollen.

Häufige Anwendungsfälle sind Gemeinschaftspraxen von Ärzten und Gemeinschaftskanzleien von Rechtsanwälten, Steuerberatern usw.

Die PartnerG im Überblick:

Rechtsgrundlage	Partnerschaftsgesellschaftsgesetz (PartGG), ergänzend §§ 705 – 740 BGB, 105 – 160 HGB
Vertrag	Schriftform vorgeschrieben
Firma	Partnerschaftsname: Nachname mindestens eines Partners, Zusatz »& Partner«, Berufsbezeichnungen aller in der Partnerschaft vertretenen Berufe
Mindestkapital	nicht vorgeschrieben
Geschäftsführung/ Vertretung	im Innenverhältnis beliebig regelbar; im Außenverhältnis durch jeden Partner
Gesellschafter	mindestens zwei; alle Partner müssen Angehörige freier Berufe gem. § 18 EStG sein
Haftung	grundsätzlich gesamtschuldnerische, persönliche Haftung jedes Partners; die Haftung aus fehlerhafter Berufsausübung kann vertraglich auf denjenigen Partner beschränkt werden, der die Leistung erbracht bzw. geleistet bzw. verantwortet hat
Gewinn-/ Verlustverteilung	frei wählbar; falls nicht bestimmt: zu gleichen Anteilen
Sonstiges	Eintrag ins Partnerschaftsregister erforderlich

1.3.2.2.1.3 Die Offene Handelsgesellschaft (OHG)

Die OHG wird gegründet, um ein → **Handelsgewerbe** zu betreiben. Gesellschafter einer OHG können natürliche oder juristische Personen und Personengesellschaften (nicht aber GbR) sein.

Die Vollhaftereigenschaft aller Gesellschafter begründet u.U. hohes Vertrauen bei Geschäftspartnern und eine hohe Kreditwürdigkeit, ist aber für den einzelnen Gesellschafter entsprechend risikobehaftet. Auch zwischen den Gesellschaftern ist daher großes gegenseitiges Vertrauen unabdingbar.

Die OHG im Überblick:

Rechtsgrundlage	§§ 105 – 160 HGB, Rechnungslegungsvorschriften §§ 238 – 263 HGB
Vertrag	formfrei; Schriftform und notarielle Beurkundung nur bei enthaltenen Grundstücksgeschäften vorgeschrieben
Firma	Personen-, Sach- oder Fantasiefirma oder Kombination mit Unterscheidungskraft und Rechtsformzusatz
Mindestkapital	nicht vorgeschrieben
Geschäftsführung	durch jeden einzelnen Gesellschafter, wenn vertraglich nicht anders bestimmt
Vertretung	grundsätzlich Einzelvertretungsmacht; vertraglicher Ausschluss einzelner Gesellschafter möglich und nach außen wirksam, soweit im Handelsregister eingetragen und bekannt gemacht
Gesellschafter	mindestens zwei
Organe	Gesellschafter
Haftung	unmittelbare, solidarische, unbeschränkte Haftung jedes Gesellschafters
Gewinn-/ Verlustverteilung	wenn vertraglich nicht anders bestimmt, erhält jeder Gesellschafter vom Gewinn 4 % des von ihm eingebrachten Kapitals; Restverteilung nach Köpfen; Verlustverteilung nach Köpfen
Sonstiges	Eintrag ins Handelsregister erforderlich

1.3.2.2.1.4 Die Kommanditgesellschaft (KG)

Die KG wird, ebenso wie die OHG, gegründet, um ein Handelsgewerbe zu betreiben. Auch hier können die Gesellschafter natürliche oder juristische Personen und Personengesellschaften sein.

Der grundlegende Unterschied besteht darin, dass nur ein Vollhafter (**Komplementär**) erforderlich ist und einige (oder alle anderen) Gesellschafter als Teilhafter (**Kommanditisten**) nur mit einer festgelegten Summe haften. Durch diese Konstruktion kann die Geschäftsführung beschränkt werden, während zugleich Kapitalgeber erschlossen werden.

Eine Sonderform der KG stellt die GmbH & Co.KG dar. Dabei ist der vollhaftende Gesellschafter keine natürliche Person, sondern eine GmbH. Mit dieser Konstruktion wird das Haftungsrisiko beschränkt.

Die KG im Überblick:

Rechtsgrundlage	§§ 161 – 177 HGB, Rechnungslegungsvorschriften §§ 238 – 263 HGB
Vertrag	formfrei; Schriftform und notarielle Beurkundung nur bei enthaltenen Grundstücksgeschäften vorgeschrieben
Firma	Personen-, Sach- oder Fantasiefirma oder Kombination mit Unterscheidungskraft und Rechtsformzusatz
Mindestkapital	nicht vorgeschrieben; die Hafteinlage der Kommanditisten muss im Gesellschaftsvertrag vereinbart und im Handelsregister eingetragen werden
Geschäftsführung	durch jeden einzelnen Komplementär (Vollhafter), wenn vertraglich nicht anders bestimmt; die Kommanditisten (Teilhafter) sind von der Geschäftsführung ausgeschlossen
Vertretung	grundsätzlich Einzelvertretungsmacht jedes Komplementärs; vertraglicher Ausschluss einzelner Gesellschafter möglich und nach außen wirksam, soweit im Handelsregister eingetragen und bekannt gemacht
Gesellschafter	mindestens ein Komplementär und ein Kommanditist
Organe	Gesellschafter, Geschäftsführung; ggf. – falls vertraglich vereinbart – Beirat zur Beratung und Kontrolle der geschäftsführenden Gesellschafter
Haftung	unmittelbare, solidarische, unbeschränkte Haftung jedes Komplementärs; auf seine Hafteinlage beschränkte Haftung des jeweiligen Kommanditisten
Gewinn-/ Verlustverteilung	wenn vertraglich nicht anders bestimmt, erhält jeder Gesellschafter vom Gewinn 4 % des von ihm eingebrachten Kapitals; Restverteilung und Verlustverteilung in einem den Umständen nach angemessenen Verhältnis.
Sonstiges	Eintrag ins Handelsregister erforderlich

1.3.2.2.2   Kapitalgesellschaften

Kapitalgesellschaften sind vor allem dadurch gekennzeichnet, dass

– sie eigene Rechtspersönlichkeiten **(juristische Personen)** darstellen,

– sie selbst **Gewinnsteuern** zahlen,

– es keine mit dem **Privatvermögen** haftenden Gesellschafter gibt (Ausnahme: KGaA),

– dass die Geschäfte von **Angestellten ohne Kapitalbeteiligung** geführt werden können (Ausnahme: KGaA),

– Stimmrechte in Gesellschafterversammlungen nach **Kapitalanteilen** bemessen sind.

1.3.2.2.2.1   Die Aktiengesellschaft (AG)

Die Aktiengesellschaft verfügt über ein in Aktien zerlegtes Grundkapital. Diese Aktien können im Regelfall ohne besondere Meldungen und Vorkehrungen auf andere Eigentümer übertragen werden.

Damit ist die AG relativ unabhängig von einzelnen Eignern. Aktien können unter bestimmten Bedingungen an Börsen gehandelt und von Kleinanlegern erworben werden. Verteilt sich das Grundkapital einer AG auf viele kleinere Anlagenhalter, spricht man von **Publikumsgesellschaft** und **Streubesitz**.

Viele große Unternehmen mit bedeutendem wirtschaftlichem Einfluss sind Aktiengesellschaften. Die besonderen **Publizitätspflichten**, die die AG je nach Größe zur mehr oder weniger detaillierten Veröffentlichung ihres Jahresabschlusses und ihrer Geschäftsberichte verpflichten, tragen dieser Bedeutung Rechnung, ebenso wie die gesetzlichen Regelungen über die Organe, die neben der Hauptversammlung der Gesellschafter und dem die Geschäfte führenden Vorstand einen Aufsichtsrat als Kontrollorgan vorsehen.

Die AG im Überblick:

Rechtsgrundlage	Aktiengesetz; §§ 238 ff, 264 ff HGB
Vertrag	notarielle Beurkundung vorgeschrieben
Firma	Personen-, Sach- oder Fantasiefirma oder Kombination mit Unterscheidungskraft und Rechtsformzusatz
Mindestkapital	Grundkapital mindestens 50.000 €, auf Aktien zerlegt; Mindestbetrag bei Aktien, die auf einen festen Nennwert lauten (Nennbetragsaktien): 1 €; Stückaktien repräsentieren einen bestimmten, nicht aufgedruckten Anteil am Grundkapital
Geschäftsführung	durch den Vorstand, der in der Regel aus mehreren Personen besteht, von denen eine den Vorstandsvorsitz inne hat
Vertretung	obliegt dem Vorstand
Gesellschafter	zur Gründung sind eine Person oder mehrere Personen erforderlich
Rechte der Gesellschafter	die Aktionäre haben einen Recht auf Anteil am Gesellschaftsvermögen, aus dem ein Recht auf Dividende, ein Bezugsrecht für junge Aktien bei Kapitalerhöhung und ein Anteil am Liquidationserlös resultiert, sowie ein Verwaltungsrecht (Recht zur Teilnahme an der Hauptversammlung, Stimmrecht, Auskunfts- und Anfechtungsrechte)
Organe	Vorstand (Geschäftsführung), Aufsichtsrat (Kontrollorgan), Hauptversammlung (beschließendes Organ; Gesellschafter)
Haftung	beschränkt auf das Vermögen der Gesellschaft (nicht: das Grundkapital!); Gesellschafter verlieren maximal ihr in Aktien angelegtes Kapital
Gewinnverteilung	nach Ausgleich von Verlustvortrag: evtl. Zuführung zur gesetzlichen Rücklage und zu weiteren → Gewinnrücklagen
Sonstiges	Eintrag ins Handelsregister erforderlich; die Gewinnbesteuerung erfolgt nach dem → Körperschaftsteuerrecht

Zusätzlich finden sich ausführliche Darstellungen zur Finanzierung und Bilanzierung der Aktiengesellschaft in später folgenden Kapiteln.

1.3.2.2.2.2   Die Gesellschaft mit beschränkter Haftung (GmbH)

Die GmbH wird häufig als Gesellschaftsform gewählt, weil sie eine Haftungsbeschränkung zulässt, dabei ein geringeres Stammkapital als die AG (bei der von Grundkapital gesprochen wird) erfordert und, außer bei großen GmbH ab 500 Arbeitnehmern, keinen Aufsichtsrat benötigt.

Die GmbH im Überblick:

Rechtsgrundlage	GmbH-Gesetz; §§ 238 ff, 264 ff HGB
Vertrag	notarielle Beurkundung vorgeschrieben
Firma	Personen-, Sach- oder Fantasiefirma oder Kombination mit Unterscheidungskraft und Rechtsformzusatz
Mindestkapital	Stammkapital mindestens 25.000 €
Geschäftsführung	durch einen oder mehrere Geschäftsführer, die nicht Gesellschafter sein müssen
Vertretung	obliegt der Geschäftsführung
Gesellschafter	zur Gründung sind eine Person oder mehrere Personen erforderlich
Rechte der Gesellschafter	Die Gesellschafter können ihre Geschäftsanteile grundsätzlich frei verkaufen oder vererben; sie haben ein Recht auf Anteil am Reingewinn nach dem Verhältnis der Geschäftsanteile und am Liquidationserlös, ferner Stimmrecht in der Gesellschafterversammlung
Organe	Geschäftsführer; nur bei großen GmbH: Aufsichtsrat als Kontrollorgan; Gesellschafterversammlung
Haftung	beschränkt auf das Vermögen der Gesellschaft (nicht identisch mit dem Stammkapital!); Gesellschafter verlieren maximal ihr im Geschäftsanteil angelegtes Kapital
Gewinnverteilung	nach Ausgleich von Verlustvortrag: evtl. Zuführung zu → Gewinnrücklagen auf Beschluss der Gesellschafterversammlung (gesetzliche Rücklage gibt es bei der GmbH nicht); ansonsten Verteilung des Reingewinns gemäß Geschäftsanteilen
Sonstiges	Eintrag ins Handelsregister erforderlich; die Gewinnbesteuerung erfolgt nach dem → Körperschaftsteuerrecht

Mit dem im Juni 2008 vom Bundestag beschlossenen Gesetz zur Modernisierung des GmbH-Rechts und zur Bekämpfung von Missbräuchen (MoMiG) wurde die Gründung einer **Unternehmergesellschaft** (haftungsbeschränkt) ermöglicht, bei deren Gründung jeder Gesellschafter lediglich 1 € einzahlen muss. Mit weiteren Erleichterungen – niedrige Beurkundungsgebühren und Abkopplung von sonstigen Genehmigungsverfahren – soll hiermit ein attraktiver Gründungsanreiz und zugleich eine Alternative zur englischen »Limited« (Ltd.) geschaffen werden. Das Gesetz trat am 1. November 2008 in Kraft.

1.3.2.2.2.3   Die Kommanditgesellschaft auf Aktien (KGaA)

Die KGaA verbindet Merkmale der Aktiengesellschaft mit denen der Kommanditgesellschaft. Hervorstechendstes Merkmal ist die Existenz von vollhaftenden Gesellschaftern (Komplementären), die anstelle eines Vorstands (wie bei der AG vorhanden) die Geschäfte führen. Dennoch zählt die KGaA zu den Kapitalgesellschaften; an die Stelle von Kommanditisten treten **Kommanditaktionäre**.

Bis vor einigen Jahren führte die KGaA eine Randexistenz und wurde vor allem als geeignete Rechtsform für Familienunternehmen angesehen, die über die Ausgabe von Aktien zusätzliches Kapital einwerben wollten, ohne Gefahr zu laufen, durch Aktienaufkäufe an der Börse übernommen zu werden. Eines der wenigen Großunternehmen in der Rechtsform der KGaA war der Henkel-Konzern (seit 1975 KGaA).

Erst mit einem BGH-Urteil aus 1997, wonach Komplementäre der KGaA auch Kapitalgesellschaften sein dürfen, wuchs die Zahl der Unternehmen mit dieser Rechtsform. Die Profifußballbereiche mehrerer Sportvereine haben die Rechtsform der GmbH & Co.KGaA gewählt, wofür die Übernahmeresistenz dieser Rechtsform das wesentliche Argument gewesen sein dürfte.

1.4 Unternehmenszusammenschlüsse: Kooperation und Konzentration

Gemeinsam geht es (manchmal) besser: Deswegen kommt es vor, dass sich Unternehmen vorübergehend oder dauerhaft zusammenschließen, z. B. um bestimmte Aufträge, an denen sich ein Betrieb allein »verheben« würde, gemeinsam zu übernehmen, um günstige Konditionen an Märkten auszuhandeln oder bestimmte interne Funktionen kostengünstig zu bündeln. Jedoch ist Vorsicht geboten: Nicht alles, was Unternehmen gern miteinander tun oder aushandeln würden, ist erlaubt!

Unternehmen können sich zusammenschließen, um bestimmte Ziele gemeinsam besser erreichen zu können. Bei den Zusammenschlüssen werden grundsätzlich zwei Formen unterschieden:

– **Kooperation:** Unternehmen arbeiten freiwillig zusammen, ohne aber ihre wirtschaftliche und/oder rechtliche Selbstständigkeit insgesamt aufzugeben. Kooperationsformen sind z. B. Zusammenschlüsse in Verbänden (z. B. in Arbeitgeberverbänden, die unter anderem tarifpolitische Aufgaben wahrnehmen), zu Arbeitsgemeinschaften (ARGEn) mit dem Ziel der gemeinsamen Arbeit an Großprojekten, oder in Kartellen, die allerdings nur sehr eingeschränkt erlaubt sind.

– **Konzentration:** Unternehmen schließen sich unter Aufgabe ihrer wirtschaftlichen Selbstständigkeit zusammen, verschmelzen aber nicht so weit, dass dabei auch die rechtliche Selbstständigkeit verloren ginge (in diesem Falle läge eine **Fusion** vor). Wegen der Möglichkeit, dass dabei ein Unternehmensgebilde mit beherrschender Stellung im Wettbewerb entsteht, unterliegen größere Zusammenschlüsse einer Zusammenschlusskontrolle auf nationaler oder EU-Ebene.

1.4.1 Gründe für Zusammenschlüsse

Am Beispiel der Unternehmensverbände wurde bereits ein möglicher Grund für eine **Kooperation** benannt: In diesem Falle ist vor allem das gemeinsame Auftreten in Tarifverhandlungen angestrebt, das das einzelne Unternehmen zum einen entlastet und zum anderen ein einheitliches Tarifgefüge entstehen lässt. Ein anderes Beispiel betraf die ARGEn, die **Arbeitsgemeinschaften** im Baugewerbe zur gemeinsamen Bewältigung eines Großprojekts, dessen Übernahme durch eines der beteiligten Unternehmen allein wegen des Arbeitsumfangs oder der finanziellen Belastung nicht möglich gewesen wäre.

Insbesondere bei **Konzentrationen** steht häufig der Wunsch nach Kostenersparnis und Steigerung der Wirtschaftlichkeit im Vordergrund: Die **Zusammenlegung von Funktionsbereichen**, die vor allem in der Verwaltung möglich erscheint, hat diesen Effekt. Eine Zusammenlegung im Bereich Forschung und Entwicklung kann überdies unnötige Doppelungen (Forschung an mehreren Stellen an ein- und demselben Gegenstand) vermeiden und durch das Zusammenlegen von Know-How und Forschungsbudgets zur Beschleunigung von Innovationen mit entsprechend kostengünstiger Verkürzung von Entwicklungszeiten führen. Für derartige Effekte hat sich der Begriff **Synergie** eingebürgert: »Das Ganze ist mehr als die Summe seiner Teile«.

Weitere positive Einzeleffekte, die durch Zusammenschlüsse erreicht werden können, sind

– Erzielung günstiger **Einkaufsbedingungen** am Beschaffungsmarkt, wie sie z. B. durch Einkaufsgenossenschaften gegenüber den Produzenten durchgesetzt werden können, indem viele kleine Abnehmer ihr Einkaufsvolumen bündeln;

– Erzielung günstiger **Verkaufskonditionen** durch gemeinsame Vertriebsorganisationen, deren Bildung allerdings → wettbewerbsrechtlich in Deutschland stark eingeschränkt ist;

– Verbesserung der Kompatibilität von Bauteilen durch **Vereinheitlichung** (→ Typung und → Normung).

1.4.2   Formen von Unternehmensverbindungen

1.4.2.1   Konsortium

Ein Konsortium ist eine »Unternehmensverbindung auf Zeit«, häufig in der Rechtsform der → BGB-Gesellschaft (Gesellschaft bürgerlichen Rechts, GbR). Diese Verbindung wird zu einem definierten Zweck eingegangen und endet, wenn dieser erfüllt ist. Die am Konsortium Beteiligten schließen einen Vertrag und bestimmen einen **Konsortialführer**. Die schon erwähnten Arbeitsgemeinschaften (ARGEn) im Baugewerbe und Handwerk können Konsortien sein; allerdings wird der Begriff des Konsortiums fast immer in Zusammenhang mit Banken verwendet, die sich für die Vergabe von Großkrediten oder für die → Emission von Wertpapieren zusammenschließen.

1.4.2.2   Joint Venture

Ein Joint Venture ist eine Unternehmenskooperation, bei der zwei oder mehr Gesellschaften eine separate, rechtlich selbstständige Gesellschaft gründen, in die jede Gesellschaft vereinbarungsgemäß bestimmte Ressourcen (z. B. Kapital, Know-How, Patente) einbringt. Motiv der Kooperation ist die **Bündelung von Ressourcen** und häufig die Streuung des Risikos.

1.4.2.3   Interessengemeinschaft

Eine Interessengemeinschaft ist ein – im Gegensatz zum Konsortium – **dauerhaft** angelegter Zusammenschluss rechtlich selbstständiger Unternehmen zur Förderung gemeinsamer Interessen in Form einer → BGB-Gesellschaft oder eines eingetragenen Vereins. Oft ist sie die Vorstufe zu einer engeren Verbindung: einem → Kartell, einer → Konzernbildung oder einer → Fusion.

1.4.2.4   Kartell

Ein Kartell ist eine Kooperation rechtlich und wirtschaftlich selbstständiger Unternehmen, die ihre wirtschaftliche Unabhängigkeit durch Vereinbarungen über gemeinsame Verhaltensweisen teilweise aufgeben. Ziel der Vereinbarungen ist meist die für die Beteiligten am Kartell vorteilhafte Einschränkung des Wettbewerbs gegenüber Dritten. Im Falle schädlicher Wettbewerbswirkungen greift das → Kartellverbot. Das Kartellrecht wird in Kapitel 8 im Rahmen der Abhandlungen zum → Wettbewerbsrecht näher beleuchtet.

Kartelle, bei denen mehrere Unternehmen eine Gesellschaft gründen, die für sie bestimmte Kernfunktionen – meist den Vertrieb – durchführt, sodass die einzelnen Unternehmen selbst keinen Bezug zum betreffenden Markt haben, werden als **Syndikate** bezeichnet.

1.4.2.5   Trust / Fusion

Ein Trust entsteht, wenn zwei (ggf. auch mehr) Unternehmen in einer **Fusion** derart verschmelzen, dass entweder das eine vollständig im anderen aufgeht oder beide Unternehmen ihre rechtliche und wirtschaftliche Existenz aufgeben und in eine Neugründung aufgehen.

1.4.2.6   Konzern

Ein Konzern wird gem. § 18 AktG aus mehreren Unternehmen gebildet. Ist das Verhältnis zwischen diesen Unternehmen so geartet, dass ein Unternehmen (Konzernmutter, Muttergesellschaft) eines oder mehrere abhängige Unternehmen (Konzerntochter, Tochter-gesellschaft) beherrscht, wird von einem **Unterordnungskonzern** gesprochen. Die abhängigen Unternehmen verlieren dabei ihre wirtschaftliche, nicht jedoch ihre rechtliche Selbstständigkeit.

Ein Konzern liegt aber auch vor, wenn zwei rechtlich selbstständige Unternehmen unter einheitlicher Leitung zusammengefasst sind, ohne dass das eine Unternehmen von dem anderen abhängig ist. In diesem Falle spricht man von **Gleichordnungskonzern**.

2   Rechnungswesen

»*Mit Zahlen könnte ich mich unterhalten!*« *Diese Aussage einer Buchhaltungsdozentin an unserer Volkshochschule brachte einen ganzen Kurs zum Aufstöhnen. Jedoch: Ohne Kenntnis des Rechnungswesens – sowohl seiner Methoden als auch der handels- und steuerrechtlichen Erfordernisse – ist ein Unternehmertum schlichtweg nicht denkbar. Es geht nicht »ohne« – aber die Beschäftigung mit der Thematik (und erst recht ihre Beherrschung) können sogar Spaß machen!*

Wichtiger Hinweis: Die Darstellungen in diesem Kapitel geben den Rechtsstand per 1.10.2008 wieder. Für 2009 wird – auf Basis des 2008 vom Bundeskabinett beschlossenen Regierungsentwurfs eines Bilanzrechtsmodernisierungsgesetzes (BilMoG) – mit einer umfassenden Reform des Bilanzrechts gerechnet. Ziele sind Deregulierung und Kostenminderung zugunsten kleinerer Unternehmen sowie Verbesserung der Aussagekraft und internationalen Vergleichbarkeit des handelsrechtlichen Jahresabschlusses durch die Annäherung an internationale Buchführungsstandards. **Verfolgen Sie unbedingt die aktuelle Entwicklung!**

2.1   Grundlegende Aspekte des Rechnungswesens

Das kaufmännische Rechnungswesen ist das hauptsächliche Kontroll- und Lenkungsinstrument der Unternehmung. Alle Bestände und Vorgänge werden als bewertete Mengen zahlenmäßig erfasst mit dem Ziel, hieraus Erkenntnisse zu gewinnen und das Unternehmen durch zahlenmäßige Zielvorgaben lenken zu können. Das kaufmännische Rechnungswesen gliedert sich in vier Teile:

1. Finanzbuchhaltung,
2. Kosten- und Leistungsrechnung,
3. Statistik/Auswertung und
4. Planungsrechnung.

zu 1.: Finanzbuchhaltung

Die Finanzbuchhaltung (auch »Geschäftsbuchhaltung« oder »externes Rechnungswesen« genannt) ist der Teil des kaufmännischen Rechnungswesens, der gesetzlich vorgeschrieben ist. Neben der Buchführung im engeren Sinne, also der Aufzeichnung der Geschäftsfälle während des laufenden Jahres, umfasst sie im weiteren Sinne auch den Jahresabschluss, dessen wesentliche Teile die Bilanz und die Erfolgsrechnung (Gewinn- und Verlustrechnung) darstellen. Die Aufgaben der Finanzbuchhaltung sind

– die **Dokumentation** aller Geschäftsfälle, die die Menge oder/und den Wert des Vermögen oder den Erfolg des Unternehmens beeinflussen, in zeitlicher und sachlicher Ordnung auf Basis von Belegen;

– die **Rechenschaftslegung** und **Information** gegenüber Eigentümern, Finanzbehörden und Gläubigern über die Vermögens- und Erfolgssituation des Unternehmens und zugleich die Erfüllung der **gesetzlichen Buchführungspflichten**;

– die Ermöglichung der **Kontrolle** der Zahlungsfähigkeit und Wirtschaftlichkeit des Unternehmens.

Die Finanzbuchhaltung ist die Grundlage der Kosten- und Leistungsrechnung und liefert, zusammen mit dieser, die für die Erstellung von **Auswertungen** zur Untermauerung vermögens- und erfolgswirksamer unternehmerischer **Dispositionen** (Planungen und Entscheidungen) notwendigen Werte.

zu 2.: Kostenrechnung

Die Kostenrechnung, meist als Kosten- und Leistungsrechnung (KLR), aber auch als »Betriebsbuchhaltung« oder »internes Rechnungswesen« bezeichnet, befasst sich – im Gegensatz zur Geschäftsbuchhaltung – nur mit den Vorgängen, die mit dem eigentlichen Zweck des Unternehmens, der Leistungserstellung (der Gütererzeugung) und ihrem Absatz zusammenhängen, also mit dem Betrieb im engeren Sinne. Die Zahlen der KLR fußen auf Zahlen der Geschäftsbuchhaltung. Die KLR erfasst auf der einen Seite die Leistungen – im Industriebetrieb also die hergestellten Halbfabrikate, Fertigfabrikate sowie Innenleistungen (für Eigenbedarf) – sowie die Umsatzerlöse und auf der anderen Seite die Kosten, die mit der Erbringung dieser Leistungen in Zusammenhang stehen. Die Kosten stehen dabei im Mittelpunkt des Interesses, weil im Preiswettbewerb hier die Rationalisierungsmöglichkeiten gesucht werden müssen, während auf der Erlösseite meist nur eine Preisanpassung an das Preisniveau der polypolistischen Märkte möglich ist.

Die KLR besteht aus zwei Teilen,

– der Betriebsabrechnung, die, ähnlich der Geschäftsbuchführung, Zeiträume umfasst (**Zeitraumrechnung**), und

– der Kalkulation, die sich mit Erzeugniseinheiten befasst (**Stückrechnung**).

Sie wird ergänzt durch die Planungsrechnung und die Statistik.

zu 3.: Auswertung/Statistik

Ohne eine qualifizierte Auswertung werden die Zahlen der Kostenrechnung zum nutzlosen Zahlenfriedhof. Die Statistik, auch »Berichtswesen« oder »Auswertung« genannt, soll die im internen und externen Rechnungswesen erfassten Zahlen auswerten, übersichtlich aufbereiten und den Leitungsverantwortlichen als Entscheidungshilfen zur Verfügung stellen. Sie steht in engem Zusammenhang mit der Planungsrechnung und ist wie diese Teil des betrieblichen **Controlling**.

zu 4.: Planungsrechnung

Die Planungsrechnung will – unter Beachtung der jeweils neuesten Ergebnisse aus der Kosten- und Leistungsrechnung und unter Einbezug der Erkenntnisse aus der Statistik – Entscheidungsgrundlagen für Planungen zukünftiger Zeiträume liefern. Der Planungshorizont kann je nach Fragestellung kurzfristig (z.B. für die konkrete Mengenplanung der nächsten Produktionsperiode), für das nächste Geschäftsjahr, mittelfristig für die nächsten Jahre oder auch langfristig gewählt werden.

Insbesondere die kurzfristige Planung ist eine Feinplanung, die Vorgaben für **Soll/Ist-Vergleiche** nach Abschluss der Periode liefert.

Ebenso wie die Kosten- und Leistungsrechnung und die Statistik ist die Planungsrechnung nicht gesetzlich vorgeschrieben; der Unternehmer betreibt sie freiwillig und im eigenen Interesse. Dementsprechend vielgestaltig sind die in der Praxis anzutreffenden Modelle und Begriffe; häufig sind Statistik und Planung Elemente des betrieblichen Controlling.

2.2   Die Finanzbuchhaltung

> *»Es ist eine der schönsten Erfindungen des menschlichen Geistes, und ein jeder guter Haushalt sollte sie in seiner Wirtschaft einführen«. Was war es, das Schwager Werner in Goethes »Wilhelm Meisters Lehrjahre« so zum Schwärmen veranlasste? Die »doppelte Buchhaltung«!*

2.2.1   Das System der doppelten Buchführung

Die Buchführung ist der Kern des durch gesetzliche Vorschriften geregelten **externen Rechnungswesens**. Ihre Aufgabe ist es, alle Vorgänge, die

– den Wert des Vermögens oder der Schulden verändern oder/und
– den Erfolg des Unternehmens positiv (Ertrag) oder negativ (Aufwand) verändern oder/und
– zahlungswirksam sind, also eine Geldeinnahme oder -ausgabe bewirken,

in einer bestimmten Weise zu verzeichnen.

Diese Vorgänge, die als **Geschäftsfälle** bezeichnet werden, müssen vollständig erfasst und durch Belege nachgewiesen werden. Die Aufzeichnung muss zum einen in zeitlicher und zum anderen in sachlicher Ordnung erfolgen. Dies erfolgt in verschiedenen »Büchern« der Buchführung, nämlich zeitlich geordnet im Grundbuch oder Journal und sachlich geordnet auf Konten im so genannten Hauptbuch (wobei diese Bücher natürlich spätestens seit Einführung der computergestützten Buchhaltung keine Bücher im engeren Sinne mehr sind).

Die Aufzeichnung wird als **Buchung** bezeichnet. Durch die fortlaufende Erfassung im System der doppelten Buchführung (auch als kaufmännische Buchführung oder – altertümlicher – als »Doppik« bezeichnet) kann die Buchführung zu jeder Zeit über den aktuellen Stand des Vermögens und die Erfolgsentwicklung informieren und damit wichtige Grundlagen für Planungen und Entscheidungen liefern. Zugleich ist sie unverzichtbare Grundlage der Preiskalkulation und Beweismittel in Streit- und Zweifelsfragen. Ihre Hauptaufgaben sind somit Dokumentation und Rechenschaftslegung. Zur Abgrenzung von der internen, nicht gesetzlich geregelten Kosten- und Leistungsrechnung (KLR) wird für die Buchführung häufig der Begriff »**Finanzbuchhaltung**« verwendet, während die KLR als »Betriebsbuchhaltung« bezeichnet wird.

Die Finanzbuchhaltung erfasst nur solche Geschäfte, aus denen eine Hauptleistung bereits erbracht ist. Reine Verpflichtungsgeschäfte dürfen dagegen nicht berücksichtigt werden.

Beispiel:

Ein Kaufmann schließt einen Vertrag, in dem er sich gegenüber einem Kunden zur Lieferung einer bestimmten Ware verpflichtet. So lange weder eine Lieferung von seiner Seite noch eine Zahlung von Seiten des Kunden erfolgt ist, handelt es sich um ein reines Verpflichtungsgeschäft (mit der Natur eines schwebenden Geschäfts), das keinen Anlass zur Buchung gibt. Eine Buchung kann aber erforderlich werden, wenn aus dem abgeschlossenen Geschäft – z.B. infolge einer Festpreisvereinbarung – ein Verlust droht. Wenn eine der beiden Seiten ihre Verpflichtung zur Lieferung bzw. zur Zahlung zumindest teilweise erfüllt, wird aus dem Verpflichtungsgeschäft ein »Verfügungsgeschäft« und es muss eine Buchung vorgenommen werden.

2.2.1.1   Gesetzliche Grundlagen, Buchführungspflicht und GoB

2.2.1.1.1   Gesetzliche Buchführungspflicht

Vorschriften über die Rechnungslegung sind im Wirtschafts- und im Steuerrecht enthalten. Während die Regelungen in den Wirtschaftsgesetzen – allen voran im Handelsgesetzbuch (HGB) – vor allem auf den Schutz der Geschäftspartner des Kaufmanns (»Gläubigerschutz«; Gläubiger sind nicht nur Lieferanten, sondern auch Arbeitnehmer, denen der Kaufmann für ihre Arbeitsleistung eine Gegenleistung in Geld schuldet) und – bei den Aktiengesellschaften – auf den Aktionärsschutz abzielen, dienen die Regelungen im Steuerrecht der Ermittlung der Besteuerungsgrundlage.

Wirtschaftsgesetze

Die maßgeblichen Vorschriften über die Rechnungslegung des Kaufmanns (Rechtsstand: 10/2008; für 2009 sind umfangreiche Änderungen angekündigt) enthält das **Handelsgesetzbuch (HGB)** in: »Drittes Buch: Handelsbücher«.

Das Dritte Buch des HGB gliedert sich wie folgt:

– Der **Erste Abschnitt (§§ 238 – 263 HGB)** enthält die für alle Kaufleute geltenden Vorschriften. In ihm ist die Rechnungslegung für Einzelkaufleute und Personengesellschaften abschließend geregelt. In vier Unterabschnitten sind allgemeine Vorschriften über Buchführung, Inventar, Eröffnungsbilanz und Jahresabschluss, Aufbewahrung und Vorlage der Rechnungslegungsunterlagen zusammengefasst. Kaufmann im Sinne des HGB ist, wer ein Handelsgewerbe betreibt; ein Handelsgewerbe wiederum ist jeder Gewerbebetrieb, »...es sei denn, dass das Unternehmen nach Art oder Umfang einen in kaufmännischer Weise eingerichteten Geschäftsbetrieb nicht erfordert« (§ 1 Abs. 2 HGB).

– Der **Zweite Abschnitt (§§ 264 – 335 HGB)** beinhaltet die ergänzenden Vorschriften für **Kapitalgesellschaften**: Aktiengesellschaften (AG), Kommanditgesellschaften auf Aktien (KGaA) und Gesellschaften mit beschränkter Haftung (GmbH). Sofern ein Sachverhalt im zweiten Abschnitt nicht gesondert geregelt ist, gelten die Regelungen des ersten Abschnitts auch für die Kapitalgesellschaften. Der erste Unterabschnitt des zweiten Abschnitts behandelt den Jahresabschluss und Lagebericht der Kapitalgesellschaften. Besonders hervorzuheben sind die darin enthaltenen Vorschriften zur Gliederung der Bilanz und der Gewinn- und Verlust-Rechnung sowie die Einteilung in kleine, mittelgroße und große Kapitalgesellschaften im zweiten Unterabschnitt, wobei für kleine und mittlere Unternehmen Erleichterungen bei Aufstellung, Prüfung und Offenlegung des Jahresabschlusses vorgesehen sind. Weitere Unterabschnitte behandeln den Konzernabschluss und Konzernlagebericht, Vorschriften zur Prüfung und zur Offenlegung des Jahresabschlusses, Verordnungsermächtigungen sowie Straf- und Bußgeldvorschriften.

– Der **Dritte Abschnitt (§§ 336 – 339 HGB)** enthält ergänzende Vorschriften für eingetragene Genossenschaften (eG).

Mit dieser systematisch aufgebauten Grundordnung für die Rechnungslegung der Kaufleute ist das HGB gewissermaßen das »Grundgesetz des Kaufmanns«.

Das **Publizitätsgesetz (PublG)** und die rechtsformspezifischen Einzelgesetze (Aktiengesetz – AktG, GmbH-Gesetz – GmbHG, Genossenschaftsgesetz – GenG) ergänzen die Vorschriften des HGB in Bezug auf die jeweilige Rechtsform.

Steuergesetze

Die Vorschriften zur Führung von Büchern ergeben sich im Steuerrecht aus der **Abgabenordnung (AO)**, die als Rahmen- und Verfahrensrecht diejenigen Vorschriften enthält, die mehrere nachgeordnete Einzelgesetze betreffen. § 140 AO bestimmt:

> »Wer nach anderen Gesetzen als den Steuergesetzen Bücher und Aufzeichnungen zu führen hat, die für die Besteuerung von Bedeutung sind, hat die Verpflichtungen, die ihm nach den anderen Gesetzen obliegen, auch für die Besteuerung zu erfüllen.«

Diese Verpflichtung wird als **abgeleitete** oder **derivative Buchführungspflicht** bezeichnet. Buchführungspflichten nichtsteuerlicher Art finden sich bekanntlich im HGB.

Unterliegen Gewerbetreibende nicht der abgeleiteten Buchführungspflicht, so kann dennoch eine originäre steuerliche Buchführungspflicht bestehen, nämlich dann, wenn die in § 141 AO definierten Grenzen hinsichtlich des Gesamtumsatzes, des Gewinns und des Wirtschaftswertes der selbstbewirtschafteten Fläche (bei Land- und Forstwirten) überschritten sind. Für Land- und Forstwirte kommt in aller Regel nur eine originäre steuerliche Buchführungspflicht in Betracht.

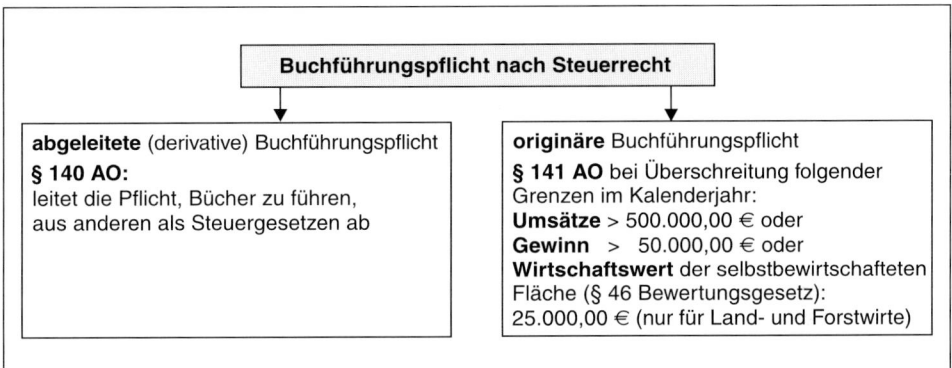

Originäre und derivative Buchführungspflicht nach Abgabenordnung

Unterliegt ein Gewerbetreibender weder der abgeleiteten noch der originären steuerlichen Buchführungspflicht (etwa weil er kein Handelsgewerbe betreibt, vgl. § 1 Abs. 2 HGB) und führt er dementsprechend auch keine Bücher im Sinne einer doppelten Buchführung, kann er seinen Gewinn durch eine **Überschussrechnung** nach § 4 Abs. 3 EStG ermitteln. Führt er auch hierzu nicht die nötigen Aufzeichnungen seiner Einnahmen und Ausgaben, so schätzt das Finanzamt seinen Gewinn gem. § 162 AO nach den Grundsätzen der Gewinnermittlung des § 4 Abs. 1 EStG. Führt er aber freiwillig Bücher, so unterliegt seine Gewinnermittlung automatisch § 5 EStG (»... bei Vollkaufleuten und anderen Gewerbetreibenden«).

Freiberufler wie Ärzte, Rechtsanwälte, Steuerberater usw. unterliegen weder der abgeleiteten noch der originären Buchführungspflicht. Sie können ihren Gewinn entweder freiwillig nach § 4 As. 1 EStG durch Betriebsvermögensvergleich oder aber mit Hilfe einer Einnahmeüberschussrechnung nach § 4 Abs. 3 ermitteln. Bei Nichtvorliegen der erforderlichen Unterlagen erfolgt auch bei ihnen eine Schätzung nach den Grundsätzen des § 4 Abs. 1 EStG.

Internationale Rechnungslegungsstandards

Die zunehmende Globalisierung führt zu einer verstärkten internationalen Kapitalverflechtung. Expansion über die Landesgrenzen hinaus funktioniert fast nur noch über den Zugang zu den internationalen Kapitalmärkten. Hierbei wirken die unterschiedlichen nationalen Rechnungslegungsvorschriften hinderlich. Vergleiche und Analysen von Jahresabschlüssen aus verschiedenen Rechtssystemen sind fast unmöglich. Der internationale Standard **IFRS** (International Financial Reporting Standards) soll diesen Mangel beheben. Von der Pflicht, einen Konzernabschluss nach IFRS vorzulegen, sind bisher in der Europäischen Union nur kapitalmarktnotierte Unternehmen betroffen. Abschnitt 2.2.3.8 bietet eine Übersicht zur internationalen Rechnungslegung.

2.2.1.1.2   Grundsätze ordnungsmäßiger Buchführung (GoB)

Zur Beurteilung der Ordnungsmäßigkeit der Buchführung und des Jahresabschlusses berufen sich § 238 Abs. 1 Satz 1 HGB, § 243 Abs. 1 HGB sowie die §§ 145 ff AO auf die

»**Grundsätze ordnungsmäßiger Buchführung**«, in der Praxis üblicherweise als **GoB** (seltener als GoBuB – Grundsätze ordnungsgemäßer Buchführung und Bilanzierung) abgekürzt. Die GoB sind allgemein anerkannte Regeln, nach denen Bücher zu führen und Bilanzen zu erstellen sind. Dabei handelt es sich nicht um eine einheitliche Rechtsvorschrift, sondern um Regeln und Methoden, die sich als gewachsenes Recht in der Kaufmannschaft etablieren konnten, inzwischen größtenteils Eingang in das Handelsrecht gefunden haben und durch die ausdrückliche Bezugnahme von § 238 HGB und weiterer Rechtsquellen zu zwingendem, geltendem Recht geworden sind.

Nach wie vor gibt es aber auch Grundsätze ordnungsmäßiger Buchführung, die nicht in gesetzlichen Vorschriften ihren Niederschlag gefunden haben. Sie leiten sich aus Handelsbräuchen oder der Verkehrsanschauung ab, teilweise auch aus der Natur der Sache. Als Beispiel kann das **Belegprinzip** gelten:

Der Grundsatz »**keine Buchung ohne Beleg**« hat auch ohne konkrete gesetzliche Regelung Geltung.

Die GoB dienen der Ergänzung von Rechtsnormen und der Ausfüllung gesetzlicher Freiräume. Sie beziehen sich zum Teil auf die Buchführung des laufenden Jahres, beinhalten aber auch Regeln, die insbesondere den Ansatz und die Bewertung von Positionen des Jahresabschlusses betreffen.

Die GoB lassen sich grob in die folgenden Grundsätze unterteilen:

– Grundsatz der Wahrheit,
– Grundsatz der Klarheit,
– Grundsatz der Vorsicht,
– Grundsatz der Wirtschaftlichkeit.

Der Grundsatz der **Vorsicht** dient dem **Gläubigerschutz** und besagt, dass ein Kaufmann in der Bilanz kein höheres Vermögen ausweisen darf, als er tatsächlich sein eigen nennt: **Ein Kaufmann darf sich nicht »reicher machen«, als er ist!** Aus dem Grundsatz der Vorsicht sind im Laufe der Zeit drei abgeleitete Prinzipien entwickelt worden:

– Das Realisationsprinzip,
– das Niederstwertprinzip,
– das Imparitätsprinzip.

Das **Realisationsprinzip** besagt, dass Erträge erst nach ihrer Realisation berücksichtigt werden dürfen. Als Zeitpunkt der Ertragsrealisation wird bei Lieferungen und sonstigen Leistungen der Zeitpunkt angesehen, zu dem der Gläubiger buchmäßig eine Forderung ausweisen darf. Dies ist nach Handelsbrauch der Zeitpunkt, zu dem er selbst seine Verpflichtung aus dem Vertrag erfüllt hat.

Stehen handelsrechtlich mehrere Wertansätze zur Auswahl – z. B. die Anschaffungskosten und ein davon abweichender Marktpreis bei Vorräten –, so kommt das **Niederstwertprinzip** zur Anwendung. Es besagt, dass bei mehreren möglichen Wertansätzen der niedrigste angesetzt werden muss (**strenges Niederstwertprinzip**) oder darf (**gemildertes Niederstwertprinzip**).

Diese Formulierung bezieht sich auf die Bewertung der Aktiva; analog wird bei Passiva vielfach vom **Höchstwertprinzip** gesprochen.

Das **Imparitätsprinzip** kombiniert das Realisations- mit dem Niederstwertprinzip und besagt, dass

– nicht realisierte Gewinne nicht ausgewiesen werden dürfen,
– nicht realisierte Verluste dagegen ausgewiesen werden müssen oder dürfen.

Imparität bedeutet »Ungleichheit«: Gewinne und Verluste werden also nicht gleich behandelt.

Die GoB im engeren Sinne beziehen sich auf die Buchführung des laufenden Jahres und betreffen

- die **Handelsgebräuchlichkeit** der Buchführung,

- die **Abfassung in einer lebender Sprache** (nur bezüglich des Jahresabschlusses verlangt § 244 HGB ausdrücklich die deutsche Sprache!),

- das **Belegprinzip** (keine Buchung ohne Beleg!) und

- die **Kontenwahrheit**.

Diejenigen Regelungen, die den Jahresabschluss betreffen (im Sinne einer erweiterten Betrachtung der GoBuB – Grundsätze ordnungsmäßiger Buchführung und Bilanzierung), werden in Abschnitt 2.2.3.2 behandelt.

2.2.1.2   Inventur und Inventar (§ 240 ff HGB)

§ 240 HGB verpflichtet den Kaufmann, zu Beginn seines Handelsgewerbes und am Schluss eines jeden Geschäftsjahrs, d. h. spätestens alle 12 Monate, seine Vermögensteile und Schulden mengenmäßig festzustellen und unter Angabe ihrer Werte in einem als **Inventar** bezeichneten Verzeichnis darzustellen. Grundlage für die Erstellung des Inventars ist eine körperliche Bestandsaufnahme, die **Inventur** genannt wird.

Für diese Bestandsermittlung sind unterschiedliche Systeme und Verfahren zulässig. Der Begriff des **Inventursystems** bezeichnet dabei den Zeitpunkt oder Zeitraum der Inventurdurchführung und -aufstellung, während unter dem **Inventurverfahren** die Art der Bestandsaufnahme zu verstehen ist.

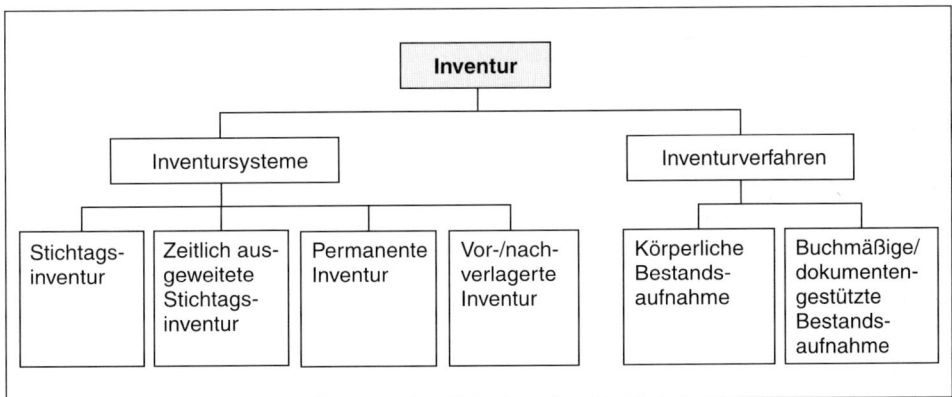

Inventursysteme und -verfahren

2.2.1.2.1   Inventurverfahren

Eine vollständige körperliche Aufnahme kann mit solchen Gegenständen durchgeführt werden, deren Menge durch Messen, Zählen oder Wiegen ermittelt werden kann. Die körperliche Bestandsaufnahme ist in der Regel eine **Vollaufnahme**.

Bei der Aufstellung des Inventars darf der Bestand nach Art, Menge und Wert aber auch mit Hilfe anerkannter mathematisch-statistischer Methoden auf Basis von Stichproben ermittelt werden. Eine insoweit nur teilweise körperliche Aufnahme unter Anwendung eines geeigneten Stichprobenverfahrens wird auch als **Stichprobeninventur** bezeichnet.

Neben der körperlichen Bestandsaufnahme kommen in Bezug auf bestimmte Vermögensgegenstände und Schulden als weitere **Inventurverfahren** die **buchmäßige Inventur** (z. B. für Forderungen, Schulden, Bankguthaben anhand von Rechnungsunterlagen und Kontoauszügen) und die Bestandsaufnahme anhand von **Dokumenten** (bei »Unterwegsware«) in Frage.

Nach § 241 Abs. 1 HGB muss das gewählte Inventurverfahren den Grundsätzen ordnungsmäßiger Buchführung entsprechen.

Der Aussagewert des auf diese Weise aufgestellten Inventars muss dem Aussagewert eines auf Grund einer körperlichen Bestandsaufnahme aufgestellten Inventars gleichkommen.

2.2.1.2.2   Inventar

Die in der Inventur ermittelten Vermögensteile und Schulden werden unter Angabe der Mengen und Werte im **Inventar** (Bestandsverzeichnis) aufgezeichnet. Dies erfolgt üblicherweise in Staffelform (»Liste«).

Dabei gilt:

– Vermögen wird nach zunehmender **Liquiditätsnähe** gegliedert, d.h. je eher sich ein Vermögensteil in Geld umsetzen lässt, desto weiter unten erscheint es in der Auflistung;
– Schulden werden nach abnehmender **Fristigkeit/Fälligkeit** gegliedert.

Die übliche Gliederung

A. Vermögen
    1. Anlagevermögen
        1.1 Immaterielle Vermögensgegenstände (Patente, Lizenzen...)
        1.2 Sachanlagen (Grundstücke, Gebäude, Fuhrpark ...)
        1.3. Finanzanlagen (Beteiligungen)
    2. Umlaufvermögen
        2.1 Vorräte (Roh-, Hilfs-, Betriebsstoffe...)
        2.2 Forderungen und sonstige Vermögensgegenstände
        2.3. Wertpapiere des Umlaufvermögens
        2.4. Liquide Mittel (Bankguthaben, Kassenbestand)
    Summe des Vermögens

B. Schulden
    1. Langfristige Schulden
        1.1 Anleihen
        1.2 Verbindlichkeiten aus Krediten für Investitionen (von verbundenen Unternehmen, Beteiligungen, Sondervermögen, öfftl. Bereich, Kreditmarkt)
    2. Kurzfristige Schulden
        2.1 Verbindlichkeiten aus Lieferungen und Leistungen
        2.2 Sonstige Verbindlichkeiten
    Summe der Schulden

C. Ermittlung des Reinvermögens/Eigenkapitals
    Summe des Vermögens
   – Summe der Schulden
    Reinvermögen/Eigenkapital

2.2.1.3 Inventursysteme; Vereinfachungen bei der körperlichen Bestandsaufnahme

2.2.1.3.1 Stichtagsinventur

Die als Stichtagsinventur bezeichnete körperliche Bestandsaufnahme zum Bilanzstichtag ist das Standard-Inventursystem. Es ist einfach anzuwenden und zuverlässig, da keinerlei Bestandsfortschreibungen notwendig sind.

Es ist **zwingend** für diejenigen Bestandsarten vorgeschrieben, bei denen eine zuverlässige Bestandserfassung nur zum Bilanzstichtag möglich ist, also insbesondere für Bestände, die einem hohen Verlustrisiko durch Schwund und Verderb oder durch leichte Zerbrechlichkeit unterliegen, und für Bestände von besonderem Wert (z. B. Edelmetalle).

2.2.1.3.2 Zeitlich ausgeweitete Inventur

Bei der zeitlich ausgeweiteten Stichtagsinventur liegen die Aufnahmetage kurz vor oder kurz nach dem Bilanzstichtag. Gemäß R 5.3 Abschnitt 1 der Einkommensteuerrichtlinien (EStR) muss diese Inventur zeitnah, das heißt in der Regel innerhalb einer Frist von 10 Tagen vor oder nach dem Bilanzstichtag, durchgeführt werden. Dabei muss jedoch sichergestellt sein, dass die Bestandsveränderungen zwischen dem Bilanzstichtag und dem Tag der Bestandsaufnahme anhand von Belegen oder Aufzeichnungen ordnungsgemäß berücksichtigt werden.

2.2.1.3.3 Zeitlich verlegte Inventur

Nach § 241 Absatz 3 HGB kann die jährliche körperliche Bestandsaufnahme ganz oder teilweise innerhalb der letzten drei Monate vor oder der ersten zwei Monate nach dem Bilanzstichtag durchgeführt werden. Der dabei festgestellte Bestand ist nach Art und Menge in einem besonderen Inventar zu verzeichnen, das auch aufgrund einer permanenten Inventur erstellt werden kann.

Der in dem besonderen Inventar erfasste Bestand ist auf den Tag der Bestandsaufnahme (**Inventurstichtag**) nach allgemeinen Grundsätzen zu bewerten. Der sich danach ergebende Gesamtwert des Bestandes ist dann wertmäßig auf den Bilanzstichtag fortzuschreiben oder zurückzurechnen. Der Bestand braucht in diesem Fall nicht noch einmal zum Bilanzstichtag nach Art und Menge festgestellt werden, es genügt die Feststellung des Gesamtwertes des Bestands auf den Bilanzstichtag.

Die **Bestandsveränderungen** zwischen dem Inventurstichtag und dem Bilanzstichtag brauchen ebenfalls nicht nach Art und Menge aufgezeichnet zu werden; die wertmäßige Erfassung ist ausreichend. Das Verfahren zur wertmäßigen Fortschreibung oder Rückrechnung des Gesamtwertes des Bestandes am Bilanzstichtag muss den Grundsätzen ordnungsmäßiger Buchführung entsprechen.

Die Fortschreibung des Warenbestands kann dabei nach der folgenden Formel vorgenommen werden, wenn die Zusammensetzung des Warenbestands am Bilanzstichtag von der des Warenbestands am Inventurstichtag nicht wesentlich abweicht:

Wert des Warenbestands am Inventurstichtag
+ Wareneingang
– Wareneinsatz (Umsatz – durchschnittlicher Rohgewinn)

= Wert des Warenbestands am Bilanzstichtag

Die **Inventurerleichterungen** durch die permanente oder die zeitverschobene Inventur dürfen nicht angewendet werden für Wirtschaftsgüter, die abgestellt auf die Verhältnisse des jeweiligen Betriebs besonders wertvoll sind, und auf Bestände, bei denen durch Schwund, Verdunsten, Verderb, leichte Zerbrechlichkeit oder ähnliche ins Gewicht fallende unkontrollierbare Abgänge eintreten.

Dies gilt dann nicht, wenn die Abgänge aufgrund von Erfahrungssätzen schätzungsweise annähernd zutreffend berücksichtigt werden können. Für diese Bestandsarten ist die Stichtagsinventur vorgeschrieben.

2.2.1.3.4   Permanente Inventur

Nach § 241 Absatz 2 HGB kann sich bei der permanenten Inventur die körperliche Aufnahme auf das ganze Geschäftsjahr verteilen. Der Bestand für den Bilanzstichtag kann in diesem Fall nach Art und Menge anhand von Lagerbüchern (Lagerkarteien) festgestellt werden, wenn die folgenden Voraussetzungen erfüllt sind:

– In den **Lagerbüchern** und Lagerkarteien müssen alle Bestände und alle Zugänge und Abgänge einzeln nach Tag, Art und Menge (Stückzahl, Gewicht oder Volumen) eingetragen werden. Alle Eintragungen müssen belegmäßig nachgewiesen werden.

– In jedem Wirtschaftsjahr muss mindestens einmal durch körperliche Bestandsaufnahme geprüft werden, ob das Vorratsvermögen, das in den Lagerbüchern ausgewiesen wird, mit den tatsächlich vorhandenen Beständen **übereinstimmt**. Die Prüfung braucht nicht für alle Bestände gleichzeitig vorgenommen zu werden. Sie darf sich aber nicht nur auf Stichproben oder die Verprobung eines repräsentativen Querschnitts beschränken. Die Lagerbücher bzw. Lagerkarteien sind ggf. nach dem Ergebnis der Prüfung zu berichtigen. Der Tag der Bestandsaufnahme ist in den Lagerbüchern festzuhalten.

– Über die Durchführung und das Ergebnis der körperlichen Bestandsaufnahme sind **Aufzeichnungen** (Protokolle) anzufertigen, die unter Angabe des Zeitpunktes der Aufnahme von den aufnehmenden Personen zu unterzeichnen sind. Die Aufzeichnungen sind wie Handelsbücher zehn Jahre lang aufzubewahren.

2.2.1.4   **Von der Eröffnungsbilanz zur Schlussbilanz**

Nach § 242 HGB hat der Kaufmann zu Beginn seines Handelsgewerbes und für den Schluss eines jeden Geschäftsjahres einen Jahresabschluss, bestehend aus **Bilanz** und **Gewinn- und Verlustrechnung**, aufzustellen.

Kapitalgesellschaften müssen ihren Jahresabschluss nach § 264 HGB um einen **Anhang** erweitern und außerdem einen **Lagebericht** erstellen.

Der Jahresabschluss soll gem. § 264 Abs. 2 HGB unter Beachtung der Grundsätze ordnungsmäßiger Buchführung und Bilanzierung (vgl. Abschn. 2.2.3.2) ein den tatsächlichen Verhältnissen entsprechendes Bild der Vermögens-, Finanz- und Ertragslage vermitteln.

2.2.1.4.1   Die Bilanz

Bilanz bedeutet »Waage«. Wie eine solche Waage hat die Bilanz am Schluss eines jeden Geschäftsjahres die vom Unternehmen verwendeten Mittel, nach ihrer Herkunft unterschieden in Eigen- und Fremdkapital, auf der einen Seite (nämlich der rechten, der so genannten Passivseite) und die Verwendung dieser Mittel in Vermögen auf der anderen Seite (der linken, der so genannten Aktivseite) so gegenüberzustellen, dass sich ein **ausgewogenes** Bild ergibt.

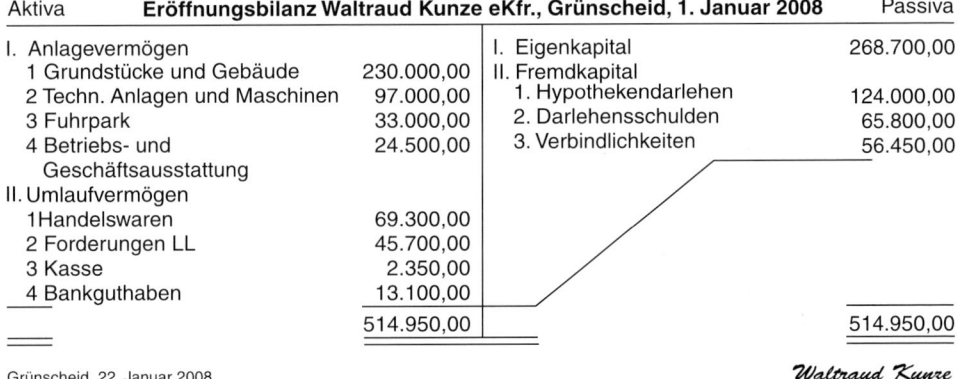

Aktiva	**Bilanz**	Passiva
I. Anlagevermögen		I. Eigenkapital
II. Umlaufvermögen		II. Fremdkapital
Gesamtvermögen		**Gesamtkapital**
(= Vermögens**verwendung**)		(= Vermögens**quellen**)

Die **Aktivseite** zeigt, wie das Kapital verwendet wurde.	Die **Passivseite** zeigt, woher das Kapital stammt.

Dabei gilt: Gesamtvermögen = Gesamtkapital, d. h. die Bilanzsummen der Aktiv- und der Passivseite müssen übereinstimmen, wie das folgende – stark vereinfachte – Beispiel einer Eröffnungsbilanz eines Einzelunternehmens zeigt (eine ausführliche Bilanz für eine große Kapitalgesellschaft wird noch in Abschnitt 2.2.3.1 vorgestellt):

Aktiva   **Eröffnungsbilanz Waltraud Kunze eKfr., Grünscheid, 1. Januar 2008**   Passiva

I. Anlagevermögen		I. Eigenkapital	268.700,00
1 Grundstücke und Gebäude	230.000,00	II. Fremdkapital	
2 Techn. Anlagen und Maschinen	97.000,00	1. Hypothekendarlehen	124.000,00
3 Fuhrpark	33.000,00	2. Darlehensschulden	65.800,00
4 Betriebs- und Geschäftsausstattung	24.500,00	3. Verbindlichkeiten	56.450,00
II. Umlaufvermögen			
1 Handelswaren	69.300,00		
2 Forderungen LL	45.700,00		
3 Kasse	2.350,00		
4 Bankguthaben	13.100,00		
	514.950,00		514.950,00

Grünscheid, 22. Januar 2008   *Waltraud Kunze*

2.2.1.4.2   Gewinn- und Verlustrechnung (GuV)

Während die Bilanz dem Einblick in die Vermögenslage dient, ermöglicht die Gewinn- und Verlustrechnung (GuV) den Einblick in die Ertragslage des Unternehmens. Die Gewinn- und Verlustrechnung muss durch Gegenüberstellung von Erträgen und Aufwendungen der Periode mindestens das Ergebnis der gewöhnlichen Geschäftstätigkeit des Geschäftsjahres, das außerordentliche Ergebnis des Geschäftsjahres und periodenfremde Aufwendungen und Erträge ausweisen.

Ihre Aufstellung kann gemäß § 275 HGB nach dem **Gesamtkostenverfahren** oder dem **Umsatzkostenverfahren** erfolgen. Die folgende Übersicht zeigt die Ermittlung des Jahresüberschusses bzw. -fehlbetrags für **beide** Verfahren:

Gesamtkostenverfahren	**Umsatzkostenverfahren**

1. Umsatzerlöse
2. Erhöhung oder Verminderung des Bestands an fertigen und unfertigen Erzeugnissen
3. andere aktivierte Eigenleistungen
4. sonstige betriebliche Erträge
5. Materialaufwand
  a) Aufwendungen für Roh-, Hilfs- und Betriebsstoffe und für bezogene Waren
  b) Aufwendungen für bezogene Leistungen
	1. Umsatzerlöse
	2. Herstellungskosten der zur Erzielung der Umsatzerlöse erbrachten Leistungen
	3. Bruttoergebnis vom Umsatz
	4. Vertriebskosten
	5. allgemeine Verwaltungskosten
	6. sonstige betriebliche Erträge
	7. sonstige betriebliche Aufwendungen

= Rohergebnis	= Betriebsergebnis

6. Personalaufwand
  a) Löhne und Gehälter
  b) soziale Abgaben und Aufwendungen für Altersversorgung und Unterstützung – davon für Altersversorgung
7. Abschreibungen
  a) auf immaterielle Vermögensgegenstände des Anlagevermögens und sowie auf aktivierte Aufwendungen für die Ingangsetzung und Erweiterung des Geschäftsbetriebs
  b) auf Vermögensgegenstände des Umlaufvermögens, soweit diese die in der Kapitalgesellschaft üblichen Abschreibungen überschreiten
8. sonstige betriebliche Aufwendungen
	8. Erträge aus Beteiligungen
	9. Erträge aus anderen Wertpapieren
	10. sonstige Zinsen und ähnliche Erträge
	11. Abschreibungen auf Finanzanlagen und auf Wertpapiere des Umlaufvermögens
	12. Zinsen und ähnliche Aufwendungen

	= Finanzergebnis
= Betriebsergebnis	13. Ergebnis der gewöhnlichen Geschäftstätigkeit
9. Erträge aus Beteiligungen – davon aus verbundenen Unternehmen 10. Erträge aus anderen Wertpapieren und Ausleihungen des Finanzanlagevermögens 11. sonstige Zinsen und ähnliche Erträge – davon aus verbundenen Unternehmen 12. Abschreibungen auf Finanzanlagen und Wertpapiere des Umlaufvermögens 13. Zinsen und ähnliche Aufwendungen – davon an verbundene Unternehmen	14. außerordentliche Erträge 15. außerordentliche Aufwendungen
	16. außerordentliches Ergebnis
= Finanzergebnis	17. Steuern vom Einkommen und vom Ertrag 18. sonstige Steuern
14. Ergebnis der gewöhnlichen Geschäftstätigkeit	19. Jahresüberschuss/Jahresfehlbetrag
15. außerordentliche Erträge 16. außerordentliche Aufwendungen	
17. außerordentliches Ergebnis	
18. Steuern vom Einkommen und vom Ertrag 19. sonstige Steuern	
20. Jahresüberschuss/Jahresfehlbetrag	

Für Industriebetriebe typisch ist, dass die in einer Periode produzierte Menge und die in derselben Periode verkaufte Menge nicht übereinstimmen: Bereits zu Beginn der Periode waren Anfangsbestände vorhanden, und auch am Ende der Periode befinden sich halbfertige und fertige Erzeugnisse in der Produktion bzw. am Lager. Hierdurch wird bei Anwendung des Gesamtkostenverfahrens das Jahresergebnis verfälscht; denn während sich die Aufwendungen auf die gesamte produzierte Menge beziehen, werden als Erträge nur die Umsatzerlöse der tatsächlich verkauften Stücke gebucht.

Um dies richtigzustellen, ist es erforderlich, den Wert des Mehrbestands mit seinen Herstellungskosten **als Ertrag** zu verbuchen. Minderbestände, die aus dem Abverkauf von Produkten resultieren, die in einer früheren Periode hergestellt wurden, sind dagegen **als Aufwand** zu behandeln. Dieser Aufwand steht in der GuV den Umsatzerlösen der in der Vorperiode hergestellten Produkte gegenüber und »neutralisiert« diese. Auf diese Weise werden jeder Periode nur die tatsächlich auf ihre Leistungserstellung entfallenden Kosten und Erträge zugerechnet.

2.2.1.4.3   Systematik der Finanzbuchhaltung

Nach § 238 Abs. 1 Satz 2 HGB muss die Buchführung »so beschaffen sein, dass sie einem sachverständigen Dritten innerhalb angemessener Zeit einen Überblick über die Geschäftsvorfälle und über die Lage des Unternehmens vermitteln kann«. Eine nahezu identische Formulierung findet sich im Steuerrecht (§ 145 Abs. 1 AO).

Hieraus leitet sich die Pflicht ab, die Buchführung nach dem allgemein anerkannten System der »doppelten Buchführung« zu führen.

»Doppelt« ist dieses Buchführungsverfahren, das schon um 1500 in Italien entwickelt wurde und seither von Kaufleuten in aller Welt praktiziert wird, in mehrfacher Hinsicht:

– Jede Buchung berührt **mindestens zwei Konten**, die im Kern auf die beiden verschiedenen Seiten der Bilanz verweisen.

– Der Periodenerfolg wird sowohl durch einen **Vergleich der Eigenkapitalbestände** am Jahresanfang und Jahresende (die sich jeweils aus der Sachkontengegenüberstellung in der Bilanz ergeben) als auch durch eine **Gegenüberstellung der Erträge und Aufwendungen** der Buchungsperiode (die innerhalb der Gewinn- und Verlustrechnung/ Ergebnisrechnung erfolgt) ermittelt.

– Die Geschäftsfälle werden zweifach aufgezeichnet: Zum einen in **zeitlicher Reihenfolge** (im Grundbuch), zum anderen nach **sachlichen Gesichtspunkten** (im Hauptbuch).

Konteneröffnung und Eröffnungsbilanzkonto

Die buchhalterische Tätigkeit beginnt mit der Aufstellung der Eröffnungsbilanz, die in allen Positionen der Vorjahres-Schlussbilanz entsprechen muss. Diese wiederum enthält alle Vermögensteile und Schulden des Unternehmens, die in einer Bestandsaufnahme (Inventur) festgestellt und in einem Bestandsverzeichnis (Inventar) festgehalten wurden. Die Bilanzen selbst sind aber nicht Bestandteil der Buchhaltung, sondern gehören zum Jahresabschluss. Ausgangspunkt der Buchhaltung ist daher die Eröffnung der den einzelnen Bilanzpositionen entsprechenden **Bestandskonten** mit den in der Bilanz enthaltenen Werten. Gegenkonto im Sinne der doppelten Buchführung ist das **Eröffnungsbilanzkonto**.

Kontenarten und Verbuchung

Die doppelte Buchführung sieht vor, dass die Entwicklung einer Position in dem ihr zugeordneten Konto nicht als Staffelrechnung, sondern in einer Gegenüberstellung der Zu- und Abgänge dargestellt wird. In der »konventionellen«, nicht EDV-gestützten Buchhaltung werden diese Konten aufgrund ihrer Gestalt als T-Konten bezeichnet. Ihre Seiten heißen **Soll** (linke Seite) und **Haben** (rechte Seite).

Bestandskonten

Die den Bilanzpositionen entsprechenden Konten heißen – entsprechend den beiden Bilanzseiten, die als Aktivseite und Passivseite bezeichnet werden – Aktivkonten und

Passivkonten. Gemeinsam werden sie als Bestandskonten bezeichnet. Sie verzeichnen den Anfangsbestand jeweils auf derjenigen Kontenseite, die der Zuordnung der Position in der Bilanz entspricht:

– **Aktivkonten** nehmen den Anfangsbestand und die Zugänge des laufenden Jahres auf der linken Seite auf und stellen diesen die Abgänge auf der Habenseite gegenüber.

– **Passivkonten** enthalten den Anfangsbestand und die Zugänge im Haben, die Abgänge dementsprechend im Soll.

Soll		Kontenbezeichnung		Haben
01.01. Anfangsbestand	10.000,00	06.01. Abgang		2.500,00
04.01. Zugang	500,00	31.12. Schlussbestand		8.000,00
	10.500,00			10.500,00

Soll		Kontenbezeichnung		Haben
Abgang 12.02	2.000,00	Anfangsbestand 01.01.		8.500,00
Abgang 05.03	3.500,00	Zugang 10.04.		500,00
Schlussbestand 31.12.	3.500,00			
	9.000,00			9.000,00

Aufbau von T-Konten; oben: Aktivkonto, unten: Passivkonto

Die folgende Abbildung zeigt den Zusammenhang zwischen Eröffnungsbilanz und Bestandskonten.

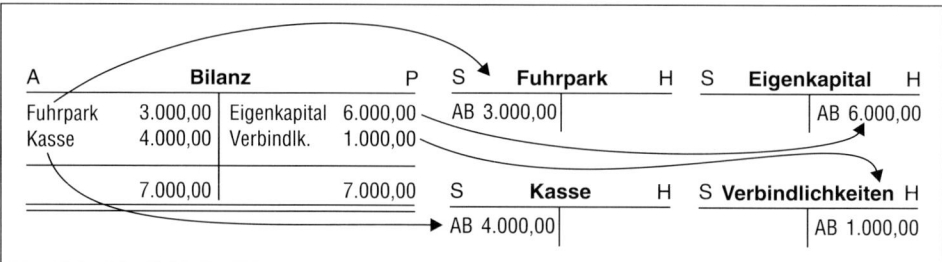

Zusammenhang zwischen Eröffnungsbilanz und Bestandskonten

Wie bereits erwähnt, wird in der tatsächlichen Buchführung ein Eröffnungsbilanzkonto zwischengeschaltet, weil die Bilanz selbst nicht Bestandteil der Buchführung ist.

Jeder Geschäftsvorfall berührt und verändert mindestens zwei Posten der Bilanz

– entweder auf derselben Bilanzseite als

  – **Aktivtausch** oder
  – **Passivtausch**,

  wobei die Bilanzsumme jeweils unverändert bleibt,

– oder auf verschiedenen Bilanzseiten als

  – **Aktiv-Passiv-Mehrung**; dabei wird die Bilanz »verlängert«, oder
  – **Aktiv-Passiv-Minderung**; dabei wird die Bilanz »verkürzt«.

Bilanzverlängerung bedeutet eine steigende, **Bilanzverkürzung** eine abnehmende Bilanzsumme. Die Veränderung der Bilanzsumme allein ist aber kein Indiz für Erfolg oder Misserfolg: Z. B. steigt die Bilanzsumme durch Aufnahme eines Darlehens, dessen Bereitstellung auf einem Bankkonto erfolgt – hierdurch wird man aber keineswegs »reicher« – ebenso wenig, wie sie durch eine Darlehenstilgung, die eine Abnahme auf dem Bank- und zugleich auf dem Darlehenskonto bewirkt, »ärmer« macht!

Aktivtausch

Ausgangssituation: Ein nicht mehr benötigtes Fahrzeug wurde für 2.000 € bar verkauft.

vorher:

A	**Bilanz**		P
Fuhrpark	5.000,00	Eigenkapital	6.000,00
Kasse	2.000,00	Verbindlk.	1.000,00
	7.000,00		7.000,00

nachher:

A	**Bilanz**		P
Fuhrpark	3.000,00	Eigenkapital	6.000,00
Kasse	4.000,00	Verbindlk.	1.000,00
	7.000,00		7.000,00

Die Bilanzsumme wurde **nicht** verändert.

Aktivtausch

Aktiv-Passiv-Mehrung

Ausgangssituation: Ein neues Spezialfahrzeug für 20.000 €
wird durch Darlehen des Verkäufers finanziert.

vorher:

A	**Bilanz**		P
Fuhrpark	3.000,00	Eigenkapital	6.000,00
Kasse	4.000,00	Verbindlk.	1.000,00
	7.000,00		7.000,00

nachher:

A	**Bilanz**		P
Fuhrpark	23.000,00	Eigenkapital	6.000,00
Kasse	4.000,00	Darlehen	20.000,00
		Verbindlk.	1.000,00
	27.000,00		27.000,00

Die Bilanzsumme ist auf beiden Seiten um denselben Betrag gestiegen
(die Bilanz wurde »**verlängert**«)

Aktiv-Passiv-Mehrung

Geschäftsfälle und Buchungssätze

Im Laufe des Haushaltsjahres verändern sich durch die laufende Tätigkeit naturgemäß die Bestände auf den Bestandskonten. Diese Veränderungen stellen **Geschäftsfälle** dar, die in Buchungssätze umformuliert und im Grundbuch und Hauptbuch festgehalten werden. Dabei nehmen Konten stets auf der Seite zu, auf der sich ihr Anfangsbestand befindet, und auf der gegenüberliegenden Seite ab.

Die Buchung erfolgt jeweils mit einem **Buchungssatz** »(per) Soll an Haben«, wobei die traditionellen Begriffe »Soll« und »Haben« nichts weiter als die linke und rechte Seite eines Kontos kennzeichnen.

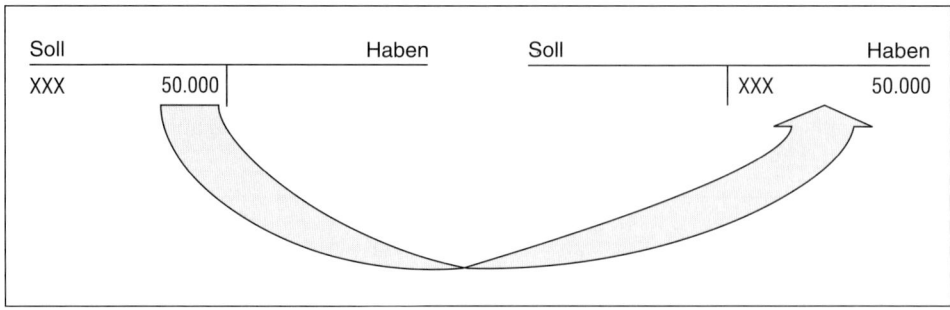

Jede Buchung berührt zwei Konten

In den Beispielsfällen der Abbildung »Zusammenhang zwischen Eröffnungsbilanz und Bestandskonten« (vgl. Abschn. »Bestandskonten«) lauten die Buchungssätze

»Fuhrpark«	*3.000,00*	*an »Eröffnungsbilanzkonto«*	*3.000,00*
»Kasse«	*4.000,00*	*an »Eröffnungsbilanzkonto«*	*4.000,00*
»Eröffnungsbilanzkonto«	*6.000,00*	*an »Eigenkapital«*	*6.000,00*
»Eröffnungsbilanzkonto«	*1.000,00*	*an »Verbindlichkeiten«*	*1.000,00*

Das folgende Beispiel soll den Zusammenhang von Geschäftsfall und Buchungssatz verdeutlichen.

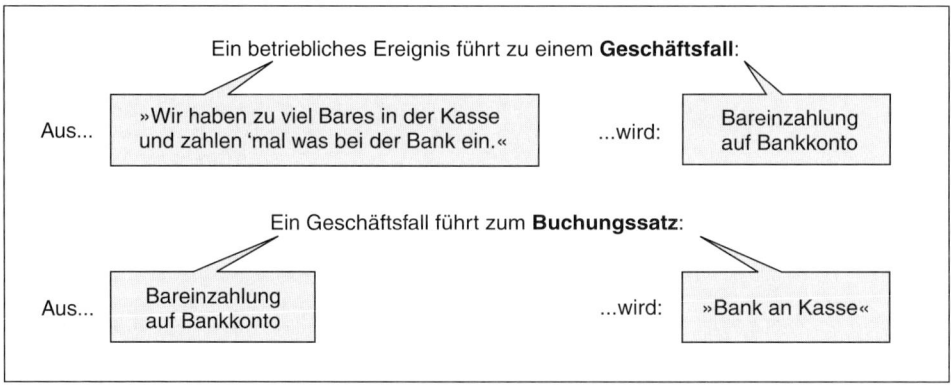

Vom Geschäftsfall zum Buchungssatz

Grundbuch und Hauptbuch

Alle **Geschäftsfälle** werden doppelt aufgezeichnet, nämlich im Grundbuch und im Hauptbuch.

– Das **Grundbuch** hält alle Geschäftsfälle in Form von Buchungssätzen in zeitlicher Reihenfolge fest und enthält Datum, Belegart (z. B. ER für Eingangsrechnung, BA für Bankauszug), lfd. Nummer, Buchungstext, Kontierung und Betrag.

– Das **Hauptbuch** enthält die Konten, die im lfd. Haushaltsjahr geführt werden:

– **Bestandskonten** entsprechen Bilanzpositionen und werden, sofern ein Anfangsbestand am Beginn des Geschäftsjahres vorhanden ist, am Jahresanfang aus der Eröffnungsbilanz heraus eröffnet. Sie verzeichnen Bestandszu- und abnahmen und geben den Schlussbestand am Jahresende in das Schlussbilanzkonto ab.

- **Erfolgskonten** werden im Laufe des Geschäftsjahres bei Bedarf eröffnet, haben also keinen Anfangsbestand, und nehmen Aufwendungen bzw. Erträge auf. Sie werden am Jahresende in die Gewinn- und Verlustrechnung abgeschlossen; der dort ermittelte Saldo entspricht dem Jahresergebnis (Jahresüberschuss oder Jahresfehlbetrag).

Beim Einsatz einer Buchhaltungssoftware wird das Formulieren von Buchungssätzen im Allgemeinen nicht nötig sein. Das Verständnis für den Charakter einzelner Konten und ihren Zusammenhang in der Buchführung ist jedoch für aktiv Buchende unverzichtbar. Daher wird nachfolgend ein Schema vorgestellt, mit dessen Hilfe die Zuweisung einer Buchung zum richtigen Konto und der richtigen Kontenseite mit drei Fragen getroffen werden kann:

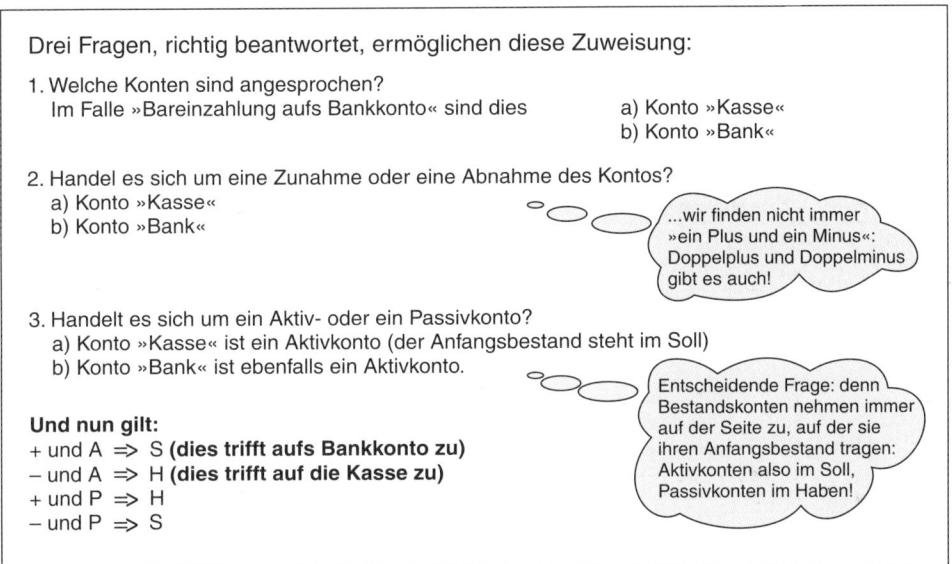

Grundschema »Bildung eines Buchungssatzes«

Zugegebenermaßen ist ein Buchungssatz wie »Bank« an »Kasse« gut geeignet, bei Buchführungsanfängern Verwirrung zu stiften (schließlich wird Geld aus der Kasse genommen und zur Bank gebracht; vom Sprachgefühl her erscheint der Buchungssatz daher »verkehrt herum« zu sein). Zur Verdeutlichung sei der entsprechende Auszug aus dem Hauptbuch gezeigt:

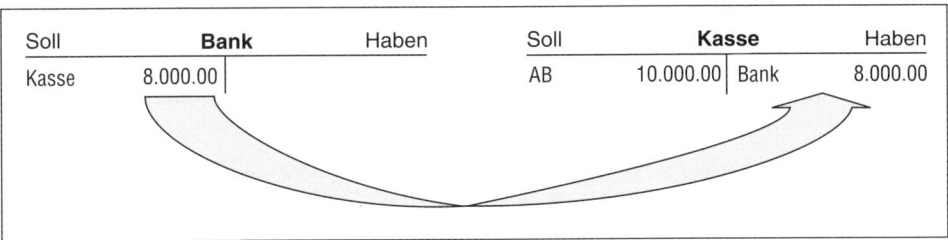

Buchungssatz »Bank« an »Kasse« in der Kontendarstellung

Aus Sicht der Kasse stellt die Barentnahme eine Verminderung dar, die im Haben gebucht werden muss, während das (im Beispiel noch guthabenlose) Bankkonto durch die Einzahlung zunimmt:

Die Bestandskonten werden am Jahresende abgeschlossen, indem ihre Schlussbestände durch Saldierung ermittelt und in das → **Schlussbilanzkonto** übertragen werden.

Erfolgskonten

Erträge und Aufwendungen werden in sachlich getrennten Konten verzeichnet, die während des laufenden Jahres eingerichtet und bebucht werden, sobald sich hierfür ein Bedarf ergibt. Ihr Buchungsgegenkonto ist immer ein Bestandskonto!

Die gemeinsame Bezeichnung für Ertrags- und Aufwandskonten heißt **Erfolgskonten**. Erfolgskonten sind Unterkonten des **Eigenkapitals**, da jede auf ihnen verzeichnete Bewegung eine positive oder negative Auswirkung auf den Stand des Eigenkapitals zeitigt. Wegen dieses Zusammenhangs werden Erträge im Haben (als Eigenkapitalmehrungen) und Aufwendungen im Soll (als Eigenkapitalminderungen) gebucht. Die Erfolgskonten werden über das »**Gewinn- und Verlustkonto**«, kurz als **GuV** bezeichnet, abgeschlossen. Auf diesem wiederum ergibt sich durch Saldierung der Jahresüberschuss bzw. Jahresfehlbetrag, der mit demjenigen der Bilanz übereinstimmen muss.

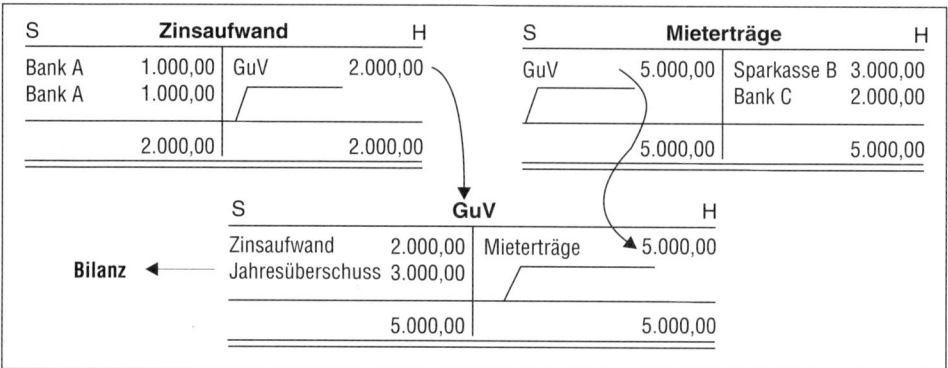

Zusammenhang zwischen Erfolgskonten, GuV und Bilanz

Kontenabschluss

Zum Jahresende werden die Kontenbestände der Bestandskonten durch Saldierung der während des laufenden Jahres angefallenen Buchungen ermittelt. Die Kontensalden lassen sich zum jeweiligen Bilanzposten zusammenfassen und in ein **Schlussbilanzkonto** übertragen.

Analog zum Kontenabschluss wird die Schlussbilanz aufgestellt. Diese entsteht außerhalb der Buchführung und basiert auf den Ergebnissen der Inventur, muss aber wertmäßig mit dem Schlussbilanzkonto übereinstimmen. **Maßgeblich ist die Inventur**, d. h. bei Abweichungen sind die Buchbestände durch entsprechende Buchungen anzupassen.

Beispiel:

Lt. Buchführung müssten 2.700,00 € als Barbestand in der Kasse vorhanden sein. Beim Nachzählen sind aber nur 2.650,00 € vorhanden. Der Fehlbetrag von 50,00 € muss als Aufwand gebucht werden (z. B. »außerordentliche Aufwendungen« an »Kasse«).

Zieht man von der Summe aller durch Inventur ermittelten aktiven Vermögensposten die Summe aller ebenso ermittelten passiven Schuldposten ab, erhält man das Reinvermögen, also das Eigenkapital. Vergleicht man das so ermittelte und um die Einlagen und Entnahmen bereinigte Eigenkapital am Ende des Geschäftsjahres mit dem Stand zu Beginn, lässt sich aus der Veränderung der erzielte Gewinn oder der eingetretene Verlust ableiten. Dieser wiederum muss dem Saldo des GuV-Kontos entsprechen.

2.2.1.4.4　Beispiel für einen Buchungsgang

Das nachfolgende Beispiel zeigt einen Buchungsgang von der Eröffnungsbilanz bis zur Schlussbilanz. Dabei ist um der realistischeren Darstellung willen die Umsatzsteuer (Vorsteuer- und Umsatzsteuerkonto und passivierte Zahllast) berücksichtigt, obwohl diese erst in Abschnitt 2.2.2.2 behandelt wird.

Tipp: Versuchen Sie, dieses Beispiel am besten **nach** der Durcharbeit des Abschnitts (bis einschließlich 2.2.3.7) nachzuvollziehen!

Konto	Eröffnungswerte	Aktiva
0050	Grund und Boden	80.000 €
0110	Fabrikgebäude	250.000 €
0210	Maschinen	70.000 €
0340	Fahrzeuge	79.000 €
0410	Betriebsausstattung	13.000 €
3250	Unfertige Erzeugnisse	20.000 €
1400	Forderungen (aus Lieferungen)	80.000 €
1200	Bank 1	5.000 €
0960	Aktive Rechnungsabgrenzung	3.000 €
	Summe	600.000 €

Konto	Eröffnungswerte	Passiva
0800	Kapital	300.000 €
0700	Langfristige Verbindlichkeiten	240.000 €
0950	Garantierückstellungen	3.000 €
0920	Wertberichtigungen auf Forderungen	2.105 €
1600	Verbindlichkeiten (aus Lieferungen)	28.095 €
1814	erhaltene versteuerte Anzahlungen	15.000 €
1886	Umsatzsteuerverbindlichkeit	1.800 €
1210	Bank 2 (Verbindlichkeit)	10.000 €
	Summe	600.000 €

Geschäftsfälle:

1. Warenverkäufe auf Ziel einschl. 19 % USt	868.700 €
2. Wareneinkäufe auf Ziel einschl. 19 % USt	595.000 €
3. Zahlungen von Kunden auf Bank 2	741.000 €
4. Zahlungen an Lieferanten von Bank 2	573.420 €
5. Zahlung einer Betriebsversicherung für den Zeitraum vom 1.4. bis 31.03. des Folgejahres von Bank 2	12.000 €
6. Anschaffung einer Maschine für netto	3.000 €
Erstellung eines Sockels hierfür durch eigene Arbeitskräfte: Lohnkosten von Bank 1	500 €
7. Garantieleistung an einer im Vorjahr ausgelieferten Maschine: entstandene Lohnkosten	2.800 €
8. Darlehenstilgung von Bank 2	24.000 €
9. Zinsen für langfristiges Fremdkapital von Bank 2	3.000 €
10. Überweisung von Bank 1 auf Bank 2	5.000 €
11. Zahlung der Löhne von Bank 2	150.000 €
12. Entnahme von Bank 2	3.000 €

Abschlussangaben:

1. Abschreibungsbeträge für Gebäude	12.000 €
2. Abschreibungen auf Maschinen	14.700 €
3. Abschreibungen auf Fahrzeuge	20.000 €
4. Abschreibung der Betriebsausstattung	5.000 €
5. Bestand an unfertigen Erzeugnissen gem. ermittelter Herstellungskosten	18.000 €
6. Pauschalwertberichtigung auf Forderungen 2,9075 % der Nettoforderungen	
7. Garantierückstellung 0,5 % vom Umsatz	

Zunächst sollen die Buchungssätze gebildet werden.

Naturgemäß verlangt die doppelte Buchführung dabei stets mindestens zwei Konten, die angesprochen werden müssen.

1. *per Forderungen*   *868.700 €*
   an Umsatzerlöse   *730.000 €*
   an Mehrwertsteuer   *138.700 €*

2. *per Materialeinkauf*   *500.000 €*
   an Vorsteuer   *95.000 €*
   an Verbindlichkeiten   *595.000 €*

3. *per Bank 2*   *741.000 €*
   an Forderungen   *741.000 €*

4. *per Verbindlichkeiten*   *573.420 €*
   an Bank 2   *573.420 €*

5. *per Versicherungsaufwand*   *9.000 €*
   an Bank 2   *9.000 €*

Da die Versicherung vom 1.4. bis zum 31.3. des Folgejahres läuft, ist zunächst der Anteil für das laufende Geschäftsjahr zu ermitteln, hier also $^9/_{12}$ von 12.000 €. Dieser Betrag ist Aufwand des laufenden Geschäftsjahres. Die Zahlung weiterer 3.000 € betrifft das folgende Geschäftsjahr und darf daher nicht als Aufwand des laufenden Jahres gebucht werden. Hierfür ist eine Abgrenzung zu bilden, die Buchung erfolgt auf dem Konto »aktive Rechnungsabgrenzung«:

per aktive Rechnungsabgrenzung   *3.000 €*
an Bank 2   *3.000 €*

Es sei hier unterstellt, dass diese Versicherung schon seit einigen Jahren in diesem Abrechnungsmodus entrichtet wird. Daher ist noch der vorhandene Vortrag auf dem Konto Rechnungsabgrenzung umzubuchen, da in diesem Eröffungswert der im Vorjahr gezahlte Versicherungsbeitrag für die Zeit vom 1.1. bis 31.3 dieses Geschäftsjahres enthalten ist. Dieser Betrag ist nun Aufwand des laufenden Geschäftsjahres:

per Versicherungsaufwand   *3.000 €*
an aktive Rechnungsabgrenzung   *3.000 €*

6. *per Maschinen*   *3.000 €*
   per Vorsteuer   *570 €*
   an Bank 1   *3.570 €*

Die Maschine ist mit den gesamten Anschaffungs- oder Herstellungskosten in der Bilanz zu bewerten. Dazu gehören auch die mit der Anschaffung oder Herstellung verbundenen eigenen Lohnkosten. Diese sind aber regelmäßig schon durch Buchung auf dem Lohnkonto erfasst und müssen daher umgebucht werden:

per Maschinen   *500 €*
an Lohnkosten   *500 €*

7. *Garantieverpflichtungen entstehen mit der Auslieferung der Maschinen. Für mögliche Garantieleistungen ist daher zum Ende des Wirtschaftsjahres der Auslieferung bereits eine Rückstellung gebucht worden. Der Gewinn des Vorjahres hat sich hierdurch entsprechend vermindert. Die in diesem Jahr aufzuwendenden Lohnkosten für die Garantieleistung sind bereits auf dem Lohnkonto gebucht worden und würden den Gewinn dieses Jahres damit erneut mindern. Daher ist die Garantierückstellung entsprechend aufzulösen:*

per Garantierückstellung   *2.800 €*
an Lohnkosten   *2.800 €*

8. *per Darlehen*   *24.000 €*
   an Bank 2   *24.000 €*

9. *per Zinsaufwand*   *3.000 €*
   an Bank 2   *3.000 €*

10. per Bank 2	5.000 €	
an Bank 1		5.000 €
11. per Lohnaufwand	150.000 €	
an Bank 2		150.000 €
12. per Privatkonto	3.000 €	
an Bank 2		3.000 €

Abschlussbuchungen:

13. Abschreibungen:
    per Abschreibungen   51.700 €
    an Gebäude   12.000 €
    an Maschinen   14.700 €
    an Fahrzeuge   20.000 €
    an Betriebsausstattung   5.000 €

14. Bestandsveränderungen:
    Inventurbestand am Jahresende   18.000 €
    Inventurbestand am Jahresbeginn   20.000 €
    Bestandsabnahme   2.000 €

    Buchung:

    per Bestandsveränderung (Aufwand)   2.000 €
    an Bestand an unfertigen Erzeugnissen   2.000 €

15. Pauschalwertberichtigung auf Forderungen:
    Forderungsbestand am Jahresende   207.700 €
    abzüglich enthaltene USt (19 %)   33.162 €
    Forderungsbestand netto   174.538 €
    davon 2,9075 %   5.075 €
    bisher gebildet (Eröffnungswert)   2.105 €
    noch zu bilden (Aufwand)   2.970 €

    Buchung:

    per Zuführung zur Rückstellung   2.970 €
    an Pauschalwertberichtigung   2.970 €

16. Garantierückstellungen:
    garantiebehafteter Umsatz   730.000 €
    davon 0,5 %   3.650 €
    bisher gebildet (Eröffnungswert)   3.000 €
    bisher aufgelöst (7)   2.800 €
    noch zu bilden (Aufwand)   3.650 €

    Buchung:

    per Zuführung zur Rückstellung   3.650 €
    an Garantierückstellung   3.650 €

Die **Zusammenstellung** der einzelnen Buchungen führt
zu folgender Entwicklung der Bilanzkonten:

1. Fabrikgebäude (EB)   250.000 €
   – AfA (13)   12.000 €
   Bestand am 31.12.   238.000 €

2. Maschinen (EB)   70.000 €
+ Zugang (6)   3.500 €
– AfA (13)   14.700 €
Bestand am 31.12.   58.800 €

3. Fahrzeuge (EB)   79.000 €
– AfA (13)   20.000 €
Bestand am 31.12.   59.000 €

4. Betriebs- und Geschäftsausst. (EB)   13.000 €
– AfA (13)   5.000 €
Bestand am 31.12.   8.000 €

5. Bestand unfertige Erzeugnisse (EB)   20.000 €
– Bestandsveränderung   2.000 €
Bestand am 31.12.   18.000 €

6. Forderungen (EB)   80.000 €
+ Zugang (1)   868.700 €
– Abgang (3)   741.000 €
Bestand am 31.12.   207.700 €

7. Bank 1 (EB)   5.000 €
– Abgang (6)   3.570 €
– Abgang (10)   5.000 €
Bestand am 31.12.   3.570 €   (Haben!)

8. Aktive Rechnungsabgrenzung (EB)   3.000 €
+ Zugang (5)   3.000 €
– Abgang (5)   3.000 €
Bestand am 31.12.   3.000 €

9. Langfristige Verbindlichkeiten (EB)   240.000 €
– Tilgung (8)   24.000 €
Bestand am 31.12.   216.000 €   (Haben)

10. Wertberichtigungen auf Ford. (EB)   2.105 €
+ Zugang (15)   2.970 €
Bestand am 31.12.   5.075 €   (Haben)

11. Verbindlichkeiten aus Lieferungen (EB)   28.095 €
– Abgang (4)   573.420 €
+ Zugang (2)   595.000 €
Bestand am 31.12.   49.675 €   (Haben)

12. USt-Verbindlichkeit (EB)   1.800 €
+ Zugang (1)   138.700 €
– Abgang Vorsteuer (2)   95.000 €
– Abgang Vorsteuer (6)   570 €
Bestand am 31.12.   44.930 €   (Haben)

13. Bank 2 (EB)   10.000 €   (Haben)
+ Zugang (3)   741.000 €
+ Zugang (10)   5.000 €
– Abgang (4)   573.420 €
– Abgang (5)   12.000 €
– Abgang (8)   24.000 €
– Abgang (9)   3.000 €
– Abgang (11)   150.000 €
– Abgang (12)   3.000 €
Bestand am 31.12.   29.420 €   (Haben)

Die **GuV-Posten** entwickeln sich wie folgt:

1.	Umsatzerlöse		730.000 €
2.	Wareneinsatz:		
	Wareneinkauf	500.000 €	
	Bestandsminderung	2.000 €	502.000 €
3.	Personalkosten:		
	Personalkosten (11)	150.000 €	
	– Umbuchung (6)	500 €	
	– Umbuchung (7)	2.800 €	146.700 €
4.	Versicherungen (5)		12.000 €
5.	Abschreibungen (13)		51.700 €
6.	Zinsen (9)		3.000 €
7.	Zuführung zu den Rückstellungen:		
	PW auf Forderungen (15)	2.970 €	
	Garantierückstellung (16)	3.650 €	6.620 €
8.	Ergebnis		7.980 €

Aus den Bestandskonten und dem aus der GuV ermittelten Ergebnis kann nun nachfolgende **Bilanz** ermittelt werden:

I. Aktiva

A.	Anlagevermögen		
	1. Grund und Boden	80.000 €	
	2. Fabrikgebäude	238.000 €	
	3. Maschinen	58.800 €	
	4. Fahrzeuge	59.000 €	
	5. Betriebs- u. Geschäftsausstattung	8.000 €	443.800 €
B.	Umlaufvermögen		
	1. Vorräte	18.000 €	
	2. Forderungen aus Lieferungen	207.700 €	225.700 €
C.	Rechnungsabgrenzungsposten		3.000 €
	Summe Aktiva		672.500 €

II. Passiva

A.	Eigenkapital		
	1. Anfangskapital	300.000 €	
	2. – Entnahmen	3.000 €	
	3. Bilanzgewinn	7.980 €	
	4. Endkapital		304.980 €
B.	Rückstellungen		8.925 €
C.	Fremdkapital (langfristig)	216.000 €	
	Fremdkapital (kurzfristig)		
	1. Bank 1	3.570 €	
	2. Bank 2	29.420 €	
	3. Verbindlichk. a. Lief.	49.675 €	
	4. USt-Verbindlichkeiten	44.930 €	
	5. erhaltene Anzahlungen	15.000 €	358.595 €
	Summe Passiva		672.500 €

2.2.2   Buchung laufender Geschäftsfälle

Jede Buchung betrifft mindestens zwei Konten – aber welche? Ein Kontenrahmen bietet ein standardisiertes, gegliedertes Gerüst mit teilweise tausend und mehr Konten, auf dessen Basis jeder Buchführende seinen individuellen Kontenplan zusammenstellen kann. Dieser wird in aller Regel zwar viel weniger Konten enthalten, dafür aber unter Umständen auch zusätzliche Konten beinhalten, die individuell angelegt wurden.

2.2.2.1   Kontenrahmen, Kontenplan und Nebenbücher

2.2.2.1.1   Kontenrahmen

Gliederungsprinzipien

Kontenrahmen sind in **Kontenklassen** – meist von 0 bis 9 – und innerhalb dieser Klassen in **Kontengruppen** gegliedert.

Die Reihenfolge ergibt sich aus dem angewandten Gliederungsprinzip:

– Das **Abschlussgliederungsprinzip** folgt den handelsrechtlichen Gliederungsvorschriften für die Bilanz und die Gewinn- und Verlustrechnung und kommt damit allen entgegen, die die doppelte Buchführung erlernt und die Jahresabschlussgliederungen »verinnerlicht« haben. Es ist im SKR 04 und im Industriekontenrahmen IKR verwirklicht.

– Das **Prozessgliederungsprinzip** bildet die Reihenfolge des Geschäftsprozesses ab: Mit vorhandenem Anlagevermögen und Kapital (im SKR 03: Kontenklasse 0) und unter Einsatz von Finanzmitteln einschließlich Forderungen und Verbindlichkeiten (Kontenklasse 1) werden Waren gekauft, gelagert, verwaltet, verkauft usw. (Kontenklasse 3), was Aufwendungen (Kontenklasse 4) verursacht. Durch eigene Produktion entstehen unter Umständen Bestände an halbfertigen und fertigen Erzeugnissen (Kontenklasse 7), und aus deren Verkauf sowie dem Verkauf von Waren resultieren letztlich Erlöse (Kontenklasse 8).

Welche Kontenrahmen gibt es?

Der vom Bundesverband der Deutschen Industrie e.V. (BDI) herausgegebene **Industriekontenrahmen (IKR)** und der vom Bundesverband des Groß- und Außenhandels herausgegebene Kontenrahmen des Groß- und Außenhandels sind in der Aus- und Fortbildung weit verbreitet. Insbesondere der letztgenannte Kontenrahmen hat aber kaum noch praktische Bedeutung.

In der Praxis überwiegend genutzt werden die von der DATEV e.G. für ihre Mitglieder entwickelten **DATEV-Kontenrahmen** SKR 03 und SKR 04.

– Der branchenübergreifend angelegte **SKR 03** ist in Klein- und Mittelbetrieben sehr weit verbreitet. Er folgt dem **Prozessgliederungsprinzip**:

    – Kontenklasse 0 = Anlage- und Kapitalkonten
    – Kontenklasse 1 = Finanz- und Privatkonten
    – Kontenklasse 2 = Abgrenzungskonten
    – Kontenklasse 3 = Wareneingangs- und Bestandskonten
    – Kontenklasse 4 = Betriebliche Aufwendungen
    – Kontenklasse 5 = leer
    – Kontenklasse 6 = leer

- Kontenklasse 7 = Betriebliche Erzeugnisse
- Kontenklasse 8 = Erlöskonten
- Kontenklasse 9 = Vortragskonten – Statistische Konten
- In dem vom Bundesverband der Deutschen Industrie (BDI) herausgegebenen **Industriekontenrahmen (IKR)**, der dem Abschlussgliederungsprinzip folgt, lauten diese Kontenklassen wie folgt:
  - Kontenklasse 0 = Immaterielle Vermögensgegenstände und Sachanlagen
  - Kontenklasse 1 = Finanzanlagen
  - Kontenklasse 2 = Umlaufvermögen und aktive Rechnungsabgrenzung
  - Kontenklasse 3 = Eigenkapital und Rückstellungen
  - Kontenklasse 4 = Verbindlichkeiten und passive Rechnungsabgrenzung
  - Kontenklasse 5 = Erträge
  - Kontenklasse 6 = Betriebliche Aufwendungen
  - Kontenklasse 7 = Weitere Aufwendungen
  - Kontenklasse 8 = Ergebnisrechnungen
  - Kontenklasse 9 = Kosten- und Leistungsrechnung (KLR)

Diese Reihenfolge der Kontenklassen folgt der Gliederung von Bilanz und GuV; dieses Gliederungsprinzip wird daher als **Abschlussgliederungsprinzip** bezeichnet.

Der IKR stellt ein System aus zwei unabhängigen Rechnungskreisen (»**Zweikreissystem**«) dar:

Die Kontenklassen 0 bis 8 (Rechnungskreis I) nehmen die Vorgänge der Finanzbuchhaltung auf; Klasse 9 (Rechnungskreis II) kann für die kontenmäßige Darstellung der Kosten- und Leistungsrechnung genutzt werden.

Die weitere Untergliederung erfolgt nach Kontengruppen (zweistellig), Kontenarten (dreistellig oder – wie im folgenden Beispiel – aus EDV-technischen Gründen vierstellig) und Sachkonten (vierstellig):

2 Umlaufvermögen und aktive Rechnungsabgrenzung

20 Roh-, Hilfs- und Betriebsstoffe

2000 Rohstoffe / Fertigungsmaterial
　　　2001 Bezugskosten
　　　2002 Nachlässe
2010 Vorprodukte / Fremdbauteile
　　　2011 Bezugskosten
　　　2012 Nachlässe
2020 Hilfsstoffe
　　　2021 Bezugskosten
　　　2022 Nachlässe
2030 Betriebsstoffe
　　　2031 Bezugskosten
　　　2032 Nachlässe
2070 Sonstiges Material
　　　2071 Bezugskosten
　　　2072 Nachlässe

21 Unfertige Erzeugnisse, unfertige Leistungen

2100 Unfertige Erzeugnisse
2190 Unfertige Leistungen

...

– **SKR 04** ähnelt dagegen dem Industriekontenrahmen (IKR) und folgt dem Abschluss-gliederungsprinzip:

Kontengruppe	Kontenklasse
Anlagevermögen	0
Umlaufvermögen	1
Eigenkapitalkonten	2
Fremdkapitalkonten	3
Betriebliche Erträge	4
Betriebliche Aufwendungen (Material, bezogene Leistungen	5
Betriebliche Aufwendungen (Personal, Abschreibungen, sonstige)	6
Weitere Erträge und Aufwendungen	7
frei	8
Vortragskonten – Statistische Konten	9

Diese Systematik vereinigt die Erfolgskonten der Finanzbuchhaltung und der Kostenrechnung in einem Rechnungskreis (»**Einkreissystem**«).

Neben den gezeigten existieren branchen-, institutionen- bzw. tätigkeitsspezifische Kontenrahmen, etwa für die Gastronomie, für Arzt- und Zahnarztpraxen, für Pflegeeinrichtungen, Vereine usw.

Vorschriften, welcher Kontenrahmen zu benutzen ist, gibt es nicht. Die in den hier angegebenen Buchungsbeispielen verwendeten Kontenbezifferungen folgen dem **Industrie-kontenrahmen (IKR)**.

2.2.2.1.2 Kontenplan

Kontenrahmen bilden den Orientierungsrahmen für die Erstellung des betriebsspezifischen Kontenplans. Dieser enthält nur diejenigen Konten, die der Betrieb tatsächlich benötigt, und kann in Teilbereichen tiefer gegliedert sein als der Kontenrahmen, um den Aussagewert der Buchhaltung zu verbessern. Konten des Kontenrahmens, die individuell nicht benötigt werden, entfallen.

Kontenpläne vereinfachen und vereinheitlichen die Buchhaltung, weil Kontenbezeichnungen durch eindeutige Nummern ersetzt werden, und sind Voraussetzung für die durchweg in Betrieben eingerichtete EDV-Buchhaltung.

2.2.2.1.3 Nebenbücher

Nach Bedarf des Unternehmens können im laufenden Geschäftsjahr Nebenbücher geführt werden, deren Salden am Jahresende in das Hauptbuch übernommen werden. Wichtige Nebenbücher sind

– das **Kontokorrentbuch**: Dieses enthält die nach einzelnen Kunden und Lieferanten in **Personenkonten** gegliederte Buchhaltung der Forderungen (Debitorenbuchhaltung) und Verbindlichkeiten (Kreditorenbuchhaltung);

– das **Anlagenbuch**, das diejenigen Vorgänge aufnimmt, die dauerhaft zum Unternehmen gehörende Vermögensgegenstände betreffen: Zugänge, Abgänge, Ab- und Zuschreibungen;

– die **Lohnbuchhaltung**, über die Lohn- und Gehaltsabrechnungen abgewickelt werden;

– die **Lagerbuchführung**, die Zu- und Abgänge an gelagerten Materialien und Produkten verzeichnet und damit eine Bestandskontrolle ermöglicht.

Unternehmen mit mehreren Filialen können ihre Buchführung organisatorisch so einrichten, dass die einzelnen Geschäftstellen separate »Filialbuchführungen« unterhalten. Auf diese Weise wird eine nach Verantwortungsbereichen differenzierbare Wertezuordnung und Kontrolle ermöglicht.

In den folgenden Abschnitten werden Personenkonten, Anlagenbuchhaltung und Lagerbuchhaltung im Warenbereich eingehender betrachtet. Auf die Lagerbuchhaltung im Materialwesen des Industriebetriebs wird später eingegangen.

Personenkonten

Mit zunehmender Betriebsgröße steigt die Zahl der Geschäftsfälle und damit der Buchungssätze rasch an. Man kann sich leicht vorstellen, dass das Konto »Verbindlichkeiten aus Lieferungen und Leistungen« eine Vielzahl von Eingangsrechnungen (= Zunahme der Verbindlichkeiten) und deren Bezahlung (= Abnahme der Verbindlichkeiten) aufnehmen muss und schnell unübersichtlich wird.

Auch lassen sich zusätzliche Informationen gewinnen, wenn man das Konto in Unterkonten zerlegt und z. B. jedem Lieferanten ein solches zuordnet. Auf diesem Unterkonto ist das gesamte Geschäftsvolumen mit dem Lieferanten sofort an den Jahresverkehrszahlen ablesbar, der Saldo gibt die Höhe der Gesamtschuld ihm gegenüber an.

Diese Aufgliederung eines Sachkontos (hier: Verbindlichkeiten) in personenbezogene Unterkonten führt zur Bildung so genannter **Personenkonten**. Die jeweiligen Einzelbuchungen erfolgen auf dem Personenkonto, nur der Saldo wird an das betreffende Hauptkonto geliefert. Forderungsunterkonten werden als **Debitorenkonten** bezeichnet, die Konten für die Lieferanten als **Kreditorenkonten**.

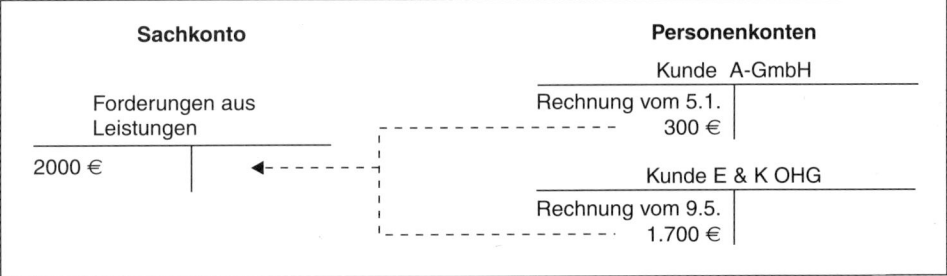

Sachkonto Forderung und Debitorenkonten

Anlagenbuchhaltung

Die Tatsache, dass die meisten Betriebsanlagen im Laufe der Zeit eine Wertminderung erfahren, wird in der Buchhaltung durch die **Abschreibung** sichtbar gemacht. Ein Wert für ein Wirtschaftsgut des Anlagevermögens, der einmal in den Büchern steht, kann nur durch Buchung eines solchen Aufwandspostens wieder entfernt bzw. vermindert werden. Würde die Bilanz nicht auf Grund einer Buchhaltung, sondern nur mittels eines Inventars aufgestellt, ergäbe sich für diese Art der Buchung keine Notwendigkeit, weil zu jedem Bewertungsstichtag der Wert des Anlagegutes neu ermittelt werden würde. Die doppelte Buchführung verlangt aber die Kontinuität der Bilanzposten und begründet damit die Notwendigkeit, für die Wertminderung, den Schwund und die Abnutzung der Anlagen, ein besonderes Konto »Abschreibungen« zu bilden und mit der Gewinn- und Verlustrechnung zu verbinden.

Der Grund für die Aussonderung der Anlagenbuchhaltung lag noch bis in die dreißiger Jahre dieses Jahrhunderts darin, dass man die Abschreibungen nur als »Memorialbuchungen« betrachtete, die übrigens die Gewinn- und Verlustrechnung nicht berührten, sondern aus »dem angeblichen Reingewinn« gedeckt werden sollten. Der Gesetzgeber verlangte auch nur den Ausweis der Abschreibungen als »Erneuerungsfonds« neben der Bilanz.

Zunehmende Kapitalintensität und laufend verschärfte Gläubigerschutzbestimmungen führten zu einer veränderten Bedeutung des auszuweisenden Anlagevermögens als Schuldendeckungspotenzial. Wirtschaftspolitische Investitionsförderung durch Investitionszulagen, -zuschüsse und Sonderabschreibungen vermehrten die Buchungen im Bereich des Anlagevermögens, sodass aus Gründen der Zweckmäßigkeit eine Ausgliederung in eine Nebenbuchführung ratsam sein kann. Außerdem liefert eine Anlagenbuchhaltung auch unterjährig Informationen über den Stand und die Entwicklung des Anlagevermögens, insbesondere über die Gewinnauswirkung durch Abschreibungen.

Lagerbuchhaltung

Ein Grund für die Ausgliederung der Warenein- und -ausgänge in einer Nebenbuchführung kann der geringe Aussagewert der Gewinn- und Verlustrechnung hinsichtlich des Rohgewinnes sein. In der Buchführung werden Wareneinkaufs- und Warenverkaufskonten geführt. Beim Nettoabschluss dieser Konten erscheint nur der Rohgewinn auf dem Gewinn- und Verlustkonto:

Wareneinkauf				Warenverkauf			
Anfangsbestand	50	Umsatz zum		Umsatz zum		Verkäufe	300
Einkäufe	180	Einstandspreis	200 →	Einstandspreis	200		
		Endbestand	30	Rohgewinn	100		
				(an GuV)			
	230		230		300		300

Ausbildung des Rohgewinns in den Warenkonten

Hat man nun mehrere Artikel, ließe sich für jeden ein Wareneinkaufs- und -verkaufskonto einrichten. Man hätte damit einen Überblick über die Rohgewinne der einzelnen Artikel. Bei einer großen Anzahl von Artikeln lassen sich die Absatzmengen buchhalterisch nicht mehr verfolgen. Hier muss sich die Lagerbuchführung auf eine reine Mengenrechnung beschränken. Das Lagerbuch zeigt die Gesamtheit der Eingänge einer bestimmten Ware. Durch die körperliche Aufnahme ergibt sich der jeweilige Bestand. Die Differenz zwischen den gebuchten Eingängen und dem Inventurbestand bildet die verkaufte, umgesetzte Menge.

2.2.2.2   Wesen der Umsatzsteuer

Der Leistungsaustausch ist regelmäßig durch Umsatzsteuer belastet. Wirtschaftlich belastet (»Steuerdestinatar«) soll aber nur der private Endabnehmer sein. Zur Vermeidung eines komplizierten und möglicherweise auch für den Fiskus schwer nachvollziehbaren Abrechnungs- und Meldesystems wurde das System der Umsatzbesteuerung so konzipiert, dass (im Regelfall einer umsatzsteuerpflichtigen Lieferung oder Leistung zwischen inländischen Unternehmern)

— der Unternehmer, der eine Leistung erbringt, hierfür seinem Abnehmer eine Umsatzsteuer in Rechnung stellt, die er vereinnahmt und in der Folge dem Finanzamt schuldet;

— der Unternehmer, der eine Leistung von einem anderen Unternehmer erworben hat und dafür mit Umsatzsteuer belastet wurde, Anspruch auf Erstattung dieser »Vorsteuer« hat.

Anstelle einer Erfüllung aller einzelnen Zahlungsverpflichtungen und einer Geltendmachung jedes einzelnen Erstattungsanspruchs werden die Beträge, die auf entsprechenden Forderungs- und Verbindlichkeitenkonten verbucht wurden, regelmäßig (je nach Steuervolumen des Unternehmens monatlich, vierteljährlich oder jährlich) miteinander verrechnet.

Der Saldo der Vorsteuer- und der Umsatzsteuerkonten (hier im Plural, weil für unterschiedliche Steuersätze und -fälle auch unterschiedliche Konten angelegt werden können) ergibt die **Zahllast** bzw. den **Erstattungsanspruch** gegenüber dem Finanzamt.

Beispiel:

Summe der abgegebenen Leistungen einer Periode	*300 €*
– Summe der empfangenen Leistungen einer Periode	*200 €*
= »Mehrwert«	*100 €*
darauf Mehrwertsteuer 19%	*19 €*

In einer **Umsatzsteuervoranmeldung** *würde dieser Vorgang wie folgt abgerechnet werden:*

abgegebene Leistungen	*300 € · 19 % = 57 €*
– empfangene Leistungen	*200 € · 19 % = 38 €*
= Umsatzsteuerzahllast	*19 €*

Nähere Ausführungen zur Umsatzsteuer, insbesondere zu den gesetzlichen Bestimmungen, erfolgen später.

2.2.2.3   Einkauf und Absatz

2.2.2.3.1   Beschaffung von Roh-, Hilfs- und Betriebsstoffen

Der Einkauf von Roh-, Hilfs- und Betriebsstoffen (zusammengefasst »Werkstoffe«) kann entweder zunächst als Bestandszugang oder direkt als Aufwand gebucht werden. Im zweiten Fall wird das zugegangene Material so behandelt, als sei es bereits verbraucht.

Buchungsgrundlage für beide Verfahren ist die Eingangsrechnung, die wie folgt aussehen kann:

Listenpreis	*1.000,00 €*
– Rabatt 10%	*100,00 €*
= Einkaufspreis	*900,00 €*
+ Bezugskosten	*10,00 €*
= Einstandspreis	*910,00 €*
+ Mehrwertsteuer 19 %	*172,90 €*
= Rechnungsbetrag	*1.082,90 €*

Die in der Einkaufsrechnung ausgewiesene **Mehrwertsteuer** ist für den Erwerber abziehbare **Vorsteuer** und belastet ihn wirtschaftlich nicht. Die abziehbare Vorsteuer gehört folglich nicht zu den Anschaffungskosten des Materials. Bewertungsmaßstab für den Materialeinkauf ist damit der Einstandspreis.

Bestandsorientierte Verbuchung des Werkstoffzugangs

Der Zugang wird auf dem entsprechenden Bestandskonto im Soll gebucht und mehrt folglich den Bestand.

Buchungsbeispiel für einen Zieleinkauf von Rohstoffen (Konten gem. IKR):

2000 Rohstoffeingang	*900,00 €*		
2001 Bezugskosten	*10,00 €*		
2600 abziehbare Vorsteuer 19 %	*172,90 €*		
		an 4400 Verbindlichkeiten	*1.082,90 €*

Zur weiteren Verbuchung der Bezugskosten: siehe Abschnitt 2.2.2.5.1.

Aufwandsorientierte Verbuchung des Werkstoffzugangs

Der Zugang wird sofort aufwandswirksam verbucht.

Buchungsbeispiel:

6000 Rohstoffaufwendungen	*900,00 €*		
6001 Bezugskosten	*10,00 €*		
2600 abziehbare Vorsteuer 19 %	*172,90 €*		
		an 4400 Verbindlichkeiten	*1.082,90 €*

2.2.2.3.2 Absatz von Fertigerzeugnissen

Bei den Umsatzerlösen wird, sofern im Unternehmen sowohl eigene Erzeugnisse als auch Handelswaren verkauft werden (denkbar z. B. bei einem Industriebetrieb, der zugekaufte und nicht weiter bearbeitete Fremderzeugnisse zur Ergänzung seiner eigenen Erzeugnisse vertreibt), günstigerweise zwischen den Erlösgruppen differenziert, damit eine nach Erlösgruppen differenzierende Erfolgsauswertung erfolgen kann.

Der Industriekontenrahmen sieht hierfür die Konten

5000 Umsatzerlöse für eigene Erzeugnisse   und
5100 Umsatzerlöse für Waren

vor.

Buchungsbeispiel:

2400 Forderungen LL	*714,00 €*		
		an 5000 Umsatzerlöse eig. Erz.	*600,00 €*
		an 4800 Umsatzsteuer	*114,00 €*
2400 Forderungen LL	*1.309,00 €*		
		an 5100 Umsatzerlöse Waren	*1.100,00 €*
		an 4800 Umsatzsteuer	*209,00 €*

2.2.2.4 Bestandsveränderungen im Vorratsvermögen

2.2.2.4.1 Stoffverbrauch bei Roh-, Hilfs- und Betriebsstoffen

Während im Falle einer verbrauchsorientierten Materialeingangsbuchung keine weitere Buchung erforderlich ist, muss bei bestandsorientierter Materialeingangsbuchung der Verbrauch gesondert erfasst werden.

Hierzu bestehen zwei Möglichkeiten:

– **Inventurverfahren**: Am Ende der Periode werden die vorhandenen Werkstoffe körperlich aufgenommen und bewertet. Die Differenz zwischen dem dabei festgestellten und dem buchmäßigen Bestand ist der Verbrauch. Er wird auf das Aufwandskonto umgebucht.

Beispiel:

In der Bestandsaufnahme am Ende der Periode wurde ein Rohstoffbestand im Wert von 10.000 € vorgefunden. Auf dem Rohstoffbestandskonto stehen derzeit 13.500 € zu Buche, die sich aus dem Anfangsbestand von 8.700 € und den (gegen Verbindlichkeiten LL gebuchten) Zugängen der laufenden Periode über 4.800 € zusammensetzen. Die Differenz von 3.500 € wird als Rohstoffaufwand verbucht:

6000 Rohstoffaufwendungen 3.500,00 €

an 2000 Rohstoffe 3.500,00 €

S	Rohstoffe		H	S	Rohstoffaufwendungen		H
AB	8.700,00	Schlussbestand	10.000,00	Rohstoffe	3.500,00	GuV	3.500,00
Verbindlichk. LL	4.800,00	Rohstoffaufwd.	3.500,00				
	13.500,00		13.500,00				

– Laufende Verbrauchserfassung durch **Materialentnahmescheine**: Für jede Entnahme wird ein Materialentnahmeschein erstellt, der die Materialart und -menge enthält. Auf Basis dieses Belegs wird der Verbrauch in der Lagerbuchhaltung verbucht.

Lt. Materialentnahmeschein hat der Produktionsbereich dem Materiallager Rohstoffe im Wert von 2.000 € entnommen. Der Materialentnahmeschein wird wie folgt verbucht:

6000 Rohstoffaufwendungen 3.500,00 €

an 2000 Rohstoffe 3.500,00 €

S	Rohstoffe		H	S	Rohstoffaufwendungen		H
AB	8.700,00	Rohstoffaufwd.	3.500,00	Rohstoffe	3.500,00	GuV	3.500,00
Verbindlichk. LL	4.800,00	Schlussbestand	10.000,00				
	13.500,00		13.500,00				

Die Buchungen unterscheiden sich nicht; der Unterschied zwischen beiden Verfahren zeigt sich aber darin, dass

– beim Inventurverfahren der Rohstoffverbrauch aus der Bestandsdifferenz geschlossen wird,

– bei der laufenden Verbrauchserfassung der Restbestand die rechnerische Differenz zwischen Anfangsbestand und Zugängen einerseits und gebuchten Verbräuchen andererseits darstellt.

2.2.2.4.2 Bestandsveränderungen bei fertigen und unfertigen Erzeugnissen

Warum müssen Bestandsveränderungen erfasst werden?

Die Kosten des Produktionsprozesses werden von der Finanzbuchhaltung erfasst und am Ende der Periode an die Gewinn- und Verlustrechnung weitergegeben. Wenn zu Beginn einer Periode keine Bestände an fertigen oder halbfertigen Erzeugnissen vorhanden wären und alle in dieser Periode hergestellten Stücke auch abgesetzt würden, könnten aus der Gewinn- und Verlustrechnung leicht die (aufwandsgleichen) Selbstkosten der Produktion abgelesen werden.

Üblicherweise weichen aber die produzierte und die abgesetzte Menge voneinander ab, d. h. es kommt zu Lagerzu- oder -abnahmen. Folglich stehen sich nun die Aufwendungen der produzierten Leistung den Erträgen der abgesetzten Leistung gegenüber. Der Einblick in die Ertragslage wird hierdurch verfälscht. Im Falle einer Produktion auf Lager (d. h. es wurde mehr produziert als abgesetzt) würde ein zu niedriger Ertrag ausgewiesen; im gegenteiligen Falle, nämlich dass mehr Einheiten eines Produktes verkauft als produziert wurden, wäre der Gewinnausweis tendenziell zu hoch. Insoweit ist es notwendig, die Änderung der Bestände an halbfertigen und fertigen Produkten zu berücksichtigen.

Die durch die Inventur ermittelten **Bestandsveränderungen** sind in der Gewinn – und Verlustrechnung auf erfolgswirksamen Konten zu berücksichtigen. Zunahmen der Bestände führen zu einer Habenbuchung auf dem Konto Bestandsveränderung und wirken wie ein Erlös gewinnerhöhend, Bestandsminderungen entsprechend wie Aufwand, also gewinnmindernd.

Bewertungsmaßstab für die Bemessung der Bestände sind dabei die **Herstellungskosten**. Der Zusammenhang zwischen Selbstkosten und Herstellungskosten und die Zusammensetzung der Herstellungskosten ergibt sich aus § 255 Abs. 2 und 3 HGB: danach haben die Herstellungskosten mindestens die aktivierungspflichtigen Bestandteile, also die Einzelkosten, zu umfassen. Weitere Kostenbestandteile können wahlweise in die Aktivierung einbezogen werden. Dazu gehören die Material- und Fertigungsgemeinkosten und die Kosten der allgemeinen Verwaltung. Für gewisse Kosten, so die Vertriebskosten, besteht ein Aktivierungsverbot: sie dürfen nicht in die Herstellungskosten eingehen.

Die vorstehend beschriebenen Abhängigkeiten zwischen Bestands- und Erfolgskonten charakterisieren das so genannte **Gesamtkostenverfahren** (§ 275 Abs. 2 HGB). Dabei folgen Aufbau und Gliederung der Gewinn- und Verlustrechnung dem Ansatz, die Gesamtkosten der Produktion einer Periode den Umsatzerlösen der abgesetzten Leistungen und den Bestandserhöhungen durch noch nicht abgesetzte Leistungen gegenüberzustellen.

Ein anderes zulässiges, aber bisher wenig gebräuchliches Verfahren ist das **Umsatzkostenverfahren** (§ 275 Abs. 3 HGB). Ausgangspunkt dieses Verfahrens ist die Gegenüberstellung der Umsatzerlöse der abgesetzten Leistung mit den hierzu gehörenden Kosten. Es werden damit nicht alle betrieblichen Aufwendungen erfasst, sondern nur diejenigen, die mit der abgesetzten Leistung in Zusammenhang stehen.

Auf die Unterschiede in den Gliederungen der Gewinn- und Verlustrechnung nach dem Gesamtkosten- und dem Umsatzkostenverfahren sowie weitere Einzelheiten wird später ausführlich eingegangen.

Es folgt ein Beispiel zur **Buchung der Bestandsveränderungen.**

Zu Beginn der Periode wurden die folgenden Inventurbestände als Anfangsbestände übernommen:

Fertige Erzeugnisse	*185.000,00 €*
Unfertige Erzeugnisse	*140.000,00 €*

Am Ende der Periode werden die folgenden Schlussbestände durch Inventur festgestellt:

Fertige Erzeugnisse	*160.000,00 €*
Unfertige Erzeugnisse	*152.000,00 €*

Hieraus resultieren als Mehr- und Minderbestände:

Fertige Erzeugnisse	*– 25.000,00 €*
Unfertige Erzeugnisse	*+ 12.000,00 €*

Diese werden auf das Erfolgskonto »Bestandsveränderungen« gebucht:

5200 Bestandsveränderg.   25.000,00 €

 an 2200 Fertige Erzeugnisse   25.000,00 €

2100 Unfertige Erzeugnisse   12.000,00 €

 an 5200 Bestandsveränderg.   12.000,00 €

S	Fertige Erzeugnisse	H			S	Unfertige Erzeugnisse	H	
AB	185.000,00	Schlussbestand	160.000,00		AB	140.000,00	Schlussbestand	152.000,00
		Bestandsveränd.	25.000,00		Bestandsveränd.	12.000,00		
	185.000,00		185.000,00			152.000,00		152.000,00

S	Bestandsveränderungen	H	
Fertige Erzeugnisse	25.000,00	Unfertige Erzeugnisse	12.000,00
		GuV	13.000,00
	25.000,00		25.000,00

In der Gegenüberstellung auf dem Konto »Bestandsveränderungen« ergibt sich ein Minderbestand im Wert von 13.000,00 €, der sich auf dem GuV-Konto als Aufwand niederschlägt.

2.2.2.5   Besondere Vorgänge bei Beschaffung und Absatz

2.2.2.5.1   Bezugskosten

Bezugskosten sind im Wesentlichen Verpackungs- und Transportkosten, Kosten für Versicherungen im Zusammenhang mit empfangenen Lieferungen und Einfuhrzölle. Sie alle zählen zu den Anschaffungsnebenkosten und sind nach § 255 Abs. 1 HGB aktivierungspflichtige Bestandteile der Anschaffungs- und Herstellungskosten.

Für Bezugskosten allerdings, die beim Bezug von Handelswaren und Werkstoffen anfallen, kann – ebenso wie bei Rohstoffanschaffungen (vgl. Abschn. 2.2.2.3.1) – zwischen einer bestandsorientierten und einer aufwandsorientierten Verbuchung gewählt werden.

Bestandsorientierte Buchung der Bezugskosten

Bei bestandsorientierter Buchung müssen die Bezugskosten letztlich den Anschaffungskosten des Werkstoffs bzw. der Handelsware, für die sie angefallen sind, zugeschlagen werden. Um für künftige Kalkulationen und Wirtschaftlichkeitsberechnungen über möglichst detaillierte Grundlagen verfügen zu können, empfiehlt es sich aber, die Bezugskosten zunächst auf einem Zwischenkonto zu verbuchen und regelmäßig – dem Auswertungsturnus angepasst, üblicherweise monatlich – auf das entsprechende Bestandskonto umzubuchen, um darauf letztlich den handelsrechtlich vorgeschriebenen Ausweis der korrekten Anschaffungskosten herzustellen.

Beispiel:

Beim Einkauf von Rohstoffen im Wert von 12.000,00 € netto fielen zusätzlich 740,00 € netto an Transportkosten an, die separat als Bezugkosten für Roh-, Hilfs- und Betriebsstoffe (RHB) gebucht werden. Der Lieferant stellt einschließlich 19 % Umsatzsteuer 15.160,60 € in Rechnung. Gebucht wird:

2000 Rohstoffe   12.000,00 €
2001 Bezugskosten RHB   740,00 €
2600 Vorsteuer   2.420,60 €

 an 4400 Verbindlichkeiten LL 15.160,60 €

Die turnusmäßige Umbuchung der Bezugskosten auf das Bestandskonto lautet

2000 Rohstoffe   740,00 €

an 2001 Bezugskosten RHB   740,00 €

Aufwandsorientierte Buchung der Bezugskosten

Die aufwandsorientierte Verbuchung der Bezugskosten wurde in Abschnitt 2.2.2.3.1 bereits an einem Beispiel gezeigt. Darin wurden die Bezugkosten auf dem Konto »6001 Bezugkosten« gebucht, das ein Unterkonto des Kontos »6000 Aufwendungen für Rohstoffe« darstellt. Dieses Unterkonto wird turnusmäßig auf das Konto 6000 abgeschlossen:

6000 Aufwendungen für Rohstoffe 10,00 €

an 6001 Bezugskosten RHB   10,00 €

2.2.2.5.2   Rabatte

Rabatte sind Preisnachlässe, durch die die Abgabepreise für verschiedene Kundengruppen gegenüber dem Listenpreis differenziert werden. Sie stehen bereits bei der Bestellung fest und werden daher schon bei der Rechnungserstellung vom Rechnungsbetrag abgezogen. Eine Buchung erhaltener oder gewährter Rabatte erfolgt daher nicht.

2.2.2.5.3   Rücksendungen

Rücksendungen von Werkstoffen oder Waren führen sowohl im Beschaffungsbereich (d. h. wenn wir selbst Rücksendende sind) als auch im Absatzbereich (wenn wir als Lieferer fungieren) zu einer Rückabwicklung der ursprünglich aufgrund der Eingangs- bzw. Ausgangsrechnung vorgenommenen Buchung – ggf., falls die Rücksendung nur einen Teil der ausgeführten Lieferung betrifft, mit einem Teilbetrag. Der ursprüngliche Buchungssatz wird also »umgedreht«; ein besonderes Konto zur Erfassung von Rücksendungen gibt es nicht.

2.2.2.5.4   Nachträgliche Preisnachlässe durch Lieferanten

Im Gegensatz zu Rabatten werden Preisnachlässe erst nachträglich eingeräumt:

– **Boni** (auch als Treue- oder Umsatzrabatte bezeichnet) werden am Ende einer Bezugsperiode (meist eines Quartals oder Jahres) anteilig auf den getätigten Umsatz gewährt.

– Aufgrund von **Mängelrügen** können Preisnachlässe vereinbart werden, über die der Lieferant eine Gutschriftanzeige erteilt.

– **Lieferantenskonti** (Liefererskonti) werden für vorzeitige Bezahlung gewährt. Sie werden bei Bezahlung der Rechnung vom Rechnungsbetrag abgezogen. Ihre Behandlung erfolgt in Abschnitt 2.2.2.5.5.

Preisnachlässe werden zunächst auf gesonderten Unterkonten der betreffenden Werkstoff- oder Warengattung (z. B. Nachlässe für Rohstoffe, Nachlässe für Hilfsstoffe) gebucht, um einen Überblick über erhaltene Nachlässe und eine Verprobung der Umsatzsteuer zu ermöglichen. Am Ende der Buchungsperiode werden sie über die jeweiligen Bestandskonten abgeschlossen; denn letztlich schmälern sie die Anschaffungskosten der betreffenden Bestände.

Die Buchung kann zunächst einschließlich der Umsatzsteuer (= Bruttoverfahren) erfolgen. Die Vorsteuerberichtigung wird in diesem Falle erst zum Ende des Voranmeldezeitraums vorgenommen. Alternativ kann die Vorsteuerberichtigung sofort vorgenommen werden. Diese Art der Buchung wird Nettoverfahren genannt.

Das folgende Beispiel zeigt die Verbuchung einer Gutschriftanzeige des Lieferanten aufgrund eines Bonus oder Preisnachlasses im Brutto- und im Nettoverfahren.

Eine erhaltene Rohstofflieferung im Wert von 10.000 € netto war mängelbehaftet. Unser Lieferant erteilt uns aufgrund unserer Mängelrüge eine Gutschrift über 15 % bzw. 1.500 € netto. Unsere Buchung der Gutschrift lautet (unabhängig davon, ob die ursprüngliche Rechnung bereits bezahlt wurde oder nicht, denn die Gutschrift kann auch mit künftigen Verbindlichkeiten verrechnet werden).

*im **Bruttoverfahren**:*

bei Erhalt der Gutschriftanzeige:

4400 Verbindlichkeiten LL 1.785,00 €

      an 2002 Nachlässe für
        Rohstoffe   1.785,00 €

am Ende des Umsatzsteuervoranmeldezeitraums:

2002 Nachlässe für Rohstoffe 1.785,00 €

      an 2600 Vorsteuer   285,00 €

*im **Nettoverfahren**:*

bei Erhalt der Gutschriftanzeige:

4400 Verbindlichkeiten LL 1.785,00 €

      an 2002 Nachlässe für
        Rohstoffe   1.500,00 €
      an 2600 Vorsteuer   285,00 €

Am Ende der Rechnungsperiode wird in jedem Falle folgende Umbuchung vorgenommen:

2002 Nachlässe für Rohstoffe 1.500,00 €

      an 2000 Rohstoffe   1.500,00 €

2.2.2.5.5 Liefererskonti

Durch Liefererskonti vermindert sich der Betrag, der – meist durch Banküberweisung – zur Begleichung der Rechnung an den Lieferanten abgeführt wird. Zugleich vermindert sich die anrechenbare Vorsteuer. Auch hier ist eine Buchung im Brutto- und im Nettoverfahren möglich, wie das Beispiel zeigt:

Eine Lieferantenrechnung für Rohstoffe über 18.000 € netto ist ohne Abzug fällig binnen 30 Tagen; bei Bezahlung binnen 10 Tagen abzüglich 2 % Skonto. Die Buchung:

2000 Rohstoffe   18.000,00 €
2600 Vorsteuer   3.420,00 €

      an 4400 Verbindlichkeiten LL 21.420,00 €

Die Verbuchung des Rechnungsausgleichs lautet

*im **Bruttoverfahren**:*

bei Überweisung:

4400 Verbindlichkeiten LL 21.420,00 €

      an 2002 Nachlässe für
        Rohstoffe   428,40 €
      an 2800 Bank   20.991,60 €

am Ende des Umsatzsteuervoranmeldezeitraums:

2002 Nachlässe für Rohstoffe 68,40 €

      an 2600 Vorsteuer   68,40 €

im **Nettoverfahren**:

bei Überweisung:

4400 Verbindlichkeiten LL   21.420,00 €

	an 2002 Nachlässe für	
	Rohstoffe	360,00 €
	an 2600 Vorsteuer	68,40 €
	an 2800 Bank	20.991,60 €

Am Ende der Rechnungsperiode wird in jedem Falle folgende Umbuchung vorgenommen:

2002 Nachlässe für Rohstoffe   360,00 €

	an 2000 Rohstoffe	360,00 €

2.2.2.5.6 Nachträgliche Preisnachlässe und Skonti gegenüber Kunden

Wenn Kunden Mängel reklamieren, schmälern die zu erteilenden Gutschriften unsere Umsatzerlöse. Gleiches gilt für Boni und Skonti. Die Erfassung der Erlösschmälerungen erfolgt über ein der Erlösgattung zugeordnetes Erlösberichtigungskonto (5001 »Erlösberichtigungen für eigene Erzeugnisse«, 5101 »Erlösberichtigungen für Waren«). Auch hier ist, ebenso wie auf der Beschaffungsseite, eine Verbuchung im Netto- oder im Bruttoverfahren praktizierbar. Wegen der Analogie zu dem in den Abschnitten 2.2.2.5.4 und 2.2.2.5.5 gezeigten Verfahren kann hier auf Beispiele verzichtet werden.

2.2.2.5.7 Verpackungskosten und Fremdleistungen zur Absatzleistung

Der Absatz eigener Produkte und Handelswaren geht mit einer Reihe von Fremdleistungen einher, etwa hinsichtlich der Veredelung, Verfrachtung, Vertriebsanbahnung usw. Außerdem fallen in der Regel Verpackungskosten an. Alle diese Kosten müssen bei der Kalkulation der Verkaufspreise berücksichtigt werden.

Sie werden auf gesonderten Konten erfasst, die im Industriekontenrahmen (IKR) die folgenden Bezeichnungen tragen:

6040   Aufwendungen für Verpackungsmaterial
6100   Fremdleistungen für Erzeugnisse und andere Umsatzleistungen
6140   Frachten und Fremdlager
6150   Vertriebsprovisionen

2.2.2.6 Zahlungsverkehr und Wertpapiere
2.2.2.6.1 Barzahlung

In jedem Betrieb wird mindestens eine Kasse geführt, über die die baren Ein- und Auszahlungen abgewickelt werden; für manche Betriebe – z. B. im Lebensmittelhandel – ist eine große Anzahl täglicher Bareinnahmen sogar typisch.

Je nach Häufigkeit und nach Höhe der Einzelbeträge wird die Erfassung der Barbewegungen unterschiedlich erfolgen:

Kassenbuch   (»**Geschlossene Kassenführung**«) Jeder erhaltene oder gezahlte Bargeldbetrag muss auf Basis eines **Belegs** im Kassenbuch vermerkt werden. Die Aufzeichnung erfolgt in der Reihenfolge des zeitlichen Auftretens der Zahlungen und muss zeitnah, lückenlos und nachvollziehbar (auch in Hinblick auf erfolgte Korrekturen) vorgenommen werden.

Kassenbericht Wenn täglich eine große Zahl von Bareinnahmen anfällt, ist es nicht notwendig, diese einzeln aufzuzeichnen. Es genügt, die Tageseinnahmen in einem Tages-Kassenbericht summarisch zu ermitteln. Dieses **summarische Verfahren** unter Verzicht auf Einzelaufzeichnungen ist ausdrücklich für den Einzelhandel erlaubt (BFM-Schreiben Az. IV D 2 – S 0315 – 9/04 v. 5.4.2004 unter Berufung auf ein BFH-Urteil vom 12.05.1966, BStBl III S. 371), »*wenn Waren von geringem Wert an eine unbestimmte Vielzahl nicht bekannter und auch nicht feststellbarer Personen verkauft werden*«.

Das folgende Beispiel zeigt einen solchen Kassenbericht, in dem die Tageseinnahmen aus dem Vortagesbestand, dem Tagesendbestand und den Ausgaben summarisch errechnet wurden. Jedoch: Alle verzeichneten Geldbestände und -bewegungen müssen durch Belege nachweisbar sein!

Kassenbericht vom *14. 01. 2008*

Kassenbestand am Ende des Tages		*509,03 €*
Ausgaben im Laufe des Tages	**Ausgaben**	
Wareneinkauf		
Sortiment Drehbleistifte	*101,15 €*	
Großpackung Karton 140 g, farbsortiert	*196,35 €*	*+ 291,50 €*
Geschäftskosten		
Tanken	*62,01 €*	
		+ 62,01 €
Privatentnahmen	*400,00 €*	
Andere Ausgaben	–	
Einzahlung auf Bankkonto	*2.000,00 €*	*+ 2.400,00 €*
Kassenbestand + Ausgaben...		*3.268,54 €*
Abzüglich Kassenbestand vom Vortag..		*813,12 €*
= Bareinnahmen		*2.455,42 €*
Abzüglich sonstige Einnahmen z. B. private Bareinlagen		
= Bareinnahmen inkl. Umsatzsteuer (MWSt)		*2.455,42 €*
Nebenrechnung: Kasseneingang inkl. Umsatzsteuer (Mehrwertsteuer)		*2.455,42 €*
darin enthalten 19 % Umsatzsteuer (Mehrwertsteuer)		*392,04 €*
Steuerpflichtiger Umsatz		*2.063,38 €*

Ein Tages-Kassenbericht

Wenn die Tageseinnahmen über eine Registrierkasse laufen, erfolgt die Ermittlung wie folgt:

Kassenbestand des Vortages
+ Tagesseinnahmen inkl. Umsatzsteuer
+ Sonstige Einnahmen (Einlagen)
− Ausgaben inkl. Vorsteuer
− Sonstige Ausgaben (Entnahmen, Bankeinzahlungen)

= Kassenbestand

Kassenstreifen müssen **nicht** aufbewahrt werden; die Aufbewahrung der Tagesendsummenbons reicht aus. Retouren und Entnahmen müssen aber dokumentiert werden.

Das summarische Verfahren darf **nicht** angewendet werden

− auf Bareinnahmen im Hotel- und Beherbergungsgewerbe,

− in Restaurants und Gaststätten auf Rechnungen über Bewirtungskosten, Familien-, Betriebs-, Seminarveranstaltungen und Tagungen,

− in Autoreparaturwerkstätten und

− in Juwelier-, Gold- und Silberschmiedegeschäften bei Rechnungen für einzelgefertigte Schmuckstücke.

Wichtig: Bargeldzahlungen ab 15.000 € erfordern in jedem Fall die Aufzeichnung des Geschäftspartners mit Namen oder Firma und Anschrift sowie Angabe des zugrunde liegenden Geschäftsinhalts.

Die Verbuchung von Bargeldbewegungen erfolgt über das Konto »Kasse«.

2.2.2.6.2   Scheckverkehr

Eigene Schecks

Ein eigener, also ein von uns selbst zur Begleichung einer Verbindlichkeit ausgestellter Scheck wird mit seiner Belastung auf dem Bankkonto gebucht:

4400 Verbindlichkeiten LL

an 2800 Bank

Kundenschecks

Ein von einem Kunden zum Ausgleich einer Forderung eingereichter Scheck stellt Umlaufvermögen dar und muss, solange er noch im eigenen Bestand ruht, auf einem Scheckkonto erfasst werden:

2860 Schecks

an 2400 Forderungen LL

Verbleibt der Scheck über den Jahreswechsel im Bestand, wird das Scheckkonto über das Schlussbilanzkonto abgeschlossen. Nach Einreichung des Schecks bei der Hausbank und Gutschrift auf dem Girokonto wird der Scheck ausgebucht:

2800 Bank

an 2860 Scheck

Wegen seiner geringen Bedeutung im geschäftlichen Alltag wird auf eine Darstellung des Wechselverkehrs und die Verbuchung von Besitz- und Schuldwechseln verzichtet.

2.2.2.6.3   Erhaltene und geleistete Anzahlungen

Anzahlungen werden meist in Zusammenhang mit Großaufträgen oder mit Sonderanferti-gungen vereinbart. Auch im Geschäftsverkehr mit unbekannten Partnern werden häufig Vorauszahlungen verlangt. Sie werden aufgrund einer Anzahlungsrechnung gezahlt. Diese muss gem. §§ 13, 15 UStG einen gesonderten Umsatzsteuerausweis enthalten.

Ein mit uns bisher nicht in Geschäftsbeziehung stehender Auftraggeber bestellt einen grö-ßeren Posten unserer eigenen Erzeugnisse im Wert von 120.000 € netto. Wir vereinbaren eine Anzahlung in Höhe von 30 % und erteilen eine Anzahlungsrechnung über 42.840 €.

Buchung bei Eingang der Anzahlung:

2800 Bank	42.840,00 €	
	an 4300 Erhalt. Anzahlungen	36.000,00 €
	an 4800 Umsatzsteuer	6.840,00 €

Buchung nach erfolgter Lieferung aufgrund der erstellten Endrechnung:

2400 Forderungen LL	142.800,00 €	
	an 5000 Umsatzerlöse für	
	eig. Erzeugnisse	120.000,00 €
	an 4800 Umsatzsteuer	22.800,00 €

Buchung bei Zahlungseingang:

2800 Bank	99.960,00 €	
4300 Erhalt. Anzahlungen	36.000,00 €	
4800 Umsatzsteuer	6.840,00 €	
	an 2400 Forderungen LL	142.800,00 €

Die geleistete Anzahlung wird beim Kunden analog hierzu gebucht. Das dabei verwende-te Konto lautet »2300 Geleistete Anzahlung auf Vorräte«. Als Aufwandskonto wird das Konto »6000 Aufwendungen für Rohstoffe« belastet.

2.2.2.6.4   An- und Verkauf von Wertpapieren

Beim Kauf von Wertpapieren fallen als **Nebenkosten** eine Bankprovision und eine Mak-lergebühr (Courtage) an, deren Höhe sich nach der Art des Wertpapiers (Aktie oder fest-verzinsliches Papier), nach dem Handelsplatz (Börse) und dem Nennwert der Order rich-tet; diese sind den Anschaffungskosten, die auf dem Wertpapierkonto verbucht werden, hinzuzurechnen. Beim Verkauf der Papiere werden die beim Kauf angefallenen Neben-kosten bei der Berechnung des Veräußerungsgewinns oder -verlusts anteilig berück-sichtigt.

Bei der Auszahlung von Dividendenerträgen werden Abschläge für Kapitalertragsteuer und Solidaritätszuschlag, bei der Auszahlung von Zinsen eine Zinsabschlagsteuer als Vorausleistung auf die Einkommensteuer abgezogen. Wegen der derzeit in Veränderung befindlichen Rechtssituation (→ Abgeltungssteuer) soll hier auf Einzelheiten nicht einge-gangen werden.

2.2.2.7   Buchung von Bewegungen im Sachanlagevermögen

2.2.2.7.1   Anschaffungen im Sachanlagevermögen

Die handels- und steuerrechtlichen Bestandteile der Anschaffungskosten für fremdbe-zogene Gegenstände, die aktiviert werden müssen und als Grundlage der planmäßigen Abschreibung dienen, werden ausführlich in Zusammenhang mit den sonstigen Wert-begriffen des Handels- und Steuerrechts in Abschnitt 2.2.3.3.1.1 behandelt.

An dieser Stelle werden daher nur einige grundsätzliche Hinweise zur Ermittlung der Anschaffungskosten gegeben:

Zu den Anschaffungskosten gehören alle Nebenkosten, die aufgewendet werden müssen, um den angeschafften Gegenstand in Betriebsbereitschaft zu versetzen. Hierunter fallen allerdings nicht laufend benötigte Verbrauchsstoffe.

Beispiel:

Bei einem neu angeschafften PKW ist die Betriebsbereitschaft erst mit der Zulassung zum Straßenverkehr gegeben. Deswegen gehören die Zulassungsgebühren und die Anschaffungskosten für die Nummernschilder zu den Anschaffungskosten und müssen mitaktiviert werden. Nicht zu den Anschaffungskosten gehört dagegen die erste Tankfüllung, denn dabei handelt es sich um einen Verbrauchsstoff, der immer wieder zugeführt werden muss.

Rabatte, Lieferantenskonti und sonstige Preisnachlässe mindern die Anschaffungskosten und sind vor der Aktivierung **abzuziehen**.

Beispiel:

Am 1.10.2008 wird ein ausschließlich betrieblich genutztes Fahrzeug angeschafft und in Betriebsbereitschaft versetzt. Auf den Listenpreis von 49.980 € einschl. 19 % Umsatzsteuer gewährt der Lieferant einen Rabatt von 15%. Der Kaufpreis wird am 7.10.2008 innerhalb der Skontofrist abzüglich 2 % Skonto überwiesen. Bei Anmeldung beim Straßenverkehrsamt waren 52 € Gebühren bar zu zahlen; die Nummernschilder kosteten 33,32 € einschließlich 19 % Umsatzsteuer und wurden ebenfalls bar bezahlt.

Die Anschaffungskosten für den PKW errechnen sich wie folgt:

	netto	brutto
Listenpreis	*42.000,00 €*	*49.980,00 €*
– 15 % Rabatt	*6.300,00 €*	*7.497,00 €*
= Rechnungsbetrag	*35.700,00 €*	*42.483,00 €*
– 2 % Skonto	*714,00 €*	*849,66 €*
Zahlungsbetrag	*34.986,00 €*	*41.633,34 €*
+ Zulassungsgebühr	*52,00 €*	
+ Nummernschilder	*28,00 €*	
Anschaffungskosten	*35.066,00 €*	

Am 1.10. wurde bei Anschaffung gebucht:

0840 Fuhrpark 35.700,00 €
2600 abziehb. Vorsteuer 19 % 6.783,00 €
                               an 4400 Verbindlichkeiten LL 42.483,00 €

0840 Fuhrpark 52,00 €
                               an 2880 Kasse 52,00 €

0840 Fuhrpark 28,00 €
2600 abziehb. Vorsteuer 19 % 5,32 €
                               an 2880 Kasse 33,32 €

Am 7.10. wurde bei der Bezahlung innerhalb der Skontofrist gebucht:

4400 Verbindlichkeiten LL 42.483,00 €
                               an 0840 Fuhrpark 714,00 €
                               an 2600 abziehb. Vorsteuer 135,66 €
                               an 2800 Bank 41.633,34 €

Nachträgliche Anschaffungskosten sind nachträglich **zu aktivieren**.

Beispiel:

Ein im Oktober 2007 angeschafftes Fahrzeug wird im Januar 2008 mit einer Anhänger-kupplung nachgerüstet. Diese ist kein eigenständiges Wirtschaftsgut, sondern wird zum unselbstständigen Bestandteil des PKW. Ihre Kosten müssen als nachträgliche Anschaf-fungskosten auf dem Anlagenkonto erfasst werden. Der Abschreibungsplan ist entspre-chend anzupassen, so dass der nun zu Buche stehende Gesamtwert (der ja bereits um den Abschreibungsbetrag für das 4. Quartal 2007 gemindert ist) vollständig auf die Rest-nutzungsdauer (die sich durch die Montage der Kupplung nicht ändert) verteilt wird.

2.2.2.7.2   Aktivierungspflichtige Eigenleistungen bei Eigenherstellung

Die handels- und steuerrechtlichen Bestandteile der → Herstellungskosten für selbst er-stellte Gegenstände, die dem eigenen Betrieb dienen sollen und daher aktiviert (und in der Folgezeit planmäßig abgeschrieben) werden müssen, werden ausführlich in Zusam-menhang mit den sonstigen Wertbegriffen des Handels- und Steuerrechts in Abschnitt 2.2.3.3.1.2 behandelt. An dieser Stelle wird daher nur auf die Buchung eingegangen und ansonsten auf den genannten Abschnitt verwiesen.

Bei der Herstellung von Gegenständen des Sachanlagevermögens, die für den eigenen Betrieb bestimmt sind, fallen zum einen Material-, Lohnkosten und ggf. weitere Kosten an. Diese werden als Aufwendungen verbucht und bewirken eine Gewinnminderung, die aber nicht gerechtfertigt ist, weil sich gleichzeitig der Wert des Sachanlagevermögens erhöht. Es ist daher notwendig, den gebuchten Aufwendungen den Wertzuwachs gegenüber-zustellen und sie auf diese Weise zu neutralisieren. Dies erfolgt über das Konto »Aktivier-te Eigenleistungen«.

Beispiel:

In den Werkstätten der XY-GmbH wird eine Förderanlage gebaut, die dauerhaft dem eige-nen Betrieb dienen soll. Hierfür wurden Löhne in Höhe von 33.000 € gezahlt und Material (Roh-, Hilfs- und Betriebsstoffe im Wert von 75.000 € netto aufgewendet.

Gebucht wird wie folgt (hier: vereinfachte Darstellung der Lohnbuchung):

6200 Löhne	*33.000,00 €*		
		an 2800 Bank	*33.000,00 €*
6000 Aufwendg. Rohstoffe	*75.000,00 €*		
		an 2000 Rohstoffe	*75.000,00 €*
0700 TA und Maschinen	*108.000,00 €*		
		an 5300 Akt. Eigenleistg.	*108.000,00 €*

Die Löhne und Rohstoffaufwendungen werden in die GuV-Rechnung abgeschlossen und schlagen sich dort auf der Sollseite aufwandswirksam nieder. Das Konto »Aktivierte Eigenleistungen« wird ebenfalls in die GuV-Rechnung abgeschlossen und schlägt sich darin auf der Habenseite ertragswirksam nieder. Innerhalb der GuV-Rechnung werden die Erträge und Aufwendungen, die mit der Eigenherstellung in Zusammenhang stehen, also neutralisiert.

Das Konto »Technische Anlagen und Maschinen« wird ins Schlussbilanzkonto abge-schlossen. Damit ist der Wertzuwachs im Sachanlagevermögen zutreffend dokumentiert.

2.2.2.7.3   Wertminderungen des Sachanlagevermögens: Abschreibungen

Das deutsche Handelsrecht wird vom **Vorsichtsprinzip** dominiert. Hieraus ergibt sich eine Pflicht zum niedrigeren Wertansatz, wenn ein Wirtschaftsgut durch Abnutzung, Substanzverringerung oder aus einem sonstigen Grund an Wert eingebüßt hat.

Diese Abschreibungspflicht betrifft nicht nur das abnutzbare Sachanlagevermögen, sondern auch Gegenstände des immateriellen Vermögens und des Umlaufvermögens, und beschränkt sich nicht auf die planmäßige Berücksichtigung vorhersehbarer Abnutzungen, sondern erstreckt sich auch auf Wertkorrekturen aufgrund außerplanmäßiger Umstände.

2.2.2.7.3.1   Wertansätze

Gemäß § 253 HGB Abs. 1 und 2 sind Vermögensgegenstände grundsätzlich höchstens mit ihren Anschaffungs- oder Herstellungskosten anzusetzen. Eine Höherbewertung ist auch dann nicht zulässig, wenn der Wert des Gegenstandes im Zeitverlauf steigt: So wird ein unbebautes Grundstück auch bei steigenden Grundstückspreisen immer nur mit seinen historischen Anschaffungskosten aktiviert. Die Differenz zwischen diesem Bilanzwert und dem tatsächlichen Verkehrswert stellt eine stille Reserve dar, die erst bei Veräußerung des Grundstücks offengelegt wird.

Unterschreitungen der historischen Anschaffungs- bzw. Herstellungskosten gehen auf die Anwendung des → **Niederstwertprinzips** zurück, das – in Abhängigkeit von der Zuordnung des Gegenstandes zum Anlage- oder Umlaufvermögen, von der Rechtsform des bilanzierenden Unternehmens und von der Dauerhaftigkeit der Wertminderung – in strenger Form (eine Wertminderung erzwingend) oder in gemilderter Form (eine Wertminderung ermöglichend) anzuwenden ist.

2.2.2.7.3.2   Planmäßige und außerplanmäßige Abschreibungen

Planmäßige Abschreibungen können nur an abnutzbaren Anlagegütern vorgenommen werden, weil nur diese in ihrer Nutzung zeitlich begrenzt sind; § 253 Abs. 2 S. 1, 2 HGB:

> »Der Plan muss die Anschaffungs- oder Herstellungskosten auf die Geschäftsjahre verteilen, in denen der Vermögensgegenstand voraussichtlich genutzt werden kann«.

Steuerrechtlich ergibt sich diese Pflicht zur Abschreibung aus § 6 EStG.

Die planmäßige Abschreibung setzt die Bestimmung einer betriebsgewöhnlichen Nutzungsdauer und – bei beweglichem Vermögen – die Wahl des Abschreibungsverfahrens (siehe unten) voraus.

Handels- und Steuerrecht lassen neben den planmäßigen Abschreibungen auch außerplanmäßige Abschreibungen sowohl auf das abnutzbare als auch auf das nicht abnutzbare Anlagevermögen zu, wenn eine außerplanmäßige technische oder wirtschaftliche Abnutzung eingetreten ist. Außerplanmäßige technische Abnutzungen sind im Allgemeinen schadensbedingt (Unfall, Brand, Explosion, nachträgliche Aufdeckung einer Bodenverseuchung), während außerplanmäßige wirtschaftliche Abnutzungen gleichbedeutend sind mit einer Entwertung, etwa dann, wenn wegen geänderter Marktbedingungen (z. B. Innovationen, Modewechsel) ein Preisverfall eingetreten ist. Die außerplanmäßigen Abschreibungen treten neben die planmäßigen Abschreibungen, sind also zusätzlich vorzunehmen.

Für das abnutzbare und das nicht abnutzbare Anlagevermögen gilt im Handelsrecht

– das **strenge Niederstwertprinzip** (= zwingender Ansatz des geringeren Wertes) im Falle einer dauerhaften Wertminderung und

– das **gemilderte Niederstwertprinzip** (Wahlrecht) im Falle einer vorübergehenden Wertminderung.

Steuerrechtlich sind außerplanmäßige Abschreibungen nur bei dauerhafter Wertminderung zulässig.

2.2.2.7.3.3   Die betriebsgewöhnliche Nutzungsdauer

Die Dauer der wirtschaftlichen Nutzbarkeit des Vermögensgegenstandes (die nicht identisch mit seiner technischen Nutzbarkeit, sondern im Allgemeinen kürzer ist) ist vorsichtig zu schätzen. Die Praxis hat sich dabei an den Tabellen für die Absetzung für Abnutzung (den so genannten **AfA-Tabellen**), die vom Bundesminister der Finanzen herausgegeben werden, zu orientieren.

Diese Tabellen gelten für das bewegliche Anlagevermögen; für unbewegliches Anlagevermögen (Gebäude) vgl. § 7 Abs. 4 und 5 EStG. Abweichungen von den in den Tabellen vorgegebenen Richtwerten sind gegenüber der Finanzverwaltung zu begründen.

Die folgende Übersicht enthält einige Beispiele für die Nutzungsdauer häufig vorkommender Wirtschaftsgüter, die der »AfA-Tabelle für allgemein verwendbare Anlagegüter« entnommen wurden.

Anlagegüter	Nutzungsdauer in Jahren
Adressiermaschinen	8
Akkumulatoren	10
Aktenvernichter	8
Alarmanlagen	11
Anhänger	11
Anleimmaschinen	13
Anspitzmaschinen	13
Antennenmasten	10
Arbeitsbühnen (mobil)	11
Arbeitsbühnen (stationär)	15
Arbeitszelte	6

Der konkrete AfA-Betrag wird (bei linearer Abschreibung, siehe unten) ermittelt, indem der Anschaffungspreis des Wirtschaftsguts durch die in der AfA-Tabelle genannte Nutzungsdauer geteilt wird. Das Ergebnis kann nach Auskunft des Finanzministeriums auf volle Euro aufgerundet werden.

2.2.2.7.3.4   Abschreibungsverfahren im Überblick

Nachfolgend soll die planmäßige Abschreibung von Gegenständen des beweglichen abnutzbaren Anlagevermögens behandelt werden. Hierzu gehören technische Anlagen und Maschinen einschließlich des Fuhrparks sowie die Betriebs- und Geschäftsausstattung.

Bei diesen Gegenständen kann die Absetzung für Abnutzung (AfA) entweder

– in gleichen Jahresbeträgen (linear; § 7 Abs. 1 S. 1 EStG) oder

– nach Maßgabe der Leistung (sofern wirtschaftlich begründet) oder

– nur für Gegenstände, **die vor dem 01.01.2008** angeschafft wurden, in fallenden Jahresbeträgen nach einem unveränderlichen Hundertsatz vom jeweiligen Buchwert (Restwert) erfolgen.

Dabei ist § 5 Abs 1 S. 1 EStG zu beachten:

»Steuerrechtliche Wahlrechte bei der Gewinnermittlung sind in Übereinstimmung mit der handelsrechtlichen Jahresbilanz auszuüben«.

Die in der Handelsbilanz gewählte Abschreibungsmethode muss somit auch in der Steuerbilanz praktiziert werden.

Da die Wahl der Abschreibungsmethode meist aufgrund steuerlicher Überlegungen getroffen wird, ist die → **umgekehrte Maßgeblichkeit** zu beachten (das Beispiel in Abschnitt 2.2.3.1.6.2 wird den Zusammenhang verdeutlichen).

Im Jahr der Anschaffung ist die Abschreibung **zeitanteilig** (»**pro rata temporis**« = monatsweise, beginnend mit Anfang des Anschaffungsmonats) vorzunehmen.

Falls von vornherein mit der Erzielung eines nennenswerten **Resterlöses** (z. B. eines Schrottwerts) am Ende der Nutzungsdauer zu rechnen ist, muss dieser bei der Berechnung des Basisbetrages für die Abschreibung von den Anschaffungskosten abgezogen werden, damit er nicht mit abgeschrieben wird. Der Restbuchwert nach Vollabschreibung entspricht dann dem Resterlös.

Änderungen des **Abschreibungsplanes** bezüglich der Methode, der Rechenbasis oder der Nutzungsdauer dürfen nur mit sachlicher Begründung und auch nur dann vorgenommen werden, wenn sie erforderlich sind, um eine drohende Überbewertung zu verhindern. Verzicht auf die Abschreibung oder ihr zeitweiliges Aussetzen sind generell untersagt.

2.2.2.7.3.5   Die lineare Abschreibung

Bei der linearen Abschreibung werden die Anschaffungs- oder Herstellungskosten in gleichen Jahresbeträgen auf Nutzungsdauer verteilt, d. h. der Abschreibungsbetrag errechnet sich nach der Formel

$$\text{Jahres-AfA} = \frac{\text{Anschaffungskosten}}{\text{betriebsgewöhnliche Nutzungsdauer}}$$

Beispiel:

Die Anschaffungskosten einer am 5. Januar 2008 angeschafften Maschine betragen 80.000 € . Die betriebsgewöhnliche Nutzungsdauer wird auf 8 Jahre festgesetzt. Danach ergibt sich die folgende Abschreibungsverteilung:

Datum	Abschreibung in €	Buchwert in € nach Abschreibung
05.01.08		80.000
31.12.08	10.000	70.000
31.12.09	10.000	60.000
31.12.10	10.000	50.000
31.12.11	10.000	40.000
31.12.12	10.000	30.000
31.12.13	10.000	20.000
31.12.14	10.000	10.000
31.12.15	10.000	0

Lineare Abschreibung

2.2.2.7.3.6   Die geometrisch-degressive Abschreibung

Die degressive Abschreibung war in den vergangenen Jahrzehnten vielfach die bevorzugte Methode, weil sie, außer bei kurzlebigen Gegenständen, in den ersten Jahren nach der Anschaffung eine höhere Absetzung (und damit einen geringeren Gewinnausweis mit der Folge einer geringeren Ertragsteuerschuld) ermöglichte als die lineare Abschreibung. Mit der Unternehmenssteuerreform 2008 wurde die degressive Abschreibung ausgesetzt: Auf Gegenstände, die nach dem 31. 12. 2007 angeschafft wurden, war diese Methode daher nicht mehr abwendbar. Wegen der Ende 2008 einsetzenden Wirtschaftskrise wurde aber kurzfristig die Wiedereinsetzung der degressiven AfA für Gegenstände, die nach dem 31.12.2008 und vor dem 1.1.2011 angeschafft wurden, vorgenommen.

Die geometrisch-degressive (kurz: degressive) Abschreibung verteilt die Anschaffungs- oder Herstellungskosten in zunächst größeren, im Zeitverlauf geringer werdenden Jahresbeträgen auf die Nutzungsdauer. Zum einen führt dieses Verfahren bei vielen Wirtschaftsgütern zu einer Anpassung des Buchwerts an die Marktentwicklung des Verkehrswerts, der häufig in den Anfangsjahren stärker abnimmt als in späteren Jahren; zum anderen wird auf diese Weise eine etwa gleich bleibende Summe aus Abschreibungsbeträgen und Reparaturkosten erreicht: Etwa im selben Maße, in dem erstere fallen, nehmen letztere im Zeitverlauf zu.

Der Abschreibungsbetrag wird Jahr für Jahr dadurch ermittelt, dass auf den am Jahresanfang zu Buche stehenden Wert des Gegenstandes (»Restbuchwert«) ein gleichbleibender Prozentsatz angewendet wird. Dabei gilt für Gegenstände, die in 2006 oder 2007 angeschafft wurden, dass der auf den Restbuchwert anzuwendende Prozentsatz maximal das 3fache der linearen AfA, dabei aber höchstens 30 %, betragen darf (davor galt das 2fache der linearen AfA bzw. 20 %). Für 2008 war die degressive AfA ausgesetzt – s. o.; für 2009 und 2010 gelten 25 % (das 2,5fache).

Die Wahl des Abschreibungssatzes ist also eine **Minimierungsaufgabe**, die sich wie folgt darstellt:

$$\text{Abschreibungssatz} = \left(3 \cdot \frac{100}{\text{Nutzungsdauer}} \; ; \; 30\,\% \right) \text{min!}$$

Beispiel:

Der Buchhalter der XY-GmbH hat die Anweisung erhalten, alle Bewertungen unter dem Gesichtspunkt der Ertragsteuerminimierung vorzunehmen. Daher hat er sich bei einer zu Beginn des Geschäftsjahres für 100.000 € neu angeschafften Maschine, deren Nutzungsdauer auf 12 Jahre festgesetzt wurde, für die geometrisch-degressive Abschreibung entschieden.

Der Abschreibungssatz ergab sich aus folgender Überlegung:

$$\text{Abschreibungssatz} = \left(3 \cdot \frac{100}{12} \; ; \; 30\,\% \right) \text{min!} = (25\,\% \; ; \; 30\,\%) \text{min!};$$

demnach beträgt der Abschreibungssatz 25 %.

Der Abschreibungsbetrag für das erste Jahr errechnet sich aus

$$\frac{100.000 \cdot 25}{100} \; = \; 25.000\ €$$

Bei linearer Abschreibung wären es nur $\dfrac{100.000}{12}$ *= 8.333,33 € gewesen.*

Es liegt in der Natur der geometrisch-degressiven Abschreibung, dass der Restbuchwert niemals den Wert Null erreichen kann. Da das Unternehmen aber im Allgemeinen das Ziel der Steuerbarwertminimierung verfolgt und damit daran interessiert ist, »möglichst früh möglichst viel« abzuschreiben, empfiehlt es sich, diese Methode nicht (was durchaus zulässig wäre) bis zum Ende der betriebsgewöhnlichen Nutzungsdauer zu verfolgen und an deren Ende den Restbuchwert in einer Summe abzuschreiben, sondern stattdessen einen **Methodenwechsel** vorzunehmen.

Obwohl der Grundsatz der Bewertungsstetigkeit (§ 252 Abs. 1 Nr. 6 HGB) gilt, ist ein Wechsel von der geometrisch-degressiven zur linearen Abschreibung zu einem beliebigen Zeitpunkt zulässig. Dieser Wechsel sollte im Sinne der oben erwähnten Steuerbarwertminimierung in derjenigen Periode erfolgen, in der der Abschreibungsbetrag, der sich ergibt, wenn der Restbuchwert linear auf die Restnutzungsdauer verteilt wird, den planmäßigen geometrisch-degressiven Abschreibungsbetrag übersteigt, wenn also gilt

Restbuchwert : Restnutzungsdauer > Restbuchwert · geom.-degr. AfA-Satz

Beispiel:

Es wird wiederum von einem Anschaffungswert von 80.000 € und einer betriebsgewöhnlichen Nutzungsdauer von 8 Jahren ausgegangen. Die folgende Tabelle enthält neben der Angabe des Restbuchwertes und des geometrisch-degressiven AfA-Betrages auch eine Vergleichsspalte »Restbuchwert (RBW) : Restnutzungsdauer (RND)«. Der Methodenwechsel erfolgt, sobald der in dieser Spalte enthaltene Wert den Wert der Spalte »AfA degr.« übersteigt oder mindestens erreicht.

Nutzungs-dauer/Jahre	Restnutzungs-dauer (RND)	Restbuch-wert (RBW) €	AfA 20% degr./lin (€)	Vergleichswert RBW:RND
1	8	80.000,00	16.000,00	10.000,00
2	7	64.000,00	12.800,00	9.142,86
3	6	51.200,00	10.240,00	8.533,33
4	5	40.960,00	8.192,00	8.192,00
5	4	32.768,00	6.553,00	8.192,00
6	3	24.576,00	8.192,00	–
7	2	16.384,00	8.192,00	–
8	1	8.192,00	8.192,00	–
9	0	0,00	0,00	–

Geometrisch-degressive Abschreibung mit Methodenwechsel

2.2.2.7.3.7 Die Leistungsabschreibung

Eine Abschreibung nach Maßgabe der Leistung (Leistungsabschreibung) ist zulässig, wenn

– das gesamte Leistungsvermögen des Wirtschaftsgutes vorab anhand von Herstellerangaben oder aufgrund von Erfahrungen abgeschätzt werden kann und

– die Voraussetzungen für eine Messung der tatsächlichen Leistungsabgabe vorliegen.

Beispiel:

Die Gesamtfahrleistung eines neu erworbenen Lastkraftwagens wird auf 350.000 km geschätzt. Die Anschaffungskosten des Fahrzeugs betrugen 126.000 €. Auf jeden Fahrtkilometer entfallen somit 126.000 : 350.000 = 0,36 €. Wenn im ersten Nutzungsjahr lt. Kilometerzähler 28.375 km gefahren wurden, beträgt der zu verrechnende Abschreibungsbetrag 28.375 · 0,36 = 10.215 €.

2.2.2.7.3.8   Abschreibungsverfahren bei geringwertigen Wirtschaftsgütern

Für geringwertige Wirtschaftsgüter (GWG) gelten besondere Abschreibungsregeln. Als GWG werden Wirtschaftsgüter bezeichnet, auf die die folgenden Eigenschaften zutreffen:

– Zugehörigkeit zum beweglichen abnutzbaren Sachanlagevermögen,
– Anschaffungskosten von höchstens 150 € (bei Anschaffung **nach** dem 31. 12. 2007; zuvor galt eine Grenze von 410 €), jeweils ohne Umsatzsteuer,
– selbstständige Nutzbarkeit,
– Aufnahme in einem besonderen laufend zu führenden Bestandsverzeichnis unter Angabe von Anschaffungskosten.

Wirtschaftsgüter, die diese Bedingungen erfüllen, **müssen** im Jahr der Anschaffung oder Einlage vollständig abgeschrieben werden.

Ab dem 1.1.2008 sind alle Wirtschaftsgüter, die binnen eines Geschäftsjahres angeschafft wurden und bei Anschaffung mehr als 150 €, aber höchstens 1.000 € gekostet haben, in einen gemeinsamen Sammelposten (**»Pool«**) einzustellen und binnen 5 Jahren gemeinsam abzuschreiben.

2.2.2.7.4   Veräußerung und Entnahme von Anlagen

Verkauf oder Entnahme eines Anlagegegenstandes (Ausnahme: Grundstücke und Gebäude, die der Grunderwerbsteuer unterliegen) wirken sich im Allgemeinen erfolgswirksam (und dabei durchweg gewinnerhöhend) aus, da der Verkaufserlös bzw. Entnahmewert nur ausnahmsweise exakt mit dem Restbuchwert zusammenfällt. Die Erfolgswirkung kann nur bestimmt werden, wenn vor der Verbuchung des Verkaufserlöses bzw. Entnahmewertes zunächst die monatsgenaue Abschreibung für das laufende Jahr einschließlich des dem Abgang vorangehenden Monats vorgenommen wird. Der Buchwertabgang wird über das Konto

6979 Anlagenabgänge

und der über den Restbuchwert hinausgehende Werte über das Konto

5410 Erlöse aus Anlagenabgängen

gebucht. Auf den Nettoverkaufspreis bzw. den bei Entnahme und Überführung ins Privatvermögen anzusetzenden → **Teilwert** fällt Umsatzsteuer an.

Bei Inzahlunggaben werden der Anlagenabgang des in Zahlung gegebenen Gegenstandes und der Neuerwerb nicht verrechnet, sondern separat gebucht.

2.2.2.8   Die Privatkonten

Der Einzelunternehmer oder der vollhaftende Gesellschafter einer Personengesellschaft kann seinem Betrieb Sachen (z. B. Grundstücke, Fahrzeuge, Waren, Geld) oder Nutzungen und Leistungen für sich, seinen Haushalt oder für andere betriebsfremde Zwecke entnehmen (§ 4 Abs. 1 S. 2 EStG) oder auch Sachen aus seinem privaten Vermögen in den Betrieb einlegen (§ 4 Abs. 1 S. 5 EStG). Leistungen, die er für den Betrieb erbringt (etwa seine Arbeitskraft) sind dabei nicht als Einlage anzusehen.

Derartige Privateinlagen und Privatentnahmen sind selbstverständlich buchungspflichtig und ggf. umsatzsteuerwirksam. Sie verändern die Höhe des Eigenkapitals, werden aber nicht direkt auf dem Eigenkapitalkonto verbucht, sondern über ein Privatkonto, das am Jahresende aber über das Eigenkapitalkonto abgeschlossen wird. In Personengesellschaften mit mehreren vollhaftenden Gesellschaftern werden Eigenkapital- und Privatkonten für jeden Gesellschafter geführt.

2.2.2.8.1   Privatentnahmen

Unentgeltliche Entnahmen des Unternehmers (hierunter sind im Folgenden entweder ein Einzelunternehmer oder ein voll haftender Gesellschafter einer → Personengesellschaft zu verstehen) sind nach § 6 Abs. 1 Nr. 4 EStG mit dem → **Teilwert** und nicht mit dem Buchwert anzusetzen: Anderenfalls wäre es möglich, dass der Unternehmer dem Betrieb voll abgeschriebene Gegenstände zum Buchwert von 0 entnimmt, obwohl sie noch einen Marktwert besitzen. Durch die Entnahme zum Teilwert wird die Offenlegung und Besteuerung der dem entnommenen Gegenstand im Zeitpunkt der Entnahme noch innewohnenden stillen Reserve sichergestellt.

Die Buchung erfolgt auf dem Konto »5420 Entnahme von Gegenständen und sonstigen Leistungen« (»Entnahme vGusL«).

Beispiel:

Der Alleininhaber eines Fahrradgeschäfts möchte seiner Tochter ein Fahrrad aus seinem eigenen Warenbestand schenken. In diesem Fall gilt als Teilwert der Wiederbeschaffungswert, der im Allgemeinen dem Einkaufspreis entspricht. Im Einkauf hat das Fahrrad 400 € netto gekostet.

Die Buchung lautet

3001 Privatkonto	*476,00 €*		
		an 5420 Entnahme vGusL	*400,00 €*
		an 4800 Umsatzsteuer	*76,00 €*

Am Jahresende werden das Privatkonto und das Entnahmekonto wie folgt ausgebucht (unter der Annahme, dass dort keine weiteren Beträge aufgelaufen sind):

5420 Entnahme vGusL	*400,00 €*		
		an 8020 GuV	*400,00 €*
3000 Eigenkapital	*476,00 €*		
		an 3001 Privatkonto	*476,00 €*

Auch Leistungen können entnommen werden. Ein in der Praxis häufiger Fall ist die Nutzung des geschäftlichen PKW für private Zwecke.

2.2.2.8.2   Privateinlagen

Sacheinlagen

Sacheinlagen müssen nach § 6 Abs. 1 Nr. 5 EStG grundsätzlich ebenfalls mit dem Teilwert bewertet werden, auch wenn dieser – etwa im Fall der Einbringung eines Grundstücks, das sich seit langem im Familienbesitz befindet – die historischen → Anschaffungskosten überschreitet. Ausnahmen: Wenn der eingelegte Gegenstand innerhalb der letzten drei Jahre vor der Zuführung zum Betriebsvermögen angeschafft bzw. hergestellt wurde, bilden die damals angefallenen Anschaffungs- bzw. Herstellungskosten die Bewertungsobergrenze. Gleiches gilt, wenn es sich bei der Einlage um eine wesentliche Beteiligung an einer → Kapitalgesellschaft nach § 17 Abs. 1 EStG handelt.

Die Anschaffungs- und Herstellungskosten eingelegter abnutzbarer Wirtschaftgüter müssen um fiktive Abschreibungen gekürzt werden.

Beispiel:

Ein Unternehmer legt eine Schreibtischkombination, die er im Januar 1998 privat für (umgerechnet) 2.600 € erworben hatte, am 1.1. 2008 in sein Betriebsvermögen ein. Seit der Anschaffung sind 10 Jahre vergangen; lt. AfA-Tabelle sind Büromöbel aber über 13 Jahre abzuschreiben. Hätte das Möbelstück von Anfang an zum Betriebsvermögen gehört, hätte es bei linearer Abschreibung im Zeitpunkt der Einlegung noch einen Buchwert von 600 € gehabt (Achtung: da in der Privatsphäre kein Vorsteuerabzug möglich ist, wird bei Berech-

nung der fiktiven Abschreibung der Bruttowert zugrunde gelegt). Erkundungen im einschlägigen Fachhandel und in Auktionsportalen ergeben allerdings, dass in Art und Alter vergleichbare Möbelstück noch mit 800 € gehandelt werden. Diese werden als Teilwert zugrunde gelegt.

Die Buchung lautet also

0870 Büromöbel/Sonst.			
Geschäftsausstattung	*800,00 €*		
		an 3001 Privatkonto	*800,00 €*

Wird ein Gegenstand eingelegt, der zu einem früheren Zeitpunkt aus dem Betriebsvermögen entnommen worden ist, treten der damalige Entnahmezeitpunkt und Entnahmewert an die Stelle des Anschaffungs- bzw. Herstellungszeitpunkts und -werts.

Sonstige Einlagen

Als weitere Einlagen kommen

– Bareinlagen,

– Buchgeldeinlagen in Form von Überweisungen vom Privat- auf das Geschäftskonto,

– Nutzungseinlagen (bei Nutzung eines privaten Gegenstandes, z. B. des privaten PKW, für geschäftliche Zwecke) und

– Aufwandeinlagen (Begleichung einer Betriebsausgabe mit privaten Mitteln)

in Betracht. Die Verbuchung wird exemplarisch an einer Aufwandeinlage gezeigt:

Ein Unternehmer zahlt einen Büromaterialeinkauf von 238 € brutto aus seinem privaten Portemonnaie.

Gebucht wird

6800 Büromaterial	*200,00 €*		
2600 Vorsteuer	*38,00 €*		
		an 3001 Privatkonto	*238,00 €*

Der Abschluss der Privatkonten erfolgt über das Eigenkapitalkonto.

2.2.2.9   Buchungen im Personalbereich

Bei der Verbuchung von Löhnen und Gehältern ist zu beachten, dass die Abzüge, die den Arbeitnehmer wirtschaftlich belasten und sein Nettogehalt schmälern – also Lohnsteuer, Kirchensteuer, Solidaritätszuschlag und die Anteile zur Sozialversicherung (Renten-, Kranken-, Pflege- und Arbeitslosenversicherung) – vom Arbeitgeber einzubehalten und bei Fälligkeit abzuführen sind.

Dabei gelten folgende Fälligkeiten:

– **Sozialversicherungsbeiträge**: Beiträge für Löhne und Gehälter sind insgesamt spätestens am drittletzten Bankarbeitstag desselben Monats fällig. Die Abführung erfolgt an die gesetzliche Krankenkasse.

– **Steuern und Solidaritätszuschlag**: Diese sind 10 Tage nach Ablauf des Lohnsteueranmeldezeitraums (in der Regel ist dies ein Monat; nur bei Unterschreitung einer bestimmten Vorjahreslohnsteuerhöhe kann der Anmeldezeitraum ein Vierteljahr oder Jahr sein) an das Finanzamt abzuführen.

Der Arbeitnehmer trägt nur die Hälfte der fälligen Sozialversicherungsbeiträge: Die andere Hälfte wird vom Arbeitgeber getragen, der diese als Sozialaufwand verbucht.

Beispiel (mit vereinfachten Werten):

Für einen ledigen Arbeitnehmer (Steuerklasse I, keine Kinder, keine Zugehörigkeit zu einer Religionsgemeinschaft) ergibt die Gehaltsabrechnung für Monat Mai die folgenden Werte:

Bruttogehalt	*2.164,00 €*
Lohnsteuer	*326,00 €*
Solidaritätszuschlag	*0,00 €*
Kirchensteuer	*0,00 €*
Rentenversicherungsbeitrag	*225,00 €*
Krankenversicherungsbeitrag	*184,00 €*
Pflegeversicherungsbeitrag	*19,00 €*
Arbeitslosenversicherungsbeitrag	*38,00 €*

Bei Auszahlung des Gehalts wird wie folgt gebucht:

6300 Gehälter   2.164,00 €

*an 4830 Verbindlichkeiten gg.
    Finanzamt   326,00 €
an 4840 Verbindlichkeiten gg.
    Sozialversich.-trägern   466,00 €
an 2800 Bank   1.372,00 €*

Buchung des Arbeitgeberanteils zur Sozialversicherung:

*6400 Arbeitgeberanteil zur
    Sozialversicherung   466,00 €*

*an 4840 Verbindlichkeiten gg.
    Sozialversich.-trägern   466,00 €*

Überweisung der abzuführenden Beträge:

*4830 Verbindlichkeiten gg.
    Finanzamt   326,00 €
4840 Verbindlichkeiten gg.
    Sozialversich.-trägern   932,00 €*

an 2800 Bank   1.258,00 €

Neben den vorgenannten Positionen können Vorschuss- und Abschlagszahlungen, vermögenswirksame Leistungen und Sonderbezüge zu berücksichtigen sein.

2.2.2.10   Betriebliche Aufwandssteuern

Während die auf den Unternehmergewinn fällige Einkommensteuer in die Privatsphäre des Unternehmers fällt und die Umsatzsteuer als durchlaufender Posten erfolgsneutral ist, gibt es einige Steuerarten, die betrieblichen Aufwand darstellen. Diese sind gemäß IKR auf folgenden Aufwandskonten zu buchen und entsprechend in den Kalkulationen zu berücksichtigen:

7020	→ Grundsteuer
7030	Kraftfahrzeugsteuer
7080	→ Verbrauchsteuern

Gegenkonto ist in der Regel das Bankkonto.

2.2.3   Der Jahresabschluss

2.2.3.1   Bilanz, Gewinn- und Verlustrechnung, Anhang und Lagebericht

2.2.3.1.1   Wesen und Zweck der Bilanz

In den voranstehenden Abschnitten wurden Bilanzen in ihrem grundsätzlichen Aufbau bereits betrachtet. Dabei konnte der Eindruck entstehen, dass es sich bei der Eröffnungs- und der Schlussbilanz um Teile der Finanzbuchhaltung handelt. Tatsächlich aber werden Bilanzen auf der Basis der in der Inventur ermittelten Werte aufgestellt; sie sind daher Istbestände-Rechnungen und nicht Bestandteil der Buchführung. Sie spiegeln die Wertverhältnisse der Unternehmung zu einem bestimmten Zeitpunkt ab, der bei ihrer Aufstellung und Veröffentlichung bereits mehr oder minder lange in der Vergangenheit liegt, und können insoweit nur bedingt Auskunft über die Situation der Unternehmung geben.

Ausgangspunkt der Untersuchung über die Aufgaben der Bilanz ist die Frage, welche allgemeinen Schutzzwecke der Gesetzgeber mit den Vorschriften über Buchführung und Bilanz verfolgt und welche Bilanzzwecke, -ziele oder -aufgaben er der Buchführung und Bilanz zu deren Erreichung zugewiesen hat. Dabei lassen sich Buchführungs- und Bilanzzwecke kaum trennen.

Wesentlicher Zweck der handelsrechtlichen Buchführungs- und Bilanzvorschriften ist die **Dokumentation**, konkret:

Die Sicherung des Rechtsverkehrs durch Dokumentation der Geschäftsvorfälle und Bündelung der Buchführungszahlen in der Bilanz. Durch die Dokumentation erhalten die Handelsbücher ihre **Beweiskraft**.

Ein weiterer bedeutender Zweck von Buchführung und Bilanz ist der bereits erwähnte **Gläubigerschutz**:

Hieraus wird abgeleitet, dass der Jahresabschluss einen hinreichenden Einblick in die Vermögens- und Ertragslage gewähren muss. Dies beinhaltet die Ermöglichung einer Übersicht über den Erfolg einzelner Zeitabschnitte sowie über den Stand und die Veränderung des eingesetzten Kapitals. Indem der Kaufmann vor sich selbst und im öffentlichen Interesse Rechenschaft über den Stand und die Entwicklung seines Vermögens ablegt und damit seiner Verpflichtung zur Selbstinformation über seine Vermögens- und Ertragslage nachkommt, handelt er gleichzeitig im Sinne des Gläubigerschutzes. Diese Selbstinformation im Interesse seiner Gläubiger war dem Kaufmann bereits in § 1468 des Preußischen Allgemeinen Landrechts von 1794 auferlegt.

Bei Gesellschaften muss das Bilanzrecht darüber hinaus auch die Interessen der Gesellschafter berücksichtigen:

Aus der Sicht des Gesetzgebers tritt der **Schutz der Gesellschafter** neben den Schutz der Gläubiger. Aus der Sicht der Gesellschafter ist die Bilanz Instrument der Rechenschaftslegung und damit auch Instrument der Gewinnermittlung und Grundlage der Gewinnverteilung. So wird nach § 120 Abs. 1 HGB am Schluss jedes Geschäftsjahrs für eine OHG auf Grund der Bilanz der Gewinn oder der Verlust des Jahres ermittelt und für jeden Gesellschafter sein Anteil daran berechnet.

Darüber hinaus schreibt das Gesetz bei Kapitalgesellschaften zum Ausgleich dafür, dass die Gesellschafter den Gläubigern der Gesellschaft nicht haften, im Interesse der Gläubiger eine **Vermögensbindung** vor. Sie soll bewirken, dass die Gesellschaft über einen Haftungsfonds verfügt. Die Vermögensbindung wird in der Weise vorgenommen, dass das Nennkapital auf der Passivseite der Bilanz eingestellt wird. Dadurch muss das Nennkapital der Gesellschaft zusammen mit den Verbindlichkeiten stets durch entsprechende Aktiva gedeckt sein, bevor ein Gewinn ausgewiesen und ausgeschüttet werden darf. Diese Vermögensbindung wird abgesichert durch das prinzipielle Verbot der Einlagenrückgewähr und spezielle Vorschriften einer **Ausschüttungssperre**. Sind in der Bilanz zulässigerweise Aktivpositionen enthalten, die nicht den Charakter eines Vermögensgegenstands haben, und deshalb die Vermögensbindung aushöhlen könnten (z. B. aktivierte Aufwendungen für die Ingangsetzung des Geschäftsbetriebs nach § 269 HGB), so sind entsprechend hohe Gewinnanteile von einer Ausschüttung ausgenommen.

2.2.3.1.2 Bilanzaufstellung, -feststellung, -fristen und -stichtag

Die grundsätzliche Pflicht des Kaufmanns zur Aufstellung einer Bilanz wurde bereits dargelegt. Unter **Aufstellung** ist dabei der vollständige, unterschriftsreife Vorschlag der Geschäftsführung für den Jahresabschluss zu verstehen. Der aufgestellte Jahresabschluss beruht auf der Buchführung, den Inventurwerten und den Abschlussbuchungen. Abzugrenzen ist der Begriff der Aufstellung von dem der **Feststellung**. Nach § 42 a GmbHG haben die Geschäftsführer den Jahresabschluss und den Lagebericht unverzüglich nach der Aufstellung den Gesellschaftern zum Zwecke der Feststellung vorzulegen. Die Gesellschafter haben dann über die Feststellung des Jahresabschlusses und über die Ergebnisverwendung zu beschließen. Mit der Feststellung wird demnach der Jahresabschluss von der Gesellschafterversammlung angenommen. Sofern dieses Feststellungsverfahren weder gesetzlich noch gesellschaftsvertraglich vorgesehen ist, z. B. beim Einzelkaufmann, fallen Aufstellung und Feststellung zusammen. Grundsätze für die Aufstellung ergeben sich aus § 243 HGB. Hiernach ist der Jahresabschluss innerhalb der einem ordnungsgemäßen Geschäftsgang entsprechenden Zeit aufzustellen und muss den **Grundsätzen ordnungsmäßiger Buchführung** entsprechen.

Der Jahresabschluss muss klar und übersichtlich sein. Messlatte ist § 238 Abs. 1 Satz 2 HGB, der für die Buchführung fordert, dass sie so beschaffen sein muss, dass sie einem sachverständigen Dritten innerhalb angemessener Zeit einen Überblick über die Geschäftsvorfälle und die Lage des Unternehmens vermitteln kann. Diese Vorschrift gilt auch für den Jahresabschluss. Notwendig sind daher: **eindeutige Bezeichnung** der einzelnen Bilanzposten, **sachgerechte Gliederung** und **Unterlassen von Saldierungen**. Zwar gibt es eine Gliederungsvorschrift für Bilanz und Gewinn- und Verlustrechnung in den §§ 266 und 275 HGB ausdrücklich nur für die Kapitalgesellschaften; aber auch für Einzelkaufleute und Personengesellschaften verlangt der Klarheitsgrundsatz, dass sie eine Gliederung zumindest an die Regeln für die Kapitalgesellschaften anlehnen.

Der Jahresabschluss muss nicht nur formal klar und übersichtlich sein, er muss auch **inhaltlich richtig** sein. Er darf also keine falschen oder fingierten Positionen enthalten. Legale Bilanzierungs- oder Bewertungswahlrechte dürfen jedoch ausgeübt werden, auch wenn sie zur Bildung von stillen Reserven, d. h. Unterbewertung von Aktivpositionen oder Überbewertung von Passivpositionen führen.

Die Aufstellung des Jahresabschlusses muss innerhalb einer gewissen **Frist** auf einen bestimmten Stichtag (**Bilanzstichtag**) erfolgen. Für Kapitalgesellschaften ergibt sich nach § 264 Abs. 1 HGB eine Aufstellungsfrist von drei Monaten. Diese kann für kleine Kapitalgesellschaften auf längstens sechs Monate nach Geschäftsjahresschluss verlängert werden, allerdings nur, wenn dies einem ordnungsgemäßen Geschäftsgang entspricht. Für Einzelkaufleute und Personengesellschaften gibt es keine konkrete Fristbestimmung, sie haben den Jahresabschluss innerhalb einer »einem ordnungsmäßigen Geschäftsgang entsprechenden Zeit« aufzustellen. Nach der Rechtsprechung kann hierunter ein Zeitraum von nicht länger als einem Jahr verstanden werden.

Besonders hinzuweisen ist auf ein häufiges Missverständnis, dass eine durch das Finanzamt gewährte Fristverlängerung auch die Aufstellungsfrist verlängern würde. Das ist nicht der Fall, denn das Finanzamt kann lediglich die Frist für die Abgabe der Steuererklärung verlängern, keinesfalls aber die Aufstellungsfrist. Eine Fristüberschreitung kann im Zusammenhang mit einer Insolvenz auch strafrechtliche Folgen nach sich ziehen (vgl. § 283 StGB).

2.2.3.1.3 Zum Begriff des Vermögensgegenstandes

Aus dem in § 246 Abs. 1 HGB niedergelegten Vollständigkeitsgrundsatz wird allgemein die Bilanzierungspflicht für Vermögensgegenstände und Schulden hergeleitet. Damit ist jedoch noch nichts darüber ausgesagt, was bilanzrechtlich unter Vermögensgegenstand und Schulden zu verstehen ist. Nach § 242 Abs. 1 HGB hat der Kaufmann »seine« Vermögensgegenstände und Schulden in der Bilanz auszuweisen. Auch diese Vorschrift ist bilanzrechtlich auszulegen. Die Bilanzierungsfähigkeit ist danach aus der Natur der Posten, aus ihrer wirtschaftlichen Zugehörigkeit und aus dem Zeitpunkt des Zuganges abzuleiten.

Aktivierungsfähig sind grundsätzlich nur **Vermögensgegenstände**. Das Gesetz hat aus Gründen der Vorsicht und der Bewertungssicherheit daran festgehalten, dass nur aktiviert oder passiviert werden darf, was sich im Gegenständlichen konkretisiert hat. Als Gegenstände werden im Bürgerlichen Recht u. a. Sachen (körperliche Gegenstände), Immaterialgüterrechte und sonstige Rechte angesehen.

Vermögensgegenstände im Sinne der §§ 242 Abs. 1 und 247 HGB können Sachen, Rechte und sonstige immaterielle Güter sein. Handelsrechtlich wird ein Gut als Vermögensgegenstand angesehen, wenn es selbstständig bewertet werden kann und wenn es selbstständig, d. h. einzeln, veräußert werden kann oder verkehrsfähig ist. Dahinter steht der Gedanke, dass nur ein Wert, der so weit gegenständlich konkretisiert ist, dass er auch für einen Erwerb durch andere in Betracht kommt, ausreichend sicher erfasst, bewertet und notfalls auch verwertet werden kann. Allerdings muss hier die abstrakte Möglichkeit einer Verwertung ausreichen: das Fehlen einer konkreten Nachfrage schließt eine Aktivierung ebenso wenig aus wie ein Veräußerungsverbot.

2.2.3.1.4 Gliederung der Bilanz nach § 266 HGB

Die Aktivseite der Jahresbilanz weist das Bruttovermögen – die Vermögensgegenstände – des Unternehmens aus, die Passivseite die Schulden und das Eigenkapital. Grundsätzlich dürfen Aktivposten nicht mit Passivposten verrechnet werden.

Die einschlägige Literatur beschreibt mehrere Gliederungsprinzipien, von denen aber keines in Reinform in die gesetzlichen Gliederungsvorschriften eingegangen ist. Jedoch haben sich einzelne Elemente niedergeschlagen:

– Die Gliederung nach **Funktionen und Zweckbestimmung** der Vermögensgegenstände nach LE COUTRE hat zu der Unterscheidung in Anlage- und Umlaufvermögen geführt.
– Das **Liquiditätsgliederungsprinzip** ordnet die Vermögensgegenstände nach dem Grad ihrer Liquidierbarkeit, die Posten der Passivseite nach ihrer Fälligkeit.
– Die Gliederung nach **Rechtsverhältnissen** spiegelt sich in der Aufeinanderfolge von Rechten und Sachen wider (die immateriellen Vermögensgegenstände gehen dem Sachanlagevermögen voran).
– Die Einteilung nach dem **Ablaufgliederungsprinzip** ist vor allem für die Vermögenspositionen von Bedeutung. Sie stellt auf den innerbetrieblichen Wertefluss ab. Nach diesem Prinzip unterscheidet man Anlage- und Umlaufvermögen, Roh-, Hilfs- und Betriebsstoffe, unfertige und fertige Erzeugnisse.

Für alle Kaufleute, die keine Kapitalgesellschaften sind, verlangt § 247 Abs. 1 HGB lediglich, dass Anlage- und Umlaufvermögen, Eigenkapital, Schulden sowie Rechnungsabgrenzungsposten gesondert auszuweisen und hinreichend aufzugliedern sind. Was unter hinreichend zu verstehen ist, bestimmt sich nach den allgemeinen Grundsätzen der Klarheit und Übersichtlichkeit. Einerseits kann eine feinere Untergliederung der Übersichtlichkeit dienlich sein, andererseits kann eine zu weitgehende Unterteilung Klarheit und Übersichtlichkeit auch beeinträchtigen.

Für Kapitalgesellschaften ist in § 266 HGB ein Gliederung vorgegeben, die aber auch allen Kaufleuten eine Orientierungshilfe geben kann:

Aktivseite	**Passivseite**
A. Anlagevermögen	A. Eigenkapital
I. Immaterielle Vermögensgegenstände:	I. Gezeichnetes Kapital
1. Konzessionen, gewerbliche Schutzrechte und Werte sowie Lizenzen an solchen Rechten und Werten	II. Kapitalrücklage
2. Geschäfts- oder Firmenwert	III. Gewinnrücklagen
3. geleistete Anzahlungen	1. gesetzliche Rücklage
II. Sachanlagen	2. Rücklage für eigene Anteile
1. Grundstücke, grundstücksgleiche Rechte und Bauten einschließlich der Bauten auf fremden Grundstücken	3. satzungsmäßige Rücklagen
2. technische Anlagen und Maschinen	4. andere Gewinnrücklagen
3. andere Anlagen, Betriebs- und Geschäftsausstattung	IV. Gewinnvortrag/Verlustvortrag
4. geleistete Anzahlungen und Anlagen im Bau	V. Jahresüberschuss/-fehlbetrag
III. Finanzanlagen	VI. (ggf.) Nicht durch Eigenkapital gedeckter Fehlbetrag
1. Anteile an verbundenen Unternehmen	B. Rückstellungen
2. Ausleihungen an verbundene Unternehmen	1. Rückstellungen für Pensionen und ähnliche Verpflichtungen
3. Unternehmensbeteiligungen	2. Steuerrückstellungen
4. Ausleihungen an Unternehmen, mit denen ein Beteiligungsverhältnis besteht	3. Rückstellung für latente Steuern
5. Wertpapiere des Anlagevermögens	4. Sonstige Rückstellungen
6. sonstige Ausleihungen	C. Verbindlichkeiten
B. Umlaufvermögen	1. Anleihen,
I. Vorräte/Vorratsvermögen	– davon konvertibel
1. Roh-, Hilfs- und Betriebsstoffe	2. Verbindlichkeiten gegenüber Kreditinstituten
2. unfertige Erzeugnisse, unfertige Leistungen	3. erhaltene Anzahlungen auf Bestellungen Verbindlichkeiten aus Lieferungen und Leistungen
3. fertige Erzeugnisse und Waren	5. Verbindlichkeiten aus der Annahme gezogener Wechsel und Ausstellung eigener Wechsel
4. geleistete Anzahlungen	6. Verbindlichkeiten gegenüber verbundenen Unternehmen
II. Forderungen und sonstige Vermögensgegenstände	7. Verbindlichkeiten gegenüber Unternehmen, mit denen ein Beteiligungsverhältnis besteht
1. Forderungen aus Lieferungen und Leistungen	8. sonstige Verbindlichkeiten
2. Forderungen gegen verbundene Unternehmen	– davon aus Steuern
3. Forderungen gegen Unternehmen, mit denen ein Beteiligungsverhältnis besteht	– davon im Rahmen der sozialen Sicherheit
4. sonstige Vermögensgegenstände	D. Rechnungsabgrenzungsposten
III. Wertpapiere	
1. Anteile an verbundenen Unternehmen	(Bilanzsumme)
2. eigene Anteile	
3. sonstige Wertpapiere	
C. Rechnungsabgrenzungsposten	
D. (ggf.) Nicht durch Eigenkapital gedeckter Fehlbetrag	
(Bilanzsumme)	

Die Bilanz der Kapitalgesellschaften in der Gliederung des § 266 HGB

Kleine Kapitalgesellschaften brauchen nur eine verkürzte Bilanz aufzustellen, in die die mit Buchstaben und römischen Zahlen gekennzeichneten Positionen gesondert und in der vorgeschriebenen Reihenfolge aufgenommen werden müssen.

2.2.3.1.5 Handelsrechtliche Bilanzierungspflichten, -wahlrechte und -verbote

2.2.3.1.5.1 Bilanzierungspflichten

Für die Bilanzierung, d. h. den Ansatz in der Bilanz **dem Grunde nach** (abzugrenzen von der Bewertung = Ansatz der Höhe nach!), sind ansatzfähige und nicht ansatzfähige Posten zu unterscheiden. Die ansatz- bzw. bilanzierungsfähigen Bilanzposten umfassen alle Aktiva und Passiva, für die eine Bilanzierungspflicht geregelt ist. Dazu können Positionen kommen, für die ein Bilanzierungswahlrecht besteht. Für nicht ansatzfähige Posten enthält das Gesetz Bilanzierungsverbote.

Grundsätzlich besteht ein **Aktivierungsgebot** für die Vermögensgegenstände und eine **Passivierungspflicht** für Schulden. Die **Aktivierungspflicht** besteht gemäß § 240 Abs. 1 HGB für Grundstücke, Forderungen und Schulden, liquide Mittel und sonstige Vermögensgegenstände.

Passivierungspflichtige Schulden liegen vor, wenn der Gläubiger berechtigt ist, vom Kaufmann eine Leistung zu fordern. Diese Leistung muss grundsätzlich erzwingbar und quantifizierbar sein und den Kaufmann wirtschaftlich belasten.

Darüber hinaus bestimmt das HGB in Einzelvorschriften weitere Ansatzpflichten für Posten, die nicht Vermögensgegenstände oder Schulden sind. So leitet sich aus § 247 Abs. 1 HGB die Ansatzverpflichtung für das **Eigenkapital** ab. Diese ergibt sich eigentlich schon zwangsläufig aus der Bilanzgleichung (Aktiva = Passiva) als Unterschied von Vermögen und Schulden.

Weiterhin genannt ist der Ansatz von **Rechnungsabgrenzungsposten** auf der Aktiv- und der Passivseite, die die periodengerechte Zuordnung erfolgswirksamer Vorgänge ermöglichen und weder Vermögensgegenstand noch Schuld (sondern allenfalls Forderungen oder Schulden der Berichtsperiode gegenüber abgelaufenen oder künftigen Perioden) darstellen.

Schwebende Geschäfte werden grundsätzlich nicht bilanziert. Ein Geschäft schwebt, solange die Hauptleistung, die Gegenstand des Geschäfts ist, noch nicht erbracht ist. Dies korrespondiert mit dem Vorgehen in der Buchführung, die lediglich **Erfüllungsgeschäfte**, nicht aber → Verpflichtungsgeschäfte erfasst. Lediglich »drohende Verluste aus schwebenden Geschäften« sind in Form von Rückstellungen zu berücksichtigen.

2.2.3.1.5.2 Bilanzierungswahlrechte

Für den Bilanzansatz (Bewertung dem Grunde nach) bestehen diverse Bilanzierungswahlrechte, von denen einige jedoch nur für Kapitalgesellschaften speziell geregelt sind. Die folgende Übersicht zeigt die wesentlichen Wahlrechte.

Die in der Übersicht enthaltenen Posten sollen anschließend erläutert werden. Auf einzelne dieser Positionen wird später noch eingegangen werden; außerdem werden manche der folgenden Ausführungen sicherlich erst klarer, wenn die Abschnitte zur Maßgeblichkeit und umgekehrten Maßgeblichkeit bearbeitet wurden.

Aktivierungswahlrechte	Passivierungswahlrechte
für alle Kaufleute	
§ 250 Abs. 1 Nr. 1 HGB: Als Aufwand berücksichtige Zölle und Verbrauch- steuern, soweit sie auf am Abschlussstichtag aus- zuweisende Vermögensgegenstände des Vorrats- vermögens entfallen § 250 Abs. 1 Nr. 2 HGB: Als Aufwand berücksichtige Umsatzsteuer auf am Abschlussstichtag auszuweisende oder von den Vor- räten offen abgesetzte Anzahlungen § 250 Abs. 3 HGB: Ist der Rückzahlungsbetrag einer Verbindlichkeit höher als der Ausgabebetrag, so darf der Unter- schiedsbetrag (Disagio) aktiviert werden § 255 Abs. 4 HGB: Der entgeltlich erworbene (derivative) Firmenwert	§ 247 Abs. 3 HGB: Sonderposten mit Rücklageanteil § 249 Abs. 1 HGB: Rückstellungen für unterlassene Aufwendungen für Instandhaltung, wenn die Instandhaltung nach Ab- lauf der Fristen nach Satz 2 Nr. 1 innerhalb des Ge- schäftsjahres nachgeholt wird § 249 Abs. 2 HGB: Bestimmte Aufwandsrückstellungen
nur für Kapitalgesellschaften	
§ 269 HGB: Aufwendungen für die Ingangsetzung und Erweiterung des Geschäftsbetriebs § 274 Abs. 2 HGB: Aktiv abzugrenzende latente Steuern	

Wahlrechte bei der Bilanzierung dem Grunde nach (Bilanzansatz)

Aktivierungswahlrechte für alle Kaufleute:

– **§ 250 Abs. 1, 2 HGB**: Bei den als Aufwand berücksichtigten Zöllen und Verbrauchsteuern sowie Umsatzsteuerzahlungen handelt es sich um **antizipative Posten**, also Ausgaben oder Einnahmen nach dem Bilanzstichtag, die Aufwand oder Ertrag für einen
Zeitraum vor diesem Tag darstellen. Ihr Ausweis als Rechnungsabgrenzungsposten ist
eine absolute Ausnahme, denn antizipative Posten dürfen im Gegensatz zu den **transi-
torischen Posten** (Ausgaben oder Einnahmen vor dem Bilanzstichtag stellen Aufwand
oder Ertrag für einen bestimmten Zeitraum nach dem Bilanzstichtag dar) nicht als Rechnungsabgrenzungsposten bilanziert werden. Dies bedeutet aber nicht, dass diese Posten gar nicht bilanziert werden dürfen: Da sie meist echte Forderungen oder Verbindlichkeiten darstellen, werden sie als »Sonstige Forderungen« bzw. »Sonstige Verbindlichkeiten« erfasst.

– **§ 250 Abs. 3 HGB**: Die Differenz zwischen dem Rückzahlungsbetrag einer Verbindlichkeit und dem niedrigeren Ausgabebetrag heißt **Disagio** (auch Abgeld oder Damnum).
Der Schuldner erhält z. B. von einem Kredit lediglich 95 % ausgezahlt, muss aber 100 %
zurückzahlen. Das Disagio, hier 5 %, stellt einen vorweggenommenen Zins dar. Der
Kaufmann kann im Ausgabejahr (später nicht mehr) entscheiden, ob er den Disagio-
betrag ganz oder teilweise als Rechnungsabgrenzungsposten aktiviert und auf die
Laufzeit des Kredites durch planmäßige Abschreibung verteilt.

– **§ 255 Abs. 4 HGB**: Dieses Aktivierungswahlrecht betrifft den entgeltlich erworbenen
Firmenwert. **Firmenwert** (auch »**Good Will**« genannt) ist der Unterschiedsbetrag, um
den die für die Übernahme eines Unternehmens bewirkte Gegenleistung den Wert der

einzelnen Vermögensgegenstände des Unternehmens abzüglich der Schulden im Zeitpunkt der Übernahme übersteigt, zusammengefasst also ein über dem Reinvermögen gezahlter Mehrpreis. Dieser kann darin begründet sein, dass das veräußerte Unternehmen einen den Substanzwert übersteigenden Ertragswert besitzt und dieser im Kaufpreis abgegolten wird.

Der Firmenwert ist ein immaterieller Wert. Soweit er entgeltlich erworben wurde, ergibt sich ein Aktivierungswahlrecht im Gegensatz zu den sonstigen, entgeltlich erworbenen Werten, für die eine Aktivierungspflicht besteht. Der Firmenwert ist im Aktivierungsfall in jedem folgenden Geschäftsjahr mit mindestens einem Viertel abzuschreiben. Alternativ kann die Abschreibung aber auch über die Nutzungsdauer des Firmenwertes planmäßig verteilt werden. Diesen Weg beschreitet das Steuerrecht, indem es einen Verteilungszeitraum von 15 Jahren vorgibt (§ 7 Abs. 1 Satz 3 EStG).

Aktivierungswahlrechte nur für → Kapitalgesellschaften – »Bilanzierungshilfen«:

– **§ 269 HGB**: Für **Aufwendungen der Ingangsetzung und Erweiterung des Geschäftsbetriebs** gilt nur für Kapitalgesellschaften ein Aktivierungswahlrecht. Es handelt sich dabei z. B. um die Kosten für den Aufbau oder die Erweiterung der Betriebsorganisation, nicht dagegen um Gründungskosten. Dieses Wahlrecht stellt eine **Bilanzierungshilfe** dar, durch deren Ansatz ein etwaiger Verlustausweis, ggf. sogar eine Überschuldung wegen dieser Ingangsetzungsaufwendungen, vermieden werden soll.

– **§ 274 Abs. 2 HGB**: Ebenfalls nur für Kapitalgesellschaften besteht die Wahlmöglichkeit, **latente Steuern** aktivisch abzugrenzen. Auch diese Posten haben den Charakter einer **Bilanzierungshilfe**. Latente Steuern entstehen, wenn Handelsbilanz- und Steuerbilanzgewinn unterschiedlich sind. Nun stellt sich die Frage, wie in der Handelsbilanz der Steueraufwand zu bemessen ist, wenn der Steuerbilanzgewinn abweicht. Die Berechnung der Steuern erfolgt immer nach dem auf der Steuerbilanz basierenden Einkommen. Nimmt man das Handelsbilanzergebnis als Grundlage zur Steuerberechnung, kommt es wegen der tatsächlich zu entrichtenden Steuer zu Differenzen. Als Ausweg aus diesem Dilemma behilft man sich, indem man in der Handelsbilanz die Steuer zunächst nach dem Handelsbilanzergebnis berechnet und die Differenz zur Steuer nach dem Steuerbilanzergebnis als latente Steuer abgrenzt. Soweit das Steuerbilanzergebnis über dem Handelsbilanzergebnis liegt, ergibt sich eine aktivische Abgrenzung für latente Steuern, für die ein Aktivierungswahlrecht besteht. Im umgekehrten Falle ergäbe sich eine passivische Abgrenzung, für die aber eine Passivierungspflicht gegeben ist.

Passivierungswahlrechte für alle → Kaufleute:

– **§ 247 Abs. 3 HGB**: Danach dürfen Passivposten in der Bilanz gebildet werden, die für Zwecke der Steuern vom Einkommen und Ertrag zulässig sind. Diese sind als Sonderposten mit Rücklageanteil auszuweisen und nach Maßgabe des Steuerrechts aufzulösen. Diese Vorschrift steht im Zusammenhang mit bestimmten steuerfreien Rücklagen und nur im Steuerrecht zugelassenen Abschreibungen, z. B. der Rücklage für Ersatzbeschaffung nach R 6.6 EStR und die Rücklage für Reinvestition nach § 6 b EStG.

– **§ 249 Abs. 1, 2 HGB**: Abschließend sei noch auf das Passivierungswahlrecht für bestimmte Aufwandsrückstellungen hingewiesen. Nach können für bestimmte, genau umschriebene, einem früheren oder gegenwärtigen Geschäftsjahr zuzuordnende und mit hoher Wahrscheinlichkeit zu erwartende Aufwendungen Rückstellungen gebildet werden. Eine Nachholung bisher unterlassener Aufwandsrückstellung für frühere Geschäftsjahre ist nicht möglich, die Vorschrift ist eng auszulegen.

Für **Rückstellungen für unterlassene Aufwendungen für Instandhaltung** sind nach § 249 HGB zwei Fälle zu unterscheiden: Werden die unterlassenen Aufwendungen für Instandhaltung im folgenden Geschäftsjahr innerhalb von drei Monaten nachgeholt, sieht § 249 HGB eine Passivierungspflicht vor. Hingegen dürfen (Wahlrecht) Rückstellungen auch gebildet werden, wenn die Instandhaltung nach Ablauf der vorstehenden Frist innerhalb des Geschäftsjahrs nachgeholt wird.

2.2.3.1.5.3   Bilanzierungsverbote

Bilanzierungsverbote schließen den Ansatz bestimmter Vermögensgegenstände und Schulden sowie bestimmter Aufwendungen aus. Darunter fallen im Einzelnen:

- **§ 248 Abs. 1 HGB**: Aufwendungen für die **Gründung** des Unternehmens und für die **Beschaffung des Eigenkapitals** sind keine Vermögensgegenstände und dürfen daher nicht bilanziert werden. Gründungskosten fallen z. B. an für Beratung, Verträge, Beurkundung, Prüfung bei Sacheinlagen und Veröffentlichung. Kapitalbeschaffungskosten ergeben sich aus Bankprovisionen und Prospektkosten. Abzugrenzen sind die Gründungs- und Kapitalbeschaffungskosten von den **Kosten der Ingangsetzung des Geschäftsbetriebs** nach § 269 HGB. Hier dürfen Aufwendungen für den Aufbau der Organisation als → Bilanzierungshilfe angesetzt werden.

- **§ 248 Abs. 2 HGB**: Immaterielle Vermögensgegenstände des Anlagevermögens dürfen nur aktiviert werden, wenn sie entgeltlich erworben wurden. Für unentgeltlich erworbene Vermögensgegenstände besteht daher ein Aktivierungsverbot. Begründet wird dies damit, dass diese Werte besonders unsicher und flüchtig seien, auch sei der Willkür bei der Bewertung Tür und Tor geöffnet, weil es mangels des entgeltlichen Erwerbs an einem natürlichen Interessengegensatz zwischen Käufer und Verkäufer fehle. Die Beschränkung des Aktivierungsverbotes auf das Anlagevermögen ergibt sich aus dem Fehlen des strengen Niederstwertprinzips, welches nur für das Umlaufvermögen gilt.

- **§ 249 Abs. 3 HGB**: Rückstellungen für andere als die in § 249 Abs. 1 und 2 HGB genannten Zwecke – die Vorschrift des § 249 HGB zählt die Rückstellungsmöglichkeiten, unterteilt in Rückstellungspflichten und -wahlrechte, abschließend auf. Für weitere Rückstellungen besteht ein Passivierungsverbot.

- **§ 250 Abs. 1, 2 HGB**: Rechnungsabgrenzungsposten dürfen nur für transitorische Positionen gebildet werden, d. h. für Zahlungsvorgänge vor dem Bilanzstichtag, die für eine bestimmte Zeit nach dem Bilanzstichtag erfolgswirksam werden. Für → **antizipative Posten** ist die Bildung von Rechnungsabgrenzungsposten dagegen untersagt. Damit soll verhindert werden, dass unter den Rechnungsabgrenzungsposten Zahlungen bilanziert werden, denen die Vermögensgegenstands- bzw. Schuldeigenschaft fehlt und bei denen die Erfolgswirksamkeit nach dem Bilanzstichtag zweifelhaft ist: Ihre Bilanzierung wäre dann ein Verstoß gegen das Realisationsprinzip. Um Missverständnissen vorzubeugen, sei nochmals darauf hingewiesen, dass antizipative Vorgänge mit echtem Forderungs- oder Verbindlichkeitscharakter statt dessen als »Sonstige Forderungen« bzw. »Sonstige Verbindlichkeiten« bilanziert werden.

- **§ 255 Abs. 4 HGB**: Geschäftswert ist der Mehrwert eines bestehenden Unternehmens über die Summe aller bewerteten Vermögensgegenstände und Schulden hinaus. Wurde dieser Mehrwert entgeltlich erworben, also durch den Markt bewertet, darf er zum Ansatz kommen; für den selbst geschaffenen Firmenwert, also denjenigen Wert, der sich im Laufe der Geschäftstätigkeit in Form herausgebildet hat und mit dem »Ruf« oder »guten Namen« des Unternehmens umschrieben werden kann, besteht dagegen – nicht zuletzt, weil er sich einer objektiven Bewertung entzieht – ein Aktivierungsverbot.

2.2.3.1.6   Zusammenhang Handelsbilanz – Steuerbilanz: Das Maßgeblichkeitsprinzip

Die **Handelsbilanz** ist die nach den handelsrechtlichen Vorschriften gem. §§ 238 ff HGB erstellte Bilanz.

Sie dient

– der Ermittlung des im abgelaufenen Wirtschaftsjahr erzielten Erfolgs,

– der wertmäßigen Darstellung der Vermögensteile, der Schulden und des investierten Eigenkapitals.

Die **Steuerbilanz** ist eine gem. §§ 4, 5 ff. EStG aufgrund zwingender steuerrechtlicher Vorschriften korrigierte Handelsbilanz. Sie wird von Betrieben, die zur Aufstellung einer Handelsbilanz verpflichtet sind, aus dieser abgeleitet und dient der Ermittlung des steuerrechtlichen Gewinns und damit der Bemessungsgrundlage für die Ertragsbesteuerung.

Den Zusammenhang zwischen beiden Bilanzen begründet § 5 Abs. 1 S. 1 EStG:

»Bei Gewerbetreibenden, die auf Grund gesetzlicher Vorschriften verpflichtet sind, Bücher zu führen und regelmäßig Abschlüsse zu machen, oder die ohne eine solche Verpflichtung Bücher führen und regelmäßig Abschlüsse machen, ist für den Schluss des Wirtschaftsjahres das Betriebsvermögen anzusetzen (§ 4 Abs. 1 Satz 1), das nach den handelsrechtlichen Grundsätzen ordnungsmäßiger Buchführung auszuweisen ist«.

Aus der Formulierung des § 5 Abs. 1 S. 1 ergibt sich der Maßgeblichkeitsgrundsatz, nach dem die Handelsbilanz der Steuerbilanz die Grundlage liefert, die Steuerbilanz somit aus der Handelsbilanz abgeleitet wird und dass die handelsrechtlichen Vorschriften für die Ableitung der Steuerbilanz »maßgeblich« sind.

Hieraus ergibt sich, dass die Handelsbilanz nicht ohne Ansehen der steuerrechtlichen Vorschriften aufgestellt werden kann: Vielmehr sind bei ihrer Aufstellung bereits die Erfordernisse der Steuerbilanz zu berücksichtigen. Dabei ist zu unterscheiden zwischen der Frage, was in der Bilanz überhaupt zu erfassen ist (Bilanzierung **dem Grunde nach**) und der Frage, wie die zu erfassenden Bilanzpositionen zu bewerten sind (Bilanzierung **der Höhe nach; Bewertung**). Aus dem Wortlaut des Einkommensteuergesetzes leitet die herrschende Meinung folgende Grundsätze ab:

1. Die Bilanzierung dem Grunde nach wird durch die GoB und damit durch das Handelsrecht beantwortet.

2. Die Bilanzierung der Höhe nach richtet sich vorrangig nach steuerrechtlichen Vorschriften und nur nachrangig (subsidiär) nach den GoB.

2.2.3.1.6.1   Maßgeblichkeit bei Bilanzierung der Höhe nach (Bewertung)

Die oben zuletzt getroffene Feststellung ist von besonderer Bedeutung: denn aus ihr folgt, dass bei jeder Bewertung zu prüfen ist, welche Bewertungsmöglichkeiten das Steuerrecht vorsieht und wie diese in Übereinstimmung mit dem Handelsrecht ausgeübt werden können. Eine Bewertung allein nach handelsrechtlichen Vorschriften kommt daher nur dann zur Anwendung, wenn das Steuerrecht eine Bewertungsfrage entweder überhaupt nicht klärt oder Bewertungswahlrechte lediglich einräumt.

Praktisch muss bei Bewertung einer Bilanzposition also zunächst geprüft werden, welche Wertansätze das Steuerrecht vorsieht. Häufig werden darin Wahlrechte kodifiziert sein, die das Handelsrecht selbst gar nicht vorsieht. In diesem Falle greifen § 5 Abs. 1 Satz 2 EStG

»Steuerrechtliche Wahlrechte bei der Gewinnermittlung sind in Übereinstimmung mit der handelsrechtlichen Jahresbilanz auszuüben«

sowie die folgenden handelsrechtlichen Regelungen:

»Passivposten, die für Zwecke der Steuern vom Einkommen und vom Ertrag zulässig sind, dürfen in der Bilanz gebildet werden. Sie sind als Sonderposten mit Rücklageanteil auszuweisen und nach Maßgabe des Steuerrechts aufzulösen. Einer Rückstellung bedarf es insoweit nicht.« (§ 247 Abs. 3 HGB)

»Abschreibungen können auch vorgenommen werden, um Vermögensgegenstände des Anlage- oder Umlaufvermögens mit dem niedrigeren Wert anzusetzen, der auf einer nur steuerrechtlich zulässigen Abschreibung beruht. § 253 Abs. 5 ist entsprechend anzuwenden.«(§ 254 HGB)

»Der Sonderposten mit Rücklageanteil (§ 247 Abs. 3) darf nur insoweit gebildet werden, als das Steuerrecht die Anerkennung des Wertansatzes bei der steuerrechtlichen Gewinnermittlung davon abhängig macht, dass der Sonderposten in der Bilanz gebildet wird. Er ist auf der Passivseite vor den Rückstellungen auszuweisen; die Vorschriften, nach denen er gebildet worden ist, sind in der Bilanz oder im Anhang anzugeben.« (§ 273 HGB)

»Von der Zuschreibung nach Absatz 1 kann abgesehen werden, wenn der niedrigere Wertansatz bei der steuerrechtlichen Gewinnermittlung beibehalten werden kann und wenn Voraussetzung für die Beibehaltung ist, dass der niedrigere Wertansatz auch in der Bilanz beibehalten wird.« (§ 280 Abs. 2 HGB)

2.2.3.1.6.2   Umgekehrte Maßgeblichkeit

Steuerliche Bewertungswahlrechte werden, um die Einheit von Handels- und Steuerbilanz zu wahren, also auch im Handelsrecht zugelassen. Die aus der Ausübung des steuerlichen Wahlrechts resultierende Bewertung muss zunächst in der Handelsbilanz angewendet werden, um danach in der Steuerbilanz anerkannt zu werden. Dieser Sachverhalt wird als **umgekehrte Maßgeblichkeit** bezeichnet und betrifft unter anderem erhöhte Abschreibungen, Sonderabschreibungen, Rücklagen gem. § 6b EStG usw.

Beispiel (die geschilderte degressive Abschreibung ist nur für Gegenstände zulässig, die **vor dem 1.1.2008** *angeschafft wurden):*

Ein Unternehmer möchte eine in 2007 neu angeschaffte Maschine in der Steuerbilanz 2007 degressiv abschreiben, weil der damit einhergehende Abschreibungsbetrag höher – und die sofortige Steuerersparnis damit größer – ist als im Falle einer linearen Abschreibung. § 7 Abs. 2 S. 2 EStG alter Fassung lässt dies für Anschaffungen in 2007 auch zu, allerdings in Form einer Kann-Bestimmung und keineswegs zwingend. Damit kommt es nun entscheidend darauf an, wie die Bewertung in der bereits fertig gestellten Handelsbilanz vorgenommen wurde: Erfolgte darin eine lineare Abschreibung, muss aufgrund der Maßgeblichkeit der Handelsbilanz für die Steuerbilanz nun auch in der Steuerbilanz eine lineare Abschreibung erfolgen. Ist der Handelsabschluss dagegen noch nicht fertig, muss zunächst auch für seine Zwecke eine degressive Abschreibung vorgenommen werden.

Abweichungen zwischen Handels- und Steuerbilanz hinsichtlich der Bewertung eines Wirtschaftsgutes können sich nur in solchen Fällen ergeben, in denen das Steuerrecht **zwingend** eine bestimmte Bewertung vorschreibt, die von den handelsrechtlichen Vorschriften abweicht. Nur in diesen Fällen erfolgt ein unterschiedlicher Ansatz in Handels- und Steuerbilanz!

Die folgende Abbildung verdeutlicht den Sachverhalt der Maßgeblichkeit und der umgekehrten Maßgeblichkeit.

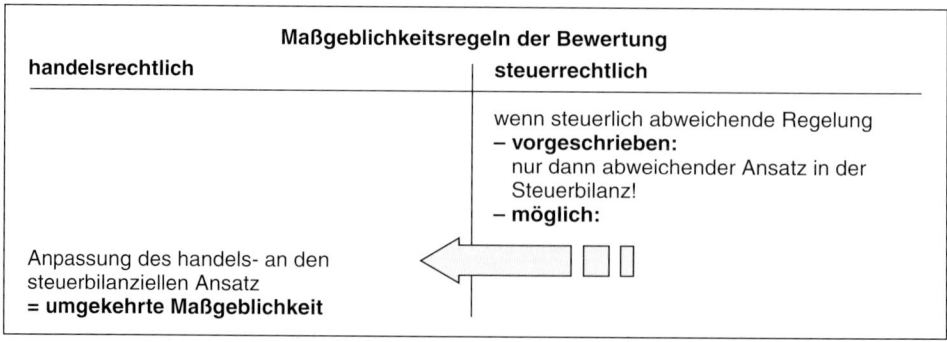

Maßgeblichkeitsregeln der Bewertung	
handelsrechtlich	**steuerrechtlich**
	wenn steuerlich abweichende Regelung – **vorgeschrieben:** nur dann abweichender Ansatz in der Steuerbilanz! – **möglich:**
Anpassung des handels- an den steuerbilanziellen Ansatz **= umgekehrte Maßgeblichkeit**	

Maßgeblichkeit/umgekehrte Maßgeblichkeit bei der Bewertung von Bilanzpositionen

2.2.3.1.6.3 Maßgeblichkeit bei Bilanzierung dem Grunde nach (Bilanzansatz)

Grundsätzlich gilt:

– Was handelsrechtlich zu aktivieren ist, ist auch steuerrechtlich zu aktivieren;

– was handelsrechtlich zu passivieren ist, muss auch in der Steuerbilanz auf der Passivseite erscheinen.

Abweichungen zwischen Handels- und Steuerbilanz **hinsichtlich der Bilanzierung** können sich nur in solchen Fällen ergeben, in denen das Handelsrecht ein Wahlrecht hinsichtlich Aktivierung oder Passivierung vorsieht. In diesen Fällen gilt:

– Aus einem handelsrechtlichen Aktivierungswahlrecht resultiert ein steuerrechtliches Aktivierungsgebot.

Beispiel:

*Beim Erwerb eines Unternehmens hat ein Gewerbetreibender einen Betrag von 1 Mio. €
für den Geschäftswert oder Firmenwert bezahlt. Diesen Wert braucht er in der Handelsbilanz nicht anzusetzen (§ 255 Abs. 4 HGB); es liegt also ein handelsrechtliches Aktivierungswahlrecht vor. Jedoch: Auch wenn er sich gegen den Ansatz in der Handelsbilanz entschieden hat, muss der Firmenwert in der Steuerbilanz angesetzt werden, denn steuerrechtlich besteht Aktivierungspflicht (§ 5 Abs. 2 EStG).*

– Aus einem handelsrechtlichen Passivierungswahlrecht resultiert ein steuerrechtliches Passivierungsverbot.

Beispiel:

*Nach HGB besteht für unterlassene Instandhaltungsaufwendungen, die im Folgejahr
erst nach Ablauf von 3 Monaten nachgeholt werden, ein Passivierungswahlrecht. Steuerrechtlich ist diese Passivierung aber verboten. Gleiches gilt für die Passivierung von Aufwandsrückstellungen für Großreparaturen, Messen, Werbekampagnen, Betriebsverlegungen usw.*

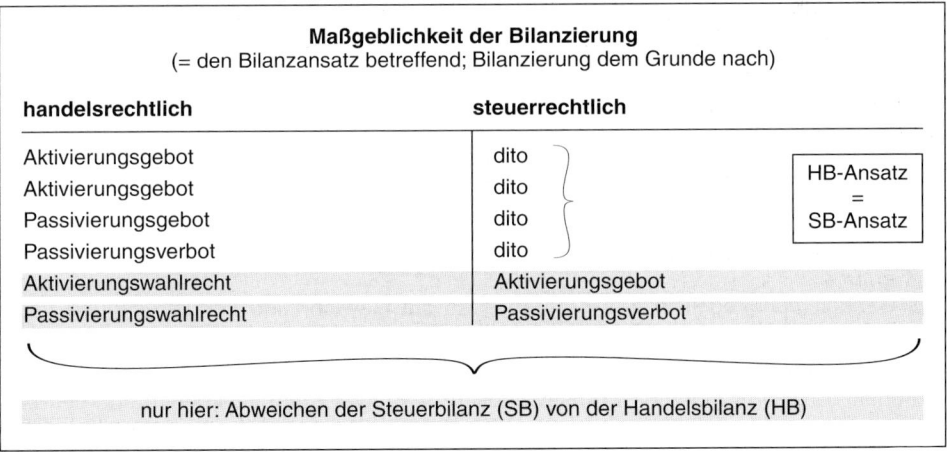

Maßgeblichkeit beim Ansatz von Bilanzpositionen

2.2.3.1.7 Einheitsbilanz

Als Einheitsbilanz wird eine Bilanz bezeichnet, die gleichzeitig sowohl die handelsrechtlichen als auch die steuerrechtlichen Zwecke und Anforderungen erfüllt. Das Unternehmen erstellt nur diese eine Bilanz; enthält diese jedoch Ansätze oder Beträge, die den steuerlichen Vorschriften nicht entsprechen, so sind diese Ansätze oder Beträge durch Zusätze oder Anmerkungen den steuerlichen Vorschriften anzupassen (§ 60 Abs. 2 Einkommen-steuer-Durchführungsverordnung – EStDV).

Die obigen Ausführungen zur Maßgeblichkeit und umgekehrten Maßgeblichkeit haben verdeutlicht, dass sich Abweichungen zwischen der Handels- und der Steuerbilanz durch die unterschiedliche Ausübung von Ansatzwahlrechten ergeben können. Insoweit liegt es an der Ausübung der Wahlrechte, inwieweit Handels- und Steuerbilanz übereinstimmen. Wenn die Mehrzahl der Unternehmen eine einheitliche Handels- und Steuerbilanz auf-stellt, so liegt das daran, dass sie Wahlrechte so ausüben, dass Handels- und Steuer-bilanz nicht auseinanderfallen.

Vor allem im Zuge des Steuerentlastungsgesetzes sind jedoch seit 1999 etliche Vorschrif-ten zum Bilanzansatz bestimmter Positionen ergangen, die die früher von den meisten Betrieben praktizierte Aufstellung einer einzigen Bilanz als Einheitsbilanz heute unmög-lich machen, weil sie Ansätze in der einen Bilanz zwingend vorschreiben und in der ande-ren Bilanz untersagen.

Beispiele hierfür sind

- **Rückstellungen für drohende Verluste aus schwebenden Geschäften:** Derartige Rückstellungen müssen nach dem Vorsichtsprinzip in der Handelsbilanz zwingend ge-bildet werden (§ 249 Abs. 1 S. 1 HGB), während das Steuerrecht ihre Bilanzierung nicht zulässt (§ 5 Abs. 4a EStG).

- **Teilwertabschreibung bei nicht-dauerhafter Wertminderung im Umlaufvermögen:** Gegenstände des Umlaufvermögens (z. B. Rohstoffe, Handelswaren) müssen handels-rechtlich auch bei nur vorübergehender Wertminderung mit dem geringeren Wert bilan-ziert werden (§ 253 Abs. 1 S. 1 HGB). Das Steuerrecht lässt den verminderten Wert-ansatz aber nur bei dauerhafter Wertminderung zu (§ 6 Abs. 1 Nr. 1 S. 2 EStG).

- **Ingangsetzungsaufwendungen:** Aufwendungen für die Ingangsetzung und Erweite-rung des Geschäftsbetriebs dürfen in der Handelsbilanz als Bilanzierungshilfe ange-setzt werden, um den Ausweis einer Überschuldung zu vermeiden. In der Steuerbilanz dürfen Ingangsetzungsaufwendungen dagegen nicht aktiviert werden. Damit ist das Maßgeblichkeitsprinzip (handelsrechtliches Aktivierungswahlrecht = steuerrechtliche Aktivierungspflicht) allerdings nicht durchbrochen; die Begründung ist darin zu sehen, dass Ingangsetzungsaufwendungen nicht als Wirtschaftsgut angesehen werden.

Für Unternehmen, die nach internationalen Standards (z.B. IAS/IFRS) bilanzieren, ist die Erstellung einer Einheitsbilanz nach derzeitigem Rechtsstand nicht möglich.

2.2.3.1.8   Die Gewinn- und Verlustrechnung

Das Handelsrecht regelt in § 275 HGB, dass die Gewinn- und Verlustrechnung nach einem der beiden folgenden Systeme aufzustellen ist:

- **Gesamtkostenverfahren:** Dieses Verfahren geht davon aus, dass die Gesamtkosten der Produktion einer Periode den Umsatzerlösen der abgesetzten Leistungen und den Be-standserhöhungen durch noch nicht abgesetzte Leistungen gegenüberzustellen sind. In Abschnitt 2.2.2.4.2 wurde in Zusammenhang mit der Notwendigkeit, → **Bestands-veränderungen** bei fertigen und unfertigen Erzeugnissen auszuweisen, auf dieses Ver-fahren hingewiesen.

- **Umsatzkostenverfahren:** Ausgangspunkt beim Umsatzkostenverfahren ist die Gegen-überstellung der abgesetzten Leistung (Umsatzerlöse) mit den hierzu gehörenden Kos-ten. Es werden also nicht alle betrieblichen Kosten erfasst, sondern nur diejenigen, die mit der abgesetzten Leistung in Zusammenhang stehen. Dieses Verfahren ist das unüb-lichere.

Für beide Systeme schreibt § 275 HGB eine Mindestgliederung vor (→ **Tabelle in Abschnitt 2.2.1.4.2**). Beide Gliederungen enden mit dem Jahresüberschuss und beschränken sich damit auf den Bereich der Gewinnermittlung. Die früher ausweispflichtige Gesamtleistung lässt sich beim Gesamtkostenverfahren aus den Positionen von § 275 Abs. 2 Nrn. 1 bis 3 HGB ermitteln. Zieht man hiervon die Position 5 (Materialaufwand) ab, erhält man den Rohertrag.

Die Gewinn**verwendung** wird nicht in der Gewinn- und Verlustrechnung, sondern in der Bilanz dargestellt.

Die Erfolgsrechnung ist grundsätzlich in Ertrags- und Aufwandsarten untergliedert. Zudem ist eine Erfolgsspaltung, d. h. eine Trennung in ordentliche und außerordentliche Posten durch Einführung entsprechender Zwischensummen (z. B. Ergebnis der gewöhnlichen Geschäftstätigkeit; außerordentliches Ergebnis) vorzunehmen. Die Erfolgsquellen sollen sichtbar gemacht werden. So lässt sich das Ergebnis der gewöhnlichen Geschäftstätigkeit zerlegen in das Betriebsergebnis (§ 275 Abs. 2 Nrn. 1 bis 8 HGB; § 275 Abs. 3 Nrn. 1 bis 7 HGB) und in das Finanzergebnis (§ 275 Abs. 2 Nrn. 9 bis 13 HGB; § 275 Abs. 3 Nrn. 8 bis 12 HGB).

Nach § 276 HGB dürfen kleine und mittelgroße Kapitalgesellschaften die Posten aus § 275 Abs. 2 Nr. 1 bis 5 oder Abs. 3 Nr. 1 bis 3 und 6 HGB zu einem Posten unter der Bezeichnung »Rohergebnis« zusammenfassen. Für Nicht-Kapitalgesellschaften ist diese Gliederung zwar so nicht vorgeschrieben, nach den Grundsätzen der Klarheit und Übersichtlichkeit haben auch diese Kaufleute sich aber zumindest an dem Gliederungsschema zu orientieren.

2.2.3.1.9 Der Anhang

Die Pflicht, den Jahresabschluss um einen Anhang zu erweitern, ist nach § 264 Absatz 1 HGB auf Kapitalgesellschaften beschränkt. Mittels des Anhangs sollen die Positionen der Bilanz und der Gewinn- und Verlustrechnung näher erläutert und zusätzliche Informationen geliefert werden, wobei sich die Inhalte des Anhangs im Einzelnen aus § 284 HGB ergeben.

Zu erläutern sind z.B. die bei der Bewertung und Abschreibung angewendeten Methoden, die Darstellung der Beteiligungen an anderen Unternehmen, die langfristigen Verbindlichkeiten, die Zahl der Beschäftigten, die Bezüge von Geschäftsführung, Vorstand und Aufsichtsrat usw., wobei das Gesetz Pflichtangaben im Anhang, Wahlpflichtangaben im Anhang oder Jahresabschluss und freiwillige Angaben unterscheidet.

2.2.3.1.10 Der Lagebericht

Im Lagebericht, der nicht Teil des Jahresabschlusses und nur für Kapitalgesellschaften vorgeschrieben ist, sollen nach § 289 HGB der Geschäftsverlauf und die Lage des Unternehmens dargestellt werden. Die Darstellung des Geschäftsverlaufs beschränkt sich dabei auf die für die wirtschaftliche Situation der Gesellschaft und für das Ergebnis des abgelaufenen Geschäftsjahres entscheidenden Vorgänge, die erläutert, bewertet und beurteilt werden.

Die Darstellung der Lage der Gesellschaft soll Angaben liefern, die nach vernünftiger kaufmännischer Beurteilung geeignet sind, die Gesamtsituation des Unternehmens in wirtschaftlicher Hinsicht zutreffend darzustellen. Besondere Inhalte des Lageberichts sind der Nachtragsbericht, die Entwicklungsprognose und Angaben zum Bereich Forschung und Entwicklung.

Nach § 289 Abs. 2 HGB soll der Lagebericht auch eingehen auf:

– Vorgänge von besonderer Bedeutung, die nach dem Schluss des Geschäftsjahrs eingetreten sind,

– die voraussichtliche Entwicklung der Kapitalgesellschaft,

– den Bereich Forschung und Entwicklung,

– bestehende Zweigniederlassungen der Gesellschaft.

2.2.3.2   Grundsätze der Bilanzierung und Bewertung

In Abschnitt 2.2.1.1.2 wurden bereits die Grundsätze ordnungsmäßiger Buchführung (GoB) behandelt. In ihrer Erweiterung umfassen die GoB (gelegentlich auch als GoBuB = Grundsätze ordnungsmäßiger Buchführung und Bilanzierung bezeichnet) zusätzlich eine Reihe von Regeln, die den Jahresabschluss betreffen und den Bilanzansatz oder die Bewertung von Vermögensteilen und Schulden zum Gegenstand haben.

Diese sind insbesondere

– **Bilanzwahrheit**: Eine Bilanz ist dann wahr, wenn sie objektiv nachprüfbar über die Wirklichkeit informiert (Grundsatz der Richtigkeit), wenn die Bilanzinformationen subjektiv wahrhaftig sind, d. h. der inneren Überzeugung des bilanzierenden Kaufmanns entsprechen (Grundsatz der Willkürfreiheit) und wenn sämtliche Gegenstände nach Auswertung aller zugänglichen Informationen erfasst wurden (Grundsatz der Vollständigkeit).

– **Identitätsprinzip**: Durch die Identität der Schlussbilanz mit der Ausgangsbilanz des Folgejahres ist der Bilanzzusammenhang (**Bilanzidentität**) zu sichern (§ 252 Abs. 1 Nr. 1 HGB).

– **Bilanzklarheit**: Der Jahresabschluss muss klar und übersichtlich sein (§ 243 Abs. 2 HGB). Ein Jahresabschluss wird dieser Anforderung dann gerecht, wenn die einzelnen Posten der GuV-Rechnung und der Bilanz eindeutig bezeichnet und in ihrer Gesamtheit so geordnet werden, dass sie einem sachverständigen Leser einen nachvollziehbaren Überblick bieten.

– **Going-Concern-Prinzip (Grundsatz der Unternehmensfortführung)**: Es ist grundsätzlich bei Bewertungen davon auszugehen, dass das Unternehmen in der Folgeperiode weitergeführt wird, d. h. es sind, außer bei hoher Wahrscheinlichkeit der Unternehmenszerschlagung, keine Zerschlagungswerte anzusetzen (§ 252 Abs. 1. Nr. 2 HGB).

– **Grundsatz der Einzelbewertung (Kompensationsverbot)**: Bilanzposten sind grundsätzlich einzeln zu bewerten und dürfen grundsätzlich nicht miteinander verrechnet werden (§ 252 Abs. 1 Nr. 3 HGB). Auch darf eine bilanzmäßige Überbewertung nicht mit einer Unterbewertung ausgeglichen werden (z. B. darf die Abschreibung eines Gebäudes nicht deswegen unterlassen werden, weil das Gebäude im gleichen Maß an Wert gewonnen hat). Seine Grenzen findet dieses Prinzip in den Vereinfachungserfordernissen:

  – **Festbewertung** gem. § 240 Abs. 3 HGB,

  – **Gruppenbewertung** gem. § 240 Abs. 4 HGB,

  – **Durchschnittsbewertungsverfahren** gem. § 240 Abs. 4 HGB,

  – **Verbrauchsfolgeverfahren** gem. § 256 HGB.

– **Stichtagsprinzip**: Bilanzierung und Bewertung richten sich handels- und steuerrechtlich nach den Verhältnissen an einem bestimmten Stichtag. Dieser Abschlussstichtag ist der letzte Tag des Wirtschaftsjahres (§ 242 Abs. 1 i.V.m. § 252 Abs. 1 S. 3,4 HGB). Das Stichtagsprinzip besagt, dass alle am Abschlussstichtag vorhandenen Wirtschaftsgüter, aber auch nur diese, zu bilanzieren und zu bewerten sind. Hierbei sind die Wertverhältnisse zum Abschlussstichtag zugrunde zu legen. Vorgänge, die sich nach dem Bilanzstichtag ereignen und andere Vermögens- oder Wertverhältnisse verursachen (**wertbeeinflussende** Umstände), werden nicht berücksichtigt. Dagegen müssen **werterhellende** Erkenntnisse, die nach dem Bilanzstichtag, aber vor der Bilanzerstellung über die objektiven Verhältnisse am Bilanzstichtag gewonnen werden, berücksichtigt werden (§ 252 Abs. 1 S. 4 HGB)

Beispiel:

Ein Kaufmann erfährt nach dem Bilanzstichtag, aber vor Aufstellung der Bilanz, dass ein Schuldner, den er bereits mehrfach erfolglos gemahnt hat, schon im Berichtsjahr unbekannt nach Brasilien »verzogen« ist. Dieser Umstand muss bei der Bewertung der Forderungen zum Schluss des Geschäftsjahres mitberücksichtigt werden.

- **Grundsatz der Vorsicht**: Vgl. hierzu die ausführlichen Darstellungen in Abschnitt 2.2.1.1.2 sowie § 252 Abs. 1 Nr. 4 HGB.
- **Grundsatz der zeitlichen Abgrenzung** (der **periodengerechten Zuordnung**): »Aufwendungen und Erträge des Geschäftsjahres sind unabhängig von den Zeitpunkten, zu denen die Zahlungen erfolgten, im Jahresabschluss zu berücksichtigen« (§ 252 Abs. 1 Nr. 5 HGB).
- **Grundsatz der Bewertungsstetigkeit**: »Die auf den vorhergehenden Jahresabschluss angewandten Bewertungsmethoden sollen beibehalten werden« (§ 252 Abs. 1 Nr. 6 HGB). Durch diese **materielle Bilanzkontinuität** soll verhindert werden, dass der Bewertete seinen Bilanzgewinn durch einen willkürlichen Methodenwechsel beeinflusst. Jedoch kann dieses Prinzip in Sonderfällen, vor allem bei Wahrnehmung steuerlicher Sonderabschreibungen und vorwegzunehmender Bewertungsanpassung in der Handelsbilanz (→ »umgekehrte Maßgeblichkeit«) durchbrochen werden. Für Kapitalgesellschaften ergibt sich gemäß § 284 Abs. 2 Nr. 3 HGB die Pflicht, über die Änderung der Bewertungsmethoden im Anhang des Jahresabschlusses zu berichten.

Als nicht ausdrücklich im Handelsrecht kodifizierte Grundsätze sind ferner zu nennen

- das **Prinzip der wirtschaftlichen Betrachtungsweise**: Ansatzkriterium in der Bilanz für Vermögensgegenstände und Schulden ist danach das wirtschaftliche und nicht das zivilrechtliche Eigentum. So sind z. B. sicherungsübereignete Wirtschaftsgüter und unter Eigentumsvorbehalt gelieferte Vermögensgegenstände in der Bilanz auszuweisen (aber Achtung: gemietete/geleaste Gegenstände werden in aller Regel beim Vermieter/Leasinggeber bilanziert!).
- das **Prinzip der Greifbarkeit** von Vermögensgegenständen und Schulden. Ein selbst geschaffener Firmenwert ist nicht »greifbar«; er ist im Gegensatz zu einem erworbenen Firmenwert nicht durch den Rechtsverkehr in seinem Wert bestätigt worden und darf daher bei der Bilanzierung nicht berücksichtigt werden. Ebenso wenig darf allgemeine Unternehmerrisiko auf der Passivseite der Bilanz berücksichtigt werden. Dieser Grundsatz darf aber nicht dahingehend missverstanden werden, dass die Bilanzierung aller immateriellen Gegenstände ausgeschlossen wäre: Richtig ist vielmehr, dass solche immateriellen Gegenstände, die entgeltlich erworben wurden (also etwa der erwähnte erworbene Firmenwert; ferner Patente, Lizenzen und sonstige Rechte), bilanzierungsfähige und überwiegend auch bilanzierungspflichtige Gegenstände darstellen.

2.2.3.3 Bewertungen

2.2.3.3.1 Grundlegende Wertansätze und Wertbegriffe des Handels- und Steuerrechts

Die Werte der zu bilanzierenden Vermögensgegenstände und Schulden sind keine feststehenden Größen, sondern hängen von der jeweiligen Marktlage zum Bilanzstichtag ab. Die Höhe der anzusetzenden Werte kann unterschiedlich sein, je nachdem, ob von der Fortführung oder Zerschlagung des Unternehmens ausgegangen wird, ob einzelne Gegenstände oder Gruppen von Vermögensgegenständen zusammengefasst werden, ob vorsichtig oder optimistisch bewertet wird. Der Bilanzwert der jeweiligen Vermögensgegenstände und Schulden ist dabei unter Beachtung diverser Regeln und Vorgaben zu ermitteln, die überwiegend bereits im Rahmen der Grundsätze ordnungsgemäßer Buchführung behandelt wurden und daher hier nur kurz angerissen werden:

1. Beachtung der **Anschaffungs- bzw. Herstellungskosten als Wertobergrenze**, die nicht überschritten werden dürfen und im Falle abnutzbarer Wirtschaftsgüter fortzuschreiben (meint meistens: abzuschreiben) sind. Analog hierzu sind Verbindlichkeiten mit dem Rückzahlungsbetrag und Rückstellungen mit dem nach vernünftiger kaufmännischer Beurteilung notwendigen Betrag anzusetzen. Für Kapitalgesellschaften ist das Grund- oder Stammkapital zum Nennbetrag auszuweisen.

2. Beachtung des Bilanzansatzes in der Vorjahresbilanz nach dem Grundsatz der **Bilanzidentität**.

3. Beachtung der bisherigen Wertfindungsmethode (Grundsatz der **Bewertungsstetigkeit**).

4. Kein Ansatz von Zerschlagungswerten (**Going-Concern-Prinzip**), es sei denn, die Zerschlagung stehe tatsächlich unmittelbar bevor.

5. Stichtagsbezogene **Einzelbewertung** gem. § 252 Abs. 1 Nr. 3 HGB. Mit dem Grundsatz der Einzelbewertung soll ausgeschlossen werden, dass Wertminderungen bei einem Vermögensgegenstand mit Werterhöhungen eines anderen ausgeglichen werden und in einer Gesamtbewertung nicht mehr erkennbar untergehen.

6. **Vorsichtige** Bewertung unter Beachtung des Realisations-, Imparitäts- und Niederstwertprinzips.

Ein weiteres Grundprinzip ist die **Trennung von Rechnungslegung und Finanzierung**, wonach weder Geldwertschwankungen noch Substanzerhaltungskonzepte Eingang in die Bewertung des Jahresabschlusses finden dürfen:

Die Funktion der Abschreibungen könnte darin gesehen werden, Abschreibungsbeträge aus dem Gewinn zurückzuhalten und für die Reinvestition »anzusparen«. Legt man dieser Berechnung die historischen Anschaffungskosten zugrunde, hat man nach Ablauf der Nutzungsdauer auch nur diese im »Spartopf«. Sind für das betreffende Wirtschaftsgut Preissteigerungen eingetreten, reichen diese angesammelten Abschreibungen nicht für eine Ersatzbeschaffung aus. Wollte man dies erreichen, müsste man die Abschreibungen auf die Wiederbeschaffungskosten beziehen – genau dies ist aber nicht zulässig; die Bewertungskonzeption des Handelsrechts folgt dem Nominalwertprinzip.

Die folgende Abbildung zeigt die Bewertungsprinzipien im Überblick.

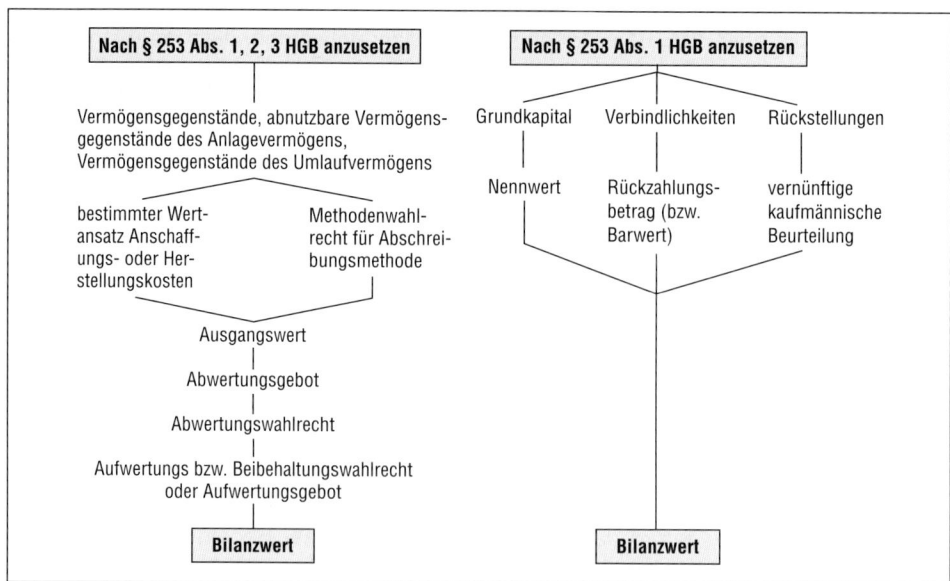

Grundkonzeption des Bewertungsrechts

In den folgenden Abschnitten werden die verschiedenen Wertbegriffe des Handels- und Steuerrechts behandelt, die teils identisch, teils abweichend in beiden Rechtsbereichen oder aber nur in jeweils einem dieser Bereiche definiert sind:

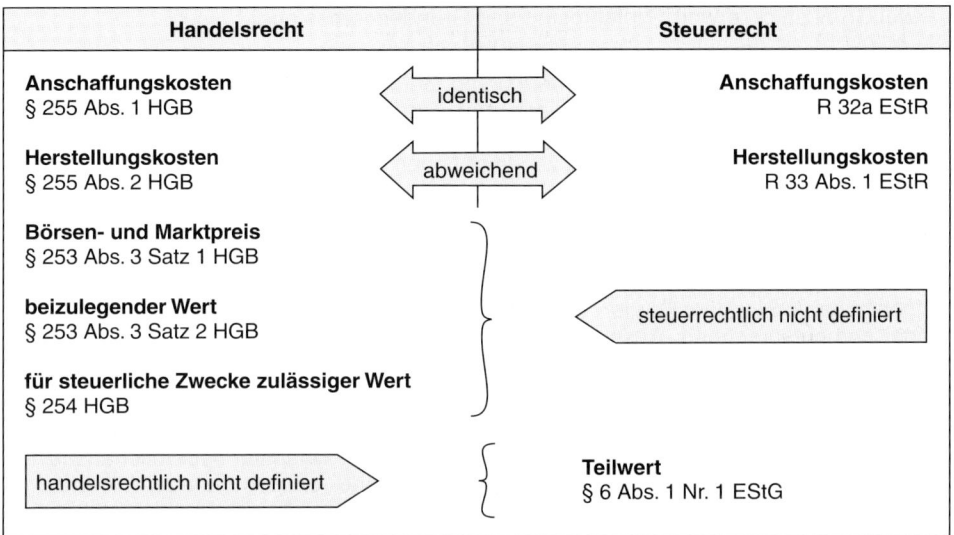

Wertmaßstäbe des Handels- und Steuerrechts im Überblick

2.2.3.3.1.1   Anschaffungskosten

Bei der der handels- und steuerrechtlichen Bewertung fremdbezogener Gegenstände ist grundsätzlich von den Anschaffungskosten auszugehen. Begriff und Umfang der Anschaffungskosten ergeben sich aus § 255 Abs. 1 HGB: Danach handelt es sich um

»...die Aufwendungen, die geleistet werden, um einen Vermögensgegenstand zu erwerben und ihn in einen betriebsbereiten Zustand zu versetzen, soweit sie dem Vermögensgegenstand einzeln zugeordnet werden können. Zu den Anschaffungskosten gehören auch die Nebenkosten sowie die nachträglichen Anschaffungskosten. Anschaffungspreisminderungen sind abzusetzen.«

Damit errechnen sich die Anschaffungskosten nach folgendem Schema:

Anschaffungspreis
− Anschaffungspreisminderungen
+ Anschaffungsnebenkosten, sofern einzeln zurechenbar
+ nachträgliche Anschaffungskosten

= Anschaffungskosten (AK)

Der Ansatz **kalkulatorischer Kosten** ist nicht zulässig. Ebenso gehören **Finanzierungskosten** grundsätzlich nicht zu den AK.

Die Anschaffungskosten setzen sich aus folgenden Komponenten zusammen:

− **Anschaffungspreis**: Dieser entspricht dem Rechnungspreis. Vorsteuern sind nur dann Bestandteil des Anschaffungspreises, wenn das Unternehmen nicht zum Abzug von Vorsteuern berechtigt ist.

− **Anschaffungsnebenkosten**: Diese sind alle Aufwendungen, die anfallen, um die Betriebsbereitschaft des Vermögensgegenstandes herzustellen, z. B.:

- Kosten des Transports inkl. Transportversicherung,
- Kosten der Aufstellung und Montage,
- Gebühren und Provisionen,
- Zölle, Steuern und sonstige Abgaben,
- bei Grundstückserwerb: Notarkosten und Grunderwerbssteuer.

Diese Nebenkosten sind aktivierungspflichtig; Voraussetzung hierfür ist jedoch ihre einzelne Zurechenbarkeit: Eine Zurechnung von Gemeinkosten ist nicht zulässig. Auf die Aktivierung kann ausnahmsweise verzichtet werden, wenn die Nebenkosten in ihrer Höhe im Verhältnis zum Anschaffungspreis unbeträchtlich sind oder nur mit unverhältnismäßig hohem Aufwand ermittelt werden können.

Der Begriff der **Betriebsbereitschaft** bedeutet, dass der Gegenstand entsprechend seiner Zweckbestimmung genutzt werden kann. Bei einem Gebäude gehört zur Zweckbestimmung auch die Entscheidung, welchem Standard das Gebäude entsprechen soll (sehr einfach, mittel oder sehr anspruchsvoll). Baumaßnahmen, die ein Gebäude auf einen höheren Standard bringen, machen es betriebsbereit; die dafür anfallenden Kosten sind dementsprechend Anschaffungskosten. Betriebsbereitschaft setzt Funktionstüchtigkeit voraus.

- **Anschaffungspreisminderungen**: Rabatte, Skonti und Rückvergütungen mindern die Anschaffungskosten, da sie dem einzelnen Vermögensgegenstand zweifelsfrei zugerechnet werden können. Boni, die in ihrer Höhe von der Quantität der Geschäftsbeziehung zwischen Lieferant und Abnehmer abhängig sind, erfüllen dagegen nicht die in § 255 Abs. 1 HGB festgeschriebene Erfordernis der Einzelzurechenbarkeit und können daher in aller Regel nicht als Anschaffungspreisminderung berücksichtigt werden. Sie werden vielmehr ertragswirksam verbucht. Nur wenn es im Einzelfall möglich ist, einen Bonus einzeln dem angeschafften Gegenstand zuzurechnen, ist er anschaffungspreismindernd zu berücksichtigen.

- **Nachträgliche Anschaffungskosten**: Diese liegen vor, wenn ein zweifelsfreier sachlicher und wirtschaftlicher Zusammenhang mit dem ursprünglichen Anschaffungsvorgang erkennbar ist. Auch Umbauten gehören zu den nachträglichen Anschaffungskosten, wobei jedoch die Grenze zur Schaffung eines neuen Vermögensgegenstandes fließend ist.

Der **steuerliche** Begriff der Anschaffungskosten ist inhaltsgleich zum handelsrechtlichen.

2.2.3.3.1.2 Herstellungskosten

Sowohl das Handels- als auch das Steuerrecht kennen den Begriff der Herstellungskosten, unterscheiden sich aber hinsichtlich des Einbezugs einzelner Kostenkomponenten.

Herstellungskosten kommen als Wertmaßstab immer dann zum Ansatz, wenn Wirtschaftsgüter nicht gekauft, sondern im eigenen Betrieb hergestellt wurden.

Definiert sind die Herstellungskosten im § 255 Abs. 2 HGB als

»...die Aufwendungen, die durch den Verbrauch von Gütern und die Inanspruchnahme von Diensten für die Herstellung eines Vermögensgegenstands, seine Erweiterung oder für eine über seinen ursprünglichen Zustand hinausgehende wesentliche Verbesserung entstehen.«

Handelsrechtlich gilt

- **Aktivierungspflicht** für

  - Fertigungsmaterialkosten = Materialeinzelkosten und variable Materialgemeinkosten (z. B. Teile der Transportkosten),
  - Fertigungslöhne,
  - Sondereinzelkosten der Fertigung (z. B. Lizenzgebühren);

– **Aktivierungswahlrecht** für

- – fixe Materialgemeinkosten,
- – fixe Fertigungsgemeinkosten,
- – Kosten der allgemeinen Verwaltung,
- – Fremdkapitalzinsen unter den Bedingungen des § 255 Abs. 3 HGB,
- – soziale Aufwendungen i.S.d. § 255 Abs. 2 Satz 4 HGB;

– **Aktivierungsverbot** für

- – Vertriebskosten,
- – Finanzierungskosten.

Nach Steuerrecht fallen die Material- und Fertigungsgemeinkosten unter das Aktivierungsgebot. Insoweit sind abweichende Bilanzansätze möglich.

Die folgende Abbildung zeigt die handels- und steuerrechtlichen Bewertungsunter- und -obergrenzen für selbst hergestellte Wirtschaftsgüter.

Aktivierung nach **Handelsrecht**	**Herstellungskosten**	Aktivierung nach **Steuerrecht**
Pflicht Pflicht Pflicht	**Fertigungsmaterialkosten** **Fertigungslöhne** **Sondereinzelkosten der Fertigung** (z. B. Lizenzgebühr)	Pflicht Pflicht Pflicht
	= Wertuntergrenze nach Handelsrecht	
Wahlrecht Wahlrecht Wahlrecht	**Materialgemeinkosten** **Fertigungsgemeinkosten** **Wertverzehr Anlagevermögen**	Pflicht Pflicht Pflicht
	= Wertuntergrenze nach Steuerrecht	
Wahlrecht Wahlrecht Wahlrecht	**Kosten der allgemeinen Verwaltung** **Fremdkapitalzinsen** nach § 255 Abs. 3 HGB **soziale Aufwendungen** i. S. § 255 Abs. 2 Satz 4 HGB	Wahlrecht Wahlrecht Wahlrecht
	= Wertobergrenze	
Verbot Verbot	**Vertriebskosten** **Finanzierungskosten**	Verbot Verbot

Herstellungskosten nach Handelsrecht und Steuerrecht

Exkurs: Herstellungskosten bei Gebäuden

Kosten für die Instandsetzung und Modernisierung und Gebäuden sind – unabhängig von ihrer Höhe – Herstellungskosten,

- – wenn sie für eine **Erweiterung** anfallen. Eine Erweiterung kann eine Vergrößerung der nutzbaren Fläche sein, aber auch die Vermehrung der Substanz. Keine zu Herstellungsaufwendungen führende **Substanzmehrung** liegt dagegen vor, wenn der neue Gebäudebestandteil oder die neue Anlage die Funktion des bisherigen Gebäudebestandteils in vergleichbarer Weise erfüllen.

- – wenn sie zu einer über den ursprünglichen Zustand hinausgehenden **wesentlichen Verbesserung** führen. Dabei ist auf den ursprünglichen Zustand zum Zeitpunkt der

Anschaffung oder Herstellung abzustellen und dieser mit dem Zustand nach Instandsetzung zu vergleichen. Eine wesentliche Verbesserung i.S. v. § 255 Abs. 2 HGB liegt nicht bereits dann vor, wenn ein Gebäude generalüberholt wird, d. h. Aufwendungen, die für sich genommen als Erhaltungsaufwendungen zu beurteilen sind, in ungewöhnlicher Höhe zusammengeballt anfallen:

Eine wesentliche Verbesserung ist vielmehr erst dann gegeben, wenn die Baumaßnahmen in ihrer Gesamtheit über eine zeitgemäße substanzerhaltende Erneuerung hinausgehen, den Gebrauchswert des Gebäudes insgesamt deutlich erhöhen und damit für die Zukunft eine erweiterte Nutzungsmöglichkeit geschaffen wird. Von einer deutlichen Erhöhung des Gebrauchswertes in diesem Sinn ist auszugehen, wenn der **Gebrauchswert** des Gebäudes (Nutzungspotenzial) von einem sehr einfachen auf einen mittleren oder von einem mittleren auf einen sehr anspruchsvollen Standard gehoben wird.

Kosten für Instandsetzungs- oder Modernisierungsmaßnahmen, die lediglich eine substanzerhaltende Erneuerung darstellen, sind dagegen in der Regel keine nachträglichen Anschaffungs- und Herstellungskosten, sondern **Erhaltungsaufwand**. Eine substanzerhaltende Bestandteilerneuerung liegt vor, wenn ein Gebäude durch die Ersetzung einzelner Bestandteile oder Instandhaltungs- oder Modernisierungsmaßnahmen an dem Gebäude als Ganzem lediglich in ordnungsgemäßen Zustand entsprechend seinem ursprünglichen Zustand erhalten oder dieser in zeitgemäßer Form wiederhergestellt wird. Dem Gebäude wird in diesem Fall nur der zeitgemäße Wohnkomfort wiedergegeben, den es ursprünglich besessen, aber durch den technischen Fortschritt und die Veränderung der Lebensgewohnheiten verloren hat.

Instandsetzungs- und Modernisierungsmaßnahmen können ausnahmsweise auch im Zusammenhang mit der Herstellung eines Gebäudes stehen, wenn das Gebäude voll verschlissen ist und unter Verwendung der übrigen noch nutzbaren Teile ein neues Gebäude entsteht.

Treffen Anschaffungs-, Herstellungskosten und Erhaltungsaufwendungen zusammen, so sind die Aufwendungen aufzuteilen, es sei denn, sie bedingen einander.

2.2.3.3.1.3 Börsen- oder Marktpreis

Haben Gegenstände des **Umlaufvermögens** einen Börsen- oder Marktpreis, so ist dieser nach § 253 Abs. 3 Satz 1 HGB anzusetzen. Existieren beide Werte, so geht der Börsenpreis dem Marktpreis vor!

Börsenpreis ist der an einer Börse oder im geregelten Freiverkehr ermittelte Wert, wobei bei Existenz mehrerer Handelsplätze der Preis derjenigen Börse zugrunde zu legen ist, an der der Bilanzierende überwiegend seine Geschäfte tätigt. **Marktpreis** ist derjenige Preis, der an einem Handelsplatz für Waren einer bestimmten Gattung von durchschnittlicher Art und Güte zu einem bestimmten Zeitpunkt im Durchschnitt gezahlt wird. Existiert für das betreffende Material ein Beschaffungs- und ein Absatzmarkt mit abweichenden Werten, so gilt:

– Der **Beschaffungsmarkt** ist maßgebend für Roh-, Hilfs- und Betriebsstoffe sowie für fertige und unfertige Erzeugnisse, sofern diese auch fremdbeziehbar sind. Die historischen Anschaffungskosten werden mit dem Börsen- oder Marktpreis – jeweils zzgl. der in Zusammenhang mit der Beschaffung anfallenden Anschaffungsnebenkosten – am Abschlussstichtag verglichen. Der niedrigere Wert ist in der Bilanz anzusetzen.

– Der **Absatzmarkt** ist maßgebend für diejenigen unfertigen und fertigen Erzeugnisse, für die kein Fremdbezug möglich ist, und für Überbestände an Roh-, Hilfs- und Betriebsstoffen, die nicht wiederbeschafft werden sollen.

Zur Bewertung von Handelswaren und Überbeständen an fertigen oder unfertigen Erzeugnissen werden die folgenden Werte verglichen, wobei der niedrigste dieser Werte anzusetzen ist:

– Die Anschaffungskosten,

– die Wiederbeschaffungskosten am Stichtag und

– der absatzmarktbezogene Wert am Abschlussstichtag (= erwarteter Verkaufserlös abzüglich noch – z. B. im Zuge der Fertigstellung – anfallender Aufwendungen).

Da sowohl Preise des Beschaffungs- als auch des Absatzmarktes in den Vergleich einbezogen werden, spricht man auch von »**doppelter Maßgeblichkeit**«.

2.2.3.3.1.4 Beizulegender Wert

Sofern sich für einen Vermögensgegenstand des **Umlaufvermögens** weder ein Börsen- noch ein Marktpreis feststellen lässt, ist der beizulegende Wert (§ 253 Abs. 3 Satz 2 HGB) als Vergleichsmaßstab heranzuziehen. Seine Ermittlung erfolgt nach den GoB.

Auch hierbei hat für Roh-, Hilfs- und Betriebsstoffe eine **beschaffungsmarktorientierte Bewertung** zu erfolgen: Der Ansatz entspricht dann etwa dem Wiederbeschaffungs- oder Reproduktionswert eines vergleichbaren Gegenstandes zuzüglich eventueller Anschaffungs- oder Herstellungsnebenkosten und abzüglich von Wertabschlägen bei eingeschränkter Verwendbarkeit des Vermögensgegenstandes.

Analog zu dem im vorangegangenen Absatz Gesagten hat bei fremdbeziehbaren fertigen und unfertigen Erzeugnissen sowie bei Überständen an Roh-, Hilfs- und Betriebsstoffen eine absatzmarktorientierte Bewertung zu erfolgen. Dabei wird rückwärts (retrograd) gerechnet, also ausgehend vom Verkaufspreis:

> Geschätzter Verkaufspreis
> – Erlösschmälerungen
> – Verpackungskosten und Ausgangsfrachten
> – Vertriebskosten
> – noch anfallende Verwaltungskosten
> – Kapitaldienst
> – noch anfallende Herstellungskosten
> _____
> = Beizulegender Wert

Die Berücksichtigung der noch anfallenden Kosten führt zu → verlustfreier Bewertung.

In einigen Fällen ist weder eine beschaffungs- noch eine absatzmarktorientierte Bewertung maßgeblich, etwa bei nicht börsennotierten Beteiligungen. Beizulegender Wert ist in solchen Fällen der Ertragswert des Vermögensgegenstandes. Dieser wird mit der Summe der geschätzten abgezinsten Erträge der Zukunft angenommen.

2.2.3.3.1.5 Für steuerliche Zwecke zulässiger Wert

§ 254 HGB erlaubt, Vermögensgegenstände des Anlage- oder Umlaufvermögens mit dem niedrigeren Wert anzusetzen, der auf einer nur steuerrechtlich zulässigen Abschreibung beruht. In Zusammenhang mit der Maßgeblichkeit der Handels- für die Steuerbilanz und der sich daraus herleitenden → »umgekehrten Maßgeblichkeit« wurde hierauf bereits eingegangen.

2.2.3.3.1.6 Teilwert

Der Teilwert als nur im Steuerrecht anzutreffender Wert ist in § 6 Abs 1 Nr. 1 EStG definiert als »... der Betrag, den ein Erwerber des ganzen Betriebes im Rahmen des Gesamtkaufpreises für das einzelne Wirtschaftsgut ansetzen würde; dabei ist davon auszugehen, dass der Erwerber den Betrieb fortführt«.

Diese Legaldefinition beinhaltet drei Fiktionen:

– Ein Käufer erwirbt den Betrieb als Ganzes,

– der Käufer führt den Betrieb weiter,

– aus dem Gesamtkaufpreis des Betriebs kann ein Wert für das einzelne Wirtschaftsgut abgeleitet werden.

Zur Ermittlung des Teilwerts liefert diese dreifache Fiktion allerdings keine konkrete Hilfestellung. Die häufige Deutung des Teilwerts als Marktpreis oder Verkehrswert lassen ihn als vollständig subjektiven Wert erscheinen. Deshalb haben die Finanzgerichte eine Vielzahl von Entscheidungen zur Objektivierung Operationalisierung des Teilwertbegriffs im Wege der Gesetzesauslegung getroffen.

Hieraus entstanden die folgenden **Teilwertvermutungen**:

– Im Zeitpunkt der Anschaffung oder Herstellung entspricht der Teilwert den tatsächlichen Anschaffungs- oder Herstellungskosten.

– Bei Wirtschaftsgütern des nicht abnutzbaren Anlagevermögens entspricht der Teilwert auch in späteren Jahren den Anschaffungs- oder Herstellungskosten.

– Bei abnutzbaren Anlagegütern entspricht der Teilwert in späteren Jahren den fortgeschriebenen Anschaffungs- oder Herstellungskosten (also abzüglich der Absetzung für Abnutzung oder Substanzverringerung).

– Bei Wirtschaftsgütern des Umlaufvermögens entspricht der Teilwert dem Börsen- oder Marktpreis bzw. den Wiederbeschaffungskosten.

Die obere Grenze des Teilwerts, die jedoch nur für solche Wirtschaftsgüter gilt, die im Betrieb voll genutzt werden, stellen die Wiederbeschaffungskosten für ein Wirtschaftsgut gleicher Art und Güte im Zeitpunkt der Bewertung dar. Bei nicht nur vorübergehend ungenutzten Wirtschaftsgütern ist dagegen der Einzelveräußerungspreis maßgeblich, der die untere Grenze des Teilwertes darstellt.

Die Teilwertvermutungen können **widerlegt** werden, wenn einer der folgenden Nachweise erbracht werden kann:

– Die Investition war eine Fehlmaßnahme, und statt der erwarteten Gewinne werden mit dem Wirtschaftsgut tatsächlich Verluste erwirtschaftet, oder

– die Wiederbeschaffungskosten sind nachhaltig gesunken, oder

– durch technische Veralterung, Modeänderungen oder ähnliche Ereignisse sind Wertminderungen eingetreten.

2.2.3.3.1.7   Verlustfreie Bewertung

Die Bedeutung der in Zusammenhang mit dem beizulegenden Wert erwähnten verlustfreien Bewertung zeigt das folgende Beispiel:

Ein Sportartikelhändler hat hochmodische Skianzüge zum Preis von 250 € bezogen mit der Absicht, diese zum Preis von 425 € brutto weiterzuveräußern. Infolge einer zwischenzeitlich eingetretenen Änderung des modischen Geschmacks mussten die Angebotspreise kurz vor dem Bilanzstichtag auf 357 € brutto gesenkt werden. Bis zum Verkauf werden schätzungsweise noch 90 € je Stück an Veräußerungskosten anfallen. Der durchschnittliche Unternehmensgewinn je Stück wird mit 25 € angesetzt.

Der beizulegende Wert leitet sich hieraus wie folgt ab:

Voraussichtlich erzielbarer Ladenverkaufspreis	*357,00 €*
– Umsatzsteuer 19 %	*57,00 €*
= voraussichtlich erzielbarer Verkaufserlös	*300,00 €*
– noch anfallende Veräußerungskosten	*90,00 €*
= Beizulegender Wert	*210,00 €*
– durchschnittlicher Unternehmensgewinn	*25,00 €*
= Teilwert	*185,00 €*

Nach § 253 Abs. 3 HGB muss der Sportartikelhändler die Ware auf 210 € abwerten, weil der beizulegende Wert die Anschaffungskosten unterschreitet. Nach dem Grundsatz der verlustfreien Bewertung sind noch anfallende Kosten bei der Bewertung zu berücksichtigen. Bei diesem Ansatz erleidet der Händler beim tatsächlichen Verkauf voraussichtlich keinen Verlust, jedoch auch keinen Gewinn. Da ein Dritter im Rahmen eines Gesamterwerbs des Unternehmens für die betreffende Ware aber nur einen Preis zu zahlen bereit wäre, bei dem er einen angemessenen Gewinn erzielen würde, kann (!) der Händler sogar auf den niedrigeren Teilwert nach § 254 HGB abwerten und die Ware mit 185 € ansetzen.

2.2.3.3.1.8   Niederstwertprinzip und Höchstwertprinzip

Das Niederstwertprinzip ist, ebenso wie das Realisationsprinzip und das Imparitätsprinzip, Ausfluss des **Vorsichtsprinzips**. Es besagt, dass bei mehreren möglichen Wertansätzen der niedrigste angesetzt werden muss (strenges Niederstwertprinzip) oder darf (gemildertes Niederstwertprinzip).

In den voranstehenden und den nachfolgenden Abschnitten wird immer wieder in Zusammenhang mit einzelnen Vermögensgegenständen auf die jeweils anzuwendende Ausprägung des Niederstwertprinzips hingewiesen. In den folgenden Tabellen werden diese Ausführungen einmal zusammengefasst.

Dabei wird

– auf erster Ebene zwischen nicht-dauerhafter und dauerhafter Wertminderung,

– auf zweiter Ebene zwischen nicht abnutzbarem Anlagevermögen, abnutzbarem Anlagevermögen und Umlaufvermögen,

– auf dritter Ebene nach der Rechtsformkategorie – Einzelunternehmen/Personengesellschaft oder Kapitalgesellschaft – und

– auf vierter Ebene nach Handelsbilanz und Steuerbilanz unterschieden.

Zur Anwendung des Niederstwertprinzips bei nichtdauerhafter und dauerhafter Wertminderung folgen zwei ganzseitige Übersichten.

2.2.3.3.2   Bewertung des Anlagevermögens

Zum Anlagevermögen gehören gemäß § 247 Abs. 2 HGB nur diejenigen Vermögensgegenstände, die dazu bestimmt sind, dem Geschäftsbetrieb dauerhaft zu dienen. Im Gegensatz dazu sind die Gegenstände des Umlaufvermögens durch die Einmaligkeit ihrer Nutzung (die in Verbrauch, Verkauf oder Verarbeitung bestehen kann) charakterisiert. Ob ein Vermögensgegenstand zum Anlage- oder zum Umlaufvermögen gehört, kann nur in Hinblick auf den einzelnen Betrieb beantwortet werden und ist außerdem veränderlich.

Im Steuerrecht findet sich keine ausdrückliche Definition des Anlagevermögens, weswegen über den Maßgeblichkeitsgrundsatz eine der handelsrechtlichen Regelung entsprechende Abgrenzung zwischen Anlage- und Umlaufvermögen angenommen werden kann. Allgemein gilt, dass sich die Zuordnung eines Wirtschaftsgutes zum Anlage-

Anwendung des Niederstwertprinzips bei nicht-dauerhafter Wertminderung

I. Nicht abnutzbares Anlagevermögen

Einzelunternehmer/Personengesellschaften:

Handelsbilanz:	§ 253 Abs. 2 Satz 3	Abschreibungs-Wahlrecht
	§ 253 Abs. 5	Beibehaltungs-Wahlrecht
Steuerbilanz:	§ 6 Abs. 1 Nr. 2 Satz 2	keine Abschreibung* (Abschreibungs-Wahlrecht nur bei dauerhafter Wertminderung!)

Kapitalgesellschaften:

Handelsbilanz:	§ 279 Abs. 1	Abschreibungs-Wahlrecht nur bei Finanzanlagevermögen, sonst: keine Abschreibung!
	§ 280 Abs. 1	Wertaufholunggebot!
Steuerbilanz:	§ 6 Abs. 1 Nr. 2 Satz 2	keine Abschreibung, s.o.*

II. Abnutzbares Anlagevermögen

(bzgl. außerplanmäßiger Abschreibung bzw. Teilwertabschreibung)

Einzelunternehmer/Personengesellschaften:

Handelsbilanz:	§ 253 Abs. 2 Satz 3	Abschreibungs-Wahlrecht* **
	§ 253 Abs. 5	Beibehaltungs-Wahlrecht
Steuerbilanz:	§ 6 Abs. 1 Nr. 1 Satz 2	keine Abschreibung* ** (Abschreibungs-Wahlrecht nur bei dauerhafter Wertminderung!)

Kapitalgesellschaften:

Handelsbilanz:	§ 279 Abs. 1	keine Abschreibung!**
	§ 280 Abs. 1	Wertaufholunggebot!
Steuerbilanz:	§ 6 Abs. 1 Nr. 1 Satz 2	keine Abschreibung, s.o.* **

* Fazit: Wenn in der Handelsbilanz abgeschrieben wird, darf dem in der Steuerbilanz nicht gefolgt werden: Hieraus resultieren abweichende Ansätze!

** bezogen auf außerplanmäßige Abschreibung bzw. Teilwertabschreibung; die planmäßige Abschreibung hat gem. § 253 Abs. 1 HGB zu erfolgen!

III. Umlaufvermögen

Einzelunternehmer/Personengesellschaften:

Handelsbilanz:	§ 253 Abs. 3 Satz 3	Abschreibungspflicht*
	§ 253 Abs. 5	Beibehaltungs-Wahlrecht
Steuerbilanz:	§ 6 Abs. 1 Nr. 2 Satz 2	keine Abschreibung* (Abschreibungs-Wahlrecht nur bei dauerhafter Wertminderung!)

Kapitalgesellschaften:

Handelsbilanz:	§ 253 Abs. 3 Satz 3	Abschreibungspflicht*
	§ 280 Abs. 1	Wertaufholunggebot!
Steuerbilanz:	§ 6 Abs. 1 Nr. 1 Satz 2	keine Abschreibung, s.o.*

* abweichende Ansätze in Handelsbilanz und Steuerbilanz!

Anwendung des Niederstwertprinzips bei dauerhafter Wertminderung

I. Nicht abnutzbares Anlagevermögen

Einzelunternehmer/Personengesellschaften:

Handelsbilanz:	§ 253 Abs. 2 Satz 3	Abschreibungspflicht
	§ 253 Abs. 5	Beibehaltungs-Wahlrecht
Steuerbilanz:	§ 6 Abs. 1 Nr. 2 Satz 2	Abschreibungs-Wahlrecht*
	§ 6 Abs. 1 Nr. 2 Satz 3,	
	Nr. 1 Satz 4	Aufholungsgebot!

Kapitalgesellschaften:

Handelsbilanz:	§ 253 Abs. 2 Satz 3	Abschreibungspflicht
	§ 280 Abs. 1	Wertaufholunggebot!
Steuerbilanz:	§ 6 Abs. 1 Nr. 2 Satz 2	Abschreibungs-Wahlrecht*
	§ 6 Abs. 1 Nr. 2 Satz 3,	
	Nr. 1 Satz 4	Aufholungsgebot!

II. Abnutzbares Anlagevermögen

bzgl. außerplanmäßiger Abschreibung bzw. Teilwertabschreibung

Einzelunternehmer/Personengesellschaften:

Handelsbilanz:	§ 253 Abs. 2 Satz 3	Abschreibungspflicht
	§ 253 Abs. 5	Beibehaltungs-Wahlrecht
Steuerbilanz:	§ 6 Abs. 1 Nr. 1 Satz 2	Abschreibungs-Wahlrecht*
	§ 6 Abs. 1 Nr. 1 Satz 4	Aufholungsgebot!

Kapitalgesellschaften:

Handelsbilanz:	§ 253 Abs. 2 Satz 3	Abschreibungspflicht
	§ 280 Abs. 1	Wertaufholunggebot!
Steuerbilanz:	§ 6 Abs. 1 Nr. 1 Satz 2	Abschreibungs-Wahlrecht*
	§ 6 Abs. 1 Nr. 1 Satz 4	Aufholungsgebot!

* Bei Gewinnermittlung nach § 5 EStG (Anwendung der GoB) ist der Ansatz des niedrigeren Teilwertes zwingend!

III. Umlaufvermögen

Einzelunternehmer/Personengesellschaften:

Handelsbilanz:	§ 253 Abs. 3 Satz 3	Abschreibungspflicht
	§ 253 Abs. 5	Beibehaltungs-Wahlrecht
Steuerbilanz:	§ 6 Abs. 1 Nr. 2 Satz 2	Abschreibungs-Wahlrecht*
	§ 6 Abs. 1 Nr. 2 Satz 3,	
	Nr. 1 Satz 4	Aufholungsgebot!

Kapitalgesellschaften:

Handelsbilanz:	§ 253 Abs. 3 Satz 3	Abschreibungspflicht
	§ 280 Abs. 1	Wertaufholunggebot!
Steuerbilanz:	§ 6 Abs. 1 Nr. 1 Satz 2	Abschreibungs-Wahlrecht*
	§ 6 Abs. 1 Nr. 2 Satz 3,	
	Nr. 1 Satz 4	Aufholungsgebot!

* Bei Gewinnermittlung nach § 5 EStG (Anwendung der GoB) ist der Ansatz des niedrigeren Teilwertes zwingend!

vermögen aus seiner **Zweckbestimmung** und nicht aus seiner Bilanzierung ergibt; im Zweifelsfalle begründet jedoch die Zuordnung des Gegenstandes zu einer bestimmten Bilanzposition eine **Zweckbestimmungsvermutung**. Üblicherweise werden Wirtschaftsgüter, die dem Betriebsvermögen bereits seit sechs Jahren angehören, als Anlagevermögen angesehen, wenn dieser Betrachtung nicht besondere Gründe entgegenstehen.

Eine wichtige Unterscheidung innerhalb der Gegenstände des Anlagevermögens betrifft ihre **Abnutzbarkeit**. Zu den nicht abnutzbaren Anlagegütern zählen Grundstücke, Finanzanlagen und Teile des immateriellen Anlagevermögens. Gehören sie zum Vermögen eines Einzelunternehmens oder einer Personengesellschaft, gilt für sie das → **gemilderte Niederstwertprinzip**, d. h. bei nicht dauerhafter Wertminderung kann in der Handelsbilanz auf den niedrigeren Wert am Stichtag abgeschrieben werden. Kapitalgesellschaften haben dieses Wahlrecht nur im Falle des Finanzanlagevermögens. In der Steuerbilanz dürfen bei nicht-dauerhafter Wertminderung keinerlei **Teilwertabschreibungen** vorgenommen werden! Im Falle einer dauerhaften Wertminderung gilt handelsrechtlich das strenge Niederstwertprinzip. **Wertaufholungen** im Falle des Wegfalls der Wertminderung sind für Nicht-Kapitalgesellschaften möglich, für Kapitalgesellschaften vorgeschrieben (Wertaufholungsgebot gem. § 280 HGB). Steuerrechtlich besteht bei dauerhafter Wertminderung ein Abschreibungswahlrecht, aus dem bei Gewinnermittlung nach § 5 EStG (Anwendung der GoB) jedoch über das Maßgeblichkeitsprinzip eine faktische Abschreibungspflicht wird. Bei Wegfall des Wertminderungsgrundes besteht in der Steuerbilanz stets Aufholungspflicht.

Das Anlagevermögen setzt sich zusammen aus

– immateriellen Vermögensgegenständen,
– Sachanlagen und
– Finanzanlagen.

2.2.3.3.2.1 Immaterielle Vermögensgegenstände

Sowohl im Handels- als auch im Steuerrecht sind immaterielle Vermögensgegenstände nicht besonders definiert. Die Praxis versteht hierunter nichtkörperliche Güter, also Rechte, rechtsähnliche Werte und sonstige Vorteile. Beispiele sind Patente, Gebrauchs- und Geschmacksmuster, Handelsmarken, Sachkonzessionen, Lizenzen, Rezepte usw. Auch Software kann als immaterieller Vermögensgegenstand angesehen werden.

Der Unterschied zu Guthaben, Beteiligungen und Forderungen, die ebenfalls nicht-stofflicher Natur sind, besteht darin, dass bei letzteren der materielle Wert im Zeitpunkt der Entstehung bestimmbar ist, während die »im engeren Sinne« immateriellen Vermögensgegenstände als »erschwert konkretisierbar« gelten müssen.

Die Schwierigkeit bei der Bilanzierung immaterieller Vermögensgegenstände besteht in der Feststellung, ob ein in Frage stehender immaterieller Gegenstand überhaupt einen **Vermögensgegenstand** darstellt. Wäre dies nicht der Fall und die Bilanzierung des betreffenden Gegenstandes auch nicht ausdrücklich in einer Rechtsnorm geregelt, käme eine Bilanzierung nicht in Betracht (wie dies etwa bei den als Bilanzierungshilfe aktivierten Ingangsetzungsaufwendungen der Fall ist: Diese können trotz des in § 269 HGB verankerten ausdrücklichen handelsrechtlichen Aktivierungswahlrechts für Kapitalgesellschaften in deren Steuerbilanz nicht aktiviert werden, weil das Steuerrecht das Vorliegen eines Vermögensgegenstandes bzw. Wirtschaftsguts – auf die Unterschiede zwischen diesen beiden prinzipiell gleichen Begriffen soll hier nicht eingegangen werden – nicht anerkennt). Nach Handelsrecht muss ein Vermögensgegenstand selbstständig **verkehrsfähig** (und damit selbstständig veräußerbar) sein, während das Steuerrecht nur die selbstständige **Bewertbarkeit** verlangt. Letztere ist bei immateriellen Gütern häufig gegeben, aber an der selbstständigen Veräußerbarkeit mangelt es oft, woraus ein handelsrechtliches Bilanzierungsverbot resultiert.

Generell müssen aktivierungsfähige und -pflichtige Vermögensgegenstände des Anlagevermögens folgende Anforderungen erfüllen:

– Ihr Erwerb muss gegen ein Entgelt erfolgt sein, also durch Kauf, Tausch oder Einbringung.

– Der Erwerb muss von einem Dritten erfolgen. Selbstgeschaffene immaterielle Vermögensgegenstände dürfen nicht aktiviert werden.

– Das erworbene Gut muss ein Vermögensgegenstandes/Wirtschaftsgut darstellen.

Nur wenn alle drei Bedingungen erfüllt sind, besteht sowohl handels- wie auch steuerrechtlich eine Aktivierungspflicht. Diese ergibt sich für die Handelsbilanz aus dem Vollständigkeitsgebot des § 246 Abs. 1 HGB und im Umkehrschluss aus § 248 Abs. 2 HGB, für die Steuerbilanz aus § 5 Abs. 2 EStG.

Die immateriellen Vermögensgegenstände des Anlagevermögens sind im Einzelnen:

– Konzessionen, gewerbliche Schutzrechte und ähnliche Rechte und Werte, Lizenzen an gewerblichen Schutzrechten und ähnlichen Rechten und Werten:

  – **Konzessionen** sind Betriebserlaubnisse, die sich auf den ganzen Betrieb erstrecken, etwa Schank-, Apotheken- und Güterfernverkehrskonzessionen. Konzessionen, die sich nur auf den Betrieb einzelner Anlagen beziehen, werden nicht selbstständig aktiviert, sondern als Anschaffungskosten dieser Anlagen;

  – **gewerbliche Schutzrechte** sind Patente, Marken- oder Urheberrechte, Gebrauchs- und Geschmacksmuster;

  – ähnliche Rechte sind z.B. Nutzungs- oder Baurechte, Erfindungen und Rezepte.

– Der **Geschäfts- oder Firmenwert** ist nach § 255 Abs. 4 HGB der Unterschiedsbetrag, um den der bei Übernahme eines Unternehmens gezahlte Kaufpreis den Wert der einzelnen Vermögensgegenstände abzüglich der Schulden im Zeitpunkt der Übernahme übersteigt. Nur dieser **abgeleitete (derivative) Firmenwert** darf aktiviert werden (handelsrechtliches Wahlrecht mit daraus resultierendem steuerlichem Aktivierungsgebot), weil er entgeltlich erworben wurde. Für einen durch eigene geschäftliche Betätigung **selbst geschaffenen (originären) Firmenwert**, der nur schwer zu beziffern wäre, besteht dagegen ein Aktivierungsverbot.

– **Geleistete Anzahlungen** auf immaterielle Vermögensgegenstände sind Vorleistungen auf schwebende Geschäfte.

Die entgeltlich erworbenen immateriellen Vermögensgegenstände des Anlagevermögens sind mit ihren Anschaffungskosten zu bewerten und, sofern sie abnutzbar sind, gem. § 253 Abs. 3 HGB planmäßig – in der Regel linear – abzuschreiben. Die Fälle, in denen eine Abschreibung möglich ist, sind meist sowohl im Handels- als auch im Steuerrecht ausdrücklich geregelt.

Beispiel:

Der derivative Firmenwert muss gem. § 255 Abs. 4 Satz 2 HGB in jedem Jahr zu mindestens einem Viertel abgeschrieben werden; allerdings ist hierfür keine Abschreibungsmethode vorgeschrieben. Die Abschreibung kann im Jahr des Erwerbs oder im Folgejahr beginnen. Alternativ darf die Abschreibung auch auf die Geschäftsjahre verteilt werden, während derer er voraussichtlich genutzt wird. Auf diese Weise wird eine Gleichschaltung mit der Steuerbilanz ermöglicht, für die gem. § 7 Abs. 1 Satz 3 EStG eine betriebsgewöhnliche Nutzungs- und damit Abschreibungsdauer von 15 Jahren bei ausschließlich linearer Abschreibung vorgeschrieben ist. Auch handelsrechtlich stellen diese 15 Jahre die faktische Obergrenze dar. Kapitalgesellschaften müssen, wenn sie von der Möglichkeit der Ausdehnung der Abschreibungsdauer über 4 Jahre hinaus Gebrauch machen, dies gem. § 285 Nr. 13 HGB im Anhang angeben und begründen.

Für nicht abnutzbare immaterielle Vermögensgegenstände des Anlagevermögens kommt lediglich eine außerplanmäßige AfA (§ 253 Abs. 2 Satz 3, Abs. 4 HGB) bzw. eine Teilwertabschreibung in Betracht.

2.2.3.3.2.2   Sachanlagen

§ 266 Abs. 2 HGB gliedert das Sachanlagevermögen in folgende Gruppen:

- **Grundstücke, grundstücksgleiche Rechte, Bauten**:

  - **Grundstücke** sind sämtliche Arten von Grundvermögen; grundstücksgleiche Rechte sind dingliche Rechte, die zivilrechtlich wie Grundstücke behandelt werden, also z. B. Erbbaurechte und Wohnungseigentum.

    Grundstücke sind **nicht abnutzbar** (von Ausnahmen wie Kiesgruben, Minen usw. abgesehen) und werden daher auch nicht planmäßig abgeschrieben. Ihre Bewertung erfolgt somit auch in späteren Jahren zu den historischen Anschaffungskosten, die die unbedingte Wertobergrenze darstellen. Abschreibungen auf einen durch ein außerordentliches Ereignis gesunkenen Wert sind dagegen möglich und bei dauerhafter Wertminderung auch zwingend vorgeschrieben.

  - **Gebäude**: Entscheidend für die Anerkennung eines Bauwerkes als Gebäude ist dessen Zweck. Ist eine Bauwerk Bestandteil einer Maschine (z. B. Transformatorenhäuschen), so gilt es als Teil der Anlage ist und bei dieser zu aktivieren. Einbauten in fremde Gebäude gelten nicht als Bauten im Sinne dieser Bilanzposition.

    Die **Abschreibung der Gebäude** richtet sich nach den Vorschriften des § 7 Abs. 4 (linear) bzw. Abs. 5 EStG (fallende Staffelsätze; für Neubauten ab 1.1.2006 nicht mehr möglich), wobei je nach Zugehörigkeit des Gebäudes zum Privat- oder Geschäftsvermögen, nach Baujahr bzw. Jahr der Baugenehmigung und nach Art der Nutzung unterschiedliche Staffelungen zur Anwendung gelangen. Hinsichtlich der Bewertung insbesondere von Familien-Wohngebäuden enthält das Steuerrecht diverse Sondervorschriften, auf die an dieser Stelle nicht eingegangen werden soll.

- **Technische Anlagen und Maschinen**:

  Diese dienen unmittelbar der Leistungserstellung des Unternehmens und unterscheiden sich hierin von der

- **Betriebs- und Geschäftsausstattung**, die der Leistungserstellung nur mittelbar dient. Bisweilen erscheinen die Grenzen zwischen den Bilanzpositionen fließend. Generell gilt, dass die mit der erstmaligen Bilanzierung vorgenommene Zuordnung eines Gegenstandes zu einer bestimmten Bilanzposition zukunftsbindende Wirkung hat.

  Sowohl technische Anlagen und Maschinen als auch Gegenstände, die zur Betriebs- und Geschäftsausstattung zählen, unterliegen aufgrund ihrer Abnutzbarkeit der **Pflicht zur → planmäßigen Abschreibung**, wie sie bereits in Abschnitt 2.2.2.7.3 ausführlich dargestellt wurde. Dabei sind die **AfA-Tabellen** über die zugrundezulegende Nutzungsdauer zu beachten.

  Zuvor wurden bereits verschiedene **Buchungen** in Zusammenhang mit der Anschaffung und Eigenerstellung von Gegenständen des Anlagevermögens gezeigt. Deswegen wird hier auf weitere Darstellungen zur Verbuchung verzichtet.

- **Geleistete Anzahlungen und Anlagen im Bau**:

  Hierunter fallen Anzahlungen auf Sachanlagen sowie Aufwendungen für Investitionen, die am Bilanzstichtag noch nicht fertig gestellt waren.

Die handelsrechtliche Zuordnung eines Vermögensgegenstandes zu einer bestimmten Bilanzposition ist in aller Regel auch für die Steuerbilanz bindend.

2.2.3.3.2.3   Finanzanlagen

Finanzanlagen sind Anteile an anderen Unternehmen, Wertpapiere und Ausleihungen, an denen das bilanzierende Unternehmens dauerhaft festhalten will. Diese Beurteilung ist allein dem bilanzierenden Kaufmann überlassen, der seine Absicht mit der Zuordnung der entsprechenden Vermögensgegenstände zu einer der genannten Bilanzpositionen zum Ausdruck bringt. Besteht keine Absicht einer dauerhaften Bindung, muss die Aktivierung dagegen im Umlaufvermögen (Wertpapiere oder Forderungen) erfolgen.

Für die mittelgroßen und großen Kapitalgesellschaften gilt die folgende Untergliederung (§ 266 Abs. 2 HGB):

- Anteile an verbundenen Unternehmen,
- Ausleihungen an verbundene Unternehmen,
- Beteiligungen (Anlagen zum Zweck der Herstellung einer dauerhaften Verbindung),
- Ausleihungen an Unternehmen, mit denen ein Beteiligungsverhältnis besteht,
- Wertpapiere des Anlagevermögens,
- sonstige Ausleihungen.

Wertpapiere des Anlagevermögens sind alle langfristig gehaltenen Wertpapiere (festverzinsliche sowie Dividendenpapiere), die weder Anteile an verbundenen Unternehmen noch Beteiligungen darstellen. Sie sind grundsätzlich mit ihren → **Anschaffungskosten** zu bewerten, die auch die Erwerbskosten einschließen; es gilt jedoch das gemilderte Niederstwertprinzip (im Gegensatz zu den Wertpapieren des Umlaufvermögens: diese unterliegen dem strengen Niederstwertprinzip!).

2.2.3.3.2.4   Der Anlagenspiegel

Für Kapitalgesellschaften gilt die handelsrechtliche Pflicht (§ 268 Abs. 2 HGB) zur Darstellung der Entwicklung der einzelnen Posten des Anlagevermögens sowie die Aufwendungen für die Ingangsetzung und Erweiterung des Geschäftsbetriebs in der Bilanz oder im Anhang.

Dieser Ausweis erfolgt im Anlagenspiegel – auch Anlagengitter genannt – und beinhaltet

- die historischen Anschaffungs- bzw. Herstellungskosten (AK/HK),

- Zugänge im Abschlussjahr (Investitionen), Angabe in AK/HK,

- Abgänge im Abschlussjahr, Angabe in AK/HK,

- Umbuchungen im Abschlussjahr (z.B. bei Anlagen, die im Vorjahr noch als Anlagen im Bau geführt und mittlerweile fertig gestellt wurden), Angabe in AK/HK,

- Zuschreibungen im Abschlussjahr (dabei handelt es sich um Wertaufholungen früherer Wertminderungen, die inzwischen hinfällig geworden sind),

- kumulierte Abschreibungen, in Nachspalten unterteilt in Abschreibungen der Vorjahre und Abschreibungen des Geschäftsjahres, ggf. unter Angabe der Nutzungsdauer und der AfA-Methode,

- den Buchwert in der Schlussbilanz des Abschlussjahres.

Der Anlagenspiegel ist nach der Bruttomethode aufzustellen, d. h. es ist nicht der Buchwert zu Geschäftsjahresbeginn abzüglich der jährlichen Abschreibung anzugeben, sondern es ist von den historischen **Anschaffungs**- oder → **Herstellungskosten** auszugehen. Zugänge, Abgänge und Umbuchungen sind nur für das Geschäftsjahr, also nicht kumuliert, und mit den Anschaffungs- oder Herstellungskosten auszuweisen. Zuschreibungen, d. h. Wertaufholungen infolge früherer, jetzt aber hinfällig gewordener Abwertungen, sind nur für das Geschäftsjahr auszuweisen. Zu Beginn des Folgejahres erfolgt eine Saldierung dieser Zuschreibungen mit den kumulierten Abschreibungen.

Im Anlagenspiegel werden nicht nur Sachanlagen, sondern auch immaterielle Anlagen-werte und Finanzanlagen erfasst.

Die folgende Abbildung zeigt ein Beispiel für einen Anlagenspiegel, Werte in €.

Maschinen	AH/HK	Anschaffung am (Monat/Jahr)	Zugänge	Abgänge	Umbuchungen	Zuschreibungen	Abschreibungen				Buchwert am 31.12.
							Nutzungsdauer in Jahren	in Vorjahren	im Abschlussjahr	Insgesamt	
Kühlanlage	650.000,00	01/96	0,00	650.000,00	–	0,00	10	585.000,00	65.000,00	650.000,00	0,00
Stanzwerk	820.000,00	07/04	0,00	0,00	–	50.000,00	14	79.286,00	58.571,00	137.857,00	682.143,00
Lackierautomat	480.000,00	01/05	480.000,00	0,00	–	0,00	13	0,00	73.846,00	73.846,00	406.154,00

Anlagenspiegel

2.2.3.3.3 Bewertung des Umlaufvermögens

Das Umlaufvermögen umfasst diejenigen Vermögensteile, die für den Umsatz im Leis-tungserstellungsprozess und damit lediglich zum kurzfristigen Verbleib im Unternehmen bestimmt sind.

Zum Umlaufvermögen gehören

– Vorräte,
– Forderungen und sonstige Vermögensgegenstände,
– Wertpapiere,
– Zahlungsmittelbestände.

Für den Wertansatz aller Gegenstände des Umlaufvermögens in der Handelsbilanz gilt das strenge Niederstwertprinzip:

– Bewertungsobergrenze sind die Anschaffungs- bzw. Herstellungskosten;

– ein niedriger Tageswert muss in Inventar und Schlussbilanz eingesetzt werden (§ 253 Abs. 3 HGB; auch bei nicht dauerhafter Wertminderung!);

– Zusätzliche Abschreibungen sind handelsrechtlich zulässig, wenn eine weitere Wert-minderung in nächster Zukunft erwartet wird (§ 253 Abs. 3 HGB).

In der Steuerbilanz ist beim Umlaufvermögen – wie schon beim Anlagevermögen – eine Teilwertabschreibung bei nicht-dauerhafter Wertminderung untersagt (§ 6 Abs. 1 Nr. 2 S. 2). Aus diesem Dilemma – das Handelsrecht schreibt die Abschreibung vor, das Steu-errecht verbietet sie – resultiert die bereits erwähnte zwangsläufige Abweichung zwischen Handels- und Steuerbilanz. Unter diesen Voraussetzungen ist es nicht mehr möglich, eine **Einheitsbilanz** aufzustellen, die zugleich Handels- und Steuerbilanz ist.

Bei einer späteren Werterholung dürfen Einzelunternehmer und Personengesellschaften den niedrigeren Wertansatz beibehalten. Hierdurch entsteht eine »**stille Reserve**«. Wird der Wert freiwillig aufgeholt, ist wiederum die Obergrenze der historischen Anschaffungs- bzw. Herstellungskosten zu beachten.

Für Kapitalgesellschaften gilt dagegen das bereits beim Anlagevermögen erwähnte Wert-aufholungsgebot gem. § 280 Abs. 1 HGB. Das Steuerrecht, das eine Teilwertabschreibung ohnehin nur bei dauerhafter Wertminderung zulässt, schreibt im Falle einer Werterholung die **Wertaufholung** in § 6 Abs. 1 Nr. 2 S. 3, Nr. 1 S. 4 zwingend vor.

Hier sei noch einmal auf die Zusammenstellungen zu den Bewertungen nach dem → Nie-derstwertprinzip zu Abschnitt 2.2.3.3.1.8 hingewiesen.

2.2.3.3.3.1   Bewertung der Vorräte

Das Vorratsvermögen von Industriebetrieben beinhaltet die folgenden Positionen:

- **Roh-, Hilfs- und Betriebsstoffe**:
  - Rohstoffe sind diejenigen Grundstoffe der Produktion, die als Hauptbestandteil in das erzeugte Produkt eingehen.
  - Hilfsstoffe gehen ebenfalls mit ihrer Substanz in das Erzeugnis ein, sind dabei aber von nur untergeordneter Bedeutung.
  - Betriebsstoffe gehen dagegen nicht stofflich in das Produkt ein, sondern ermöglichen die Herstellung, z.B. als Antriebs- und Schmiermittel.
- **Unfertige Erzeugnisse** sind die am Stichtag im Lager vorhandenen erst teilweise fertig gestellten Erzeugnisse.
- **Fertige Erzeugnisse** sind noch nicht abgesetzte Produkte am Lager.
- Handelswaren sind **fremdbezogene Erzeugnisse** im Ausgangslager.

Alle Gegenstände des Vorratsvermögens sind am Bilanzstichtag durch Inventur körperlich zu erfassen und zu bewerten. Die grundsätzlich auch hier geltende Pflicht zur Einzelbewertung gem. § 252 Abs. 1 Nr. 3 HGB wird durch die nachfolgend geschilderten Möglichkeiten zur Bewertungsvereinfachung durchbrochen.

Grundsätzliche Vorbemerkungen zu den Bewertungsvereinfachungsverfahren

Aus § 252 Abs. 1 Nr. 3 HGB ergibt sich die Pflicht, alle Vermögensteile und Schulden am Bilanzstichtag grundsätzlich einzeln zu bewerten. Insbesondere bezüglich des Vorratsvermögens (aber auch für andere gleichartige oder annähernd gleichwertige bewegliche Vermögensgegenstände und Schulden) gestattet das Handelsrecht jedoch eine Sammeloder Gruppenbewertung. Damit soll die Bewertung solcher Roh-, Hilfs-, Betriebsstoffe und Handelswaren erleichtert werden,

- die zu unterschiedlichen Zeitpunkten und
- zu unterschiedlichen Preisen angeschafft wurden, und
- für die nicht mit vertretbarem Aufwand festgestellt werden kann, welcher Lieferung sie entstammen.

Gegenstände des Vorratsvermögens, die zu einer Gruppe zusammengefasst werden, müssen jeweils gleichartig sein. Für andere Gegenstände, die nicht zum Vorratsvermögen gehören (bewegliche Vermögensgegenstände und Schulden) verlangt § 240 Abs. 4 HGB Gleich**artigkeit** oder annähernde Gleich**wertigkeit**. Diese ist nach geltender Rechtsauffassung anzunehmen, wenn die Wertdifferenz zwischen dem höchsten und dem niedrigstem Wert eines Gegenstandes der betreffenden Gruppe nicht mehr als 20 % beträgt.

Das Ergebnis dieses Bewertungsvorganges, der als **Durchschnittsbewertung** (§ 240 Abs. 4 HGB) oder **Verbrauchsfolgebewertung** (§ 256 HGB, nur beim Vorratsvermögen zulässig) erfolgt, stellt die Anschaffungs- oder Herstellungskosten für den Lagerendbestand dar. Diese müssen mit dem Tageswert am Stichtag verglichen werden. Entsprechend dem strengen Niederstwertprinzip muss der niedrigere von beiden Werten angesetzt werden.

Um einem häufigen Missverständnis vorzubeugen, sei hier ausdrücklich darauf hingewiesen, dass nach dem Grundsatz der Bewertungsstetigkeit die einmal gewählte Methode beizubehalten ist, sofern kein nachvollziehbarer Grund für einen Methodenwechsel besteht. Eine solche Begründung wäre z. B. eine tatsächliche Veränderung in der Art der Lagerhaltung, die eine andere als die bisher praktizierte Verbrauchsfolge bedingt. Es ist also nicht notwendig und auch nicht zulässig, in jedem Jahr die Wertermittlungen nach den verschiedenen Methoden »durchzuspielen«, um den geringsten Wert zu ermitteln.

Durchschnittsbewertung

Die Durchschnittsbewertung kann auf zwei Arten durchgeführt werden:

1. Die Berechnung stützt sich ausschließlich auf den Anfangsbestand und die in der Periode erfolgten Zukäufe (**jährliche Durchschnittswertermittlung**). Dabei werden die vorhandenen bzw. eingekauften Mengen mit ihren jeweiligen Einkaufspreisen bewertet und die Ergebnisse addiert. Die Division des Gesamtwertes durch die Gesamtmenge ergibt die durchschnittlichen Anschaffungskosten je Stück.

2. Die Berechnung bezieht neben dem Anfangsbestand und den Zugängen auch die Abgänge der Periode ein. Die Bewertung der Zugänge erfolgt wie oben beschrieben, die der Abgänge zum Lagerbestandsdurchschnittswert im Zeitpunkt des Abgangs. Dieses Verfahren wird **permanente Durchschnittswertermittlung** genannt.

In jedem Falle wird ein **gewogener Durchschnitt** ermittelt, also jede zugekaufte oder dem Lager entnommene Menge mit dem jeweiligen Einkaufspreis bzw. dem jeweiligen Lagerbestandsdurchschnittswert (bei permanenter Ermittlung) bewertet.

Beispiel:

Zum Vorratsvermögen der Schmitz & Schnulz Computerzubehör KG gehört ein bestimmtes Modell unifarbiger Mousepads, die aus China bezogen werden und aufgrund von Wechselkursschwankungen unterschiedliche Einkaufspreise aufweisen. Der Anfangsbestand am 1.1.01 betrug 11.200 Stück zu je 0,55 €. Im Laufe des Jahres 01 wurden folgende Zu- und Abgänge verzeichnet:

10.03.01 Abgang	*11.000 Stück*	
15.03.01: Zugang	*4.000 Stück*	*zu je 0,62 €*
15.05.01: Abgang	*2.000 Stück*	
01.06.01: Zugang	*15.000 Stück*	*zu je 0,69 €*
01.08.01: Abgang	*14.000 Stück*	
15.09.01: Zugang	*10.000 Stück*	*zu je 0,72 €*
01.11.01: Abgang	*8.500 Stück*	
30.11.01: Zugang	*12.000 Stück*	*zu je 0,76 €*
15.12.01 Abgang	*9.300 Stück*	

Am 31.12.01 liegen die Beschaffungskosten je Stück bei 0,65 EUR.

1. Jährliche Durchschnittswertermittlung:

Datum	Anfangsbestand/ Zugang in Stück	Einzelpreis €	Gesamtpreis €
01.01.01	11200	0,55	6.160,00
15.03.01	4000	0,62	2.480,00
01.06.01	15000	0,69	10.350,00
15.09.01	10000	0,72	7.200,00
30.11.01	12000	0,76	9.120,00
	52200		35.310,00

Der Ermittlung des Durchschnittswerts auf Basis der Einkaufsmengen und -preise errechnet sich mit

35310 : 52200 = 0,6764 €

Für den rechnerischen Endbestand von 7.400 Stück (der durch Inventur bestätigt werden muss) ergeben sich damit Anschaffungskosten von

7400 · 0,6764 = 5005,63 €

Da für das Umlaufvermögen das strenge Niederstwertprinzip zu beachten ist, darf der Bilanzansatz jedoch nur mit

7400 · 0,65   = 4.810,00 €

erfolgen.

2. Permanente Durchschnittswertermittlung:

Datum	Vorgang	Menge/Stück	Einzelpreis €	Gesamtpreis €
01.01.01	Anfangsbestand	11.200	0,55	6.160,00
10.03.01	Abgang	11.000	0,55	6.050,00
	Bestand	200	0,55	110,00
15.03.01	Zugang	4.000	0,62	2.480,00
	Bestand	4.200	0,62	2.590,00
15.05.01	Abgang	2.000	0,62	1.240,00
	Bestand	2.200	0,61	1.350,00
01.06.01	Zugang	15.000	0,69	10.350,00
	Bestand	17.200	0,68	11.700,00
01.08.01	Abgang	14.000	0,68	9.520,00
	Bestand	3.200	0,68	2.180,00
15.09.01	Zugang	10.000	0,72	7.200,00
	Bestand	13.200	0,71	9.380,00
01.11.01	Abgang	8.500	0,71	6.035,00
	Bestand	4.700	0,71	3.345,00
30.11.01	Zugang	12.000	0,76	9.120,00
	Bestand	16.700	0,75	12.465,00
15.12.01	Abgang	9.300	0,75	6.975,00
31.12.01	Endbestand	7.400	0,74	5.490,00

Die Anschaffungskosten errechnen sich bei permanentem Einbezug der Zugangs- und Abgangsmengen für den Endbestand auf 5.490,00 €.

Unabhängig von der Wertermittlungsmethode ist auch hier der Bilanzansatz auf 4.810,00 € beschränkt.

Verbrauchsfolgeverfahren

Bei Anwendung eines Verbrauchsfolgeverfahrens wird ein bestimmtes Procedere bei der Lagerbefüllung und -entnahme unterstellt:

– **Fifo (»First in – first out«)** unterstellt, dass diejenigen Gegenstände, die als erste ins Lager genommen wurden, auch als erste wieder entnommen werden. Ein derartiges Vorgehen ist bei verderblichen Waren sinnvoll und für bestimmte Formen der Lagerung (z. B. in Silos, die von oben befüllt und von unten entleert werden) technisch vorgegeben. Das Fifo-Verfahren ist handelsrechtlich (§ 256 HGB), nicht jedoch steuerrechtlich zulässig. Dies gilt auch für weitere in der Literatur beschriebene Verbrauchsfolgeverfahren: Hifo (»Highest in – first out«) und Lofo (»Lowest in – first out«).

Beispiel:

Im obigen Zahlenbeispiel entstammt der Endbestand vollständig der letzten Lieferung, für die ein Stückpreis von 0,76 € zu zahlen war:

7400 · 0,76 = 5.624,00

Bilanzansatz auch hier: 4.810,00 €.

– **Lifo (»Last in – first out«)** unterstellt, dass die zuletzt dem Lager hinzugefügten Güter als erste entnommen werden: Dies ist das »Wäscheschrank-Prinzip« (frisch gewaschene Wäsche wird oben auf den Wäschestapel gelegt; folglich wird das obenauf liegende Stück auch zuerst wieder entnommen), das nur für nicht-verderbliche Gegenstände in Frage kommt. Dieses Verfahren ist handels- und steuerrechtlich zulässig (§ 256 HGB; § 6 Abs. 1 EStG).

Beispiel:

Im obigen Zahlenbeispiel entstammt der Endbestand dem Anfangsbestand:

7400 · 0,55 = 4.070,00

Der Bilanzansatz ist in diesem Falle auf 4.070,00 € beschränkt.

Festwert

Der Anwendung des Festwertes ist **nicht auf das Umlaufvermögen beschränkt,** denn:

»Vermögensgegenstände des Sachanlagevermögens sowie Roh-, Hilfs- und Betriebsstoffe können, wenn sie regelmäßig ersetzt werden und ihr Gesamtwert für das Unternehmen von nachrangiger Bedeutung ist, mit einer gleichbleibenden Menge und einem gleichbleibenden Wert angesetzt werden, sofern ihr Bestand in seiner Größe, seinem Wert und seiner Zusammensetzung nur geringen Veränderungen unterliegt. Jedoch ist in der Regel alle drei Jahre eine körperliche Bestandsaufnahme durchzuführen.« (§ 240 Abs. 3 HGB)

Praktische angewendet wird der Festwert z. B.

– auf die Bestände an Biergläsern in einer Kneipe,
– auf Geschirr, Besteck und Tischwäsche in einem Kantinenbetrieb,
– auf Werkzeuge und Kleinmaschinen im Industrie- oder Handwerksbetrieb.

Eine nachrangige Bedeutung wird angenommen, wenn der für die betreffende Gruppe ermittelte Festwert nicht mehr als 5 % der Bilanzsumme (die ggf. um den Posten »nicht durch Eigenkapital gedeckter Fehlbetrag« zu kürzen ist) ausmacht. **Wertveränderungen** gelten als gering, wenn sie 10 % nicht übersteigen.

Hierzu besagt R 5.4 Abs. 4:

»Übersteigt der für diesen Bilanzstichtag ermittelte Wert den bisherigen Festwert um mehr als 10 %, so ist der ermittelte Wert als neuer Festwert maßgebend. Der bisherige Festwert ist so lange um die Anschaffungs- und Herstellungskosten der im Festwert erfassten und nach dem Bilanzstichtag des vorangegangenen Wirtschaftsjahres angeschafften oder hergestellten Wirtschaftsgüter aufzustocken, bis der neue Festwert erreicht ist. Ist der ermittelte Wert niedriger als der bisherige Festwert, so kann der Steuerpflichtige den ermittelten Wert als neuen Festwert ansetzen. Übersteigt der ermittelte Wert den bisherigen Festwert um nicht mehr als 10 %, so kann der bisherige Festwert beibehalten werden.«

Zukäufe zur Gesamtmenge, die wegen Zerstörung, Verlusts oder Diebstahls erforderlich werden, werden direkt aufwandswirksam verbucht; dafür erfolgt keine Abschreibung auf den aktivierten Gesamtwert.

2.2.3.3.3.2 Bewertung der Forderungen

Die Forderungen im Umlaufvermögen gliedert das Bilanzschema des § 266 Abs. 2 HGB in

- **Forderungen aus Lieferungen und Leistungen:** Diese entstehen durch **Zielverkäufe** (Lieferung jetzt, Zahlung nach Ablauf einer vereinbarten Frist) von Erzeugnissen an Kunden und stellen somit kurzfristig gewährte Kredite dar. Ihre Laufzeit beträgt im Allgemeinen wenige Tage bis einige Monate. Ihre Erfassung erfolgt in der Kontokorrentbuchhaltung (Debitorenbuchhaltung). Dieser Bilanzposition werden auch die **Besitzwechsel** (auf Dritte gezogene Wechsel, die zahlungshalber entgegengenommen wurden) und **Protestwechsel** (zu Protest gegangene Wechsel, für die das Unternehmen aufgrund einer Weitergabe zu einem früheren Zeitpunkt haftet, und die es am Stichtag im eigenen Bestand hält) zugerechnet;
- Forderungen gegen **verbundene Unternehmen**;
- Ausleihungen an Unternehmen, mit denen ein **Beteiligungsverhältnis** besteht;
- **sonstige Vermögensgegenstände:** Hierzu gehören Forderungen aus Vorsteuer, sonstige Forderungen an Finanzbehörden, Forderungen an Mitarbeiter und die »übrigen sonstigen Forderungen«, insbesondere die Forderungen aus der zeitlichen Abgrenzung von Erträgen, die erst in einer späteren Periode zu Einnahmen führen.

Für die Kapitalgesellschaften bestimmt § 268 Abs. 4 HGB:

»Der Betrag der Forderungen mit einer Restlaufzeit von mehr als einem Jahr ist bei jedem gesondert ausgewiesenen Posten zu vermerken. Werden unter dem Posten »sonstige Vermögensgegenstände« Beträge für Vermögensgegenstände ausgewiesen, die erst nach dem Abschlussstichtag rechtlich entstehen, so müssen Beträge, die einen größeren Umfang haben, im Anhang erläutert werden.«

Analog zur Erstellung eines → Verbindlichkeitenspiegels kann ein Forderungsspiegel erstellt werden.

Handels- und Steuerrecht enthalten keine besonderen Vorschriften für die Bewertung der Forderungen. Gemäß § 253 Abs. 1 HGB sind sie mit den Anschaffungskosten, im Falle einer Wertminderung gem. § 253 Abs. 3 HGB mit dem entsprechenden niedrigeren Wert anzusetzen. § 6 Abs. 1 Nr. 2 EStG erlaubt bei dauerhafter Wertminderung den Ansatz des niedrigeren Teilwerts.

Unverzinsliche oder niedrig verzinsliche Forderungen mit Ausnahme der Forderungen aus Lieferungen und Leistungen und ähnlich kurzfristiger Forderungen müssen mit ihrem **Barwert**, also nach Abzinsung auf den Bilanzstichtag unter Anwendung des Kreditzinsfußes, angesetzt werden. Forderungen in Fremdwährung werden zum **Devisen-Geldkurs** (= der Kurs, den die Banken beim Wechsel von Fremdwährung in einheimische Währung verrechnen) angesetzt.

Die auf dem Konto »Forderungen aus Lieferungen und Leistungen« (Forderungen LuL) zusammengefassten Kundenkredite sind am Schluss eines Geschäftsjahres auf ihre Einbringlichkeit zu prüfen und entsprechend zu bewerten. Hierzu werden die Forderungen zunächst in folgende Gruppen aufgeteilt:

- Einwandfreie Forderungen, deren Zahlungseingang nicht in Zweifel steht und in voller Höhe erwartet wird,
- zweifelhafte Forderungen, deren teilweiser oder kompletter Ausfall zu befürchten ist, etwa weil ein Insolvenzverfahren eröffnet oder trotz Mahnungen nicht gezahlt wurde,
- uneinbringliche Forderungen, deren Ausfall bereits endgültig feststeht.

Die Forderungen in diesen verschiedenen Gruppen werden wie folgt bewertet:

- **Einwandfreie Forderungen** werden (bzw. bleiben) mit ihrem Nennwert angesetzt.

– **Zweifelhafte Forderungen** werden schon im laufenden Geschäftsjahr, sobald Zweifel an ihrer Einbringlichkeit auftauchen, auf ein Konto »Zweifelhafte Forderungen« umgebucht, und zwar mit ihrem Bruttobetrag (d.h. einschließlich der Umsatzsteuer). Die Buchung lautet

»Zweifelhafte Forderungen«

an »Forderungen LuL«

Zum Bilanzstichtag muss jede einzelne »Zweifelhafte Forderung« wertberichtigt werden, wobei die in ihr enthaltene Umsatzsteuer unangetastet bleiben muss. (Ausnahme: Wenn die Forderung berichtigt wird, weil über das Vermögen des Schuldners das Insolvenzverfahren eröffnet wurde; in diesem Falle wird die Umsatzsteuer sofort berichtigt). Die Berichtigung in Höhe des wahrscheinlichen Ausfallbetrages wird gebucht

»Einstellung in EWB«

an »Einzelwertberichtigungen (EWB)
zu Forderungen«

Sobald das Schicksal der Forderung im folgenden Geschäftsjahr geklärt ist – dies ist der Fall, wenn auf die Gesamtforderung oder – nach Eingang eines Teils der Forderung – auf den Rest verzichtet wird, erfolgt eine direkte Abschreibung des uneinbringlich gewordenen Betrages. Erst jetzt darf die darauf entfallende Umsatzsteuer berichtigt werden. Die Buchung lautet

»Bank«
»Abschreibungen auf Forderungen«
»Umsatzsteuer«

an »Zweifelhafte Forderungen«

Auf diese Weise scheint der Forderungsausfall zunächst doppelt aufwandswirksam berücksichtigt worden zu sein: im alten Jahr durch Einstellung zur EWB, im neuen Jahr durch Abschreibung. Dies ist selbstverständlich nicht zulässig. »Eigentlich« müsste die im alten Jahr passivierte Einzelwertberichtigung deswegen nun gewinnerhöhend aufgelöst werden. In der Praxis wird aber anstelle einer direkt auf die einzelne Forderung bezogenen Buchung am Jahresende eine Anpassung des Bestandes an Einzelwertberichtigungen an die zu diesem Zeitpunkt aktuelle Höhe der dann zweifelhaften Forderungen vorgenommen. Nur wenn der Bedarf an Einzelwertberichtigungen gesunken ist, erfolgt eine Teil-Auflösung über die Buchung

»EWB zu Forderungen«

an »Erträge aus der Herabsetzung von
Wertberichtigungen auf Forderungen«

Ist der Bedarf an EWB dagegen gestiegen, wird gebucht

»Einstellung in EWB«

an »EWB zu Forderungen«

– **Uneinbringliche Forderungen** werden direkt abgeschrieben, wobei die in ihnen enthaltene Umsatzsteuer berichtigt wird. Die entsprechende Buchung lautet

»Abschreibungen auf Forderungen«
»Umsatzsteuer«

an »Forderungen LuL« (bzw. »Zweifelhafte
Forderungen«, wenn zuvor eine
Umbuchung – s. o. – erfolgt ist)

Neben der geschilderten Einzelbewertung wird in vielen Betrieben zusätzlich eine pauschale Wertberichtigung auf die einwandfreien Forderungen vorgenommen und damit dem Umstand Rechnung getragen, dass auch aus ihrem Bestand erfahrungsgemäß ein Ausfall in Höhe von bis zu 5 % eintritt. Diese **Pauschalwertberichtigung** (PWB) wird auf den Nettowert der um die zweifelhaften Forderungen bereinigten Forderungen LuL gebildet, also auf diejenigen Forderungen, deren Einbringlichkeit derzeit nicht in Zweifel gezogen wird. Fallen im laufenden Jahr tatsächlich Forderungen aus, wird aber nicht auf den gebildeten Bestand an Pauschalwertberichtigungen zurückgegriffen, sondern die Forderungen werden direkt abgeschrieben. Als Ausgleich erfolgt am Jahresende – ebenso wie bei den EWB – eine Anpassung der Betragshöhe an den aktuellen Forderungsbestand.

Bei einer Wertberichtigung handelt es sich um eine **indirekte Abschreibung**, die nicht den Wert der Forderung auf dem Bestandskonto selbst verringert, sondern diesem Wert eine berichtigende Position gegenüberstellt. Bei Nicht-Kapitalgesellschaften stehen sich infolgedessen die »Zweifelhafte Forderung« auf der Aktivseite der Bilanz und die Wertberichtigung auf der Passivseite gegenüber. Nur die veröffentlichungspflichtigen Bilanzen von Kapitalgesellschaften dürfen keine indirekten Abschreibungen (d. h. weder Einzel- noch Pauschal-Wertberichtigungen) und auch keinen Posten »Zweifelhaften Forderungen« enthalten: In ihnen müssen die zweifelhaften Forderungen und die Wertberichtigungen »aktivisch« abgesetzt, d. h. saldiert und den Forderungen aus Lieferungen und Leistungen wieder zugerechnet werden.

2.2.3.3.3.3 Wertpapiere des Umlaufvermögens

Wertpapiere, die im Umlaufvermögen bilanziert werden, sollen nach dem Willen des bilanzierenden Kaufmanns nicht dauerhaft im Bestand des Unternehmens verbleiben, sondern dienen der vorübergehenden Geldanlage: Meist zur Überbrückung von Fristeninkongruenzen (wenn z. B. Geldmittel aus bezahlten Forderungen bereits eingegangen sind, die Verbindlichkeiten, die mit den eingegangenen Mitteln beglichen werden sollen, aber noch nicht fällig sind) oder zur Spekulation.

Bei der Ermittlung der Anschaffungskosten von Wertpapieren müssen die angefallenen Nebenkosten der Beschaffung (Maklergebühren – die so genannte »Courtage« – und Bankprovisionen, nicht aber laufende Kosten wie z. B. Depotgebühren; die Börsenumsatzsteuer, früher hier ebenfalls einzurechnen, wurde 1991 in Deutschland abgeschafft) eingerechnet werden. Die Bewertung der Wertpapiere des Umlaufvermögens hat gemäß den bereits dargestellten allgemeinen Regeln für das Umlaufvermögen generell nach dem strengen Niederstwertprinzip zu erfolgen. Bei einer Wertherabsetzung sind die in den Anschaffungskosten enthaltenen Nebenkosten anteilig zu reduzieren.

2.2.3.3.3.4 Zahlungsmittelbestände

Zu den Zahlungsmittelbeständen gehören Schecks, Guthaben auf Konten und Skontren (Konten, die auf ausländische Währung lauten) sowie Barbestände in inländischer und ausländischer Währung (Sorten). Auch Briefmarken und Freistemplerguthaben gehören bilanziell zu den Zahlungsmitteln.

Guthaben, Schecks und Kassenbestände werden mit dem Nominalwert angesetzt. Fremdwährungen sind zum Sorten-Geldkurs am Stichtag zu bewerten.

2.2.3.3.4 Bewertung der Verbindlichkeiten

§ 266 Abs. 2 HGB gliedert die Verbindlichkeiten wie folgt:

1. Anleihen, davon konvertibel: der Anteil der Anleihen, die zu späteren Zeitpunkten in gezeichnetes Kapital umgewandelt werden können, ist gesondert auszuweisen;

2. Verbindlichkeiten gegenüber Kreditinstituten: hierunter fallen Realkredite (Hypotheken und Grundschulden), Schuldscheindarlehen, sonstige Kredite von Geschäftsbanken;

3. erhaltene Anzahlungen auf Bestellungen;

4. Verbindlichkeiten aus Lieferungen und Leistungen;

5. Verbindlichkeiten aus der Annahme gezogener Wechsel und der Ausstellung eigener Wechsel: hierunter sind alle Wechsel zu bilanzieren, die den Bilanzierenden als Schuldner ausweisen (Schuldwechsel);

6. Verbindlichkeiten gegenüber verbundenen Unternehmen;

7. Verbindlichkeiten gegenüber Unternehmen, mit denen ein Beteiligungsverhältnis besteht;

8. sonstige Verbindlichkeiten:
   – davon aus Steuern,
   – davon im Rahmen der sozialen Sicherheit.

Wie die Vermögensgegenstände der Aktivseite, sind auch Verbindlichkeiten grundsätzlich zu ihren Anschaffungskosten zu bewerten. Hierunter ist der Rückzahlungsbetrag zu verstehen.

Für **Abschlagsbeträge** (»**Damnum**«), die bei einer Darlehensgewährung direkt einbehalten wurden, wie z. B. Abgelder (**Disagio**), Bearbeitungs- und sonstige Verwaltungsgebühren, besteht handelsrechtlich ein Wahlrecht zwischen der sofortigen Aufwandsverbuchung oder dem Ansatz als aktiver Rechnungsabgrenzungsposten bei anschließender Verteilung auf die Darlehenslaufzeit.

Aus diesem handelsrechtlichen Aktivierungswahlrecht folgt gemäß den Maßgeblichkeitsregeln eine steuerliche Aktivierungspflicht: Für die Steuerbilanz besteht eine Pflicht zum Ausweis der aktiven Rechnungsabgrenzung. Ebenso ist mit den Unterschiedsbeträgen bei der Ausgabe von Anleihen »unter pari« (= Differenz zwischen geringerem Ausgabe- und höherem Nominal-/Rückzahlungswert) zu verfahren.

Bei Passivposten ist in Analogie zum Niederstwertprinzip das strenge **Höchstwertprinzip** anzuwenden. Steigt der Teilwert der Verbindlichkeit (z. B. bei Verbindlichkeiten in Fremdwährung), muss zwingend der gestiegene Wert angesetzt werden. Auch das Wertaufholungsgebot findet seine Entsprechung auf der Passivseite.

Verbindlichkeiten sind nach § 6 Abs. 1 Nr. 3 EStG in der Steuerbilanz mit 5,5 % abzuzinsen. Ausgenommen sind Verbindlichkeiten mit einer Restlaufzeit von weniger als 12 Monaten am Bilanzstichtag, verzinsliche Verbindlichkeiten (ohne dass ein Mindestzinssatz vorgeschrieben wäre!) sowie Verbindlichkeiten, die auf einer Anzahlung oder Vorausleistung beruhen.

Der Verbindlichkeitenspiegel

§ 268 Abs. 5 HGB bestimmt für die Kapitalgesellschaften:

»Der Betrag der Verbindlichkeiten mit einer Restlaufzeit bis zu einem Jahr ist bei jedem gesondert ausgewiesenen Posten zu vermerken. Erhaltene Anzahlungen auf Bestellungen sind, soweit Anzahlungen auf Vorräte nicht von dem Posten »Vorräte« offen abgesetzt werden, unter den Verbindlichkeiten gesondert auszuweisen. Sind unter dem Posten »Verbindlichkeiten« Beträge für Verbindlichkeiten ausgewiesen, die erst nach dem Abschlussstichtag rechtlich entstehen, so müssen Beträge, die einen größeren Umfang haben, im Anhang erläutert werden.«

Dieser Verpflichtung kann zweckmäßigerweise durch die Aufstellung eines Verbindlichkeitenspiegels entsprochen werden (vorgeschrieben ist dieser jedoch nicht), der nachfolgend im Aufbau wiedergegeben wird (alle §§ die des HGB):

Art der Verbindlichkeit	Gesamtbetrag		Davon mit Restlaufzeit			Davon gesichert	Art der Sicherheit
	Vorjahr	Geschäfts-jahr	≦ 1 Jahr	>1 Jahr und ≦ 5 Jahre	> 5 Jahre		
	€	€	€	€	€	€	
1. Anleihen, davon konvertibel							
2. Verbindlichkeiten gegenüber Kreditinstituten							
3. Erhaltene Anzahlungen auf Bestellung							
4. Verbindlichkeiten aus Lieferungen und Leistungen							
5. Verbindlichkeiten aus der Annahme gezogener Wechsel und der Ausstellung eigener Wechsel							
6. Verbindlichkeiten gegenüber verbundenen Unternehmen							
7. Verbindlichkeiten gegenüber Unternehmen, mit denen ein Beteiligungsverhältnis besteht							
8. Sonstige Verbindlichkeiten: – davon aus Steuern, – davon im Rahmen der sozialen Sicherheit							
Angaben gemäß § 266 Abs. 1 i.V.m. Abs. 3 Pos. C	§265 Abs. 2		§268Abs.5 Satz 1	freiwillig	§285Nr.1a i.V.m. Nr. 2	§285 Nr. 1b i.V.m. Nr. 2	

Verbindlichkeitenspiegel

2.2.3.4   Zeitliche Abgrenzung von Aufwendungen und Erträgen

Die Pflicht zur Bildung von Rechnungsabgrenzungsposten resultiert aus dem Grundsatz der periodengerechten Erfassung von Aufwendungen und Erträgen und ist in § 250 HGB sowie § 5 Abs. 5 EStG ausdrücklich verankert.

Rechnungsabgrenzungen werden notwendig, wenn Auszahlungen/Einzahlungen und die damit sachlich zusammenhängenden Aufwendungen/Erträge unterschiedliche Perioden betreffen. Unterschieden werden

– **transitorische Posten** (aktive und passive Rechnungsabgrenzungen) und

– **antizipative Posten** (sonstige Forderungen und sonstige Verbindlichkeiten).

2.2.3.4.1   Transitorische Posten

Transitorische Posten (von lat. transire = hinübergehen) sind Positionen, für die bereits im alten Geschäftsjahr Gelder zu- oder abgeflossen sind, die aber ursächlich dem neuen Geschäftsjahr zuzurechnen sind. Folgende Fälle sind zu unterscheiden:

1) Zahlungseingang im alten Jahr – Ertrag im neuen Jahr
   = Passive Rechnungsabgrenzung:

   In diesem Fall wird der Zahlungseingang im alten Jahr vereinnahmt und zunächst auf dem entsprechenden Ertragskonto verbucht. Am Jahresende muss derjenige Anteil, der das neue Jahr betrifft, dem Ertragskonto wieder belastet und über ein Konto »Passive Rechnungsabgrenzung (PRA)« in das Schlussbilanzkonto überführt werden. Im neuen Jahr wird die Passive Rechnungsabgrenzung direkt nach der Kontoeröffnung zugunsten des entsprechenden Ertragskontos aufgelöst.

Beispiel:

Unser Mieter überweist am 3.12. die Miete für die Monate Dezember und Januar in Höhe von jeweils 500 € auf unser Bankkonto.

Buchung am 3.12.:

2800 Bank	1.000,00 €		
		an 5400 Mieterträge	1.000,00 €

Buchungen am 31.12.:

5400 Mieterträge	1.000,00 €		
		an 4900 Passive Rechnungs- abgrenzung	500,00 €
		an 8020 GuV-Konto	500,00 €
4900 Passive Rechnungs- abgrenzung	500,00 €	an 8010 Schlussbilanzkonto	500,00 €

Durch diese Abschlussbuchungen wurden 500 € (nämlich die Miete für Dezember) zutreffenderweise als Ertrag des alten Geschäftsjahres erfasst und 500 € (Miete für Januar) in das Schlussbilanzkonto übertragen, um über die Schlussbilanz und die Eröffnungsbilanz als »Vehikel« ins neue Geschäftsjahr zu gelangen.

Buchungen am 01.01. des neuen Geschäftsjahrs:

8000 Eröffnungsbilanzkonto	500,00 €		
		an 4900 Passive Rechnungs- abgrenzung	500,00 €
4900 Passive Rechnungs- abgrenzung	500,00 €		
		an 5400 Mieterträge	500,00 €

Durch diese Buchung ist der Mietertrag für Monat Januar nun periodengerecht erfasst.

2) Zahlungsabfluss im alten Jahr – Aufwand im neuen Jahr
   = **Aktive Rechnungsabgrenzung:**

In diesem Fall wird im alten Jahr bereits eine Zahlung geleistet und auf dem entsprechenden Aufwandskonto erfasst. Am Jahresende muss derjenige Anteil, der dem neuen Jahr anzulasten ist, vom Aufwandskonto heruntergenommen und über ein Konto »Aktive Rechnungsabgrenzung (ARA)« in das Schlussbilanzkonto eingestellt werden. Im neuen Jahr wird die Aktive Rechnungsabgrenzung sofort zu Lasten des entsprechenden Aufwandskontos aufgelöst.

Wir überweisen die Pacht für ein langfristig von uns gepachtetes Grundstück am 01.09. für ein Jahr im Voraus: 2.400 €.

Buchung am 01.09.:

6700 Miet- und Pachtaufwand	2.400,00 €		
		an 2800 Bank	2.400,00 €

Buchungen am 31.12.:

2900 Aktive Rechnungs- abgrenzung	1.600,00 €		
8020 GuV-Konto	800,00 €		
		an 6700 Miet- u. Pachtaufwd.	1.600,00 €
8010 Schlussbilanzkonto	1.600,00 €		
		an 2900 Aktive Rechnungs- abgrenzung	1.600,00 €

Durch diese Buchungen wurde der Aufwand, der dem alten Geschäftsjahr anzulasten ist (nämlich die Pacht für die Monate September bis Dezember, also 4 x 200 €), aufwandswirksam über das GuV-Konto gebucht, während der Aufwand, der das neue Geschäftsjahr betrifft (nämlich die Pacht für die Monate Januar bis August des neuen Jahres, also 8 x 200 €), in das Schlussbilanzkonto übertragen wurde, um über die Schlussbilanz und die Eröffnungsbilanz als »Vehikel« ins neue Jahr zu gelangen.

Buchungen am 01.01. des neuen Geschäftsjahrs:

2900 Aktive Rechnungs- *abgrenzung*	*1.600,00 €*		
		an 8000 Eröffnungsbilanzkto.	*1.600,00 €*
6700 Miet- und Pachtaufwand	*1.600,00 €*		
		an 2900 Aktive Rechnungs- *abgrenzung*	*1.600,00 €*

Der Pachtaufwand für die Monate Januar bis August nun periodengerecht erfasst.

2.2.3.4.2   Antizipative Posten

Antizipatorische Posten (von lat. anticipere = vorwegnehmen) sind Positionen, die Aufwand oder Ertrag des alten Geschäftsjahrs darstellen, wobei aber der Geldab- oder -zufluss erst im neuen Geschäftsjahr erfolgt. Obwohl im alten Geschäftsjahr keine Zahlungsbewegung verzeichnet wird, müssen diese Fälle bereits im alten Jahr gebucht werden, um den Ertrag bzw. Aufwand periodengerecht zu erfassen:

1) Ertrag im alten Jahr – Zahlungszufluss im neuen Jahr
   = **Sonstige Forderungen:**

   Der Ertrag muss auf dem entsprechenden Ertragskonto gebucht werden. Da der dazugehörige Zahlungseingang erst im neuen Geschäftsjahr erfolgt, besteht eine Forderung »des alten Jahres an das neue Jahr«, die auf dem Konto »Sonstige Forderungen« verbucht wird.

   Für eine kurzfristige Geldanlage vom 01.11. bis 31.01. des neuen Jahres steht uns eine Zinsgutschrift zu, die vereinbarungsgemäß aber erst am Ende des Anlagezeitraums erfolgt. Angelegt wurden 100.000 €; der Zinssatz beträgt 4,5 % p.a.

Buchungen am 31.12.:

2690 Sonstige Forderungen	*750,00 €*		
		an 5710 Zinserträge	*750,00 €*
5710 Zinserträge	*750,00 €*		
		an 8020 GuV-Konto	*750,00 €*
8010 Schlussbilanzkonto	*750,00 €*		
		an 2690 Sonstige Forderungen	*750,00 €*

Durch diese Buchungen werden die Zinserträge periodengerecht im alten Jahr erfasst (Anmerkung: Diese Buchung ist kein Verstoß gegen das → Realisationsprinzip, denn durch die Herleihung des Anlagebetrages wurde ein rechtlicher Anspruch auf die Zinszahlung erworben). Zugleich wird mit der Einstellung in das Schlussbilanzkonto die Überführung der Forderung in das neue Geschäftsjahr eingeleitet.

Buchung am 01.01. des neuen Geschäftsjahrs:

2690 Sonstige Forderungen	*750,00 €*		
		an 8000 Eröffnungsbilanzkto.	*750,00 €*

Buchung am 31.01. *des neuen Geschäftsjahrs bei Eingang des Zinsbetrages auf dem Bankkonto:*

2800 Bank	*750,00 €*		
		an 2690 Sonstige Forderungen	*750,00 €*

Der Eingang auf dem Bankkonto wird vereinnahmt, ohne dass noch einmal eine Erfolgsbuchung erfolgt.

2) Aufwand im alten Jahr – Zahlungsabfluss im neuen Jahr
   = Sonstige Verbindlichkeiten:

Der Aufwand muss auf dem entsprechenden Ertragskonto gebucht werden. Da der dazugehörige Zahlungsabfluss erst im neuen Geschäftsjahr erfolgt, besteht eine Verbindlichkeit des alten Jahres gegenüber dem neuen Jahr, die auf dem Konto »Sonstige Verbindlichkeiten« verbucht wird.

Beispiel:

Die Provision für ein im alten Geschäftsjahr abgewickeltes Geschäft, das uns durch einen Geschäftspartner vermittelt wurde, müssen wir vereinbarungsgemäß erst am 15.02. des nächsten Jahres zahlen. Sie beträgt 4.000 €.

Buchungen am 31.12.:

6150 Vertriebsprovisionen	4.000,00 €		
		an 4890 Sonst. Verbindlichk.	4.000,00 €
8020 GuV-Konto	4.000,00 €		
		an 6150 Vertriebsprovisionen	4.000,00 €
4890 Sonst. Verbindlichkeiten	4.000,00 €		
		an 8010 Schlussbilanzkonto	4.000,00 €

Durch diese Buchungen wird der Provisionsaufwand periodengerecht im alten Jahr erfasst. Zugleich wird mit der Einstellung in das Schlussbilanzkonto die Überführung der Verbindlichkeit in das neue Geschäftsjahr eingeleitet.

Buchung am 01.01. *des neuen Geschäftsjahrs:*

8000 Eröffnungsbilanzkonto	4.000,00 €		
		an 4890 Sonst. Verbindlichk.	4.000,00 €

Buchung am 15.02. *des neuen Geschäftsjahrs bei Überweisung der Provision vom Bankkonto:*

4890 Sonst. Verbindlichkeiten	4.000,00 €		
		an 2800 Bank	4.000,00 €

Der Abgang auf dem Bankkonto führt richtigerweise zu keiner erneuten Aufwandsbuchung.

2.2.3.5   Die Bilanzierung des Eigenkapitals

Welche Eigenkapitalpositionen in einer Bilanz erscheinen, hängt vorrangig von der → **Rechtsform** des bilanzierenden Unternehmens ab. Grundsätzlich können die Eigenkapitalkonten in zwei Gruppen unterteilt werden:

– **Konstante Eigenkapitalkonten** enthalten das im Gesellschaftsvertrag vereinbarte Haftungskapital;

– **variable Eigenkapitalkonten** sind Gesellschafterverrechnungskonten mit veränderlicher Betragshöhe, wobei die Veränderungen auf Entnahmen, Einlagen, Gewinngutschriften und Verlustzuweisungen beruhen können.

Für die verschiedenen Rechtsformen gilt:

→ **Einzelunternehmungen** kennen kein garantiertes Kapital, weil der Einzelunternehmer ohnehin mit seinem gesamten Vermögen haftet, und damit auch kein konstantes Eigenkapitalkonto.

Für Gesellschafter in → **offenen Handelsgesellschaften (OHG)** kann, wenn dies im Gesellschaftsvertrag vereinbart ist, ein konstantes Eigenkapitalkonto geführt werden, das die vertraglich bestimmte Kapitaleinlage aufnimmt. In diesem Falle muss parallel ein variables Eigenkapitalkonto je Gesellschafter geführt werden, auf dem Gewinne, Verluste, Einlagen und Entnahmen gebucht werden.

→ **Kommanditgesellschaften (KG)** benötigen in der Regel beide Kontenformen: Da die Einlagen der **Kommanditisten (Teilhafter)** festliegen und nicht durch Entnahmen, Einlagen usw. verändert werden können, sind hierfür konstante Konten erforderlich. Noch nicht ausgezahlte Gewinne der Kommanditisten stellen für die Gesellschaft kein Eigenkapital, sondern Verbindlichkeiten dar! Die Gewinn- und Verlustzuweisungen an **Komplementäre (Vollhafter)** werden dagegen auf einem variablen Kapitalkonto gebucht, das auch deren Einlagen aufnimmt.

→ **Kapitalgesellschaften** führen grundsätzlich ebenfalls variable und konstante Kapitalkonten. Die konstanten Konten weisen das **gezeichnete Kapital** (haftendes Kapital; bei → Aktiengesellschaften als Grundkapital, bei → GmbH als Stammkapital bezeichnet) in Nennwerten aus. Variable Positionen sind die verschiedenen (nicht-haftenden) Rücklagen, auf die später Stelle noch ausführlich eingegangen wird.

Nachfolgend wird die Behandlung der handelsrechtlichen Bilanzierung des Eigenkapitals getrennt zunächst für Nicht-Kapitalgesellschaften und anschließend für Kapitalgesellschaften betrachtet.

2.2.3.5.1 Handelsrechtliche Bilanzierung des Eigenkapitals von Nicht-Kapitalgesellschaften

Für die Eigenkapitalbilanzierung von Nicht-Kapitalgesellschaften gelten die Gliederungsvorschriften des § 266 HGB bekanntlich nicht. Die zu beachtenden Anforderungen ergeben sich daher ausschließlich aus den GoB. Wesentliche Mindestanforderungen sind

– die Unterscheidung des Eigenkapitals vom Fremdkapital,

– das Verbot, Forderungen an Gesellschafter mit deren Kapitalanteilen zu verrechnen, verbunden mit der Pflicht, Forderungen und Verbindlichkeiten gegenüber Gesellschaftern ausdrücklich kenntlich zu machen (negative Kapitalanteile und Verlustvorträge stellen keine Forderungen gegen Gesellschafter dar!),

– die Kenntlichmachung ausstehender Kommanditeinlagen (i.d.R. auf der Aktivseite vor dem Anlagevermögen).

2.2.3.5.2 Handelsrechtliche Bilanzierung des Eigenkapitals von Kapitalgesellschaften

Nach § 266 Abs. 2 HGB i.V.m. § 272 HGB müssen große und mittelgroße Kapitalgesellschaften ihr Eigenkapital wie folgt gliedern:

I. Gezeichnetes Kapital
II. Kapitalrücklage
III. Gewinnrücklage
    1. Gesetzliche Rücklage
    2. Rücklage für eigene Anteile
    3. Satzungsmäßige Rücklage
    4. Andere Gewinnrücklagen
IV. Gewinn-/Verlustvortrag
V. Jahresüberschuss/Jahresfehlbetrag

Kleine Kapitalgesellschaften dürfen sich gem. § 266 Abs. 1 HGB auf die mit römischen Ziffern bezeichneten Positionen sowie den Ausweis der Sonderposten mit Rücklageanteil beschränken.

2.2.3.5.2.1   Gezeichnetes Kapital

Das gezeichnete Kapital

> »ist dasjenige Kapital, auf welches die Haftung der Gesellschafter für die Verbindlichkeiten der Kapitalgesellschaft gegenüber den Gläubigern beschränkt ist«. (§ 272 Abs. 1 HGB)

An dieser Stelle ist zu erwähnen, dass die **Haftungsmasse** des Unternehmens gegenüber den Gläubigern nicht auf das gezeichnete Kapital beschränkt ist, sondern – unabhängig von dessen Höhe – in der Substanz des Unternehmens besteht.

Das gezeichnete Kapital entspricht dem **Grundkapital** der Aktiengesellschaft (= Summe der Nennwerte der ausgegebenen Aktien) bzw. dem **Stammkapital** der GmbH.

Ausstehende eingeforderte Einlagen auf das gezeichnete Kapital müssen gem. § 272 Abs. 1 HGB auf der Aktivseite vor dem Anlagevermögen gesondert ausgewiesen werden. Nicht eingeforderte ausstehende Einlagen können an gleicher Stelle ausgewiesen werden (Bruttoausweis), dürfen aber auch vom gezeichneten Kapital offen abgesetzt werden. Die verbleibenden eingeforderten Einlagen werden in diesem Falle in der Hauptspalte der Passivseite gesondert ausgewiesen; ihnen wird ein Aktivposten (unter den Forderungen) gegenübergestellt (Nettoausweis).

Beispiel:

Das gezeichnete Kapital einer Kapitalgesellschaft beläuft sich auf 500 Mio €. Hiervon sind 70 % eingezahlt und 10 % eingefordert, aber noch nicht eingezahlt.

Bruttoausweis:

Aktiva		Passiva	
Ausstehende Einlagen auf das		*A. Eigenkapital*	
gezeichnete Kapital	*150.000.000,00*	*I. Gezeichnetes Kapital*	*500.000.000,00*
[davon eingefordert	*50.000.000,00]*		
A. Anlagevermögen			
...			

Nettoausweis:

Aktiva		Passiva	
B. Umlaufvermögen		*A. Eigenkapital*	
...		*I. Eingefordertes Kapital*	*400.000.000,00*
		[Gezeichnetes Kapital	*500.000.000,00*
II. Forderungen und sonstige Vermögens-		*– nicht eingeforderte*	
gegenstände		*ausstehende Einlagen*	*100.000.000,00]*
...			
4. Sonstige Vermögensgegenstände			
eingefordertes, noch nicht			
eingezahltes Kapital	*50.000.000,00*		

2.2.3.5.2.2   Rücklagen

Rücklagen stellen das variable Eigenkapital der Kapitalgesellschaften dar. Sie werden vor allem gebildet, um die Eigenkapitalbasis und damit die Unabhängigkeit und Stabilität des Unternehmens zu stärken und seine Bonität (Kreditwürdigkeit) zu verbessern. Eine wesentliche Unterscheidung ist diejenige in Kapitalrücklagen und Gewinnrücklagen.

Zur Abgrenzung:

– **Kapitalrücklagen** fließen der Gesellschaft stets von außen zu, während Gewinnrücklagen einbehaltene (»**thesaurierte**«) eigene Mittel darstellen!

– **Gewinnrücklagen** werden aus dem versteuerten Gewinn gebildet. Bei ihrer späteren Auflösung fällt daher auch keine Steuer an. Eine Ausnahme sind die steuerfreien Rücklagen im Rahmen der **Sonderposten mit Rücklageanteil**, die in den im Einkommensteuergesetz geregelten Fällen (z. B. Reinvestitionsrücklage, Ersatzbeschaffungsrücklage) aus dem unversteuerten Gewinn gebildet werden können: ihre Auflösung hat eine Besteuerung zur Folge.

Kapitalrücklagen

Kapitalrücklagen sind Eigenkapitel, das dem Unternehmen von den Eigentümern über das gezeichnete Kapital hinaus zugeführt wurde. Sie entstehen durch

– **Zuzahlungen** von Gesellschaftern gegen Gewährung eines Vorzuges für ihre Aktien;

– andere Zuzahlungen von Gesellschaftern;

– **Aufgeld-Zuflüsse** im Zuge der Ausgabe (Emission) von Anteilen oder Bezugsrechten. Aufgeld (Agio) ist der Betrag, um den der Kaufpreis eines Anteils seinen Nennbetrag übersteigt. Es ist in voller Höhe, also ohne Abzug der Emissionskosten (die als Aufwendungen behandelt werden), in die Kapitalrücklagen einzustellen;

– Zuflüsse durch Ausgabe von **Wandelschuldverschreibungen** und **Optionsrechten**.

Gewinnrücklagen

Zu den Gewinnrücklagen zählen

– **gesetzliche Rücklagen:** Aktiengesellschaften und KgaA (»Kommanditgesellschaft auf Aktien«) müssen so lange 5 % ihres um einen eventuellen Verlustvortrag gekürzten Jahresüberschusses in die gesetzliche Rücklage einstellen, bis die Summe aus gesetzlicher Rücklage und Kapitalrücklage 10 % des Grundkapitals oder einen von der Satzung bestimmten höheren Prozentsatz ausmacht. Dieser Prozentsatz bezieht sich auf den Nominalwert des gesamten gezeichneten Kapitals.

– **Rücklagen für eigene Anteile:** Dieser Sonderfall soll hier nur als **Exkurs** behandelt werden.

Durch das KonTraG (Gesetz zur Kontrolle und Transparenz im Unternehmensbereich) von 1998 wurde Aktiengesellschaften – in Anpassung an die international übliche Praxis – der Eigenerwerb von Aktien erleichtert. Dieser ist an die Bedingung geknüpft, dass die selbst gehaltenen Anteile nicht der kontinuierlichen Kurspflege und nicht dem Handel mit eigenen Aktien dienen dürfen. Außerdem ist der Anteil der selbst gehaltenen Aktien in den meisten Fällen, in denen der Eigenerwerb überhaupt möglich ist, auf 10 % des Grundkapitals beschränkt.

Eigene Aktien können zum Zweck der Einziehung (Kapitalherabsetzung) erworben werden. In diesem Falle stellen sie einen Korrekturposten zum Eigenkapital dar und müssen in Höhe ihres Nennbetrages bzw. rechnerischen Wertes (bei nennwertlosen Aktien) offen in der Vorspalte vom gezeichneten Kapital abgesetzt werden.

Ohne Zweckbestimmung erworbene eigene Aktien stellen dagegen einen Vermögens-gegenstand dar, der als gesonderter Posten unter den Wertpapieren des Umlaufvermö-gens angesetzt werden muss. In Höhe des aktivierten Betrages ist unter den Gewinn-rücklagen ein gesonderter Posten als Rücklage für eigene Anteile einzustellen. Ohne diese Rücklage würde die Aktivseite der Bilanz durch die Aktivierung eigener Anteile verlängert und der ausschüttungsfähige Betrag auf der Passivseite entsprechend ver-größert. Durch die Rücklage wird eine Mehrausschüttung aufgrund der (an sich unmög-lichen) Beteiligung der AG »an sich selbst« verhindert. Damit hat diese Rücklage eine Ausschüttungssperrfunktion.

– **Satzungsmäßige Rücklagen:** Die Satzung der AG kann die Bildung weiterer Rückla-gen verfügen, denen ggf. lt. Satzung ebenfalls regelmäßig Teile des um einen eventuel-len Verlustvortrag gekürzten Jahresüberschusses zugeführt werden müssen.

– **Andere (freie) Rücklagen:** Der Aufsichtsrat kann auf Vorschlag des Vorstandes die Einstellung weiterer Teile des Jahresüberschusses in freie Rücklagen beschließen. Je-doch dürfen höchstens 50 % des Restgewinns (Restgewinn = Jahresüberschuss abzgl. Verlustvortrag abzgl. Zuführung zur gesetzlichen Rücklage) für satzungsmäßige und andere Rücklagen verwendet werden. Damit ist sichergestellt, dass die Hauptversamm-lung der Gesellschafter wenigstens über die Verwendung der Hälfte des Restgewinns entscheiden kann. Es steht ihr frei, die Ausschüttung dieses Betrages zu beschließen oder auf eine Ausschüttung ganz oder teilweise zu verzichten und andere (freien) Rück-lagen zu bilden.

2.2.3.5.2.3   Der Ausweis des Bilanzergebnisses

Das Gliederungsschema des § 266 Abs. 3 HGB sieht den gesonderten Ausweis des Jah-resüberschusses bzw. Jahresfehlbetrages sowie der Gewinn- bzw. Verlustvorträge vor. Damit unterstellt es einen Ergebnisausweis **vor** Gewinnverwendung.

Die Kapitalgesellschaften dürfen den Ergebnisausweis jedoch auch nach teilweiser Gewinnverwendung oder nach vollständiger Gewinnverwendung vornehmen.

Wird der Ergebnisausweis **nach** teilweiser Gewinnverwendung vorgenommen, so wird nicht Jahresüberschuss oder Jahresfehlbetrag bilanziert, sondern der Bilanzgewinn oder Bilanzverlust, der sich wie folgt herleitet:

Jahresüberschuss (+) bzw. Jahresfehlbetrag (–)
+ Gewinnvortrag aus dem Vorjahr oder
– Verlustvortrag aus dem Vorjahr
+ Entnahme aus Rücklagen
– Einstellungen in Rücklagen

= Bilanzgewinn (+) bzw. Bilanzverlust (–)

Ein Ausweis der Position »Gewinnvortrag/Verlustvortrag« entfällt damit.

Beim **Ergebnisausweis nach vollständiger Gewinnverwendung** (d. h. bei Aufstellung der Bilanz nach der Hauptversammlung, in der über die Verwendung des Gewinns ab-schließend beschlossen wurde) werden weder ein Bilanzgewinn/Bilanzverlust noch ein Jahresüberschuss/Jahresfehlbetrag ausgewiesen; auch die Position Gewinnvortrag/Verlustvertrag entfällt. Die Gewinnverwendung wird erkennbar

– im Vergleich der Rücklagen am Ende des Berichtsjahres mit denjenigen des Vorjahres,

– durch den Ausweis der zur Ausschüttung bestimmte Teil des Jahresergebnisses als Verbindlichkeit gegenüber den Gesellschaftern in der Position »Sonstige Verbindlich-keiten«. ausgewiesen wird.

2.2.3.5.3   Inhalte und Bilanzierung von Mezzanine-Kapital

»Mezzanine« bedeutet »Zwischengeschoss«. Auf der Passivseite der Bilanz wird das »Zwischengeschoss« zwischen Eigen- und Fremdkapital von Finanzierungsarten eingenommen, die Mischformen aus Eigen- und Fremdfinanzierungsinstrumenten darstellen. Sie werden auch als »**hybride Finanzierungen**« bezeichnet. In der Bilanzanalyse werden sie in der Regel dem wirtschaftlichen Eigenkapital zugerechnet. Genussrechte und stille Beteiligungen werden in den **Basel-II-Richtlinien** ausdrücklich zum Eigenkapital gezählt. Handels- und steuerrechtlich werden die Aufwendungen, die durch die Kapitalüberlassung entstehen, dagegen als betrieblicher Aufwand behandelt.

Die Zurechnung zum Eigenkapital ist der wesentliche Vorteil mezzaniner Finanzierungen. Zwar sind die Ansprüche der Geber von mezzaninem Kapital vorrangig gegenüber den Anteilseignern; jedoch ergibt sich im Insolvenzfall ein **Rangrücktritt** der Finanzierungsgeber hinter die Fremdkapitalgeber. Dementsprechend verlangen die Geber mezzaniner Finanzierungen eine erhöhte Risikoprämie in Gestalt höherer Zinsen oder eines »**Equity Kicker**«. Hierunter ist eine Beteiligung am Jahresüberschuss oder auch ein später – etwa im Falle eines Börsengangs des Finanzierungsnehmers – einzulösender Anspruch auf Wandlung in Eigenkapital zu verstehen.

Wesentlichen Ausgestaltungsformen neben den schon erwähnten Genussrechten und stillen Beteiligung von Mezzanine-Finanzierungen sind **nachrangige Darlehen** und **partiarische Darlehen**, **Gesellschafterdarlehen** und **Wandelschuldschuldverschreibungen**. Da diese Finanzierungsformen allesamt in Kapitel 3 behandelt werden, soll an dieser Stelle keine Vertiefung erfolgen.

Mezzanine-Kapital wird bilanziell in der Regel zwischen dem Eigenkapital und den Rückstellungen oder bei den Verbindlichkeiten ausgewiesen. Ein Ausweis beim Eigenkapital ist an eine Reihe von Voraussetzungen geknüpft; insbesondere darf in diesen Fällen eine Verlustbeteiligung nicht ausgeschlossen oder beschränkt sein und eine Gewinnbeteiligung oder zinsartige Zahlung nur aus tatsächlich erzieltem Gewinn erfolgen.

2.2.3.5.4   Sonderposten mit Rücklagenanteil

Ebenfalls zwischen Eigen- und Fremdkapital stehen die Sonderposten mit Rücklageanteil. Sie entstehen in Zusammenhang mit bestimmten **steuerfreien Rücklagen**, die das Steuerrecht aus wirtschafts- und sozialpolitischen Gründen zulässt, vor allem um dadurch Investitionen anzuregen.

Dabei handelt es sich um Rücklagen, die nicht aus Zuflüssen von außen oder aus versteuertem Gewinn, sondern aufwandswirksam gebildet werden und damit den steuerpflichtigen Gewinn mindern. Diese Steuerfreiheit ist jedoch zeitlich befristet: Ist der Grund für die Bildung des Sonderpostens entfallen, muss seine Auflösung ertragswirksam erfolgen. Die Besteuerung wird insoweit nur zeitlich verlagert.

Steuerfreie Rücklagen können z. B. zur Übertragung **stiller Reserven** bei der Veräußerung bestimmter Anlagegüter (sog. **Reinvestitionsrücklagen**; §§ 6b, 6c EStG) und als **Rücklagen für Ersatzbeschaffung** (R 6.6 EStR) gebildet werden. Eine Sonderform der steuerfreien Rücklage, die nur kleinen und mittleren Betrieben offen steht, stellt die Ansparabschreibung (vor dem 1.1.2008) bzw. der **Investitionsabzugsbetrag** (nach dem 31.1.2.2007, vgl. Abschnitt 2.2.3.5.5) dar.

Für das Unternehmen stellen die Sonderposten mit Rücklageanteil eine bedeutende wirtschaftliche Erleichterung dar, da sie die Besteuerung »unfreiwillig« freigesetzter stiller Reserven verhindert.

Funktion und Nutzen einer solchen Rücklage sollen am Beispiel der **Rücklage für Ersatzbeschaffung** dargestellt werden:

Für eine durch einen Brand zerstörte Maschine, die zum Zeitpunkt des Untergangs noch mit 60.000 € in den Büchern stand, erhält die XY-GmbH eine Versicherungsentschädigung in Höhe von 75.000 €. Damit wird eine »stille Reserve« in Höhe von 15.000 € aufgedeckt. Da jedoch eine vergleichbare Maschine angeschafft werden muss und die Entschädigung dafür voraussichtlich in voller Höhe ausgegeben werden wird, darf die GmbH die erhaltene Entschädigungszahlung, soweit sie den Buchwert der alten Maschine übersteigt, als Rücklage für Ersatzbeschaffung (in der Steuerbilanz) bzw. als Sonderposten mit Rücklageanteil (in der Handelsbilanz) in € verbuchen:

Buchung nach dem Schadensfall und Entschädigung:

»Abschreibung« (planmäßig und außerplanmäßig)	60.000,00		
		an »Maschinen«	60.000,00
»Bank«	75.000,00		
		an »Sonstige betriebl. Erträge«	5.000,00
»Sonst. betriebl. Aufwendg.«	15.000,00		
		an »Sonderposten mit Rücklageanteil«	15.000,00

Im Folgejahr wird eine neue Maschine gekauft; Anschaffungskosten: 67.500,00 € netto (= 80.325 € einschl. 19% MWSt). Buchung:

»Maschinen«	67.500,00		
»Vorsteuer«	12.825,00		
		an »Bank«	80.325,00
»Sonderposten mit Rücklageanteil«	15.000,00		
		an »Sonstige betriebl. Erträge«	15.000,00
»Außerplanmäßige Abschreibung«	13.500,00		
		an »Maschinen«	13.500,00

Da nur 90 % der erhaltenen Entschädigung für den Neukauf benötigt wurden, darf der gebildete Sonderposten auch nur zu 90 % steuerfrei aufgelöst werden. Die Auflösung erfolgt buchungstechnisch, indem der gesamte Sonderposten ertragswirksam aufgelöst und im Gegenzug eine Sonderabschreibung in Höhe von 90 % des Sonderpostens auf die neue Maschine vorgenommen wird. Deren Buchwert mindert sich dadurch sofort um 13.500 €, wodurch sofort wieder eine »stille Reserve« entsteht. Bei einer späteren Veräußerung der Maschine würde diese »stille Reserve« ertragswirksam aufgedeckt.

Die handelsbilanzielle Bezeichnung als »Sonderposten mit Rücklageanteil« drückt aus, dass es sich um einen aus handelsrechtlicher Sicht nicht begründbaren Posten handelt, der zum Teil aus Eigenkapital (= Rücklageanteil) und zum anderen Teil aus Fremdkapital besteht. Ihre Bildung in der Handelsbilanz wird aufgrund der Regelungen der §§ 247, 273 HGB möglich:

»Passivposten, die für Zwecke der Steuern vom Einkommen und vom Ertrag zulässig sind, dürfen in der Bilanz gebildet werden. Sie sind als Sonderposten mit Rücklageanteil auszuweisen und nach Maßgabe des Steuerrechts aufzulösen. Einer Rückstellung bedarf es insoweit nicht.« (§ 247 Abs. 3 HGB)

»Der Sonderposten mit Rücklageanteil (§ 247 Abs. 3) darf nur insoweit gebildet werden, als das Steuerrecht die Anerkennung des Wertansatzes bei der steuerrechtlichen Gewinnermittlung davon abhängig macht, dass der Sonderposten in der Bilanz gebildet wird. Er ist auf der Passivseite vor den Rückstellungen auszuweisen; die Vorschriften, nach denen er gebildet worden ist, sind in der Bilanz oder im Anhang anzugeben.« (§ 273 HGB)

In der Bilanzanalyse werden die Sonderposten mit Rücklageanteil nach allgemeiner Auffassung mindestens zur Hälfte dem Eigenkapital zugerechnet.

2.2.3.5.5 Investitionsabzugsbetrag und Sonderabschreibung (nach dem 31.12. 2007)

Bis 31.12.2007 bestand für kleinere und mittlere Betriebe die Möglichkeit, für Investitionen Sonderabschreibungen vorzunehmen. Diese Möglichkeit war jedoch daran gebunden, dass in Vorperioden für die geplante Investition so genannte **Ansparabschreibungen** vorgenommen worden waren.

Mit dem Unternehmenssteuerreformgesetz gilt für Investitionen kleiner und mittlerer Unternehmen, die nach dem 31.12.2007 vorgenommen werden, eine neue Regelung: Danach kann der Steuerpflichtige für die Anschaffung oder Herstellung eines abnutzbaren und beweglichen (neuen oder gebrauchten) Anlagegutes in einem der Anschaffung/ Herstellung vorgelagerten Wirtschaftsjahr bis zu 40 % der voraussichtlichen Anschaffungs- bzw. Herstellungskosten in Form eines **Investitionsabzugsbetrags** gewinnmindernd geltend machen. Diese Abzugsmöglichkeit gilt auch für → geringwertige Wirtschaftsgüter.

Der Abzug ist an folgende Bedingungen geknüpft:

– Betriebsvermögen bei bilanzierenden Gewerbebetrieben und Freiberuflern max. 235.000 €;

– Wirtschaftswert bei land- und forstwirtschaftlichen Betrieben max. 125.000 €;

– Gewinn bei Einnahmen-Überschuss-Rechnung vor Berücksichtigung des Investitionsabzugsbetrages max. 100.000 €;

– Anschaffung bzw. Herstellung des Wirtschaftsgutes in den auf das Wirtschaftsjahr des Abzugs des Investitionsabzugsbetrages folgenden drei Wirtschaftsjahren;

– ausschließlich oder fast ausschließlich betriebliche Nutzung des angeschafften/hergestellten Wirtschaftsgutes mindestens bis zum Ende des dem Jahr der Anschaffung/ Herstellung folgenden Wirtschaftsjahres;

– Benennung des begünstigten Wirtschaftsgutes, dessen Anschaffung geplant ist, gegenüber dem Finanzamt unter Angabe der voraussichtlichen Anschaffung oder Herstellung; dabei genügt die Angabe der Funktion nach; eine detailliertere Angabe ist nicht erforderlich (d. h. es genügt z. B., die Anschaffung eines betrieblich genutzten PKW anzugeben, Marke und Typ müssen nicht festgelegt werden).

Je Betrieb dürfen am Veranlagungsstichtag höchstens 200.000 € als gesamte Investitionsabzugsbeträge abgezogen sein.

Beispiel:

Ein Unternehmen zieht in 2008 für die in 2010 geplante Anschaffung eines Spezialtransportfahrzeugs (Anschaffungskosten: 210.000 €) den maximal möglichen Investitionsabzugsbetrag von 84.000 € ab. In 2009 soll erneut ein Investitionsabzugsbetrag geltend gemacht werden, diesmal für die in 2011 geplante Anschaffung einer Verpackungsstraße, deren Anschaffungskosten mit 400.000 € angenommen werden. Hierfür kann nun nicht mehr der maximale Abzugsbetrag von 160.000 € geltend gemacht werden; denn am Ende des Jahres 2009 dürfen nicht mehr als max. 200.000 € an Investitionsabzugsbeträgen vorhanden sein. Es ist also nur noch ein Abzug von 116.000 € (entsprechend 29 % der geplanten Anschaffungskosten) vornehmbar.

Wird eine Investition, für die ein Investitionsabzugsbetrag in Anspruch genommen wurde, schließlich durchgeführt, müssen 40 % der Anschaffungs- bzw. Herstellungskosten, höchstens jedoch der in Anspruch genommene Abzugsbetrag, im Jahr der Anschaffung oder Herstellung dem Jahresergebnis außerbilanziell gewinnerhöhend hinzugerechnet werden. Zugleich können im Jahr der Anschaffung bzw. Herstellung bis zu 40 % der Anschaffungs- bzw. Herstellungskosten gewinnmindernd abgesetzt werden. Um den so abgesetzten Betrag vermindert sich die Bemessungsgrundlage für die Abschreibung der Folgejahre.

Beispiel (Fortsetzung):

Im Jahr 2010 wird das Spezialtransportfahrzeug angeschafft. Die Anschaffungskosten betragen netto, abweichend von der ursprünglichen Annahme, aber nur 180.000 €.

Zunächst sind 40 % der Anschaffungskosten, also 72.000 €, dem Gewinn außerhalb der Bilanz hinzuzurechnen. Für die nicht in Anspruch genommenen 12.000 € ist der Abzug des Investitionsabzugsbetrages rückgängig zu machen. Dafür wird die Steuerfestsetzung für das Wirtschaftsjahr 2008 geändert. Auf den daraufhin nachzuzahlenden Steuerbetrag setzt das Finanzamt Zinsen fest.

Zugleich können 40 % der Anschaffungskosten – also wiederum 72.000 € – in 2010 sofort gewinnmindernd von den Anschaffungskosten des Fahrzeugs abgesetzt werden. Die Bemessungsgrundlage für die AfA des Fahrzeugs vermindert sich damit allerdings auf 108.000 €.

Kleine und mittlere Unternehmen, die die o.g. Betriebsgrößenmerkmale am Ende eines Wirtschaftsjahres, das der Anschaffung oder Herstellung eines neuen oder gebrauchten Wirtschaftsguts vorangeht, dürfen zusätzlich im Jahr der Anschaffung/Herstellung und in den folgenden vier Jahren neben der normalen linearen Abschreibung eine Sonderabschreibung von insgesamt höchstens 20 % vornehmen (§ 7g Abs. 5 EStG). Diese wird – wie die lineare AfA auch – von den um die Rücklage verminderten Anschaffungskosten vorgenommen.

2.2.3.6   Bilanzierung von Rückstellungen

Rückstellungen sind von ihrer Natur her Verbindlichkeiten, die wirtschaftlich zwar dem Abschlussjahr zuzurechnen sind, aber erst in einer späteren Periode zu Auszahlungen führen. Sie sind vom Grunde her bekannt, aber in mindestens einer anderen Hinsicht mit Unsicherheit behaftet: Ihre Höhe und/oder ihre Fälligkeit (ob überhaupt) steht zum Zeitpunkt ihrer Bildung noch nicht fest.

2.2.3.6.1   Rückstellungspflichten und -wahlrechte

Für eine Reihe von Rückstellungsgründen schreibt das Handelsrecht die Passivierung vor, woraus in Anwendung der → **Maßgeblichkeitsregeln** in der Regel (d. h. außer, wenn das Steuerrecht ausdrücklich eine andere Regelung vorsieht) eine Passivierungspflicht auch für die Steuerbilanz resultiert. Für einige Rückstellungen besteht ein handelsrechtliches Wahlrecht, aus dem in der Regel ein steuerliches Ansatzverbot folgt.

Eine **Pflicht** zur Rückstellung besteht gem. § 249 HGB für

– **ungewisse Verbindlichkeiten**; hierunter fallen

  – Pensionszusagen,
  – Garantieverpflichtungen,
  – Prozesskosten,
  – Patentrechtsverletzungen,
  – Gratifikationen, Tantiemen, Provisionen...,
  – Kundenboni,
  – Kosten des Jahresabschlusses.

In der Steuerbilanz dürfen »Rückstellungen wegen Verletzung fremder Patent-, Urheber- oder ähnlicher Schutzrechte erst gebildet werden, wenn der Rechtsinhaber Ansprüche wegen der Rechtsverletzung geltend gemacht hat oder mit einer Inanspruchnahme wegen der Rechtsverletzung ernsthaft zu rechnen ist.« (§ 5 Abs. 3 EStG)

Ferner gelten Einschränkungen für Rückstellungen für die Verpflichtung zu einer Zuwendung anlässlich eines Dienstjubiläums (§ 5 Abs. 4 EStG).

– **Unterlassene Instandhaltungsaufwendungen**, die im folgenden Geschäftsjahr innerhalb von drei Monaten, oder für **Abraumbeseitigung**, die im folgenden Geschäftsjahr nachgeholt werden.

– **Gewährleistungen**, die ohne rechtliche Verpflichtung erbracht werden (»**Kulanzfälle**«).

– **Drohende Verluste aus schwebenden Geschäften** (jedoch: steuerliches Ansatzverbot gem. § 5 Abs. 4a EStG).

– **Rückstellungen für latente Steuern** (§ 274 Abs. 1 HGB).

Ein **handelsrechtliches Passivierungswahlrecht** (aus dem ein steuerliches Ansatzverbot resultiert!) besteht für

– **unterlassene Instandhaltungen**, die innerhalb des folgenden Geschäftsjahrs **nach** Ablauf von drei Monaten nachgeholt werden,

– verschiedene → **Aufwandsrückstellungen**.

Gemäß § 266 Abs. 3 HGB sind die Rückstellungen in der Bilanz großer und mittelgroßer Kapitalgesellschaften aufzugliedern in

– Rückstellungen für Pensionen und ähnliche Verpflichtungen,
– Steuerrückstellungen,
– sonstige Rückstellungen.

2.2.3.6.2 Bewertung von Rückstellungen

Die Höhe einer zu bildenden Rückstellungen muss fast immer geschätzt werden. Ausnahmen bilden Fälle, in denen die Fälligkeit als solche in Frage steht, die Betragshöhe aber für den Fall, dass es zur Zahlung kommt, feststeht, sowie bestimmte gesetzlich geregelte Fälle: z. B. ist die Höhe der Pensionsrückstellungen in der Steuerbilanz in § 6a Abs. 3 EStG konkret geregelt.

In denjenigen Fällen, in denen die Höhe nicht von vornherein oder durch Gesetz bestimmt ist, ist grundsätzlich die Schätzung des Bilanzierenden maßgeblich. Insoweit können Rückstellungen **stille Reserven** enthalten. Nach einem BFH-Spruch muss diese Schätzung jedoch objektiv durch die Verhältnisse des Betriebes gestützt sein; praktisch wird sie sich, wann immer möglich, auf Kostenvoranschlägen, Sachverständigenaussagen oder Erfahrungen beziehen. § 6 Abs. 1 Nr. 3a EStG enthält ausführliche Vorgaben für die Rückstellungsbewertung.

Die Bildung von Rückstellungen dem Grunde und der Höhe nach ist zu jedem Bilanzstichtag erneut zu prüfen. Ist die zurückgestellte ungewisse Verbindlichkeit in der Folge zur gewissen Verbindlichkeit geworden, wird diese in die Buchführung aufgenommen und wirkt sich durch die Gegenbuchung auf einem Aufwandskonto gewinnmindernd aus. Für die Rückstellung ergibt sich nun kein Bedarf mehr: Sie ist für diesen Teil gewinnerhöhend aufzulösen.

Einige Rückstellungsarten und ihre Bewertung sollen nun näher beleuchtet werden.

2.2.3.6.3 Darstellung ausgewählter Rückstellungsarten

2.2.3.6.3.1 Pensionsrückstellungen

Für Pensionszusagen besteht seit dem 31.12.1986 eine handelsrechtliche Ansatzpflicht (§ 249 Abs. 1 Satz 1 HGB, Art. 28 Einführungsgesetz zum Handelsgesetzbuch). Für Zusagen, die vor diesem Stichtag gegeben wurden, bleibt das bis dahin gültige Passivierungswahlrecht bestehen.

Aufgrund des Maßgeblichkeitsprinzips gilt die Rückstellungspflicht auch für die Steuerbilanz. Während aber das Handelsrecht keine konkrete Bewertung vorschreibt, darf die Pensionsrückstellung steuerlich höchstens mit ihrem → **Teilwert** angesetzt werden, dessen Herleitung sich aus § 6a Abs. 3 EStG ergibt. Bei seiner Berechnung

»sind ein Rechnungszinsfuß von 6 v.H. und die anerkannten Regeln der Versicherungsmathematik anzuwenden«. (§ 6a Abs. 3 Satz 3 EStG)

Wird für den handelsbilanziellen Ansatz ein niedrigerer Abzinsungssatz zugrunde gelegt (nach herrschender Meinung ist ein Kalkulationszinsfuß von 3 % bis 6 % anzusetzen), resultiert hieraus für die ausgewiesene Pensionsrückstellung ein höherer Ansatz als in der Steuerbilanz.

2.2.3.6.3.2 Aufwandsrückstellungen

Nach § 249 Abs. 2 HGB können Rückstellungen auch gebildet werden, ohne dass am Bilanzstichtag bereits eine rechtliche oder tatsächliche Verbindlichkeit besteht. Ermöglicht wird damit (jedoch, da es sich um ein Passivierungswahlrecht handelt, dem in der Steuerbilanz nicht gefolgt wird, **nur handelsrechtlich**) eine Verteilung zukünftiger großer Aufwendungen auf die verursachenden Jahre. Derartige Aufwandsrückstellung dürfen gebildet werden für

»ihrer Eigenart nach genau umschriebene, dem Geschäftsjahr oder einem früheren Geschäftsjahr zuzuordnende Aufwendungen [...], die am Abschlussstichtag wahrscheinlich oder sicher, aber hinsichtlich ihrer Höhe oder des Zeitpunkts ihres Eintritts unbestimmt sind« (§ 249 Abs. 2 HGB).

Beispiele sind

– Großreparaturen infolge jahrelanger vorangegangener Nutzung großer, wertvoller Anlagegüter wie Schiffe, Flugzeuge und Maschinen,

– große Wartungsarbeiten, die – etwa bei großen Werksanlagen – in mehrjährigem Turnus vorgenommen werden,

– Aufwendungen für z. B. Werbekampagnen, Umweltschutzmaßnahmen und Rückbauten (etwa Abriss von Kernkraftwerken).

2.2.3.6.3.3 Steuerrückstellungen (Gewerbesteuerrückstellung bis 31.12.2007)

Rückstellungen für erwartete Steuernachzahlungen dürfen nur für diejenigen Steuerarten gebildet werden, die als Betriebsausgaben abzugsfähig sind. Häufigster Fall war bis 2007 die Rückstellung für eine aus dem Geschäftsjahr zu leistende Abschlusszahlung der **Gewerbesteuer**.

Da die Gewerbesteuer bis 2007 als Betriebsausgabe bei der Gewinnermittlung abzugsfähig war, konnten Gewerbetreibende, die einen Vermögensvergleich durchführen, nicht nur bereits geleistete Gewerbesteuervorauszahlungen als Betriebsausgabe abziehen oder rückständige Vorauszahlungen als Schuld ansetzen, sondern mussten auch eine zu erwartende Abschlusszahlung in der Schlussbilanz berücksichtigen. Gemäß den Grundsätzen ordnungsmäßiger Buchführung bestand in der Regel Passivierungspflicht. Die Berechnung der Gewerbesteuerrückstellung war insofern schwierig, als von einem vorläufigen Gewinn auszugehen war, dem die bereits getätigten Gewerbesteuervorauszahlungen hinzugerechnet wurden, und eine Gewerbesteuerberechnung im Voraus vorgenommen wurde. Aus Vereinfachungsgründen konnten $5/6$ der vorläufigen Gewerbesteuerschuld angesetzt werden.

2.2.3.6.3.4 Rückstellungen für Gewährleistungen

Rückstellungen für Gewährleistungen, die zu bilden sind, wenn am Bilanzstichtag bereits ein Gewährleistungsfall eingetreten oder der Eintritt wahrscheinlich ist, werden nach den Selbstkosten bemessen. Zwar steht die Rückstellungshöhe im Ermessen des Kaufmanns, seine Schätzung muss aber angemessen sein, d. h. sie darf einen den betrieblichen Verhältnissen entsprechenden Umfang nicht überschreiten. Die abstrakte Möglichkeit der Inanspruchnahme reicht nicht aus; eine gewisse Wahrscheinlichkeit des Eintretens muss nachvollziehbar dargelegt werden können.

Die Gewährleistungspflicht beginnt grundsätzlich mit der Auslieferung bzw. Abnahme, ggf. mit einer Teilabnahme. Erst ab diesem Zeitpunkt kann eine Rückstellung gebildet werden. Bis zu diesem Zeitpunkt gehört der auszuliefernde Gegenstand zu den unfertigen oder fertigen Gegenständen des Vorratsvermögens. Etwaige Wertminderungen wären dann durch Ansatz eines niedrigeren Bestandswertes zu berücksichtigen.

Maßgeblich für die Bildung der Rückstellung für Gewährleistungsverpflichtungen ist der bis zum Bilanzstichtag realisierte gewährleistungsverpflichtete Umsatz, auf den ein gleich bleibender Prozentsatz angewendet wird, der sich aus der betrieblichen Erfahrung herausgebildet hat.

Beispiel:

Die Gewährleistungsfrist beträgt zwei Jahre. Nach der betrieblichen Erfahrung wird eine Rückstellung von 1 % des gewährleistungsbehafteten Umsatzes als angemessen angesehen. Die Aufträge werden gleichmäßig über das Wirtschaftsjahr ausgeliefert. Die Rückstellung ist für den 31.12. des Jahres 02 zu bilden:

	Jahr 01	*Jahr 02*
Gewährleistungsbehafteter Soll-Umsatz	*1.000.000 €*	*1.200.000 €*
Garantieaufwand 1 % pauschal	*10.000 €*	*12.000 €*

Der Soll-Umsatz 01 setzt sich aus ausgelieferten Leistungen zusammen, für die zum 31.12.01 noch eine Garantiepflicht bestand. Deshalb ist zu beachten, dass am 31.12.02 bereits ein Teil der Gewährleistungsfrist aus den Sollumsätzen abgelaufen ist. Vom pauschalierten Garantieaufwand des Jahres 01 kommt in 02 nur noch die Hälfte zum Ansatz.

Rückstellung per 31.12.02: 50 % 01 + 100 % 02 = 5.000 + 12.000 = 17.000 €

2.2.3.6.3.5 Rückstellungen für drohende Verluste aus schwebenden Geschäften

Ein schwebendes Geschäft liegt vor, wenn sich beide Vertragsparteien bereits verpflichtet haben, aber noch keine Seite ihren Vertragspart **erfüllt** hat (z. B. wurde die Lieferung einer Maschine vertraglich vereinbart, aber weder Lieferung noch Bezahlung sind bisher erfolgt). Schwebende Geschäfte sind regelmäßig nicht in der Buchführung enthalten. Dennoch können sich auch aus schwebenden Geschäften Risiken ergeben, wenn die Leistung als eigene (ungewisse) Verbindlichkeit die Gegenleistung wertmäßig übersteigt. Soweit ein Verlust droht, ist dieser nach den Grundsätzen ordnungsmäßiger Buchführung im Jahresabschluss zu berücksichtigen.

Abgeschlossene, aber noch nicht erfüllte **Verkaufsverträge** sind von Verlusten bedroht, wenn nach den Verhältnissen des Bilanzstichtags die Selbstkosten auf Basis der Vollkosten den vereinbarten Kaufpreis übersteigen. Dabei bleiben kalkulatorische Kosten und ein angemessener Unternehmensgewinn außer Ansatz. Zu beachten ist, dass bereits angefangene (halbfertige) Arbeiten im Vorratsvermögen aktiviert werden müssen und gegebenenfalls dort abzuwerten sind. Die Rückstellung für drohende Verluste aus schwebenden Geschäften gilt jeweils für die noch nicht erbrachten Leistungen, zu denen sich der Kaufmann verpflichtet hat.

Bei schwebenden **Einkaufsverträgen** kann sich ein Verlustrisiko ergeben, wenn der Preis der beschafften Waren am Bilanzstichtag gegenüber dem Tag des Vertragsabschlusses gefallen ist. Die Differenz der gesunkenen Wiederbeschaffungskosten zu dem vertraglich vereinbarten Preis rechtfertigt eine Rückstellung für drohende Verluste aus schwebenden Geschäften, soweit die Ware noch nicht geliefert ist. Damit soll eine Bestandsabwertung, die nach der Lieferung unabdingbar wäre, vorweggenommen werden.

Beispiel:

Im Dezember 01 wurde ein Kaufvertrag über den Bezug von 500 Kreiselpumpen für Aquarien zum Stückpreis von 34 € netto abgeschlossen. Vereinbarter Liefertermin ist der 15.01.02; Zahlung erfolgt nach Lieferung. Am Bilanzstichtag ist der Wiederbeschaffungswert der Pumpen nachhaltig auf 28 € netto gesunken. Damit droht ein Verlust in Höhe von insgesamt 3.000 €, der am Stichtag berücksichtigt werden muss (Hinweis: Die Verbuchung von Materialeingängen erfolgt im fraglichen Betrieb aufwandsorientiert, d. h. der Einstandswert des eingehenden Materials wird sofort als Aufwand verbucht).

Die Buchung des Drohverlusts lautet

»Aufwendungen für
Fremdbauteile«   3.000,00 €
                                       an »Sonstige Rückstellungen« 3.000,00 €

Im Januar 02 wird bei Rechnungseingang gebucht:

»Aufwendungen für
Fremdbauteile«   14.000,00 €
»Sonstige Rückstellungen«   3.000,00 €
»Vorsteuer«   3.230,00 €
                                       an »Verbindlichkeiten aus
                                       Lieferungen und Leistungen« 20.230,00 €

Im Steuerrecht sind Rückstellungen für drohende Verluste gem. § 5 Abs. 4a EStG unzulässig!

2.2.3.6.3.6 Passive latente Steuern

Wenn der in der Steuerbilanz ausgewiesene Gewinn niedriger ist als der in der Handelsbilanz ausgewiesene und wenn abzusehen ist, dass sich der daraus resultierende zu niedrige Steueraufwand in späteren Geschäftsjahren ausgleichen wird, muss in Höhe der voraussichtlichen Steuerbelastung nachfolgender Geschäftsjahre eine Rückstellung in der Handelsbilanz gebildet werden (§ 274 i.V.m. § 249 Abs. 1 HGB). Sie ist mit Eintreten der höheren Steuerbelastung aufzulösen.

2.2.3.7   Verwendung und Auflösung von Rückstellungen

Rückstellungen werden eingesetzt, sobald das Ereignis, für das sie gebildet wurden, eintritt. In diesem Falle werden die dann fälligen Beträge durch Auflösung der Rückstellung beglichen und führen nicht zu weiteren Aufwendungen. War der Rückstellungsbetrag zu hoch angesetzt oder ist der Grund für die Rückstellung entfallen, ist der überschüssige Betrag gewinnerhöhend zu verbuchen.

Beispiel:

Für eine erwartete Reparatur wurden im vergangenen Jahr 10.000 € zurückgestellt. Die jetzt eingehende Rechnung weist einen Betrag in Höhe von

1) 8.500,00 €
2) 12.000,00 €

aus.

Die Buchung bei Überweisung der Steuerschuld lautet:

zu 1):

»Sonstige Rückstellungen«	*10.000,00 €*		
		an »Bank«	*8.500,00 €*
		an »Erträge aus der Auflösung	
		von Rückstellungen«	*1.500,00 €*

zu 2):

»Sonstige Rückstellungen«	*10.000,00 €*		
»Periodenfremde			
Aufwendungen«	*2.000,00 €*		
		an »Bank«	*12.000,00 €*

2.2.3.8 Internationale Rechnungslegung

2.2.3.8.1 Grundlagen

Die Grundlage der heute geltenden Rechnungsvorschriften ist dem **Handelsgesetzbuch (HGB) von 1898** zu entnehmen. Alle Kaufleute haben danach in der Buchführung die Handelsgeschäfte und die Lage ihres Vermögens nach den Grundsätzen ordnungsgemäßer Buchführung ersichtlich zu machen. In der ursprünglichen Fassung des Handelsgesetzbuches war ergänzend für Aktiengesellschaften die Aufstellung eines Geschäftsberichtes und eine eingeschränkte Publizität durch Einreichung dieses Berichtes zum Handelsregister geregelt.

Erst 1931 wurden im Verordnungswege die aktienrechtlichen Vorschriften aus dem Handelsgesetzbuch herausgenommen. Durch diese Aktienrechts-reform wurde dem Bilanzrecht eine Generalnorm beigefügt, nach der der Jahresabschluss so klar und übersichtlich aufzustellen ist, dass er den Beteiligten einen möglichst sicheren Einblick in die Lage der Gesellschaft gewährt. Zudem wurde die Prüfungspflicht für den aktienrechtlichen Jahresabschluss eingeführt.

Mit der Umsetzung der **EG-Richtlinien zur Rechnungslegung** im HGB erfolgte Ende 1985 der zunächst letzte Schritt, allgemeine und rechtsformspezifische Rechnungslegungsvorschriften mit dazugehörigen Regelungen über die Prüfung, Offenlegung, Formblätter, Strafen, Zwangs- und Bußgelder gesetzlich niederzulegen. Aufgrund der EG-Richtlinien war auch die Bundesrepublik Deutschland verpflichtet, diejenigen Vorschriften zu koordinieren und gleichwertig zu gestalten, die EG-weit zum Schutz und im Interesse der Gesellschafter und Dritter vorgeschrieben sind.

Die fernere Zukunft der EG-Bilanzrichtlinien und des Bilanzrichtliniengesetzes scheint besiegelt; denn bereits im Jahre 1993 begann die Daimler Benz AG in die »Neue Welt« der kapitalmarktorientierten Rechnungslegung aufzubrechen und löste damit einen Sog zu den internationalen Rechnungslegungsstandards **IAS (International Accounting Standards)** aus, die voraussichtlich 2009 mit dem Bilanzrechtsmodernisierungsgesetz (BilMoG) in das deutsche Bilanzrecht einziehen werden.

Damit werden die zähen Harmonisierungsbemühungen zu einer europäischen Rechnungslegung von den IAS überholt. Der Jahresabschluss einer Kapitalgesellschaft hat nunmehr statt des Einblicks in die Vermögenslage unter Beachtung der Grundsätze ordnungsmäßiger Buchführung ein den tatsächlichen Verhältnissen entsprechendes Bild der Vermögens-, Finanz- und Ertragslage zu vermitteln. Unterstützt wird diese Forderung durch eine ebenfalls neue Berichtspflicht, nach der dem Abschluss ergänzende Angaben und Erläuterungen in einem Anhang beizufügen sind.

2.2.3.8.2 Inhalte und Ziele

Inhalt der gesetzlichen Buchführungs- und Bilanzvorschriften waren von Anfang an Regeln über die Art der Buchführung, die Aufbewahrung von Handelsbüchern sowie über die Beweiskraft der Bücher. Daraus lässt sich der **Dokumentationszweck** der Buchführung ableiten. Durch die Dokumentation der Geschäftsvorfälle in den Handelsbüchern soll dem Bedürfnis nach **Rechtssicherheit** Rechnung getragen werden. Die Bücher eignen sich zum Beweis im Rechtsstreit, der Kaufmann kann mit den Büchern etwas beweisen, oder dem Kaufmann wird anhand seiner Bücher etwas bewiesen (z. B. gläubigerschädigendes Verhalten).

Weitere Zwecke lassen sich aus den betriebswirtschaftlichen Aufgaben ableiten, die das Rechnungswesen für den Unternehmer erfüllen soll. Dabei gehört zum Wesen jeder unternehmerischen Betätigung, dass der Kaufmann zur Kontrolle seines Handelns in dem abgeschlossenen Wirtschaftsjahr und als Maß für die Planung der Zukunft Rechenschaft über den Ablauf seiner wirtschaftlichen Betätigung im Hinblick auf das ökonomische Prinzip ablegt.

Der Jahresabschluss gewährt eine Übersicht über den Stand und die Veränderung des eingesetzten Kapitals. Während die Bilanz nur die Verhältnisse an einem Abschlussstichtag zeigt, ergibt sich aus der Gewinn- und Verlustrechnung der Erfolg oder Misserfolg einer Periode. Rechenschaft hierüber soll der Kaufmann nicht nur vor sich selbst legen, sondern durchaus im öffentlichen Interesse – vor allem auch im Interesse der Gläubiger. Somit resultiert aus dem Gedanken des **Gläubigerschutzes** die Aufgabe der Kontrolle des wirtschaftlichen Handelns durch **Selbstinformation** des buchführenden und bilanzierenden Kaufmanns, der durch die Handelsbücher über die Vermögens- und Ertragslage informiert und dank dieser Informationen in die Lage versetzt wird, die wirtschaftliche Lage des Unternehmens einzuschätzen und zu kontrollieren, negativen Entwicklungen entgegenzuwirken und letztlich eine Insolvenz zu vermeiden.

Spektakuläre Unternehmenszusammenbrüche in den neunziger Jahren haben immer wieder die Frage aufgeworfen, ob der Rahmen von Unternehmensführung und Unternehmenskontrolle ausreichend reglementiert ist. Mehrere Kommissionen haben daraufhin Forderungen und Regeln aufgestellt und in einem deutschen **Corporate Governance-Kodex** zusammengestellt. Insbesondere wird mehr Transparenz der unternehmerischen Tätigkeit und die Offenlegung von Interessenkonflikten gefordert. Kritisiert wird auch die mangelnde Ausrichtung auf Aktionärsinteressen, das mangelnde Zusammenwirken von Aufsichtsrat und Vorstand und die oftmals eingeschränkte Unabhängigkeit von Abschlussprüfern.

1998 trat das Gesetz zur Kontrolle und Transparenz im Unternehmensbereich (KonTraG) in Kraft und bewirkte gravierende Veränderungen in anderen Wirtschaftsgesetzen, vorrangig dem HGB und AktG, die vor allem den Jahresabschluss von Kapitalgesellschaften betreffen: Nach § 317 HGB in der Fassung des KonTraG wird von den Wirtschaftsprüfern ein **problemorientierter Prüfungsansatz** verlangt, um Verstöße gegen Gesetz und Satzung sowie Unrichtigkeiten, die sich auf die Vermögens-, Finanz- und Ertragslage auswirken, aufdecken zu können.

Dazu ist der **Lagebericht** zu untersuchen, ob er ein zutreffendes Bild von der Lage des Unternehmens vermittelt. Das gilt insbesondere für die Darstellung von Risiken der künftigen Entwicklung. Bei amtlich notierten Aktiengesellschaften ist gem. § 317 Abs. 4 HGB weiterhin zu prüfen, ob der Vorstand ein funktionierendes **Risikofrüherkennungssystem** (**Risk Management**) eingeführt hat.

Diese Regeln werden um den bereits erwähnten Corporate Governance-Kodex ergänzt und konkretisiert. Dabei stehen die Veröffentlichung von Zwischenberichten, die Unabhängigkeit des Aufsichtsrats und der Abschlussprüfer sowie die Aufdeckung von Interessenkonflikten und Verstößen gegen Neutralität und Unbefangenheit im Vordergrund.

2.2.3.8.3   Internationale Rechnungslegungsstandards IAS/IFRS

Die zunehmende Globalisierung führt zu einer verstärkten internationalen Kapitalverflechtung. Expansion über die Landesgrenzen hinaus funktioniert fast nur noch über den Zugang zu den internationalen Kapitalmärkten. Hierbei wirken die unterschiedlichen nationalen Rechnungslegungsvorschriften hinderlich. Vergleiche und Analysen von Jahresabschlüssen aus verschiedenen Rechtssystemen sind fast unmöglich. Standards sollen diesen Mangel beseitigen.

Neben dem HGB spielen zwei Standards international eine besonders wichtige Rolle, die **IAS/IFRS** und die **US-GAAP (United States General Accepted Accounting Principles)**:

– **IAS/IFRS:** Die IFRS/IAS sind eine Sammlung von Regeln für die Rechnungslegung kapitalmarktorientierter Unternehmen. IAS steht für **International Accounting Standards**; diese wiederum bildeten die Grundlage für die **IFRS (International Financial Reporting Standards)**.

Die IFRS unterscheiden sich von den Vorschriften des HGB vor allem darin, dass nicht das Vorsichtsprinzip und der diesem zugrunde liegende Gedanke des Gläubigerschutzes im Mittelpunkt steht, sondern die Informationsfunktion gegenüber den Investoren. Diese sollen über die tatsächliche Vermögens-, Finanz- und Ertragslage aufgeklärt werden; die im deutschen Handelsrecht verankerten Niederstwertansätze und Risikovorsorgen stehen dieser Information aber entgegen. Wesentliche Vorschriften, in denen sich IFRS und HGB unterscheiden, sind

– die Pflicht nach IFRS zur Aktivierung und Beibehaltung des **entgeltlich erworbenen Firmenwerts** im Gegensatz zum handelsrechtlichen Wahlrecht mit Abschreibungspflicht;

– IFRS-Pflichten zum Ansatz **selbst erstellter immaterieller Wirtschaftsgüter**, deren Ansatz nach HGB verboten ist;

– die Möglichkeit, nach IFRS über die historischen fortgeführten Anschaffungs- und Herstellungskosten von Wirtschaftsgütern hinauszugehen und deren Wert realistisch darzustellen (»**True and Fair View**«);

– die nach IFRS bestehende Pflicht zur Aktivierung **latenter Steuern**;

– das IFRS-Verbot zum Ansatz von **Aufwandsrückstellungen**.

Die wesentlichen Unterschiede zwischen HGB und IAS/IFRS im Einzelnen:

Regelungsbereich	HGB	IAS/IFRS
Zielsetzung	vorsichtige Ermittlung des ausschüttbaren Gewinns	vergleichbare, relevante und zuverlässige Informationen (Decision Usefulness)
Hauptaufgabe	Gläubigerschutz	Investorenschutz
Zielgruppe	Interessentenkoalition	Investoren
Besteuerungsgrundlage	Maßgeblichkeitsgrundsatz	kein Einfluss
Formvorschriften	detailliert (§§ 266, 275 HGB)	Empfehlungen
Hauptprinzip	Vorsichtsprinzip	Periodenabgrenzung (Accrual Concept)
Vorsichtsprinzip	grundlegend	untergeordnet
Grundsatz der Stetigkeit	Ausnahmen möglich	strenge Auslegung
Vermögensgegenstand	statisch	dynamisch
Schulden	Verbindlichkeiten, Rückstellungen	Verbindlichkeiten (Liabilities)
Ertrag	Vermögensmehrung nach Realisationsprinzip	Zunahme des wirtschaftlichen Nutzens (Revenues, Gains)
Einzelbewertung	Grundsatz	Grundsatz
Gruppenbewertung	möglich	nicht definiert
Festwerte Wertobergrenze	möglich historische Anschaffungs kosten	nicht möglich historische Anschaffungs- kosten, Ausnahmen möglich
Bewertungsvereinfachung	zulässig, soweit GoB entsprechend	FIFO, LIFO
Firmenwert	derivativer Firmenwert, Aktivierungswahlrecht	derivativer Firmenwert, Aktivierungsgebot
bestimmte selbst- geschaffene immaterielle Wirtschaftsgüter	Aktivierungsverbot	Aktivierungsgebot, wenn Voraussetzungen erfüllt, (Sonderregelungen für F&E-Aufwendungen)
Finanzanlagen	Anschaffungskosten, ggf. außerplanmäßige Abschreibung	Anschaffungskosten, danach Zeitwert (Fair Value)
langfristige Auftrags- fertigung	Gewinnrealisierung bei Erfüllung	Realisierung von Teilgewinnen nach Auftragsfortschritt
Rückstellungen	vorsichtiger Wert	wahrscheinlicher Wert
Aufwandsrückstellungen	ja	nein
Pensionsrückstellungen	grundsätzlich keine Berücksich-tigung der Gehalts- und Renten-dynamik; Zins 3 % – 6 %	Berücksichtigung der Gehalts- und Rentendynamik, Marktzins
Fremdwährung	imparitätisch	Stichtagskurs

Durch Verordnung der EU-Kommission aus 2003 erlangten diejenigen IFRS-Standards, die bis zu einem bestimmten Stichtag in 2002 vorlagen, bis auf einige ausdrücklich ausgenommene Regelungen Rechtsverbindlichkeit für die EU-Staaten. Neuere Regelungen müssen jeweils durch einen Regelungsausschuss befürwortet werden, bevor sie in Europäisches Recht aufgenommen werden können. Dieses in der EU verbreitete Rechtsetzungsverfahren wird als **Komitologie** bezeichnet.

Unternehmen, die dem Recht eines Mitgliedsstaats unterliegen und deren Wertpapiere zum Handel in einem geregelten Markt in einem der Mitgliedstaaten zugelassen sind (so genannte kapitalmarktorientierte Unternehmen), müssen ihre konsolidierten Abschlüsse für Geschäftsjahre, die am oder nach dem 1. Januar 2005 beginnen, nach den IFRS aufstellen.

Das deutsche **Bilanzrechtsreformgesetz (BilReG)** erweitert diese Verpflichtung auf solche Unternehmen, deren Wertpapiere zwar noch nicht gehandelt werden, die sich aber im Zulassungsprozess befinden.

Für Unternehmen, die ihren Konzernabschluss aufgrund einer Börsennotierung außerhalb der EU nach einem anderen international anerkannten Rechnungslegungsstandard (z. B. GAAP) aufstellen müssen, und Unternehmen, von denen zwar keine Aktien, aber Schuldverschreibungen gehandelt werden, galt eine Übergangsfrist zur Umstellung auf die IFRS bis 2007.

Andere als die genannten Unternehmen können in Deutschland ihren Konzernabschluss freiwillig nach IFRS aufstellen. Einzelabschlüsse nach IFRS befreien jedoch nicht von der Pflicht, eine Handelsbilanz nach HGB aufzustellen. Folge ist in fast allen Fällen eine höhere Bilanzsumme als bei Bilanzierung nach HGB. In Bezug auf die im deutschen Steuerrecht vorgesehene Ableitung der Steuerbilanz aus der Handelsbilanz kann der Abschluss nach IFRS nicht die Rolle der Handelsbilanz übernehmen: Das Maßgeblichkeitsprinzip erstreckt sich hierauf nicht! Eine von der Wirtschaft dringend gewünschte Einheitsbilanz nach IAS/IFRS ist damit derzeit noch nicht möglich.

– **US-GAAP:** Diese in den USA gültigen, vom FASB (Financial Accounting Standard Board) erarbeiteten Vorschriften bilden im Gegensatz zu den Vorschriften des HGB keinen auslegbaren Rahmen für die Rechnungslegung, sondern enthalten eine Vielzahl von Einzelfallregelungen für spezielle Fälle.

Unternehmen, die an der Frankfurter Wertpapierbörse in den Prime Standard erhoben werden wollen, müssen ihre Rechnungslegung nach IFRS/IAS oder US-GAAP vornehmen. Der Prime Standard ist das Marktsegment für Unternehmen, die sich international positionieren wollen, und Voraussetzung für die Aufnahme der Papiere in den wichtigsten deutschen Aktienindex DAX.

2.3   Kosten- und Leistungsrechnung

2.3.1   Einführung in die Kosten- und Leistungsrechnung

Die Behandlung der Kosten- und Leistungsrechnung ist auch im Rahmen der handlungs-spezifischen Qualifikationen vorgesehen. Aus didaktischen Gründen erfolgt die vollständi-ge Darstellung bereits an dieser Stelle; es sei jedoch ausdrücklich darauf hingewiesen, dass – insbesondere in Zusammenhang mit dem betrieblichen Controlling – auch in den Prüfungen des Teils II Kenntnisse und Anwendungsfähigkeiten der Kosten- und Leis-tungsrechnung erwartet werden.

Die wesentlichen Ziele und Aufgaben der Kostenrechnung als internes Rechnungswesen sind

– **Überwachung,**
– **Steuerung,**
– **Bewertung.**

Denn die Entscheidungsträger im Betrieb brauchen Unterstützung bei der Wahrnehmung ihrer Aufgaben, die in der Überwachung, Steuerung und Bewertung des betrieblichen Ge-schehens in ihrem Verantwortungsbereich bestehen. Die Kostenrechnung soll ihnen dazu Instrumente liefern, mit denen die Wirtschaftlichkeit ihres Handelns gemessen und beur-teilt werden kann. Sie ist durch nicht-monetäre Basisdaten, vor allem Mengendaten, zu er-gänzen.

Die Kosten- und Leistungsrechnung »KLR« dient aber nicht nur dazu, schon eingetretene Kosten und Leistungen zu messen und zu verteilen, sondern ihr kommt auch eine **Prog-nose- und Vorgabefunktion** zu. Durch Anwendung mathematisch-statistischer Verfahren auf die von der KLR gelieferten Werte wird versucht, zukünftige Kosten mit hohem Verlässlichkeitsgrad vorherzusagen. Dabei kann eine globale Prognose aller Kosten einer zukünftigen Periode nur auf der Basis detaillierter Prognoserechnungen für die einzelnen betrieblichen Bereiche erstellt werden.

Im Fall konkret anstehender Entscheidungen soll die Kostenrechnung Informationen liefern, die die Entscheidung untermauern.

Beispiele:

Die Verkaufsabteilung drängt auf Bewilligung einer zusätzlichen Vollzeitstelle für eine neue Mitarbeiterin oder einen neuen Mitarbeiter. Zur Untermauerung wird die über mehre-re Jahre geführte Statistik vorgelegt, nach der die Verkaufszahlen kontinuierlich gestiegen sind. Ohne Kenntnis weiterer Kennzahlen (hat sich nur der Wert der Bestellungen erhöht, oder ist auch ihre absolute Anzahl gestiegen? Ist die Zahl der Kunden konstant geblieben oder ebenfalls gestiegen?) und der Entwicklung der Erlöse und Kosten bleibt diese Statis-tik aber ohne Aussagewert.

Die Stadtverwaltung will die Gebühr für die öffentliche Beglaubigung der Kopie eines privaten Dokuments erhöhen. Derzeit muss ein Bürger 2,50 € bezahlen. Ob dieser Preis wirklich zu niedrig ist, kann ohne Kenntnis der diesem Vorgang zurechenbaren Kosten aber nicht beurteilt werden.

Die Mitarbeiter der Buchhaltung sollen in einem Seminar in ein neues Computerpro-gramm eingewiesen werden. Das Seminar soll durch zwei Mitarbeiterinnen des Zweig-werks durchgeführt werden, die zu diesem Zweck für drei Tage anreisen. Vielleicht wäre eine Schulung durch die örtliche Volkshochschule wirtschaftlicher – aber ohne Kenntnis der relevanten Kosten ist diese Vermutung reine Spekulation.

Aufgaben der Kostenrechnung sind die

– **Erfassung** von Kosten
  (**welche** Kosten sind
  in welcher Höhe angefallen?)

– **Verteilung** auf die verursachenden Stellen
  (**wo** sind die Kosten angefallen?)

– **Verrechnung** auf einzelne Produkte bzw.
  Produktbereiche
  (**wofür** sind die Kosten angefallen?)

– ...und letztlich Verrechnung mit den **Leistungen**.

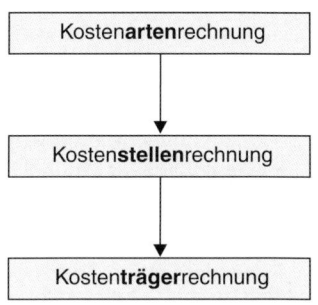

2.3.1.1 Unterscheidung von neutralen und betrieblichen Vorgängen

An dieser Stelle ist es zunächst notwendig, die in der Finanzbuchhaltung und in der Kostenrechnung verwendeten Zahlungs- und Leistungsbegriffe voneinander abzugrenzen.

2.3.1.1.1 Zahlungs- und Leistungsvorgänge

Die Finanzbuchhaltung kennt die Begriffepaare »Einzahlungen/Auszahlungen«, »Einnahmen/Ausgaben« und »Ertrag/Aufwand«. Der Begriff der »Kosten« und der ihm entsprechende positive Begriff der »Leistung« gehört dagegen in die Kosten- und Leistungsrechnung, also die Betriebsbuchhaltung.

Wie sich diese unterschiedlichen Begriffe zueinander verhalten bzw. wie sich die eine aus der anderen Größe entwickeln lässt, zeigt die folgende Übersicht am Beispiel der Begriffskette

Auszahlungen – Ausgaben – Aufwand – Kosten.

> **Auszahlungen der Periode = tatsächliche Abflüsse liquider Mittel
> (Kasse, Bankkonto)**

+ Geldwert der in dieser Periode empfangenen, aber noch nicht bezahlten Güter
+ Geldwert der in dieser Periode empfangenen, bereits in einer Vorperiode bezahlten Güter
– Zahlungen in dieser Periode für früher bezogene Güter
– Anzahlungen, die in dieser Periode für später eingehende Güter geleistet werden

= **Ausgaben der Periode = Veränderung des Geldvermögens***[)]

– nicht erfolgswirksame Ausgaben (z. B. die Gewährung eines Mitarbeiterdarlehens)
– Investitionsausgaben (weil der Aufwand erst später über Abschreibungen verteilt wird; in dieser Periode wird nur die auf sie entfallende Abschreibung aufwandswirksam)
+ erfolgswirksame Ausgaben früherer Perioden (z. B. Abschreibungen auf in Vorperioden getätigte Investitionen)
+ erfolgswirksame Ausgaben zukünftiger Perioden (z. B. Bildung von Rückstellungen)

= **Aufwand der Periode . . .**

*[)] Unter Geldvermögen werden neben liquiden Mitteln auch kurzfristige Forderungen und Verbindlichkeiten verstanden

= **Aufwand der Periode**
– neutraler Aufwand:
  – betriebsfremder Aufwand (z. B. gezahlte Spenden)
  – außerordentlicher Aufwand (z. B. Wasser-, Brandschaden)
  – periodenfremder Aufwand (z. B. Steuernachzahlung für Vorperiode)
+ Zusatzkosten (»Opportunitätskosten«):
  – kalkulatorische Eigenkapitalzinsen
  – kalkulatorische Wagnisse
  – kalkulatorischer Unternehmerlohn
  – kalkulatorische Eigenmiete
+/– Anderskosten
  – kalkulatorische Abschreibungen

= **Kosten der Periode**

Analog zur gezeigten Abgrenzung sind auch die Begriffe

Einzahlung – Einnahme – Ertrag – Leistung

voneinander abzugrenzen.

2.3.1.1.2 Abgrenzung neutraler Erträge und Aufwendungen in einer Ergebnistabelle

Jede erfolgswirksame Buchung, die in der Finanzbuchhaltung auf einem Aufwands- oder Ertragskonto vorgenommen wird, wird zunächst daraufhin betrachtet, ob sie überhaupt ins **Betriebsergebnis** hineingehört und dementsprechend in der Kostenrechnung überhaupt zu **erfassen** ist, d. h. ob es sich bei dem gebuchten Aufwand auch um Kosten bzw. bei dem gebuchten Ertrag tatsächlich auch um eine Leistung handelt. Dies ist immer dann der Fall, wenn der Aufwand bzw. Ertrag **nicht neutral** ist.

Erster Schritt auf dem Weg zur Erfassung von Kosten und Leistungen ist also die Abgrenzung neutraler Aufwendungen und Erträge.

Neutral ist ein Aufwand dann, wenn er

– **betriebsfremder Aufwand** ist, also nicht im Rahmen der betriebstypischen Tätigkeit anfällt (dies trifft z. B. meist auf geleistete Spenden zu);

– **außerordentlicher Aufwand** ist, also einmalig anfällt (Aufwendungen in Zusammenhang mit Unfällen und Schäden sind außerordentlich);

– **periodenfremder Aufwand** ist, also wirtschaftlich eine andere als die Buchungsperiode betrifft (dies trifft auf solche Aufwandsbuchungen zu, die in der Vorperiode noch nicht vorgenommen werden konnten, etwa weil eine Abrechnung – z.B. für eine Dienstreise – noch nicht vorlag, und im laufenden Jahr nachgeholt werden).

Zweiter Schritt ist die kostenrechnerische Abgrenzung. Für die Aufwendungen und Erträge, die nun noch zur kostenrechnerischen Erfassung verblieben sind, muss geprüft werden, ob sie in gleicher Höhe wie in der Finanzbuchhaltung als Kosten bzw. Leistungen übernommen werden können oder **betragsmäßig korrigiert** werden müssen. Außerdem muss geprüft werden, ob ggf. zusätzliche Kosten und Leistungen aufzunehmen sind, die in der Ergebnisrechnung der Finanzbuchhaltung gar nicht erfasst wurden: Damit sind die kalkulatorischen Kosten und Leistungen angesprochen, die als Zusatzkosten und -leistungen bezeichnet werden.

Ein (bewusst einfach gehaltenes) Beispiel aus der Buchhaltung eines Industriebetriebs soll das Vorgehen bei der Ermittlung des Betriebsergebnisses verdeutlichen.

In der betrachteten Periode wurde ein Ertrag aus Umsatzerlösen von 220.000 € in der Finanzbuchhaltung verbucht. Diese stellen eine Leistung im Sinne der KLR dar.

An Personalaufwendungen wurden 154.000 € als Aufwendungen gebucht. Darin enthalten ist der Lohn für eine Aushilfskraft in Höhe von 3.200 €, der zu einem Viertel aber Arbeitseinsätze des Vorjahrs betrifft. 800 € stellen also neutralen (weil periodenfremden) Aufwand dar. Kosten sind daher nur in Höhe von 153.200 € in der KLR anzusetzen.

In der Finanzbuchhaltung wurde eine Abschreibung auf ein Fahrzeug in Höhe von 4.000 € vorgenommen. Diese wurde nach den in der FiBu anzuwendenden Abschreibungsregeln berechnet. Da es sich um betrieblichen Aufwand handelt, wird die Abschreibung in den Rechnungskreis der Kostenrechnung übertragen. In der Kosten- und Leistungsrechnung soll die Abschreibung aber auf die – mittlerweile gestiegenen – Wiederbeschaffungswerte vorgenommen werden. Danach sind 4.500 € abzuschreiben. Die KLR übernimmt diesen höheren Betrag.

Ebenso verhält es sich in Bezug auf das Geschäftsgebäude: Die Abschreibung in der Finanzbuchhaltung beträgt 15.000 €; die KLR setzt auf Basis des Wiederbeschaffungswerts 25.000 € an.

Da in der betrachteten Periode kein Fremdkapital eingesetzt wurde, kamen in der Finanzbuchhaltung keine Zinsaufwendungen zum Ansatz. Rechnungskreis 1 weist folglich hierfür keine Position aus. Bei Errichtung des Kostenrechnungssystems wurde aber beschlossen, eine kalkulatorische Verzinsung des eingesetzten Eigenkapitals mit 5 % anzusetzen. Als betriebsnotwendiges Kapital wurden 230.000 € ermittelt. Die kalkulatorischen Zinsen sind demnach mit 11.500 € in die KLR zu übernehmen.

Die Gegenüberstellung erfolgt in einer **Ergebnistabelle**, die

– in Rechnungskreis I die Ergebnisrechnung der Finanzbuchhaltung beinhaltet,

– in Rechnungskreis II

  – einen Abgrenzungsbereich für die unternehmensbezogenen Abgrenzungen (neutrale Aufwendungen und Erträge) und die kostenrechnerischen Abgrenzungen (Anders- und Zusatzkosten/-leistungen) und

  – den KLR-Bereich mit dem Ausweis der Kosten- und Leistungsarten beinhaltet.

In die Ergebnistabelle sind die Zahlenwerte des Beispiels bereits eingearbeitet.

Rechnungskreis I			Rechnungskreis II						
Ergebnisrechnung der FiBu			Abgrenzungsrechnung				KLR-Bereich		
			Unternehmensbezogene Abgrenzungen		Kostenrechnerische Abgrenzungen		Betriebsergebnisrechnung		
Position	Aufwand	Ertrag	neutraler Aufwand	neutraler Ertrag	betriebl. Aufwand	verrechnete Kosten	Kosten	Leistungen	
Erlöse		220.000						220.000	
Personal	154.000		800		153.200	153.200	153.200		
AfA Fuhrpark	4.000				4.000	4.500	4.500		
Afa Gebäude	15.000				15.000	25.000	25.000		
Zinsen						11.500	11.500		
Summen	173.000	220.000	800	0	172.200	194.200	194.200	220.000	
Salden	**47.000**			**–800**	**+22.000**		**25.800**		
Gesamtergebnis = 47.000 =			Neutrales Ergebnis 21.200		+ +		Betriebsergebnis 25.800		
Summen	220.000	220.000	800	–800	194.200	194.200	220.000	220.000	

Ergebnistabelle

2.3.1.2   Kostenartenrechnung: Aufteilung, Erfassung und Weiterverarbeitung der Kostenarten

2.3.1.2.1   Vollkosten und Teilkosten

Grundgedanke der Vollkostenrechnung

Ziel der Vollkostenrechnung ist es, für jedes Produkt einen Preis zu ermitteln, dessen Erzielung die Abdeckung sämtlicher im Betrieb angefallenen Kosten sicherstellt. Hierzu werden alle Kosten zunächst in Einzelkosten und Gemeinkosten (siehe unten) unterschieden. Die Einzelkosten werden direkt auf die Kostenträger (= die einzelnen Produkte) übertragen, während die Gemeinkosten nur unter Anwendung der in einer Kostenstellenrechnung (vgl. Abschn. 2.3.1.3) ermittelten Verrechnungssätze auf die Kostenträger weiterverrechnet werden können.

Selbstverständlich ist es auf Dauer für das Überleben des Unternehmens unverzichtbar, dass alle angefallenen Kosten – also auch die der Verwaltung, der Leitung usw., die einem Produkt nicht direkt zugerechnet werden können – über die Umsatzerlöse zurückverdient werden. Für kurzfristige Entscheidungen taugen **Vollkosten** jedoch nur sehr bedingt als Grundlage, wie das folgende Beispiel verdeutlichen soll.

Eine Werkstatt, deren Kapazitäten zur Zeit nicht ausgelastet sind, könnte einen Auftrag übernehmen, der mit 110 € je Stunde bezahlt würde. Der verantwortliche Meister lehnt ab: Die Vollkostenrechnung hätte einen Kostensatz von 125 € je Stunde ergeben, und deswegen sei die Auftragsübernahme ein Verlustgeschäft. Tatsächlich aber beinhaltet der Vollkosten-Stundensatz Fixkosten (Gehälter, Gebäudemieten usw.) in Höhe von 80 €, während nur 45 € je Stunde an Material- und Fertigungseinzelkosten anfallen. Folglich könnte jede im Rahmen des Auftrags geleistete Arbeitsstunde mit 65 € (110 € – 45 €) zur Deckung der Fixkosten beitragen. Da alternativ kein anderer, höher dotierter Auftrag in Sicht ist, ist die Annahme des Auftrags also durchaus vernünftig!

Grundgedanke der Teilkostenrechnung

Im Rahmen der Teilkostenrechnung werden nur diejenigen Kosten auf den Kostenträger (= das Produkt) weiterverrechnet, die zu diesem in einer direkten Beziehung stehen (direkt zurechenbare Kosten) und nur anfallen, wenn tatsächlich eine Produktion erfolgt (variable Kosten). Alle anderen Kosten werden (ggf. in einem gestuften Verfahren) in einem Block erfasst. In der Gegenüberstellung von variablen, direkt zurechenbaren Kosten für ein Produkt einerseits und den Produkterlösen andererseits ergibt sich der **Deckungsbeitrag**, d. h. der Beitrag, der zur Deckung der Fixkosten/Gemeinkosten geleistet wird.

Damit wird der im vorigen Absatz erwähnte und in dem Beispiel verdeutlichte Nachteil der Vollkostenrechnung vermieden.

2.3.1.2.2   Kostenarten

Die Kosten- und Leistungsrechnung unterscheidet eine Reihe von Kostenbegriffen, von denen die wichtigsten hier vorgestellt werden sollen.

Grundkosten

Als Grundkosten werden diejenigen Kosten bezeichnet, die in der Kosten- und Leistungsrechnung genauso bewertet werden wie die entsprechenden Aufwendungen in der Finanzbuchhaltung.

Beispiel:

Die an ein befreundetes Unternehmen in dieser Periode zu zahlende Miete für eine von unserem Betrieb genutzte Lagerhalle stellt Aufwand in der Finanzbuchhaltung und – in gleicher Höhe – Kosten in der Kosten- und Leistungsrechnung dar.

Zusatzkosten

Zusatzkosten sind Kosten, die – auch, weil es gar nicht zulässig wäre – in der Finanzbuchhaltung nicht erfasst wurden. Sie führen zu Gewinnaufschlägen in der Preiskalkulation unserer Produkte, die gewissermaßen eine »Entschädigung für entgangene Erlöse« darstellen: Deswegen werden sie auch als »**Opportunitätskosten**« bezeichnet.

Im Einzelnen handelt es sich um

- **kalkulatorische Zinsen:** Die Finanzbuchhaltung erfasst nur solche Zinsen, die auf in Anspruch genommenes Fremdkapital gezahlt werden, nicht dagegen Zinsen auf das Eigenkapital. Natürlich soll sich aber auch das Eigenkapital im Unternehmen verzinsen, und zwar in Form von Gewinn: Betriebswirtschaftlich wird der erzielte Periodengewinn als Verzinsung des Eigenkapitals aufgefasst. Damit diese Verzinsung auch stattfindet, muss aber in die Kalkulation der Preise für unsere Güter und Dienstleistungen ein bestimmter Eigenkapitalzins eingerechnet werden. Dieser muss mindestens dem Zins entsprechen, den der Eigenkapitalgeber bei einer anderweitigen Geldanlage erzielen würde.

- **kalkulatorische Wagnisse:** Die Finanzbuchhaltung darf Risiken nur erfassen, wenn sich in der laufenden Periode konkrete Anlässe für ihr Eintreffen ergeben haben. Beispiele sind Gerichts- und sonstige Kosten in Zusammenhang mit einem schon angestrengten Gerichtsverfahren oder konkrete Reparaturnotwendigkeiten mit noch nicht konkret bezifferbaren Kosten. Allgemeine Risikoeinschätzungen (»irgendwas passiert immer«, »es ist schon lange kein Auto mehr kaputtgegangen«) dürfen dagegen in der Finanzbuchhaltung nicht berücksichtigt werden. In der Kostenrechnung kann hierfür der Ansatz von Wagniskosten vorgenommen werden.

- **kalkulatorischen Unternehmerlohn:** Diese Position hat in der Kalkulation unserer Verkaufspreise die Funktion eines Gewinnaufschlags für eine entgangene Unternehmervergütung: Schließlich könnte der Unternehmer als nichtselbstständig beschäftigter Geschäftsführer eines anderen Unternehmens ein sicheres Einkommen erzielen.

- **kalkulatorische Eigenmiete:** Die eigenen Räume, in denen wir unser Geschäft betreiben, könnten auch entgeltlich an Dritte vermietet werden. Uns entgeht also eine Mieteinnahme, die als Gewinnaufschlag kalkuliert werden muss.

Anderskosten

Bei den Anderskosten handelt es sich um Positionen, die in der Finanzbuchhaltung zwar ebenfalls als Aufwand erfasst wurden, die aber in die Kostenrechnung mit einem anderen Betrag einfließen sollen. Praktisch einziges Beispiel für Anderskosten sind die kalkulatorischen → Abschreibungen.

Abschreibungen werden aufgrund der gesetzlichen Vorgaben in der Finanzbuchhaltung an den historischen Anschaffungs- bzw. Herstellungskosten orientiert. Wird aber tatsächlich eine Wiederbeschaffung notwendig, ist von abweichenden – meist höheren – Kosten auszugehen. Die Kostenrechnung berücksichtigt dies, indem sie Abschreibungen meist an Wiederbeschaffungswerten orientiert. Hieraus resultieren durchweg abweichende Beträge in der Finanz- und der Betriebsbuchhaltung.

Einzel- und Gemeinkosten

Nach ihrer Zurechenbarkeit auf einzelne Kosten**verursacher** können Kosten in Einzelkosten und Gemeinkosten unterschieden werden.

Einzelkosten können einem bestimmten Produkt zugerechnet werden.

Beispiel:

Für die Herstellung einer Maschine für den Eigengebrauch wird ein Motor fremdbezogen. Die Anschaffungskosten des Motors sind den Herstellungskosten der Maschine eindeutig zurechenbar.

Gemeinkosten können keinem bestimmten Produkt zugerechnet werden und müssen nach einem »Schlüssel« verteilt werden.

Die Gehälter der Mitarbeiter in der allgemeinen Verwaltung, zu der unter anderem die Buchhaltung und die Personalabteilung gehören, können keinem Produktionsbereich und keinem Produkt direkt zugerechnet werden. Man hat sich daher entschieden, die Verteilung dieser Kosten nach dem Verhältnis der in den verschiedenen Produktionsbereichen angefallenen Einzelkosten vorzunehmen.

Fixe und variable Kosten

Fixe Kosten fallen nicht in Abhängigkeit von einer Ausbringungsmenge, sondern in jedem Falle an – auch dann, wenn gar nicht produziert oder keine Leistung abgerufen wird.

Beispiel:

*Für ein Firmenfahrzeug fällt Kraftfahrzeugsteuer an, unabhängig davon, ob, wie oft und über wie viele Kilometer das Fahrzeug bewegt wird. Der Kostenverlauf ist **konstant**.*

Konstante Fixkosten – für alle Mengen ab 0 immer gleich hoch

Variable Kosten verändern sich mit der Ausbringungsmenge.

*Die Ausgaben für Benzin sind umso höher, je mehr mit dem Fahrzeug gefahren wird. Unter der Annahme immer gleicher Bedingungen (»cet. par.« = »ceteris paribus« = »alles andere bleibt gleich«; was hier bedeutet: Fahrstil, Klima, Tempo usw. spielen keine Rolle) entwickeln sich die Kosten **proportional** zur Anzahl der gefahrenen Kilometer (x), d. h. für jeden einzelnen Kilometer wird dieselbe Menge an Sprit verbraucht.*

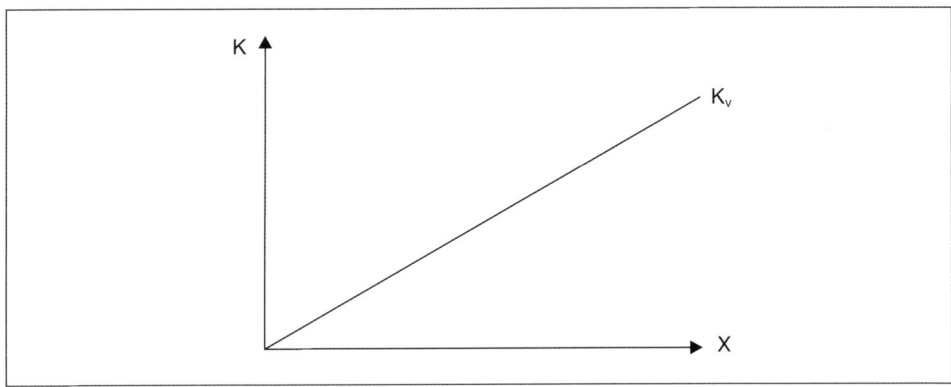

Variable Kosten bei proportionalem Kostenverlauf

2.3.1.2.3   Leistungs- und Kostendaten

Leistungs- und Kostendaten mit Relevanz für die Kosten- und Leistungsrechnung laufen nicht allein in der Finanzbuchhaltung auf: deswegen dienen auch Verbrauchsbelege wie Materialentnahmescheine und Lohnzettel als Buchungsbelege.

Auf allen Verbrauchsbelegen muss genau angegeben werden, wodurch die mit dem Verbrauch entstandenen Kosten verursacht sind oder – anders ausgedrückt – wofür das Material, die Arbeitszeit usw. verbraucht wurde. Dies geschieht durch »Kontierung« auf den Belegen, die auch deswegen sorgfältig vorgenommen werden muss, weil es sich häufig nicht von selbst versteht, ob es sich bei den verursachten Kosten um Einzelkosten eines bestimmten Auftrags oder um Gemeinkosten einer Kostenstelle handelt:

– Geht es sich um einen Verbrauch, der einem **konkreten** Fertigungsauftrag (Kundenauftrag, Lagerauftrag oder Innenauftrag für Eigenbedarf der Unternehmung) zugeordnet werden kann, wird neben der Kostenart auch die Nummer des Auftrags in das für die Kontierung vorgesehene Feld eingetragen. Damit können die Kosten dieses Verbrauchs diesem bestimmten Auftrag, dieser bestimmten Produktionscharge usw. zugeordnet werden.

– Kann der Verbrauch dagegen **keinem bestimmten** Auftrag zugeordnet werden, ist er als Gemeinkostenbedarf für die Kostenstelle zu behandeln, die den Werteverzehr vornimmt. In diesem Fall muss der Veranlassende die Kostenstellennummer der verbrauchenden Kostenstelle und die zutreffende Kostenart, die er dem Kostenartenplan entnommen hat, auf dem Beleg eintragen.

Der Beleg (bzw. bei computergestützter Verarbeitung: der entsprechende Datensatz) ist die Grundlage der Kostenzurechnung.

Der Grundsatz: »Keine Buchung ohne Beleg!« erweitert sich aus der Sicht des Werkstattmeisters zum Grundsatz: »Keine Arbeit ohne Auftrag!« – denn ohne Auftragsnummer gehen alle Kosten zu Lasten der Gemeinkosten der eigenen Kostenstelle.

Ein **Materialentnahmeschein** muss beispielsweise die folgenden Angaben enthalten:

– Materialart,
– Materialmenge,
– Kontierung je nach dem Grund des Verbrauchs,
– Entnahmedatum,
– Kostenstellennummer,
– Unterschrift des Veranlassenden.

Auf Lohnzetteln im Industriebetrieb muss auch dann die Kostenstellennummer der leistenden Stelle vermerkt werden, wenn Fertigungslohn (Einzelkosten für einen Fertigungsauftrag) vorliegt; denn der Fertigungslohn ist eine wichtige statistische Bezugsbasis für die Weiterverrechnung der Gemeinkosten der leistenden Kostenstellen.

Alle Belege werden in der Geschäftsbuchführung verbucht, wobei die Einzelkosten getrennt nach Fertigungsmaterial und Fertigungslöhnen erfasst werden. Die Kontierung der Buchungsbelege ermöglicht der Betriebsabrechnung die statistische Zuordnung zu den Fertigungsaufträgen, sodass es monatlich oder bei Bedarf möglich ist, durch eine Zwischenaddition die aufgelaufenen Einzelkosten auftragsweise festzustellen.

Die übrigen Kosten finden als Gemeinkosten ihren Niederschlag auf Kostenartenkonten entsprechend dem Kostenartenverzeichnis des Betriebes.

2.3.1.2.4   Gliederung der Kosten im Kostenartenplan

Die Kostenrechnung beginnt damit, dass alle Kosten getrennt nach Kostenarten erfasst werden. Diese Kostenarten werden in einem Kostenartenplan oder -verzeichnis zusammengestellt, der zweckmäßigerweise einheitlich für den gesamten Betrieb gilt. Die Kostenartenrechnung selbst kann separat in den einzelnen betrieblichen Bereichen erfolgen. Fällt eine Kostenart in einem Bereich nicht an, bleibt die entsprechende Stelle im produktspezifischen Kostenartenplan unausgefüllt.

In der Praxis greift der Kostenartenplan in der Regel die Gliederung der ordentlichen Aufwendungen in der Gewinn- und Verlustrechnung auf und gliedert diese wiederum entsprechend den Sachkonten der Finanzbuchhaltung weiter auf. Es folgt der typische Kostenartenplan für einen Industriebetrieb.

1. Schritt: Untergliederung der Kostenarten in Hauptgruppen

Kostenarten - Hauptgruppen

0 Löhne
1 Gehälter   ⎫
2 Sozialkosten zu 0 und 1   ⎬   Arbeitskosten
3 Materialkosten   ⎭
4 Kapitalkosten
5 Fremdleistungskosten
6 Steuern und Abgaben für allgemeine Zwecke
7 frei
8 frei
9 frei

2. Schritt: Untergliederung der Hauptgruppen in Kostenartengruppen

Jede dieser Hauptgruppen wird weiter in Kostenartengruppen unterteilt. Dabei steht die vordere Ziffer für die Hauptgruppe. Exemplarisch werden hier die Kostenartengruppen 0, 2 und 3 ausführlicher dargestellt.

Kostenartenhauptgruppe 0, Löhne

Kostenartengruppen:
00 Fertigungslöhne
01 Gemeinkostenlöhne für Arbeit
02 Übrige Gemeinkostenlöhne
03 Freiwillige Zuwendungen
04 Prämien für Verbesserungsvorschläge
05 Sachbezüge
06 Vergütungen an gewerbliche Auszubildende
07 – 09 frei

Kostenartenhauptgruppe 1, Gehälter

Kostenartengruppen 10 – 19 entsprechend Hauptgruppe 0

Kostenartenhauptgruppe 2, Sozialkosten zu Löhnen und Gehältern

Kostenartengruppen:
20 Arbeitgeberanteile zur Sozialversicherung (Lohnbereich)
21 Arbeitgeberanteile zur Sozialversicherung (Gehaltsbereich)
22 Beiträge zur Berufsgenossenschaft
23 Sonstige gesetzliche Sozialkosten
24 Kosten der freiwilligen Altersversorgung und Unterstützung
25 Sonstige freiwillige Sozialkosten
26 – 29 frei

Kostenartenhauptgruppe 3, Materialkosten

Kostenartengruppen:
30 Rohstoffe (= Hauptbestandteile der Erzeugnisse)
31 Vorproduktion von Fremdfirmen (»verlängerte Werkbank«)
32 Hilfsstoffe (= untergeordnete Bestandteile der Erzeugnisse; z. B. Schrauben, Leim
33 Betriebsstoffe (= Brennstoffe, Schmiermittel, Kühlmittel, Büromaterial, Putzmittel u. a.)
34 Verschleißwerkzeuge
35 Energie
36 Handelswaren
37 Verpackungsmaterial
38 Reparaturmaterial
39 Sonderabschreibungen auf Stoffe und Handelswaren

In **Kostenartenhauptgruppe 4**, Kapitalkosten, wären als Kostenartengruppen die kalkulatorischen Kostenarten Zinsen, Abschreibungen und Wagnisse einzuordnen.

In **Kostenartenhauptgruppe 5**, Fremdleistungskosten, gehören als Kostenartengruppen die Leistungen fremder Betriebe: Fremde Instandhaltung, Mieten, Werbekosten, Postkosten, Frachten, Beratungskosten, Schornsteinfeger-, Straßenreinigungs-, Müllabfuhrgebühren, Beiträge an Verbände u. ä.

In **Kostenartenhauptgruppe 6**, Steuern und Abgaben, wären als Kostenartengruppen die Gewerbe-, Vermögen-, Grund-, Kraftfahrzeug-, Gesellschaftsteuer, Ausfuhrzölle, Verbrauchsteuern und andere Abgaben ohne spezielle Gegenleistung aufzunehmen.

3. Schritt: Untergliederung der Kostenartengruppen in einzelne Kostenarten

Von den zweistellig nummerierten Kostenartengruppen aus erfolgt die Untergliederung in Kostenarten, was an der Kostenartengruppe 02 »Übrige Gemeinkostenlöhne« verdeutlicht werden soll.

Kostenartengruppe 02, Übrige Gemeinkostenlöhne

Kostenarten:
020 Lohnfortzahlung
021 Urlaubslohn
022 Feiertagslohn
023 Betriebsratssitzung
024 Betriebsversammlung
025 Wartezeiten
026 Ausfallzeiten
027 Arzt- und Behördenbesuche
028 Einstellung/Entlassung
029 Sonstige GK-Löhne

2.3.1.2.5 Zurechnung der Kosten auf Kostenträger

Nachdem mit der Ergebnistabelle (vgl. Abschn. 2.3.1.1) festgestellt wurde, **welche** Kosten in welcher Höhe angefallen sind, stellt sich das Problem, wie diese verursachungsgerecht auf die Kostenträger **verteilt** werden können.

Kostenträger sind identisch mit Leistungseinheiten: Im Industriebetrieb kann ein einzelnes Erzeugnis, eine Charge oder Serie oder auch ein einzelner Auftrag als Kostenträger angesehen werden – wie man sich entscheidet, hängt wesentlich vom Fertigungsverfahren ab. Während bei Einzelfertigung das einzelne Stück, bei Auftragsfertigung der einzelne Auftrag und bei Serienfertigung die Serie zum Kostenträger erklärt wird, kann bei kontinuierlicher Massenfertigung die in einem bestimmten Zeitraum (z. B. Fabriktag, Schicht) hergestellte Menge als Kostenträger aufgefasst werden.

Vom Fertigungsverfahren hängt maßgeblich auch die Verrechnung der Kosten ab:

– Bei **sukzessiver Einzelfertigung** (d. h. bei Produktion jeweils nur eines Stückes oder bei Bearbeitung nur eines Projekts zur Zeit) stellen alle angefallenen Kosten mit Ausnahme der Verwaltungskosten direkt zurechenbare Kosten dar. Sie können ohne Umweg über eine Kostenstellenrechnung direkt auf das Produkt/Projekt – also auf den Kostenträger – verrechnet werden.

– Bei **Serien- und simultaner Mehrproduktfertigung** müssen die angefallenen Kosten in direkt zurechenbaren Kosten (Einzelkosten) und Gemeinkosten unterschieden werden. Die Gemeinkosten werden über Zuschlagssätze, die sich an den Einzelkosten orientieren und im Rahmen einer Kostenstellenrechnung errechnet werden, auf die Kostenträger verteilt. Instrument der Kostenstellenrechnung ist der → Betriebsabrechnungsbogen (vgl. Abschn. 2.3.1.3), Kalkulationsverfahren die → Zuschlagskalkulation (vgl. Abschn. 2.3.1.6).

– Bei **Massenfertigung im Einproduktbetrieb** können aufwändige Kostenaufschlüsselungen unterbleiben; Kostenverteilungsmethode der Wahl ist in diesem Falle die → Divisionskalkulation (vgl. Abschn. 2.3.1.6).

2.3.1.3 Kostenstellenrechnung mittels Betriebsabrechnungsbogen

2.3.1.3.1 Zuordnung der Kosten zu Kostenstellen

Die Kostenstellenrechnung rechnet Kosten den »Stellen« zu, an denen sie angefallen sind. Dazu ist es notwendig, Kostenstellen zu bilden. Dies kann nach unterschiedlichen Kriterien erfolgen, etwa nach Funktionsbereichen oder Verantwortungsbereichen.

Im Industriebetrieb kommen z. B. die folgenden Funktionsbereiche in Betracht:

– **Allgemeiner Bereich**

   Dieser stellt seine Leistungen allen anderen Kostenstellen zur Verfügung (Grundstücks- und Gebäudeverwaltung, Wasser-, Strom-, Gas-, Dampfversorgung, Heizung, Werkschutz, Sozialeinrichtungen u. a.).

– **Materialbereich**

   Der Materialbereich beschafft und verwaltet das zur Leistungserstellung erforderliche Material (Einkauf, Warenannahme und -prüfung sowie Materialverwaltung, -lager und -ausgabe).

– **Fertigungsbereich**

Hier erfolgt die Leistungserstellung, teils durch Fertigungshilfsstellen (unmittelbare Fertigungsvorbereitung und -einleitung, evtl. Zwischenlager für Material und Werkzeuge), vor allem aber durch die Fertigungshauptstellen (Werkstätten).

– **Forschungs- und Entwicklungsbereich**

In Großbetrieben ist »F&E« oft ein selbstständiger Bereich mit der Aufgabe der ständigen Aktualisierung der technischen Leistungsfähigkeit (Forschungs- und Entwicklungslabors, Konstruktionsbüros, Musterbau, Prüffelder).

– **Verwaltungsbereich**

Oft auch »kaufmännischer Bereich« genannt: er umfasst vielfältige Verwaltungsaufgaben (kaufmännische Leitung, Rechnungswesen, Personalverwaltung, Organisation, Rechtsabteilung, Steuerabteilung, Übersetzerbüro, Büromateriallager u. a.).

– **Vertriebsbereich**

Dem Vertrieb obliegt der Absatz der erstellten Leistungen (Marktforschung, Werbung, Verkauf, Rechnungs- und Dokumentenerstellung, Verwaltung der Fertigfabrikatelager, Versand, Kundendienst).

Ein entsprechender **Kostenstellenplan** (Kostenstellenverzeichnis) kann wie folgt aussehen:

0　Allgemeiner Bereich

000 Kostenstelle Grundstücke und Gebäude
001 Kostenstelle Wasser
002 Kostenstelle Dampferzeugung
003 Kostenstelle Stromerzeugung
004 Sozialeinrichtungen
005 Werkschutz

1　Materialbereich

100 Einkaufsabteilung
101 Materialannahme und -prüfung
103 Materiallager

2　Fertigungsbereich

20　Fertigungshilfsstellen
200 Technische Leitung
201 Konstruktionsbüro (Fertigungsbereich, da hier kein F&E-Bereich existiert)
202 Fertigungsplanung
203 Arbeitsvorbereitung
203 Revision
204 Maschinenwartung
21　Fertigungshauptstellen
210 Stanzerei
211 Blechnerei
212 Dreherei,
213 Fräserei
214 Bohrerei
215 Gestellbau
216 Leitungsbau
...
299 Endmontage

3   Verwaltungsbereich

300 Kaufmännische Leitung
301 Auswertung und Berichtswesen
302 Planungsrechnung
303 Geschäftsbuchhaltung
304 Betriebsbuchhaltung
305 Kalkulation
306 Personalbüro
307 Telefonzentrale
308 Fahrdienst

4   Vertriebsbereich

400 Fertigfabrikatelager
401 Verkaufsbüro
402 Versandbüro
403 Expedition

Instrument zur Durchführung der Kostenstellenrechnung ist der Betriebsabrechnungsbogen (BAB).

2.3.1.3.2   Der Betriebsabrechnungsbogen (BAB)

Vornehmliche Aufgabe der Kostenstellenrechnung in einer **Vollkostenrechnung** ist die
Erfassung der Gemeinkosten, also derjenigen Kosten, die einzelnen Kostenträgern nicht
direkt zugerechnet werden können, und ihre möglichst verursachungsgerechte Weiterverrechnung auf die Kostenträger.

Im Rahmen einer **Teilkostenrechnung**, die auf die Weiterverrechnung von Gemeinkosten
verzichtet, dient die Kostenstellenrechnung vorrangig der Kontrolle der Kosten, die in
organisatorischen Teilbereichen verursacht werden, und als Voraussetzung für deren wirtschaftliche Steuerung. Voraussetzung hierfür ist, dass die gebildeten Kostenstellen mit
selbständigen Verantwortungsbereichen oder -teilbereichen übereinstimmen.

Im Folgenden wird eine Vollkostenrechnung unterstellt. Die dabei notwendige Gemeinkos-
tenverrechnung kann in einem einstufigen oder mehrstufigen Prozess geschehen, in dem
die Gemeinkosten unter Anwendung von (gleichfalls aus der Kostenstellenrechnung zu
bestimmenden) **Umlageschlüsseln** auf Bereichskostenstellen verteilt und schließlich auf
die Kostenträger weiterverrechnet.

2.3.1.3.2.1   Einstufiger Betriebsabrechnungsbogen

Der einfachste Anwendungsfall eines Betriebsabrechnungsbogens geht davon aus, dass
alle Gemeinkosten auf wenige Kostenbereiche verteilt werden können, die als so genannte **Hauptkostenstellen** eingerichtet werden.

Für jede Kostenart wird festgelegt, auf welcher Grundlage die Kostenverteilung erfolgt.
Anschließend werden die Gemeinkosten vollständig auf die Hauptkostenstellen weiterverrechnet. Aus der Gegenüberstellung der Einzel- und Gemeinkosten der Kostenbereiche
können Kalkulationszuschlagssätze gewonnen werden.

Das folgende Beispiel zeigt einen solchen einstufigen BAB. Die Ermittlung von Zuschlagssätzen erfolgt analog zur Darstellung zum mehrstufigen BAB und wird dort ausführlich
behandelt, weswegen hier noch keine Darstellung erfolgt.

Kostenart	Summen		Hauptkostenstellen			
	aus der Betriebs-ergebnis-rechnung	Verteilungsbasis	Material-kosten-stelle	Fertigungs-stelle	Verwaltung	Vertrieb
Aufwendg. Hilfsstoffe	194.000	Entnahmescheine	160.000	34.000	0	0
Aufwendg. Betriebsstoffe	86.700	Entnahmescheine	70.000	16.700	0	0
Kalk. Abschreibungen	84.300	Anlagenkartei	12.000	65.300	3.000	4.000
Kalk. Zinsen	40.400	Betriebsvermögen	9.700	10.800	11.200	8.700
Kalk. Unternehmerlohn	120.000	Schätzung	30.000	30.000	30.000	30.000
AG-Anteile Sozialvers.	57.400	Gehaltslisten	16.800	12.900	17.900	9.800
Gehälter	455.000	Gehaltslisten	105.000	130.000	144.000	76.000
Bürobedarf	3.300	Rechnungen	500	600	1.800	400
Summe	1.041.100		404.000	300.300	207.900	128.900
			Material-gemein-kosten	Fertigungs-gemein-kosten	Verwaltungs-gemein-kosten	Vertriebs-gemein-kosten

Einstufiger Betriebsabrechnungsbogen

2.3.1.3.2.2 Mehrstufiger Betriebsabrechnungsbogen

Im mehrstufigen Betriebsabrechnungsbogen wird dem Umstand Rechnung getragen, dass in vielen Betrieben Gemeinkosten anfallen, die nicht unmittelbar auf die Hauptkostenstellen verrechnet werden können, sondern als Vorleistungen (»Overhead-Leistungen«) für die Hauptkostenbereiche anzusehen sind. Beispiele im Industriebetrieb sind Kosten von Verwaltung (von Räumen, Personal, Finanzwesen, Fuhrpark) und Leitung, die zunächst auf Vorkostenstellen erfasst werden.

Eine derart aufgebaute Kostenstellenrechnung unterscheidet zwischen:

– **Endkostenstellen**, deren Kosten direkt auf Kostenträger weiterverrechnet werden können, weil sie sich als direkt zurechenbare Einzelkosten auf eine (bestimmte, einzige) Leistungserstellung beziehen. Endkostenstellen können weiter unterschieden werden in

– **Hauptkostenstellen**, die wesentliche Leistungen im Sinne der Aufgabenstellung (des öffentlichen Auftrags) des Produktbereichs erbringen (und z. B. als »Fertigungshauptstelle 1, 2 usw. bezeichnet werden können), und

– **Nebenkostenstellen**, die Leistungen erbringen, die nicht als Kernaufgaben des Produktbereichs angesehen werden.

Häufig ist diese Aufteilung aber nicht erforderlich, weswegen Endkostenstellen dann sämtlich als Hauptkostenstellen bezeichnet werden.

– **Vorkostenstellen**, deren Kosten nicht direkt zurechenbare Gemeinkosten darstellen, sondern die nach einem festzulegenden Schlüssel auf andere Kostenstellen umgelegt werden müssen. Die hier erfassten Leistungen stellen Vorleistungen dar, die innerhalb des Betriebs für andere Betriebsteile erbracht werden. Es handelt sich also um Leistungen für den eigenen Bedarf. Unterschieden werden dabei

– **allgemeine Kostenstellen**, die Leistungen für alle (oder nahezu alle) anderen Kostenstellen erbringen, und

– **Hilfskostenstellen** für solche Stellen, die Leistungen für mehrere andere Kostenstellen erbringen.

Beispiel:

Die Verwaltung arbeitet sowohl der Leitung als auch allen anderen Kostenbereichen zu. Ihre Kosten – in der Hauptsache Personalkosten – werden daher in einer allgemeinen Kostenstelle »Verwaltung« erfasst.

Die Arbeitsvorbereitung arbeitet allen Fertigungshauptstellen zu, nicht jedoch der Verwaltung, dem Materialbereich, dem Fuhrpark usw. Ihre Kosten werden daher in einer Hilfskostenstelle erfasst.

Das betriebseigene Kraftwerk liefert Energie an mehrere Produktionsbereiche, nicht jedoch an den Verwaltungsbereich. Deswegen stellt das Kraftwerk eine Hilfskostenstelle dar.

Diese Kostenstellenrechnung wird in einem **mehrstufigen Betriebsabrechnungsbogen** durchgeführt. Die zuvor geschilderte Mehrstufigkeit der Verrechnung schlägt sich folgendermaßen nieder:

1. Stufe: In der so genannten **Primärkostenverrechnung** werden die nach Kostenarten getrennt aufgeführten Kosten auf die Kostenstellen verteilt. Direkt zurechenbare Kosten (»Kostenstelleneinzelkosten«) werden den betreffenden Endkostenstellen direkt zugerechnet, während nicht zurechenbare Kosten (»Kostenstellengemeinkosten«) auf Vorkostenstellen erfasst werden.

2. Stufe: In der so genannten **Sekundärkostenverrechnung** werden die auf den Vorkostenstellen erfassten Gemeinkosten auf die Endkostenstellen weiterverrechnet. Hierbei kommen Verrechnungsschlüssel (Zuschlagssätze) zur Anwendung, die sich aus dem BAB ergeben.

In einem Betriebsabrechnungsbogen werden im Allgemeinen nur Gemeinkosten erfasst, da die Einzelkosten ohne Umweg direkt über die Einzelkostenstelle auf die entsprechenden Kostenträger weiterverrechnet werden können. Enthält ein BAB dennoch Einzelkosten, dann nur, wenn ihre Angabe für die Anwendung von Verrechnungsschlüsseln notwendig ist.

Das folgende **Beispiel a** (siehe die nächste Abbildung) zeigt einen Betriebsabrechnungsbogen nach der Primärkostenverrechnung. Darin ist die Verrechnung der Kosten aus den Vorkostenstellen auf die Hauptkostenstellen noch nicht erfolgt.

Die Unterscheidung der Vorkostenstellen in allgemeine Kostenstellen und Hilfskostenstellen wurde vorgenommen, weil in diesem Beispiel die allgemeinen Kostenstellen Leistungen an die meisten anderen Kostenstellen und damit auch an andere Vorkostenstellen abgeben, während die Hilfskostenstellen ihre Leistungen nur an einige Kostenstellen – und zwar im Beispiel ausschließlich an Endkostenstellen – abgeben.

2.3.1.3.2.3 Kostenumlage im BAB

Mit der Verteilung der Gemeinkosten auf die Endkostenstellen wird eine **verursachungsgerechte Kostenerfassung** angestrebt. Das in der Industrie-Kostenrechnung häufig beschriebene **Anbauverfahren** vereinfacht (und verfälscht) die Verrechnung insofern, als es nicht berücksichtigt, dass in der Praxis die Vorkostenstellen nicht nur für die Endkostenstellen, sondern auch füreinander – teils gegenseitige – Leistungen erbringen. Die Fortführung des Beispiels zeigt dagegen ein Verfahren, das diese interne Leistungsverrechnung vorsieht.

Im gegebenen Beispiel wird davon ausgegangen, dass die Vorkostenstellen so angeordnet werden konnten, dass jede Stelle (= Tabellenspalte) nur Leistungen an nachgelagerte (= weiter rechts angeordnete) Kostenstellen abgibt.

a)

Kostenart	Summe	Vorkostenstellen					Endkostenstellen					
		Allgemeine Kostenstelle 1	Allgemeine Kostenstelle 2	Allgemeine Kostenstelle 3	Hilfskostenstelle 1	Hilfskostenstelle 2	Material-kostenstelle	Fertigungshauptstelle 1	Fertigungshauptstelle 2	Fertigungshauptstelle 3	Verwaltungstelle	Vertriebsstelle
Kostenart 1	169.800	17.000	12.000	11.000	300	1.500	18.000	19.000	21.000	23.000	23.000	24.000
Kostenart 2	32.800	4.000	0	0	300	600	7.000	3.000	4.000	5.000	7.000	1.900
Kostenart 3	47.700	6.000	12.000	13.000	2.000	3.000	2.000	2.500	1.500	1.000	2.900	1.800
Kostenart 4	24.800	6.000	1.000	1.000	500	500	3.000	4.500	2.300	1.200	2.300	2.500
Kostenart 5	23.000	0	2.000	2.000	0	0	3.000	3.000	3.000	4.000	3.000	3.000
Kostenart 6	18.000	500	1.000	200	500	500	4.000	3.000	3.000	2.000	2.000	1.300
Kostenart 7	14.000	200	200	300	100	100	1.500	1.600	1.800	2.200	3.100	2.900
Kostenart 8	8.400	500	300	300	200	0	1.000	1.200	1.100	1.200	1.300	1.300
Summe	338.500	34.200	28.500	27.800	3.900	6.200	39.500	37.800	37.700	39.600	44.600	38.700

b)

Kostenart	Summe		Vorkostenstellen					Endkostenstellen					
			Allgemeine Kostenstelle 1	Allgemeine Kostenstelle 2	Allgemeine Kostenstelle 3	Hilfskostenstelle 1	Hilfskostenstelle 2	Material-kostenstelle	Fertigungshauptstelle 1	Fertigungshauptstelle 2	Fertigungshauptstelle 3	Verwaltungstelle	Vertriebsstelle
Kostenart 1	169.800		17.000	12.000	11.000	300	1.500	18.000	19.000	21.000	23.000	23.000	24.000
Kostenart 2	32.800		4.000	0	0	300	600	7.000	3.000	4.000	5.000	7.000	1.900
Kostenart 3	47.700		6.000	12.000	13.000	2.000	3.000	2.000	2.500	1.500	1.000	2.900	1.800
Kostenart 4	24.800		6.000	1.000	1.000	500	500	3.000	4.500	2.300	1.200	2.300	2.500
Kostenart 5	23.000		0	2.000	2.000	0	0	3.000	3.000	3.000	4.000	3.000	3.000
Kostenart 6	18.000		500	1.000	200	500	500	4.000	3.000	3.000	2.000	2.000	1.300
Kostenart 7	14.000		200	200	300	100	100	1.500	1.600	1.800	2.200	3.100	2.900
Kostenart 8	8.400		500	300	300	200	0	1.000	1.200	1.100	1.200	1.300	1.300
Summe	338.500		34.200	28.500	27.800	3.900	6.200	39.500	37.800	37.700	39.600	44.600	38.700
Umlage allg. Kostenstelle 1			-34.200	3.420	1.710	0	0	6.840	6.840	5.130	1.710	5.130	3.420
Umlage allg. Kostenstelle 2				-31.920	1.920	1.000	1.000	4.000	3.000	4.000	5.000	4.000	8.000
Umlage allg. Kostenstelle 3					-31.430	0	1.430	5.000	5.000	5.000	5.000	5.000	5.000
Zwischensumme						4.900	8.630	55.340	52.640	51.830	51.310	58.730	55.120
Umlagen Hilfskostenstellen	HKS 1					-4900	0	900	1.000	2.000	1.000	0	0
	HKS 2					0	-8630	0	4315	0	0	0	4.315
Stellengemeinkosten	338.500		0	0	0	0	0	56.240	57.955	53.830	52.310	58.730	59.435

Deswegen kann die **Weiterverteilung der Kosten** nun so erfolgen, dass

1. zunächst die in der allgemeinen Kostenstelle 1 erfassten Kosten auf die nachgelagerten Stellen – sowohl Vor- als auch Endkostenstellen – verteilt werden; anschließend werden neue Spaltensummen errechnet,

2. danach die in der allgemeinen Kostenstelle 2 erfassten Kosten in gleicher Weise weiterverrechnet werden, usw.,

3. und schließlich die auf den Hilfskostenstellen erfassten Kosten auf die Endkostenstellen weiterverrechnet werden. Danach sind alle Vor- und Hilfskostenspalten vollständig geleert, sodass Spaltensummen nur noch für die Hauptkostenstellen zu errechnen sind.

Bei der Verteilung wurde im Beispiel wie folgt vorgegangen:

– Die **allgemeinen Kostenstellen** leisten Dienste für nahezu alle anderen nachgelagerten Kostenstellen. Die Verteilung erfolgte nach zuvor festgelegten Verteilungsschlüsseln, die auf Schätzungen beruhen oder an andere maßgebliche Größenordnungen anknüpfen (so bietet es sich an, die Verteilung von Raumkosten nach Flächen in qm zu verteilen). Z. B. wurde für die Verteilung der auf der Allgemeinen Kostenstelle 1 aufgelaufenen Kosten auf die nachfolgenden Kostenstellen des BAB der Verteilungsschlüssel 2 : 1 : 0 : 0 : 4 : 4 : 3 : 1 : 3 : 2 vereinbart.

– Die Kosten der **Hilfskostenstellen** 1 und 2 werden ebenfalls nach zuvor ermittelten Schlüsseln auf die Endkostenstellen verteilt; z.B. erfolgt für die in Hilfskostenstelle 2 erfassten Kosten eine Verteilung zu gleichen Teilen auf die Fertigungshauptstelle 1 und die Vertriebsstelle.

Jetzt sind die Allgemeine Kostenstelle und die Hilfskostenstellen entleert. Der »verbleibende« Betriebsabrechnungsbogen zeigt dann das Aussehen wie in **Beispiel b** (siehe die vorherige Abbildung).

Die Summe der auf die Endkostenstellen verrechneten Gemeinkosten (»Stellengemeinkosten«) muss der Summe der Kostenarten in Spalte 2 entsprechen: Mit dieser Kontrolle ist sichergestellt, dass die Gemeinkosten vollständig auf Endkostenstellen übertragen wurden.

Das geschilderte Verfahren wird als **Stufenleiterverfahren** bezeichnet. Es ist aber nicht für alle Anwendungsfälle geeignet; denn es unterstellt, dass die Vorkostenstellen wie im gezeigten Beispiel in eine Reihenfolge gebracht werden können, in der die am weitesten links außen angeordnete Kostenstelle nur Leistungen abgibt – aber keine Leistungen empfängt. Vielfach werden die wechselseitige Leistungsbeziehungen aber viel stärker verflochten sein. In der Praxis, die sich für diese Berechnungen ohnehin durchweg der EDV bedient, wird die interne Leistungsverrechnung daher im so genannten **Gleichungsverfahren** vorgenommen, das die Leistungsbeziehungen in einem System von Gleichungen abbildet. Dieses Verfahren soll hier nicht gezeigt werden.

2.3.1.3.2.4 Ermittlung von Zuschlagssätzen

Der Betriebsabrechnungsbogen verrechnet nur Gemeinkosten. Als Ergebnis liefert er Stellengemeinkosten für die End- oder Hauptkostenstellen, denen ihre Einzelkosten (Material-, Fertigungseinzelkosten; Sondereinzelkosten) im Vorwege direkt, d. h. ohne Umweg über eine Kostenstellenrechnung und den BAB, zugerechnet werden konnten. Aus dem Verhältnis zwischen diesen Einzelkosten und den ermittelten Gemeinkosten können nun Zuschlagssätze ermittelt werden. Diese Zuschlagssätze können in Kalkulationen verwendet und zu Vergleichszwecken – etwa zur Kostenkontrolle im Periodenvergleich – herangezogen werden.

Aus dem Rechnungswesen sind die folgenden Werte in € bekannt:

Fertigungsmaterial	281.200
Fertigungslöhne Werkstatt A	57.955
Fertigungslöhne Werkstatt B	43.064
Fertigungslöhne Werkstatt C	62.772
Herstellkosten des Umsatzes	605.326

Die folgende Tabelle zeigt die entsprechende Fortentwicklung des BAB aus Beispiel b, Abschn. 2.3.1.3.2.3:

Stellengemeinkosten	338.500	0	0	0	0	0	56.240	57.955	53.830	52.310	58.730	59.435
Zuschlagsbasis:												
Fertigungsmaterial	281.200											
Fertigungslöhne								57.955	43.064	62.772		
Herstellkosten des Umsatzes											605.326	
Zuschlagssätze in %:							20,0	100,0	125,0	83,3	9,7	9,8

Die Zuschlagssätze können im Rahmen der → Zuschlagskalkulation (vgl. Abschn. 2.3.1.6) weiterverarbeitet werden.

2.3.1.4   Kostenträgerzeitrechnung auf Ist- und Normalkostenbasis

Durch die Kostenträgerrechnung werden Kosten auf diejenigen Kostenträger verrechnet, die für die Kostenentstehung ursächlich waren: Dies sind im Allgemeinen die Erzeugnisse, die zugleich auch die Leistungseinheiten des Betriebs darstellen. Indem Kosten und Leistungen auf denselben Gegenstand bezogen und einander dort direkt gegenübergestellt werden, ist die letzte Stufe der Kostenrechnung erreicht.

Die Kostenträgerrechnung kann als Zeitrechnung oder als Stückrechnung durchgeführt werden.

– Als **Zeitrechnung** beantwortet sie auf Basis der von der Kostenstellenrechnung gelieferten Werte die Frage, wie viele Kosten in der betreffenden Periode in Zusammenhang mit der Erbringung einer bestimmten Leistung angefallen sind. In einer fortlaufenden Produktion werden dabei auch die in die betreffende Periode fallenden Kosten für noch nicht fertig gestellte Leistungen einbezogen. Die Kostenträgerzeitrechnung ist eine meist **kurzfristige Betriebserfolgsrechnung**.

– Als **Stückrechnung** beantwortet sie die Frage nach der Höhe der Kosten pro einzelnem Kostenträger (= pro produziertem Stück eines bestimmten Produkts, d. h. pro Leistungseinheit). Dabei bedient sie sich verschiedener Kalkulationsverfahren.

An dieser Stelle wird nur die Kostenträgerzeitrechnung behandelt; die Kalkulationsverfahren, die im Rahmen der Kostenträgerstückrechnung zur Anwendung kommen, werden in Abschnitt 2.3.1.6 gezeigt.

Die Kostenträgerzeitrechnung wird auf Basis des Betriebsabrechnungsbogens auf einem Kostenträgerblatt durchgeführt, das häufig auch als »**BAB II**« bezeichnet wird.

Aus dem Rechnungswesen und aus den Produktionsbereichen sind nun zusätzlich die folgenden Werte (in €, wenn nicht anders angegeben) bekannt:

	gesamt	Produkt 1	Produkt 2	Produkt 3	Produkt 4
Fertigungsmaterial	281.200	81.200	68.000	71.000	61.000
Fertigungslöhne Werkstatt A	57.955	12.455	15.000	12.500	18.000
Fertigungslöhne Werkstatt B	43.064	11.530	12.400	8.754	10.380
Fertigungslöhne Werkstatt C	62.772	16.800	9.672	15.600	20.700
Mehrbestand an Fertigerz.	60.000	11.000	14.500	24.000	10.500
Umsatzerlöse	876.300	286.910	153.925	172.650	262.815
Produzierte Menge in Stück	120.000	35.000	28.000	32.000	25.000
Abgesetzte Menge in Stück	113.000	32.000	27.000	31.000	23.000

Diese werden in einem Kostenträgerblatt (BAB II) wie folgt verarbeitet:

Kalkulationsgrößen	gesamt	Kostenträger			
		Produkt 1	Produkt 2	Produkt 3	Produkt 4
Fertigungsmaterial	281.200	81.200	68.000	71.000	61.000
+ Mat.-GK-Zuschlag 20,0 %	56.240	16.240	13.600	14.200	12.200
Materialkosten	337.440	97.440	81.600	85.200	73.200
Fertigungslöhne Werkstatt A	57.955	12.455	15.000	12.500	18.000
+ Fert.-GK-Zuschlag 100,0 %	57.955	12.455	15.000	12.500	18.000
Fertigungskosten Werkstatt A	115.910	24.910	30.000	25.000	36.000
Fertigungslöhne Werkstatt B	43.064	11.530	12.400	8.754	10.380
+ Fert.-GK-Zuschlag 125,0 %	53.830	14.413	15.500	10.943	12.975
Fertigungskosten Werkstatt B	96.894	25.943	27.900	19.697	23.355
Fertigungslöhne Werkstatt C	62.772	16.800	9.672	15.600	20.700
+ Fert.-GK-Zuschlag 83,333 %	52.310	14.000	8.060	13.000	17.250
Fertigungskosten Werkstatt C	115.082	30.800	17.732	28.600	37.950
= Herstellkosten der Fertigung	665.326	179.092	157.232	158.496	170.505
− Mehrbestand Fertigerzeugn.	60.000	11.000	14.500	24.000	10.500
= Herstellkosten d. Umsatzes	605.326	168.092	142.732	134.496	160.005
+ Verwaltg.-GK-Zuschlag 9,7 %	58.717*	16.305	13.845	13.046	15.520
+ Vertriebs-GK-Zuschlag 9,8 %	59.322*	16.473	13.988	13.181	15.680
= Selbstkosten des Umsatzes	723.364	200.870	170.565	160.723	191.206
Umsatzerlöse	876.300	286.910	153.925	172.650	262.815
Betriebsergebnis	152.936	86.040	−16.640	11.927	71.609

* Abweichungen von den Tabellen in Abschnitt 2.3.1.3.2.4 resultieren aus den gerundeten Zuschlagsätzen.

Mit Hilfe des Kostenträgerblattes kann die Ertragskraft der einzelnen Produkte für die betrachtete Periode (daher Kostenträger**zeit**rechnung) beurteilt werden. Es dient als Instrument der kurzfristigen Erfolgsrechnung, weil nun der Betriebserfolg und die Wirtschaftlichkeit je Produkt errechnet werden können:

		Produkt 1	Produkt 2	Produkt 3	Produkt 4
Betriebserfolg in %	$\dfrac{\text{Betriebsergebnis}}{\text{Selbstkosten}}$	42,83	−9,76	7,42	37,45
Wirtschaftlichkeit	$\dfrac{\text{Umsatzerlöse}}{\text{Selbstkosten}}$	1,43	0,90	1,07	1,37

Offensichtlich erzielten Produkt 1 und Produkt 4 hohe Gewinne, während Produkt 2 sogar einen Verlust zum Ergebnis beisteuert. Hier wird eine nähere Kostenanalyse nötig sein, um die Verlustgründe eingrenzen zu können. Möglicherweise handelt es sich bei dem Produkt 2 um ein neues, am Markt noch nicht durchgesetztes Produkt: In diesem Fall wird der Verlust in Hinblick auf künftige Entwicklungsmöglichkeiten verschmerzt werden können.

Die Zuschlagssätze im gezeigten Beispiel wurden auf der Basis so genannter **Istkosten**, also tatsächlich angefallener, nachträglich festgestellter Kosten ermittelt. Im Vergleich verschiedener aufeinanderfolgender Perioden werden sich hier naturgemäß Abweichungen zeigen.

Diese können verschiedene Ursachen haben:

– **Preiserhöhungen** beim Material,

– **Lohnerhöhungen**,

– **Beschäftigungsschwankungen** wegen nachfragebedingter Mehr- oder Minderproduktion, wegen notwendiger Stillstände und entsprechend vor- oder nachgeholter Mehrarbeit mit zusätzlichen Kosten oder anderer Ursachen,

– **Verbrauchsabweichungen,** etwa wegen außerplanmäßiger Mehrarbeit oder außerplanmäßigen Mehrverbrauchs, z. B. durch Ausschuss wegen eines Maschinen- oder Bearbeitungsfehlers oder durch Sonderschichten, weil eine mängelbehaftete Produktionscharge nachbearbeitet werden musste. Im Falle von Verbrauchsabweichungen muss der Ursache unbedingt nachgegangen werden!

In der Vorkalkulation bzw. in einer im Vorhinein zur Abschätzung des voraussichtlichen Betriebserfolgs angefertigten Kostenträgerzeitrechnung ist es daher sinnvoller, mit »geglätteten« Durchschnittssätzen zu kalkulieren. Diese werden als **Normalzuschlagssätze** (im Gegensatz zu den Istzuschlagssätzen) bezeichnet.

Zusätzlich können Schwankungen bei den Material- und Fertigungseinzelkosten ausgeglichen werden, indem auch hier die durchschnittlichen Materialpreise und Lohnsätze (**Normalkosten**) angenommen werden.

2.3.1.5 Angebotskalkulation im Warenhandel

Wirtschaftlich handeln kann nur, wer seine Kosten kennt. Für jeden Betrieb ist es unterlässlich, genau zu wissen, welche Kosten anfallen, um ein Stück eines bestimmten Produkts oder einer bestimmten Ware am Markt bereitzustellen.

Voraussetzung der Angebotskalkulation ist die detaillierte Erfassung aller im Betrieb anfallenden Kosten nach ihrem Wesen (Kostenarten), ihren Entstehungsorten (Kostenstellen) und ihren Kostenverursachern (Kostenträgern), wie sie in den vorangegangenen Abschnitten gezeigt wurde.

2.3.1.5.1 Das Handelskalkulationsschema

In der Handelskalkulation werden die Bezugskosten (Bezugskalkulation), die Selbstkosten (Selbstkostenkalkulation) und die Verkaufspreise (Verkaufskalkulation) ermittelt. Das Kalkulationsschema ist wie folgt aufgebaut:

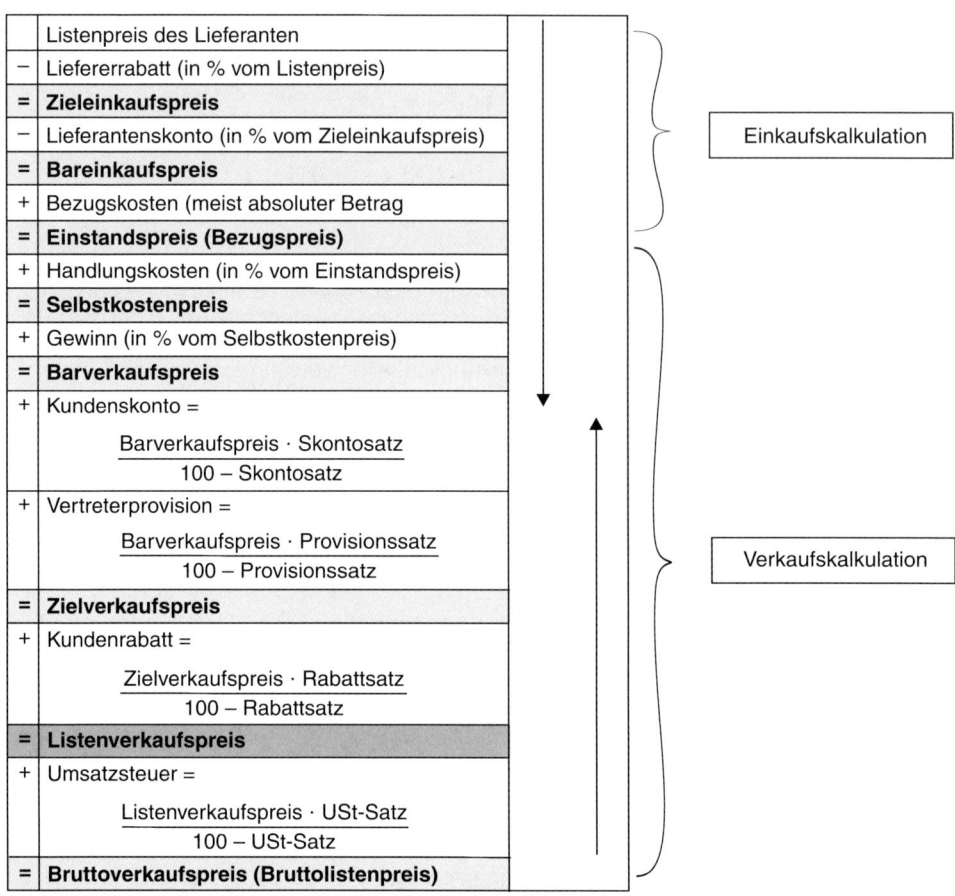

Das Handelskalkulationsschema

Alle Zwischenwerte bis einschließlich des Selbstkostenpreises stellen 100 % der Rechenbasis für den nachfolgend hinzuzurechnenden oder abzuziehenden Wert dar. Die Errechnung der Beträge für Kundenskonto, Vertreterprovision, Kundenrabatt und ggf. Umsatzsteuer muss dagegen berücksichtigen, dass nicht der voranstehende, sondern der folgende Wert die 100-Prozent-Basis darstellt. Die entsprechenden Rechenformeln sind im Schema angegeben.

2.3.1.5.2 Rückwärts- und Differenzkalkulation

Der **Rückwärtskalkulation** liegt das Schema der Handelskalkulation zugrunde. Jedoch ist in diesem Falle nicht der Listenpreis des Lieferanten der Ausgangswert der Kalkulation, sondern der Listenverkaufspreis, und es soll die Frage beantwortet werden, wie hoch der Listeneinkaufspreis maximal sein darf, wenn zu dem als Ausgangspunkt gewählten Listenverkaufspreis angeboten werden soll.

Die **Differenzkalkulation** besitzt ebenfalls kein eigenständiges Kalkulationsschema. Der Begriff bezeichnet eine Kalkulationssituation, bei der sowohl der Einkaufspreis als auch der (Netto-)Verkaufspreis feststeht und durch die Kalkulation ermittelt werden soll, ob die dazwischen liegende Spanne ausreicht, um alle Gemeinkosten zu decken und zusätzlich einen hinreichenden Gewinn zu erzielen.

2.3.1.5.3 Kalkulationszuschlag, Kalkulationsfaktor und Handelsspanne

Wenn die Kalkulation insoweit vereinfacht wird, als dass der Listenverkaufspreis ermittelt wird, indem ein globaler prozentualer Aufschlag auf den Einstandspreis vorgenommen wird, handelt es sich um einen **Kalkulationszuschlag** (im Handel auch als **Handels-aufschlag** bezeichnet). Der aufgeschlagene Prozentwert wird als **Kalkulationsfaktor** bezeichnet.

Die Differenz zwischen dem Einstandspreis und dem (Netto-)Listenverkaufspreis, ausgedrückt als Prozentsatz vom Verkaufspreis (seltener als absoluter Betrag), ist die **Handelsspanne**.

2.3.1.6 Angebotskalkulation im Industriebetrieb (Kostenträgerstückrechnung)

Auch für den Industriebetrieb sind die Kosten Ausgangspunkt der Kalkulation. Die Kenntnis der – dank einer detaillierten Kostenrechnung relativ präzise ermittelten – Selbstkosten fließt ein in betriebliche Entscheidungen, die regelmäßig getroffen werden müssen.

Sie betreffen z. B.

- das **Produktionsprogramm**: Wie viel wovon soll wann produziert werden? Diese Entscheidung kann allerdings nicht allein aufgrund der Kenntnis der Selbstkosten getroffen werden, sondern hat auch die möglichen Erlöse zu berücksichtigen.

- **Konstruktion und Fertigungsverfahren**: In Kenntnis der Kosten einzelner Arbeitsgänge können konstruktions- oder verfahrenstechnische Veränderungen angestoßen werden. Die Frage lautet: Ist es möglich, durch konstruktive Änderungen oder geänderte Verfahren Kosten einzusparen?

- **Lagerhaltung und Vertrieb**: Auch hier ermöglicht die Kenntnis der detaillierten Kosten die Abschätzung des Einsparpotenzials.

- die **Preisfestsetzung**: Ohne Kenntnis der Selbstkosten kann kein Preis festgesetzt werden. Die Selbstkosten sind Ausgangspunkt für die Preiskalkulation.

Die **Kostenträgerstückrechnung** ermöglicht die Errechnung der Selbstkosten für einzelne Kostenträger im Rahmen von **Kalkulationen** mit dem vorrangigen Ziel, Preisuntergrenzen und Angebotspreise zu ermitteln. Übliche Verfahren sind die

- Divisionskalkulation,
- Zuschlagskalkulation,
- Äquivalenzzahlenkalkulation.

Sie können in der Vor-, Zwischen- und Nachkalkulation eingesetzt werden.

Im Folgenden werden die Divisions- und die Zuschlagskalkulation vorgestellt. Abschließend wird kurz auf die Zeitpunkte der Kalkulation, d. h. die Vor- und Nachkalkulation, eingegangen.

2.3.1.6.1 Divisionskalkulation

Einfache Divisionskalkulation

Diese einfachste Form der Divisionskalkulation ermittelt die **Kosten je Kostenträger** (= Stückkosten) durch einfaches Teilen der im Betrieb angefallenen Gesamtkosten durch den mengenmäßigen Output. Sie eignet sich nur für **Einproduktunternehmen**, in denen außerdem keine unfertigen oder halbfertigen Kostenträger vorkommen.

Beispiel:

Das betriebseigene Kraftwerk »produziert« und vertreibt nichts als Strom. Vor- und Halb-fertigprodukte kommen dabei naturgemäß nicht vor. Die Kosten je kW/h können daher sehr einfach dadurch angegeben werden, dass die im Kraftwerk während einer Periode angefallenen Gesamtkosten durch die Outputmenge derselben Periode geteilt werden:

$$\text{Kosten pro kW/h} = \frac{\text{Gesamtkosten}}{\text{Gesamte Leistungsabgabe (kW/h)}}$$

Diese einfache Rechnung, die ohne Kostenstellenrechnung auskommt, wird aber nur in wenigen Betrieben anwendbar sein.

Mehrstufige Divisionskalkulation

Auch die mehrstufige Divisionskalkulation ist nur für Einproduktbetriebe geeignet. Sie kommt dort zum Einsatz, wo Leistungen nicht zwangsläufig vollständig in derjenigen Periode abgesetzt werden, in der sie erzeugt wurden. Würde man dies nicht berücksichtigen und eine einfache Divisionskalkulation durchführen, würden die Selbstkosten nicht verur-sachungsgerecht ausgewiesen. Es empfiehlt sich daher eine Trennung der Kosten mindestens in Herstellkosten einerseits und Vertriebskosten andererseits. Die Kalkulation wird dann wie folgt durchgeführt:

$$\textbf{Selbstkosten} \text{ je Einheit/Kostenträger} = \frac{\text{Herstellkosten}}{\text{produzierte Menge}} + \frac{\text{Vertriebskosten}}{\text{abgesetzte Menge}}$$

2.3.1.6.2   Zuschlagskalkulation

Das Schema der Zuschlagskalkulation ist angelehnt an den schematischen Aufbau des Kostenträgerblattes (BAB II) in Abschnitt 2.3.1.4. Sind die aktuellen Materialkosten und Fertigungslohnkosten, die auf die Herstellung eines Stückes entfallen, bekannt, kann die Zuschlagskalkulation unter Verwendung der Normalzuschlagssätze vorgenommen werden.

Beispiel:

Es wird ein Auftrag vorkalkuliert, der zwei Fertigungsstellen durchläuft. Dabei sind folgen-de Normalzuschlagssätze zu berücksichtigen:

Normalzuschlagssätze	%
Materialgemeinkostenzuschlag	14,5
Fertigungsgemeinkostenzuschlag FHS 1	112,5
Fertigungsgemeinkostenzuschlag FHS 2	95,0
Verwaltungsgemeinkostenzuschlag	11,0
Vertriebsgemeinkostenzuschlag	9,0

Außerdem fallen Gebühren für eine externe technische Prüfung in Höhe von 3.500 € an, die als Einzelkosten der Fertigung einbezogen werden müssen.

Insgesamt ergibt sich die folgende Kalkulation:

Zuschlagskalkulation für Auftrag XYZ		
Fertigungsmaterial	23.500,00	
+ Mat.-GK-Zuschlag 14,5 %	3.407,50	
Materialkosten		26.907,50
Fertigungslöhne FHS 1	7.600,00	
+ Fert.-GK-Zuschlag FHS1 112,5 %	8.550,00	
Fertigungskosten FHS 1		16.150,00
Fertigungslöhne FHS 2	12.550,00	
+ Fert.-GK-Zuschlag 95,0 %	11.922,50	
Fertigungskosten Werkstatt B		24.472,50
Sondereinzelkosten der Fertigung		3.500,00
= Herstellkosten		**71.030,00**
+ Verwaltungs-GK-Zuschlag 11,0 %		7.813,30
+ Vertriebs-GK-Zuschlag 9 %		6.392,70
= Selbstkosten		**85.236,00**

Dem Kunden wird ein Rabatt von 10 % eingeräumt. Außerdem wird ein Skontoabzug von 2 % gewährt. Das Unternehmen kalkuliert generell mit einem Gewinnzuschlag von 15 %. Die Vorkalkulation des Preises sieht – ausgehend von den oben ermittelten Selbstkosten – wie folgt aus:

Selbstkosten	**85.236,00**
+ Gewinnaufschlag 15 %	12.785,40
Barverkaufspreis	**98.021,40**
+ Kundenskonto 2 % auf Basis des Zielverkaufspreises	2.000,44
Zielverkaufspreis	**100.021,84**
+ Kundenrabatt 10 % vom Angebotspreis	11.113,54
Angebotspreis	**111.135,38**

Die Zuschlagskalkulation ist das typische Kalkulationsverfahren für Betriebe **mit Serienfertigung**. Das Kalkulationsschema kann um weitere Positionen, die bei der Endpreisfestlegung berücksichtigt werden müssen (z. B. Vertreterprovisionen), erweitert werden.

2.3.1.6.3   Vor- und Nachkalkulation

Die Vorkalkulation wird, wie zu Ende des Abschnitts 2.3.1.4 erörtert, zweckmäßigerweise unter Anwendung von → Normalkosten und → Normalzuschlagssätzen durchgeführt. Zur Kontrolle, ob ein Auftrag zu diesen Kosten tatsächlich durchgeführt und überdies noch ein Gewinn realisiert werden konnte, wird nach Abschluss des Auftrags – bei großen Aufträgen mit bedeutendem Finanzvolumen auch zwischendurch – eine Kalkulation mit den im BAB für die betreffende Periode ermittelten Istkosten und Istzuschlagssätzen erstellt und der Vorkalkulation gegenübergestellt. Die so ermittelten Über- oder Unterdeckungen müssen analysiert werden, damit aus ihnen Anhaltspunkte für künftige Kalkulationen und Preisgestaltungen gewonnen werden können.

2.3.1.7   Grenzen der Vollkostenrechnung

Die bisherigen Ausführungen waren der Vollkostenrechnung gewidmet, also einem Verfahren, bei dem alle im Unternehmen anfallenden Kosten vollständig auf die Kostenträger verrechnet werden. Dieses Verfahren stellt sicher, dass alle Kosten in der Kalkulation berücksichtigt werden, und auf lange Sicht ist es ja auch unerlässlich, dass alle Kosten wieder »hereinverdient« werden.

Die Vollkostenrechnung vereinfacht und verfälscht allerdings notgedrungen die Zusammenhänge zwischen Einzel- und Gemeinkosten, indem sie die Gemeinkosten unabhängig davon, ob es sich um fixe oder um variable Kosten handelt, über die Ermittlung von Zuschlagssätzen »proportionalisiert« – sie also so behandelt, als würden sie sich proportional zu den Einzelkosten verändern. Tatsächlich ist dies aber für die Fixkosten nicht der Fall, und auch für die variablen Kosten sind andere als lineare Kostenverläufe denkbar. Regelrecht problematisch ist die Vollkostenrechnung dann, wenn kurzfristige Entscheidungen zur Verbesserung des Betriebserfolgs in einer aktuellen Unterbeschäftigungssituation anstehen (in Abschnitt 2.3.1.2.1 wurde dies bereits an einem Beispiel gezeigt).

Einen geeigneteren Ansatz stellt die **Deckungsbeitragsrechnung** als Ausprägung der Teilkostenrechnung dar, die lediglich die variablen Kosten als kurzfristig entscheidungsrelevant betrachtet. Ein Produkt ist demnach lohnend, wenn

– die damit erzielten Erlöse mindestens die variablen Kosten vollständig abdecken,
– aus den Erlösen ein Beitrag zur Deckung der fixen Kosten erbracht wird.

2.3.2   Deckungsbeitragsrechnung

Das Beispiel eines Werkstattmeisters in Abschnitt 2.3.1.2.1, der einen Auftrag ablehnt, weil er die Vollkosten nicht erwirtschaftet, hat bereits sehr deutlich gezeigt, worum es bei der Deckungsbeitragsrechnung geht: Um kurzfristige Entscheidungen über die Annahme oder Ablehnung eines Auftrags treffen zu können, muss man wissen, welche zusätzlichen Kosten durch die Annahme entstehen würden, und aus dieser Kenntnis ableiten, welchen Beitrag der Auftrag zur Deckung der in der Kurzfristbetrachtung unvermeidlichen Fixkosten beiträgt. Die folgenden Betrachtungen knüpfen hieran an.

2.3.2.1   Deckungsbeitrag I, II und III

Der Überschuss der Erlöse über die variablen Kosten wird als **Deckungsbeitrag I (DB I)** bezeichnet.

Der Deckungsbeitrag I trägt zur Deckung der fixen Kosten bei und verbessert damit die Ertragssituation.

Eine weitergehende Betrachtung unterscheidet diese fixen Kosten in

– spezifische, dem einzelnen Erzeugnis zurechenbare Fixkosten,
– Fixkosten, die der Erzeugnisgruppe zurechenbar sind, und
– allgemeine Fixkosten (unternehmensfixe Kosten).

Der Deckungsbeitrag, der nach Abzug der spezifischen Fixkosten noch zur Deckung der allgemeinen Fixkosten verbleibt, wird als **Deckungsbeitrag II (DB II)** bezeichnet. Nach Abzug der erzeugnisgruppenfixen Kosten ergibt sich **Deckungsbeitrag III (DB III)**:

Umsatzerlös
– variable Kosten

= **Deckungsbeitrag I**
– erzeugnisfixe Kosten

Deckungsbeitrag II
– erzeugnisgruppenfixe Kosten

= **Deckungsbeitrag III**
– unternehmensfixe Kosten

= **Betriebsergebnis der Periode**

Generell lässt sich feststellen:

– **Langfristig müssen die Vollkosten gedeckt sein.** Deswegen ist die Vollkostenrechnung die Grundlage der Ergebnisrechnung und der Kostenkontrolle.

– **Kurzfristig kann die Vollkostenrechnung zu Fehlentscheidungen führen.** Die Teilkostenrechnung liefert geeignetere Entscheidungsgrundlagen in der Frage, ob ein konkreter Auftrag angenommen oder abgelehnt werden soll.

Für die Preiskalkulation bedeutet dies:

– Ein Preis kann nicht **allein** auf Basis einer Vollkostenrechnung kalkuliert werden; Grundlage für die Kalkulation muss vielmehr der am Markt erzielbare Preis sein.

– Alle Kosten müssen nach variablen und fixen Kosten **differenziert** werden. Nach Abzug der variablen Kosten ergibt sich der Betrag, der zur Deckung der Fixkosten verbleibt.

2.3.2.2   Deckungsbeitragsrechnung als Stückrechnung

Die folgenden Betrachtungen beschränken sich auf die Situation im Einproduktunternehmen. Hier stellt sich nicht die Frage, welche Produkte überhaupt in einer Periode hergestellt werden sollen, und auch nicht die nach dem Mengenverhältnis: Wesentlich für die betrieblichen Entscheidungsträger ist vielmehr die Kenntnis,

– welchen Beitrag das einzelne Stück zur Deckung der Fixkosten beiträgt,

– welche Menge mindestens abgesetzt werden muss, um angesichts der bekannten Kosten und eines bekannten Marktpreises einen Gewinn zu erzielen.

Wenn über die Annahme oder Ablehnung eines Auftrags entschieden werden soll, ist der Deckungsbeitrag das wesentliche Entscheidungskriterium:

– **Deckungsbeitrag < 0** bedeutet: Die Selbstkosten werden nicht zurückverdient. Die Auftragsannahme würde dem Unternehmen einen Verlust bescheren und wäre außerdem wettbewerbsrechtlich bedenklich (»Preisdumping«).

– **Deckungsbeitrag = 0** bedeutet: Die Selbstkosten werden gerade eben zurückverdient. Dies ist unternehmerisch auf Dauer unbefriedigend bzw. nur für Ausnahmesituationen tolerabel.

– Für Gewinnerwartungen gilt daher **Deckungsbeitrag > 0**.

Es folgt ein Beispiel zum Stückdeckungsbeitrag.

Aus der Kostenrechnung ergeben sich folgende Werte für die abgelaufene Periode, in der 10.000 Stück gefertigt wurden:

Roh-, Hilfs-, Betriebsstoffaufwendungen	*570.000,00 €*
Löhne (variabel) inkl. Sozialaufwand	*336.000,00 €*
Gehälter inkl. Sozialaufwand	*217.000,00 €*
Abschreibungen	*88.000,00 €*
Sonstige Fixkosten	*130.000,00 €*
Sonstige variable Kosten	*192.000,00 €*
Durchschnittlicher Umsatzerlös pro Stück	*169,80 €*

Alle variablen Kosten verhalten sich proportional; alle Fixkosten gelten ab Nullproduktion bis zur Maximalkapazität.

Errechnet werden soll der Stückdeckungsbeitrag. Hierzu werden zunächst die Kosten in fixe und variable Kosten aufgeteilt:

Kostenart	Variable Kosten	Fixe Kosten
RHB-Aufwendgn.	570.000,00	
Löhne/Sozialaufw.	336.000,00	
Gehälter/Sozialaufw.		217.000,00
Abschreibungen		88.000,00
sonstige Fixkosten		130.000,00
sonstige var. Kosten	192.000,00	
gesamt	**1.098.000,00**	**435.000,00**

Die variablen Stückkosten betragen 1.098.000,00 € : 10.000 Stück = 109,80 €

Der Stückdeckungsbetrag errechnet sich wie folgt:

Umsatzerlös pro Stück	*169,80 €*
– variable Stückkosten	*109,80 €*
= Stückdeckungsbeitrag	*60,00 €*

Jedes verkaufte Stück trägt also 60 € zur Deckung der Fixkosten bei und verbessert damit den Betriebserfolg.

2.3.2.3 Bestimmung der Gewinnschwelle

Als Gewinnschwelle wird diejenige Menge bezeichnet, bei deren Absatz die Fixkosten gerade eben abgedeckt sind oder, anders ausgedrückt, für die gerade eben kein Verlust mehr gemacht wird. Mit jedem Stück, das über die Gewinnschwellenmenge hinaus abgesetzt wird, wird ein Gewinn erzielt. Die Kenntnis dieser Menge ist naheliegenderweise besonders wichtig, weil eine länger anhaltende Unterschreitung der Gewinnschwelle die Existenz des Unternehmens gefährdet.

Fortführung des Beispiels:

Die Gewinnschwelle lässt sich nun ermitteln, indem die Fixkosten durch den Stückdeckungsbeitrag geteilt werden:

435.000 : 60 = 7.250

Die Gewinnschwelle liegt bei 7.250 Stück. Ab dem 7.251. Stück wird Gewinn erzielt.

2.3.2.4   Deckungsbeitragsrechnung als Periodenrechnung

Der Betriebserfolg einer Periode des Einproduktunternehmens kann ermittelt werden, indem der gesamte in dieser Periode erwirtschaftete Deckungsbeitrag den gesamten fixen Kosten der Periode gegenübergestellt wird.

Fortführung des Beispiels:

In einer späteren Untersuchungsperiode wurden 12.500 Stück gefertigt, von denen 12.000 Stück auch abgesetzt wurden. Aus der Vorperiode waren keine Bestandsüberhänge zu berücksichtigen.

Auch in dieser Periode wurden 169,80 € je verkauftem Stück erlöst. Der Umsatzerlös betrug also

12.000 Stück · 169,80 € = 2.037.600,00 €

*Die variablen Kosten je Stück sind – siehe oben – mit 109,80 € bekannt; Änderungen sind nicht eingetreten. Insgesamt ergeben sich variable Kosten **des Umsatzes** von*

12.000 Stück · 109,80 € = 1.317.600,00 €

*Der **umsatzbezogene** Betriebsgewinn beträgt also 720.000,00 €*

Dieser hätte sich auch aus der Anwendung des zuvor errechneten Deckungsbeitrags auf die abgesetzte Stückzahl ergeben:

12.000 Stück · 60,00 € = 720.000,00 €

2.3.2.5   Das optimale Produktionsprogramm im Mehrproduktbetrieb

Das Produktionsprogramm ist dann optimal, wenn es bewirkt, dass die rentabelsten Erzeugnisse produziert werden.

Bei seiner Ermittlung sind folgende Fälle zu unterscheiden:

– Es gibt keine Kapazitätsbeschränkungen. Welche Menge eines Produkts gefertigt wird, hängt allein von den **Absatzmöglichkeiten** ab.

– Die Erzeugnisse müssen eine Fertigungsstelle mit begrenzter Kapazität, einen **Engpass** also, durchlaufen.

In den beiden folgenden Abschnitten wird jede dieser Situationen anhand eines Beispiels verdeutlicht.

2.3.2.5.1   Das optimale Produktionsprogramm bei Absatzorientierung

Absatzorientierung bedeutet, dass sich die Menge, die von einem Produkt gefertigt wird, allein nach den Absatzmöglichkeiten für dieses Produkt richtet.

Wenn für mehrere Produkte des Unternehmens eine Nachfrage festgestellt wird, die nicht mehr durch Lagerbestände gedeckt werden kann, muss entschieden werden, welches dieser Produkte bevorzugt gefertigt werden soll:

Diese Entscheidung wird anhand der **absoluten Stückdeckungsbeiträge** getroffen.

Beispiel:

In einem Mehrproduktunternehmen wurden die folgenden Stückdeckungsbeiträge für die verschiedenen Produkte ermittelt:

Produkt- bezeichnung	Stückdeckungs- beitrag (db) in €
A	8,76
B	9,00
C	7,98
D	8,12
E	9,60

Die Reihenfolge, in der die Produkte im Produktionsplan berücksichtigt werden, richtet sich nach der absoluten Höhe des Stückdeckungsbeitrages und lautet demnach:

E – B – A – D – C

2.3.2.5.2   Das optimale Produktionsprogramm in der Engpasssituation

Ein Engpass ist dadurch gekennzeichnet, dass die Produkte im Rahmen ihrer Fertigung ein- und dieselbe Fertigungsstelle durchlaufen müssen, deren Kapazität begrenzt ist. Typischerweise nehmen die verschiedenen Produkte diese Fertigungsstelle in unterschiedlichem Zeitumfang in Anspruch.

Eine Orientierung an den absoluten Stückdeckungsbeiträgen würde in dieser Situation zu falschen Ergebnissen führen; vielmehr müssen die Stückdeckungsbeiträge je Zeiteinheit ermittelt und miteinander verglichen werden:

Sie werden auch als **relative Deckungsbeiträge** bezeichnet.

Beispiel (Fortsetzung):

Die Produkte A bis E müssen jeweils ein- und dieselbe Maschine durchlaufen, die insgesamt pro Fertigungsperiode (hier: sieben Werktage zu je drei 8-Stunden-Schichten; pro Schicht ist 1 Stunde für Reinigung zu berücksichtigen) für 147 Stunden bzw. 8.820 Minuten zur Verfügung steht. Jedes der fünf Produkte nimmt die Maschine mit unterschiedlichen Minutenzeiten in Anspruch:

Produkt- bezeichnung	Minutenbedarf je Stück
A	4
B	3
C	2
D	4
E	6

Nun kann für jedes Produkt ein Stückdeckungsbeitrag pro Minute (= relativer Deckungsbeitrag) errechnet werden:

Produkt-bezeichnung	Stückdeckungs-beitrag (db) in €	Minutenbedarf je Stück	db/Minute = relativer db
A	8,76	4	2,19
B	9,00	3	3,00
C	7,98	2	3,99
D	8,12	4	2,03
E	9,60	6	1,60

Geordnet nach den relativen Deckungsbeiträgen ergibt sich nun die folgende Reihenfolge bei der Berücksichtigung zur Fertigung:

$$C - B - A - D - E$$

Für die nächste Periode werden die folgenden Absatzmöglichkeiten vorhergesagt:

Produkt-bezeichnung	Absatzerwartung in Stück
A	700
B	500
C	950
D	800
E	400

Nun werden die Produkte gemäß der oben festgestellten Rangfolge geordnet, und ihre jeweilige Absatzerwartung wird in einen Minutenbedarf umgerechnet. Auf diese Weise kann ermittelt werden,

– ob alle voraussichtlich absetzbaren Mengen tatsächlich gefertigt werden können,

– welche Produkte ggf. nicht oder nur mit Teilmengen in das Produktionsprogramm aufgenommen werden können.

Produkt-bezeichnung	Absatzerwartung in Stück	Minutenbedarf je Stück	Fertigungszeit-bedarf (Minuten)	Fertigungszeit kumuliert
C	950	2	1900	1900
B	500	3	1500	3400
A	700	4	2800	6200
D	800	4	3200	9400
E	400	6	2400	11800

Offensichtlich kann die für D erwartete Menge nicht vollständig gefertigt werden, und für E verbleibt keinerlei Kapazität.

Das optimale Produktionsprogramm für die nächste Periode sieht daher wie folgt aus:

Produkt-bezeichnung	Fertigungs-stückzahl	Minutenbedarf je Stück	Fertigungszeit-bedarf (Minuten)	Fertigungszeit kumuliert
C	950	2	1900	1900
B	500	3	1500	3400
A	700	4	2800	6200
D	655	4	2620	8820
E	0	0	0	0

2.3.2.6 Eigenfertigung oder Fremdbezug?

Die Überlegung, ein bisher selbst hergestelltes Erzeugnis künftig von einem Lieferanten zu beziehen, wird – ebenso wie die umgekehrte Überlegung, nämlich ein bislang fremd-bezogenes Teil künftig selbst zu produzieren – verschiedene Aspekte einbeziehen:

– Was kostet die Eigen-, was die Fremdfertigung?

– Sind die eigenen Anlagen **ausgelastet**? Wenn ja: Lohnt es, Kapazitäten ganz oder teil-weise für andere Aufgaben zu nutzen als bisher?

– Wie unterscheiden sich selbsterstellte und fremdbezogene Teile **qualitativ**?

– Ist das **Know-How** zur Eigenfertigung ausreichend vorhanden?

– Kann mit der Maßnahme eine größere **Unabhängigkeit** von einem Lieferanten erreicht werden, oder ist es sogar gewünscht, einen Lieferanten enger an das eigene Unterneh-men zu **binden**?

Nachfolgend sollen nur zwei dieser Aspekte beachtet werden, nämlich die Kosten der Eigen- gegenüber der Fremdfertigung und der Beschäftigungsgrad (d. h. die Kapazitäts-auslastung).

Folgende Fälle werden untersucht:

– Eigenfertigung soll bisherige Fremdfertigung infolge freier Kapazitäten ersetzen.

– Bei ausgelasteten Kapazitäten soll die günstigste Konstellation von Fremdbezug und Eigenfertigung identifiziert werden.

2.3.2.6.1 Eigenfertigung statt Fremdbezug zum Abbau von Unterbeschäftigung

Die Kapazitäten des eigenen Unternehmens (Arbeitskräfte und Betriebsmittel) sind nicht ausgelastet. Deswegen wird überlegt, bisher fremdbezogene Teile selbst herzustellen.

Ob der Übergang zur Eigenfertigung lohnt, wird festgestellt, indem

– die variablen Kosten der Eigenfertigung

– dem Bezugspreis bei Fremdfertigung

gegenübergestellt werden. Eine Betrachtung der Vollkosten der Eigenfertigung würde die Entscheidung verfälschen; denn die darin enthaltenen Fixkosten sind durch die bisherige (Unter-) Beschäftigung bereits erfasst: hier dürfen nur diejenigen Kosten berücksichtigt werden, die durch die Eigenfertigung **zusätzlich** anfallen!

Beispiel:

Ein Maschinenbauunternehmen bezieht ein bestimmtes Bauteil bisher von einem Zuliefe-rer. Dabei gelten folgende Konditionen: Listenpreis 78 €, Rabatt 15 %, Skonto bei Bezah-lung binnen 7 Tagen 2 %, Bezugskosten 1,20 € je Stück.

Bei Eigenfertigung würden keine zusätzlichen Lohnkosten entstehen, weil die Arbeitneh-mer feste Monatsbezüge erhalten. Für kalkulatorische Zwecke wurde der auf ein Stück entfallende Betrag an Fertigungslöhnen mit 15 € ermittelt. Je Stück wären 22,50 € an Rohstoffen aufzuwenden. Die Kostenrechnung meldet folgende Werte:

– Materialgemeinkosten (MGK) 10 %, davon 30 % variabel,

– Fertigungsgemeinkosten (FGK) 130 %, davon 45 % variabel.

Ist es günstiger, auf Eigenfertigung umzusteigen?

Für den Fremdbezug werden folgende Kosten ermittelt:

Listenpreis	78,00 €
− 15 % Rabatt	11,70 €
Rechnungsbetrag	66,30 €
− 2 % Skonto	1,33 €
Bareinkaufspreis	64,97 €
+ Bezugskosten	1,20 €
Bezugspreis/Stück	66,17 €

Für die Eigenfertigung ergeben sich die folgenden Kosten:

Rohstoffaufwand	22,50 €	
+ variable MGK	0,68 €	= Rohstoffaufwand · 10 % · 30 %
+ variable FGK	8,78 €	= Fertigungslöhne je Stück 15 € · 130 % · 45 %
variable Herstellkosten	31,95 €	

*Die Eigenfertigung ist in diesem Falle **deutlich günstiger** als der Fremdbezug.*

2.3.2.6.2 Entscheidung für Fremdbezug oder Eigenfertigung bei Vollauslastung

Für ein voll ausgelastetes Unternehmen lohnt es sich, immer wieder zu überprüfen, ob der bisherige Mix aus Fremdbezug und Eigenfertigung unter Rentabilitätsgesichtspunkten vernünftig ist.

Beispiel:

Ein Unternehmen fertigt auf einer CNC-Maschine das Produkt E selbst an. Produkt F wird dagegen derzeit von einem Zulieferer bezogen. Es soll geprüft werden, ob es sinnvoller ist, künftig Produkt F selbst herzustellen und dafür die Produktion von E einzustellen.

Für beide Produkte sind die folgenden Daten bekannt:

	Produkt E	Produkt F
variable Herstellkosten je Stück	10,02 €	12,40 €
Deckungsbeitrag je Stück (db)	8,00 €	
Bearbeitungszeit je Stück in Minuten	4	5
Bezugspreis bei Fremdbezug		19,90 €

Bei der Gegenüberstellung muss beachtet werden, dass dem Unternehmen bei Umstellung der Eigenproduktion von Produkt E auf Produkt F künftig die bisher von Produkt E erwirtschafteten Deckungsbeiträge entgehen. Diese Kosten der »entgangenen Gelegenheit« stellen → **Opportunitätskosten** dar.

Die Gegenüberstellung ergibt folgende Werte:

	Produkt E	Produkt F
variable Herstellkosten **je Stück**		12,40 €
db db/min (8,00 €/4 Min.) **Opportunitätskosten** (db/min · 5 Min)	8,00 € 2,00 €	10,00 €
Gesamtkosten je Stück bei Eigenfertigung		22,40 €
Entscheidung: Bezugspreis bei Fremdbezug – Kosten der Eigenfertigung		19,90 € 22,40 €
Nachteil der Eigenfertigung		**–2,50 €**

In diesem Fall fällt die Entscheidung gegen die Eigenfertigung:

Es ist vernünftig, Produkt F auch weiterhin fremdzubeziehen und auf der eigenen Anlage weiterhin Produkt E herzustellen.

2.4 Die Auswertung der betriebswirtschaftlichen Zahlen

Die Auswertung des Jahresabschlusses ist zwangsläufig vergangenheitsbezogen, und Kennzahlen, die aus Werten der Bilanz und der Gewinn- und Verlustrechnung gebildet werden, sind oft auch hinsichtlich ihrer Aussagekraft und Bedeutung »von gestern«. Trotzdem ist die Analyse sinnvoll: zum einen ermöglicht sie Betriebs-, Branchen- und Zeitvergleiche; zum anderen werden Abschlusskennzahlen herangezogen, wenn die Kreditwürdigkeit des Unternehmens im Rahmen eines Unternehmensrating beurteilt werden soll.

2.4.1 Aufbereitung und Auswertung des Jahresabschlusses

Bei entsprechender Aufbereitung kann der Jahresabschluss eines Unternehmens wertvolle Erkenntnisse über die Situation der Unternehmung liefern:

– Das In-Beziehung-Setzen bestimmter Werte aus Bilanz und GuV-Rechnung zueinander liefert Informationen über die Finanzlage, den Erfolg und die Vermögensstruktur des Unternehmens am Bilanzstichtag. Diese wiederum ermöglichen einen **Soll-Ist-Abgleich** zwischen den angestrebten und den erzielten Ergebnissen und die Definition von **Zielvorgaben** für zukünftige Perioden.

– Der Vergleich der aktuellen Bilanzwerte mit Werten aus früheren Perioden (**Zeitvergleich**) zeigt Entwicklungen und Tendenzen auf.

– Der Vergleich mit Abschlüssen anderer Betriebe derselben Branche (**Betriebsvergleich**) ermöglicht die realistische Einschätzung der eigenen Leistung.

Unter der Analyse von Jahresabschlüssen wird häufig die Aufbereitung von Bilanzen und GuV-Rechnungen, die Bildung bestimmter Kennzahlen und die Erstellung von Kapitalflussrechnungen verstanden. Dabei handelt es sich um **quantitative Analysen**. Ihre Interpretation wird als **Bilanzkritik** bezeichnet. Qualitative Analysen untersuchen den Anhang und Lagebericht zum einen auf ihren wörtlich-sprachlichen Gehalt (»semiotische Bilanzanalyse«) und zum anderen daraufhin, wie die bilanzpolitischen Instrumente von den Entscheidungsträgern eingesetzt wurden. Stützt sich die Analyse allein auf Informationen, die aus externen/öffentlichen Quellen, vor allem dem Handelsregister, zugänglich sind, spricht man von **externer Analyse**. Können dagegen interne Informationen mit in die Analyse einbezogen werden – was meist nur eigenen Mitarbeitern oder Beauftragten des Unternehmens möglich ist –, liegt eine **interne Analyse** vor.

In den folgenden Abschnitten wird vorrangig die »traditionelle« Form der quantitativen Bilanzanalyse in Bezug auf die Handelsbilanz nach HGB vorgestellt. Hinsichtlich der Unterschiede zur Bilanzierung nach → internationalen Rechnungslegungssystemen (IAS/IFRS, GAAP) wird auf Abschnitt 2.2.3.8 verwiesen.

Vorab muss erwähnt werden, dass es zwar eine große Anzahl von Kennzahlen gibt, für die die einschlägige Literatur mehr oder weniger zuverlässig einheitliche Begriffe verwendet. Viele dieser Begriffe werden aber außerhalb der Literatur zur Betriebswirtschaftslehre auch »umgangssprachlich« verwendet und, wie durch Internetrecherchen problemlos nachgeprüft werden kann, zur Kennzeichnung der unterschiedlichsten Sachverhalte verwendet. Dies gilt vor allem für Kennzahlen, die auf »-quote« enden: Wann immer z. B. Investitionsausgaben ins Verhältnis zu irgendeiner anderen Größenordnung gesetzt werden, wird das Ergebnis als »Investitionsquote« bezeichnet. Im Folgenden werden nach bestem Wissen die in der anerkannten Fachliteratur verbreiteten Definitionen verwendet.

Auch bei der Zusammenfassung von Kennzahlen zu Systemen und Gruppen ist eine Einheitlichkeit im Vorgehen und in den Begrifflichkeiten häufig nicht gegeben. Daraus folgt, dass es »das« Instrumentarium der Jahresabschlussanalyse schlichtweg nicht gibt, auch wenn manche Quellen (und leider auch manche Prüfungsaufgaben!) dies gern suggerieren.

2.4.1.1 Analyseziele und -instrumente

2.4.1.1.1 Finanzielle Stabilität

Gläubiger (Banken, Lieferanten, aber auch Arbeitnehmer als Gläubiger von Lohnansprüchen) sind an Erkenntnissen über die finanzielle Stabilität des Unternehmens interessiert, die sich darin ausdrückt, dass das Unternehmen in der Lage ist, fällige Zahlungsanforderungen jederzeit zu erfüllen.

Dies setzt voraus, dass zu den Fälligkeitszeitpunkten von Verbindlichkeiten jeweils hinreichende liquide Mittel zur Verfügung stehen – aus vorhandenen und verfügbaren Guthaben, aus spätestens zeitgleich fälligen und beglichenen Forderungen und aus spätestens zeitgleichen Barverkäufen und sonstigen Barzuflüssen.

Die Bilanzanalyse kennt und unterscheidet verschiedene Liquiditätskennzahlen, deren Aussagewert aber nur als gering einzuschätzen ist, da sie lediglich Auskunft über den Zustand am Bilanzstichtag geben können. Informationen, die für die Beurteilung der Liquidität wesentlich sind, sind dagegen aus dem Jahresabschluss nicht abzulesen: Nämlich Fälligkeiten von Forderungen und Verbindlichkeiten, fällige sonstige Abflüsse (z. B. Lohn- und Gehaltszahlungen, Steuervorauszahlungen, fällige zu leistende Anzahlungen), Zahlungseingänge aus zugesagten Krediten usw. Eine statische, auf den Stichtag der Bilanzierung fixierte Betrachtung der Liquidität darf daher keinesfalls einziger Kontrollmechanismus der Zahlungsfähigkeit sein:

Eine, die erwarteten Ein- und Auszahlungsströme mit ihren jeweiligen Zu- und Abflusszeitpunkten erfassende **dynamische Finanzplanung** ist unverzichtbar!

2.4.1.1.2 Substanzerhaltung

Die Erhaltung der eigenen Substanz ist nicht nur Ziel, sondern Existenzbedingung eines jeden Unternehmens: Bleibt der Erfolg über längere Zeit aus und können laufende Verpflichtungen einschließlich der Lebensunterhaltssicherung des Unternehmers nur aus der Substanz beglichen werden, »verzehrt« sich das Unternehmen selbst und vereitelt damit den eigenen Weiterbestand. Unabdingbares Ziel der Unternehmensführung ist daher die Sicherstellung einer **Mindest-Rentabilität**, die zum einen den Rückgriff auf die Substanz zur Einlösung fälliger Verpflichtungen überflüssig macht und darüber hinaus diejenigen Mittel bereitstellt, die erforderlich sind, um die vorhandene Substanz, insbesondere das abnutzbare Sachvermögen, angemessen zu pflegen, warten und bei Bedarf zu ersetzen. Langfristiges Ziel wird die Erreichung einer möglichst **hohen Eigenkapitalquote** sein:

Je höher diese ist (und je geringer folgerichtig das Fremdkapital), desto größer ist die Unabhängigkeit und Krisenresistenz des Unternehmens.

2.4.1.1.3 Ertragskraft

Wie oben gezeigt wurde, ist ein Mindestertrag erforderlich, um den Status Quo der Unternehmung zu erhalten. Dies allein wird aber auf Dauer nicht ausreichen, um den Markterfolg und damit das langfristige Überleben zu sichern: In expandierenden Märkten ist ein mindestens proportionales Wachstum unverzichtbar. Dies ist nur erzielbar, wenn dauerhaft hinreichende Mittel für **Investitionen** – in Sachvermögen ebenso wie in bilanziell nicht erfasste immaterielle und ideelle Werte wie Personalentwicklung und Unternehmenskultur – zur Verfügung stehen.

Darüber hinaus müssen **Renditen** erwirtschaftet werden, die das eingesetzte Kapital gemäß den Erwartungen der Investoren verzinsen:

Anderenfalls droht der Entzug der finanziellen Mittel und damit der Existenzbasis.

2.4.1.2　Interessenten

Welche Informationen aus dem Jahresabschluss herausgefiltert werden sollen, hängt vorrangig vom Analysezweck ab, der sich wiederum aus der Beziehung des Analysierenden zum Unternehmen ergibt.

Systematische Jahresabschlussanalysen werden vor allem von Großgläubigern, Unternehmern bzw. Unternehmensleitungen sowie Investoren/-interessenten durchgeführt:

– **Gläubiger** werden ihr Augenmerk vor allem auf die finanzielle Stabilität, ausgedrückt durch Zahlungsfähigkeit und Kapitalausstattung, richten. **Kreditinstitute** interessieren sich bei der Beurteilung der Bonität eines kreditnachfragenden Unternehmens jedoch nicht nur für Bilanzzahlen und die bisherige Kontoführung, sondern – gegründet auf die Vorschriften des Ausschusses für Bankenaufsicht (→ »Basel II«) – für die Markt- und Wettbewerbssituation, das Produkt- und Leistungsangebot, die Führungs- und Steuerungsqualität, die Zukunftsperspektiven, die Zusammensetzung und Qualifikation der Belegschaft usw. Hierüber erhalten sie mittels der Jahresabschlussanalyse allerdings kaum Aufschluss.

– Die **Unternehmensleitungen** sind daran interessiert, das Unternehmen bestmöglich zu entwickeln, seine Marktstellung zu festigen und auszubauen. Wesentliche Voraussetzungen sind eine marktgerechte Produktpalette, die entsprechende Umsatzerlöse generiert, und eine dem Stand der Technik entsprechende Ausstattung, die eine kostenminimale Leistungserstellung ermöglicht. Im Fokus des Interesses der Unternehmen stehen die für Reinvestitionen verfügbaren Mittel und damit diejenigen Kennzahlen, die hierüber Auskunft geben, wie etwa der Return on Investment oder der Cash Flow (die später erläutert werden).

– Die Interessen der Unternehmensleitungen, soweit sie auf die Reinvestition gewonnener Mittel ausgerichtet sind, laufen häufig denjenigen der **Investoren** zuwider, die – auf der Suche nach lukrativen Anlagemöglichkeiten – vor allem die Ertragskraft der Unternehmung, namentlich der durch ihr finanzielles Engagement erzielbare Gewinn und das damit verbundene Risiko interessiert. Neben privaten und institutionellen Investoren mit Einzelengagements in bestimmte Unternehmen sind heute auf dem Kapitalmarkt vor allem Kapitalanlagegesellschaften aktiv, die Gelder vieler Anleger in Fonds-Sondervermögen verwalten. Langfristig erzielbare Renditen sind dabei überwiegend wenig gefragt; Anlagen erfolgen heute typischerweise nur kurzzeitig. Hohe Renditen und schnelle Amortisation, d. h. schnelle Rückgewinnung des eingesetzten Geldes, vor allem aber hohe Kurszuwächse in kurzer Zeit stehen dabei im Mittelpunkt (letzteres Motiv begründet das Interesse von Investmentgesellschaften an der analysegestützten Identifizierung »unterbewerteter« Unternehmen mit Chancen auf rasche und überproportionale Entwicklung).

Als weitere Interessenten kommen Arbeitnehmervertretungen (Gewerkschaften), Kunden (als an stabilen und langfristigen Geschäftsbeziehungen Interessierte) sowie Staat und Öffentlichkeit in Betracht.

Auch Konkurrenzanalysen beziehen Ergebnisse von Jahresabschlussanalysen ein, sofern sie diese erlangen können: Die finanzielle Stabilität und der wirtschaftliche Erfolg von Mitbewerbern sind zum einen für eigene strategische Entscheidungen, etwa in Hinblick auf die Ausweitung des eigenen Engagements auf neue geografische Regionen und neue Produkte, oder auf den Erfolg des Einsatzes bestimmter Marketinginstrumente von Interesse. Zum anderen kann der Vergleich mit Mitbewerbern, die der eigenen Branche angehören und ggf. auch größenmäßig mit dem eigenen Unternehmen vergleichbar sind, der Standortbestimmung dienen und helfen, die eigenen Unternehmenszahlen zu beurteilen.

Strategische Markt- und Wettbewerbsbeobachtung, in deren Rahmen vergleichende Abschlussanalysen, Stärken-Schwächen-Analysen, Portfolios usw. für nahezu alle Branchen in Industrie, Handel und Dienstleistungsgewerbe erstellt werden, ist heute eine Dienstleistung, die von externen Informationsdienstleistern wie Auskunfteien und Beratungsunternehmen angeboten wird. Diese stützen ihre Analysen teils auf veröffentlichungspflichtige Daten, insbesondere aus dem Handelsregister, und teils auf Daten, die von an Vergleichen interessierten Unternehmen im Rahmen eines »**Benchmarking**« freiwillig weitergegeben wurden. Für systematische und legale Sammlungen und Auswertungen von Unternehmens-, Branchen- und Marktdaten hat sich der Begriff der »**Competitive Intelligence** (**CI**)« etabliert.

2.4.1.3   Analyse des Vermögensaufbaus und der Investierung

Die Analyse des Vermögensaufbaus (der »**Konstitution**«) untersucht die Struktur des auf der Aktivseite der Bilanz vermerkten Vermögens. Vorrangig konzentriert sie sich dabei auf »**vertikale**« Betrachtungen, d. h. auf das Ins-Verhältnis-Setzen der untereinander stehenden Bilanzpositionen und bezieht nur ausnahmsweise (in Gestalt der Abschreibungen auf das Sachanlagevermögen) Werte der GuV-Rechnung ein.

Erweitert wird sie um die Investitionsanalyse. Diese untersucht die Investierung, d. h. die Ausstattung des Unternehmens mit Sach- Finanz- und immateriellem Vermögen. Damit gibt sie Antwort auf die Frage, wie das dem Unternehmen zur Verfügung gestellte Eigen- und Fremdkapital verwendet, »**investiert**«, wurde, und bezieht dabei auch »**horizontale**«, also **bilanzseitenübergreifende,** Kennzahlen ein. Viele Quellen fassen insbesondere auch die → Deckungsgrade als Kennzahlen der Investierung auf (vergl. Abschn. 2.4.1.4.2).

Die folgenden Ausführungen – auch diejenigen in den Abschnitten zur Finanzierungs- und Ergebnisanalyse – beziehen sich auf diese Beispielbilanz einer GmbH:

Aktiva   **Passiva**

	Berichts-jahr €	Vorjahr €	Verände-rung €		Berichts-jahr €	Vorjahr €	Verände-rung €
Sachanlagen	1.500.000	1.350.000	150.000	Stammkapital	1.200.000	800.000	400.000
Finanzanlagen	650.000	420.000	230.000	Gewinnrücklagen	450.000	850.000	–400.000
Anlagevermögen gesamt	2.150.000	1.770.000	380.000	Eigenkapital gesamt	1.650.000	1.650.000	0
Vorräte (RHB, Waren)	475.000	610.000	–135.000	Pensionsrückstellungen	270.000	240.000	30.000
Forderungen LuL.	535.000	320.000	215.000	Darlehensverbindlichkeiten	950.000	800.000	150.000
Flüssige Mittel (Bank, Kasse)	110.000	85.000	25.000	Langfr. Fremdkap. gesamt	1.220.000	1.040.000	180.000
Umlaufvermögen gesamt	1.120.000	1.015.000	105.000	Kurzfristige Rückstellungen	60.000	0	60.000
				Kurzfristige Verbindlichkeiten	340.000	95.000	245.000
				Kurzfristiges Fremdkap. gesamt	400.000	95.000	305.000
Bilanzsumme/Gesamtvermögen	3.270.000	2.785.000	485.000	Bilanzsumme/Gesamtkapital	3.270.000	2.785.000	485.000

Zusätzlich sind diese Werte aus der GuV-Rechnung und dem Anlagespiegel bekannt:

		Berichts-jahr €	Vorjahr €	Verände-rung €
Gesamtleistung	= Umsatzerlöse + Bestandsveränderungen + aktivierte Eigenleistungen	6.640.000	5.200.000	1.440.000
Umsatzerlöse		6.410.000	5.040.000	1.370.000
Neuzugänge bei Sachanlagen	= Bruttoinvestition	500.000	200.000	300.000
Abgänge bei Sachanlagen	zu historischen Anschaffungs- bzw. Herstellungskosten	–200.000	–100.000	–100.000
Abänge bei Sachanlagen	zum Buchwert	–50.000	–20.000	–30.000
Nettoinvestitionen Sachanlagen	= Neuinvestitionen – Abgänge bei Sachanlagen zu Buchweten	450.000	180.000	270.000
Bestand Sachanlagen 31.12.	zu historischen Anschaffungs- bzw. Herstellungskosten	5.400.000	5.100.000	300.000
Durchschnittliche Nutzungsdauer der im Betrieb eingesetzten maschinellen Anlagen; 9,5 Jahre				
Abschreibungen der Periode		300.000	280.000	20.000
Kumulierte AfA lt. Anlagespiegel	bezogen auf das am Jahresende vorhandene Sachanlagevermögen	3.950.000	3.800.000	150.000

2.4.1.3.1   Kennzahlen der Vermögensstruktur

Das **Verhältnis von Anlage- zu Umlaufvermögen** wird maßgeblich von der Branche des betrachteten Unternehmens bestimmt: Während Unternehmen der Schwerindustrie und Transportbetriebe ein hohes Anlagevermögen benötigen, kommen Dienstleistungsunternehmen und viele Handwerksbetriebe mit einem geringen Anlagevermögen aus. Das »ideale Verhältnis« von Anlagevermögens zu Umlaufvermögen kann es daher nicht geben.

Ein vergleichsweise hohes Anlagevermögen signalisiert eine geringe Anpassungsfähigkeit an strukturelle Änderungen des Unternehmensumfeldes und weist zugleich auf hohe Fixkosten hin. Bei kleineren Anlagevermögen ist die Kapazitätsauslastung einfacher und sichert dadurch die Ertragslage. Die Tabelle zeigt wesentliche Kennzahlen der Vermögenszusammensetzung.

Bezeichnung	Kennzahl allgemein	Beispielwert Berichtsjahr	Beispielwert Vorjahr
Anlagenintensität	$\dfrac{\text{Anlagevermögen} \cdot 100}{\text{Gesamtvermögen}}$	$\dfrac{2.150.000 \cdot 100}{3.270.000} = 65,75\ \%$	$\dfrac{1.770.000 \cdot 100}{2.785.000} = 63,55\ \%$
Umlaufintensität (Arbeitsintensität)	$\dfrac{\text{Umlaufvermögen} \cdot 100}{\text{Gesamtvermögen}}$	$\dfrac{1.120.000 \cdot 100}{3.270.000} = 34,25\ \%$	$\dfrac{1.015.000 \cdot 100}{2.785.000} = 36,45\ \%$
Vermögens-konstitution	$\dfrac{\text{Anlagevermögen} \cdot 100}{\text{Umlaufvermögen}}$	$\dfrac{2.150.000 \cdot 100}{1.120.000} = 191,96\ \%$	$\dfrac{1.770.000 \cdot 100}{1.015.000} = 174,38\ \%$
Investitionsquote, bezogen auf Buch-wert der Sachanlagen	$\dfrac{\text{Nettoinvestitionen in Sachanlagen} \cdot 100}{\text{Anfangsbestand der Sachanlg. (Buchwert)}}$	$\dfrac{450.000 \cdot 100}{1.350.000} = 33,33\ \%$	
Investitionsquote, bezogen auf histori-schen Wert der Sachanlagen	$\dfrac{\text{Nettoinvestitionen in Sachanlagen} \cdot 100}{\text{Anfangsbestand der Sachanlg. (AK/HK)}}$	$\dfrac{450.000 \cdot 100}{5.100.000} = 8,82\ \%$	
Investitionsquote, bezogen auf Umsatz-erlöse	$\dfrac{\text{Nettoinvestitionen in Sachanlagen} \cdot 100}{\text{Umsatzerlöse}}$	$\dfrac{450.000 \cdot 100}{6.410.000} = 7,02\ \%$	$\dfrac{180.000 \cdot 100}{5.040.000} = 3,57\ \%$

Anlagenintensität, Umlaufintensität und Vermögenskonstitution sind, soweit die Aktivseite keine Sonder- und Rechnungsabgrenzungsposten aufweist, redundant: Ist eine dieser Kennzahlen bekannt, sind es auch die anderen beiden. Hier interessieren sie nur insoweit, als erkennbar wird, dass die für einen rohstoffverarbeitenden Betrieb anzunehmende relativ große Anlagenintensität tatsächlich gegeben ist. Wie die absoluten Zahlen unschwer offenbaren, geht der leichte Zunahme seit dem Vorjahr auf ein Anwachsen des Finanzanlagevermögens zurück: Wird das Sachanlagevermögen allein in Beziehung zum Gesamtvermögen gesetzt, ergibt sich ein Rückgang gegenüber dem Vorjahr (Berichtsjahr: 45,87 %; Vorjahr: 48,47 %).

Seit dem Vorjahr betrug der absolute Zuwachs des Sachanlagevermögens 150.000 € (Zugang in der Berichtsperiode: 500.000, Abschreibungen 300.000, Anlagenabgang zum Buchwert von 50.000); bezogen auf den Buchwert des Vorjahrs ist dies ein Zuwachs von 11,1 %. Werden die Nettoinvestitionen (Neuinvestitionen abzüglich der Abgänge zu Buchwerten, jedoch ohne Abzug der Abschreibungen) in Beziehung zum Buchwert des Sachanlagevermögens am Jahresanfang (= Schlussbestand des Vorjahres) gesetzt, beträgt die so errechnete Investitionsquote jedoch stolze 33,33 %. Da diese Zahl aber naturgemäß umso größer ausfallen muss, je älter das vorhandene Sachanlagevermögen (und damit dessen Buchwert) ist, sagt sie praktisch nichts aus: Im Fall eines voll abgeschriebenen Sachanlagevermögens am Jahresanfang würde diese Kennzahl für jede noch so kleine Investition gegen unendlich gehen. Bezieht man die Nettoinvestitionen allerdings nicht auf den Buchwert der Sachanlagen, sondern auf deren historische Anschaffungs- und Herstellungskosten am Vorjahresende, um den Zuwachs der Substanz beurteilen zu können, wäre das Ergebnis nur 8,82 %. Ob dies zum Substanzerhalt des Anlagevermögens ausreicht, wird mittels der in Abschnitt 2.4.1.3.2 beschriebenen Kennzahlen näher untersucht.

Häufig wird der Wert der Nettoinvestitionen auf die Umsatzerlöse bezogen. Achtung: Auch diese Kennzahl wird meist ohne jeden Zusatz als Investitionsquote bezeichnet! Im Beispiel wird dadurch die – auch schon in den absoluten Zahlen der Bruttoinvestitionen erkennbare – erhebliche Steigerung der Investitionstätigkeit deutlich.

Die Steigerung der Umsatzerlöse gegenüber dem Vorjahr um 27,2 % und der Gesamtleistung um 27,7 % kann auf die Ausweitung der Produktionskapazität aufgrund der Neuinvestitionen und/oder auf eine höhere Auslastung der Anlagen im Berichtsjahr zurückzuführen sein.

Die Entwicklung der Anlagenauslastung kann durch Ermittlung des Ausnutzungsgrades der Sachanlagen überprüft werden:

Bezeichnung	Kennzahl allgemein	Beispielswert Berichtsjahr	Beispielswert Vorjahr
Ausnutzungsgrad der Sachanlagen	$\dfrac{\text{Gesamtleistung}}{\text{Sachanlagen}}$	$\dfrac{6.640.000}{1.500.000} = 4{,}47$	$\dfrac{5.200.000}{1.350.000} = 3{,}85$

Diese Kennzahl bedeutet, dass im Vorjahr mit dem Einsatz von 1 € Sachanlagen-Buchwert 3,85 € Gesamtleistung erwirtschaftet wurden. Im Berichtsjahr hat sich dieser Ausnutzungsgrad auf 4,47 € und damit um 16,1 % verbessert. Dieser Befund deutet auf eine bessere Auslastung auch der Altanlagen hin.

2.4.1.3.2   Kennzahlen zur Untersuchung der Abschreibungspolitik

Die Abschreibungspolitik ist gekennzeichnet durch

- die Ausnutzung von **Spielräumen** bei der Abschreibungsdauer von Gegenständen des Sachanlagevermögens,

- die Wahl der **Abschreibungsmethode** innerhalb der durch das Steuerrecht gewährten Möglichkeiten und

– im weiteren Sinne auch durch die Zyklen, innerhalb derer Sachanlagegüter **ersetzt** werden (denn natürlich ist kein Unternehmen gezwungen, bis zum Ende einer im AfA-Plan ursprünglich zugrunde gelegten Nutzungsdauer an einem Anlagegut festzuhalten).

Mit der Investitionsquote wurde oben bereits eine wichtige Kennzahl der Abschreibungspolitik behandelt. Sie belegt im Beispiel die gestiegene Investitionsneigung des Unternehmens; ob sie jedoch ausreicht, kann mit Hilfe der folgenden Kennzahlen näher untersucht werden.

Bezeichnung	Kennzahl allgemein	Beispielswert Berichtsjahr	Beispielswert Vorjahr
Investitions-deckung	$\dfrac{\text{Abschreibungen} \cdot 100}{\text{Nettoinvestitionen}}$	$\dfrac{300.000 \cdot 100}{450.000} = 66{,}67\ \%$	$\dfrac{280.000 \cdot 100}{180.000} = 155{,}55\ \%$
Wachstumsrate (Investitionsüberschuss)	$\dfrac{\text{Nettoinvestitionen} \cdot 100}{\text{Abschreibungen}}$	$\dfrac{450.000 \cdot 100}{300.000} = 150\ \%$	$\dfrac{180.000 \cdot 100}{280.000} = 64{,}29\ \%$
Abschreibungsquote bezogen auf Buchwert der Sachanlagen	$\dfrac{\text{Abschreibungen} \cdot 100}{\text{Endbuchwert Sachanlagen}}$	$\dfrac{300.000 \cdot 100}{1.500.000} = 20{,}0\ \%$	$\dfrac{280.000 \cdot 100}{1.350.000} = 20{,}74\ \%$
Abschreibungsquote bezogen auf hist. Wert der Sachanlagen	$\dfrac{\text{Abschreibungen} \cdot 100}{\text{Hist. AK/HK Sachanlagen}}$	$\dfrac{300.000 \cdot 100}{5.400.000} = 5{,}55\ \%$	$\dfrac{280.000 \cdot 100}{5.100.000} = 5{,}49\ \%$
Anlagenabnutzungsgrad	$\dfrac{\text{Kumulierte AfA} \cdot 100}{\text{Hist. AK/HK Sachanlagen}}$	$\dfrac{3.950.000 \cdot 100}{5.400.000} = 73{,}15\ \%$	$\dfrac{3.800.000 \cdot 100}{5.100.000} = 74{,}51\ \%$

Die Investitionsdeckung gibt an, in welchem Ausmaß die Abschreibungen die Nettoinvestitionen übersteigen. Ihr Kehrwert ist die Wachstumsrate. Eine Investitionsdeckung > 100 % bzw. eine Wachstumsrate < 100 %, wie sie im Beispiel für das Vorjahr festgestellt wurde, zeigt auf, dass der Substanzverlust durch Abnutzung oder Ausbeutung, der in den Abschreibungen dokumentiert ist, nicht vollständig durch Neuinvestitionen kompensiert wurde, und ist folglich bedenklich. Für das Berichtsjahr zeigt sich auch hier die bereits oben festgestellte positive Entwicklung.

Die Literatur beschreibt mehrere Möglichkeiten zur Berechnung von Abschreibungsquoten. Die Quote der Abschreibungen in Bezug auf die historischen Anschaffungs- bzw. Herstellungskosten gibt den Anlagenabnutzungsgrad für das betrachtete Jahr an und ist insoweit die aussagenstärkste Variante. Eine Abschreibungsquote wird häufig auch in Bezug auf das gesamte Vermögen (= die Bilanzsumme) oder auf die Gesamtleistung errechnet.

Der Anlagenabnutzungsgrad lässt Rückschlüsse auf das Alter der Anlagen zu: Je kleiner dieser Wert ist, desto neuer und zeitgemäßer sind die eingesetzten Anlagen. Im Beispiel hat der durch die Neuinvestition bewirkte Zuwachs beim Sachanlagevermögen eine – allerdings geringe – positive Veränderung bewirkt.

2.4.1.3.3   Vorrats- und Forderungsquote

Die Entwicklung des Anteils der Vorräte und der Forderungen am Gesamtvermögen lässt Rückschlüsse auf die Absatzlage des Unternehmens zu:

Bezeichnung	Kennzahl allgemein	Beispielswert Berichtsjahr	Beispielswert Vorjahr
Vorratsquote	$\dfrac{\text{Vorräte} \cdot 100}{\text{Gesamtvermögen}}$	$\dfrac{475.000 \cdot 100}{3.270.000} = 14{,}53\ \%$	$\dfrac{610.000 \cdot 100}{2.785.000} = 21{,}90\ \%$
Forderungsquote	$\dfrac{\text{Forderungen} \cdot 100}{\text{Gesamtvermögen}}$	$\dfrac{535.000 \cdot 100}{3.270.000} = 16{,}36\ \%$	$\dfrac{320.000 \cdot 100}{2.785.000} = 11{,}49\ \%$

Die **Vorratsquote** ist im Beispiel seit dem Vorjahr deutlich zurückgegangen, was in Anbetracht der ebenfalls deutlich gestiegenen Umsatzerlöse auf Absatzsteigerungen schließen lässt.

Die **Forderungsquote** bestärkt den Eindruck, dass sich die Absatzlage sehr erfreulich entwickelt hat.

2.4.1.4   Finanzierungsanalyse

In der Finanzierungsanalyse wird die Kapitalausstattung des Unternehmens untersucht. Dabei geht es vor allem um die

– finanzielle Unabhängigkeit,
– finanzielle Stabilität,
– Liquidität.

2.4.1.4.1   Kennzahlen der Kapitalstruktur

Die finanzielle Unabhängigkeit des Unternehmens ist um so größer, je größer der Anteil des Eigenkapitals am eingesetzten Gesamtkapital ist, und zeigt sich außerdem in der Entwicklung der Gewinnrücklagen, denn diese spiegelt den Grad der Selbstfinanzierung des Unternehmens wider.

Bezeichnung	Kennzahl allgemein	Beispielswert Berichtsjahr	Beispielswert Vorjahr
Eigenkapitalquote (Grad der fin. Unabhängigkeit)	$\dfrac{\text{Eigenkapital} \cdot 100}{\text{Gesamtkapital}}$	$\dfrac{1.650.000 \cdot 100}{3.270.000} = 50,46\,\%$	$\dfrac{1.650.000 \cdot 100}{2.785.000} = 59,25\,\%$
Fremdkapitalquote (Verschuldungsgrad)	$\dfrac{\text{Fremdkapital} \cdot 100}{\text{Gesamtkapital}}$	$\dfrac{1.620.000 \cdot 100}{3.270.000} = 49,54\,\%$	$\dfrac{1.135.000 \cdot 100}{2.785.000} = 40,75\,\%$
Grad der Selbstfinanzierung	$\dfrac{\text{Gewinnrücklagen} \cdot 100}{\text{Gesamtkapital}}$	$\dfrac{450.000 \cdot 100}{3.270.000} = 13,76\,\%$	$\dfrac{850.000 \cdot 100}{2.785.000} = 30,52\,\%$

Eigenkapitalquote und Verschuldungsgrad (auch als Fremdkapitalquote bezeichnet) ergeben zusammen logischerweise 100 %; insofern ist die Berechnung eines der beiden Werte ausreichend zur Beurteilung. Im Beispiel hat die Eigenkapitalquote deutlich abgenommen, was als Verlust an finanzieller Unabhängigkeit gedeutet werden muss. Bei der Beurteilung muss aber berücksichtigt werden, dass die Verbindlichkeiten noch den Bilanzgewinn enthalten, der noch nicht an die Gesellschafter ausgeschüttet wurde. Seine Ausschüttung wird die (noch – z. B. durch Forderungseingänge – zu schaffende) Liquidität belasten, aber auch eine Bilanzverkürzung (= Verringerung der Bilanzsumme) bedingen und die obigen Quoten für das Berichtsjahr positiv verändern (Eigenkapitalquote dann: 54,63 %; Verschuldungsgrad 45,36 %).

Die absoluten Zahlen zeigen, dass sich das Eigenkapital der GmbH seit dem Vorjahr in der Summe nicht verändert hat, was zugleich bedeutet, dass der Jahresgewinn dem Bilanzgewinn entspricht, der zur Ausschüttung vorgesehen ist. Jedoch wurden im Berichtsjahr Gewinnrücklagen in Stammkapital umgewandelt. Der Bilanzgewinn ist, da er vollständig ausgeschüttet werden soll, in den kurzfristigen Verbindlichkeiten enthalten. Der Grad der Selbstfinanzierung wird hierdurch stark beeinflusst und könnte fehlinterpretiert werden: Denn durch die Umwidmung des Kapitals ist dieses jetzt im Unternehmen gebunden, während es vorher durch Gesellschafterbeschluss zur Ausschüttung hätte kommen können; die Finanzierung ist durch diese Maßnahme deutlich solider geworden.

2.4.1.4.2   Beurteilung der finanziellen Stabilität: Anlagendeckungsgrade

Zur Beurteilung der Anlagenfinanzierung werden horizontale Kennzahlen gebildet, also solche Kennzahlen, die Einzelwerte beider Bilanzseiten zueinander in Beziehung setzen. Die hier ermittelten Deckungsgrade geben an, in welchem Maße das Anlagevermögen stabil, d. h. ohne die Gefahr einer gläubigerveranlassten Zwangsliquidation zum Zwecke der Schuldendeckung, finanziert ist.

Das Anlagevermögen muss dem Unternehmen langfristig zur Verfügung stehen; denn es stellt die Grundlage des Geschäftsbetriebs dar. Entsprechend langfristig ist die durch das Anlagevermögen bedingte Kapitalbindung. Würde Anlagevermögen durch kurzfristig fälliges Kapital finanziert (etwa durch einen Kontokorrentkredit), liefe das Unternehmen ständig Gefahr, sein Anlagevermögen veräußern zu müssen, um seinen Zahlungsverpflichtungen nachkommen zu können. Ein solcherart instabiler Zustand tritt nicht ein, wenn das Unternehmen die »Goldene Bilanzregel« beachtet:

Goldene Bilanzregel: Langfristiges Vermögen muss langfristig finanziert werden!

Insgesamt ist das Unternehmen gehalten, auf die Übereinstimmung der Fälligkeiten von Verbindlichkeiten und dem Zufluss liquider Mittel zu achten (Grundsatz der **Fristenkongruenz**). Dieser Grundsatz wird auch als »**Goldene Bankregel**« bezeichnet.

Die sicherste, weil unbefristete Finanzierung ist diejenige aus Eigenkapital. Der Idealfall, nämlich die vollständige Finanzierung des Anlagevermögens aus Eigenmitteln, ist aber im industriellen Bereich die Ausnahme. Inwieweit dieser Idealfall gegeben ist, misst **Deckungsgrad I**.

Reicht das Eigenkapital zur Anlagendeckung nicht aus, wird das langfristige Fremdkapital in die Berechnung einbezogen. Der hieraus resultierende **Deckungsgrad II** muss mindestens 100 % betragen.

Bezeichnung	Kennzahl allgemein	Beispielswert Berichtsjahr	Beispielswert Vorjahr
Deckungsgrad I	$\dfrac{\text{Eigenkapital} \cdot 100}{\text{Anlagevermögen}}$	$\dfrac{1.650.000 \cdot 100}{2.150.000} = 76{,}74\ \%$	$\dfrac{1.650.000 \cdot 100}{1.770.000} = 93{,}22\ \%$
Deckungsgrad II	$\dfrac{\text{Langfr. Kapital} \cdot 100}{\text{Anlagevermögen}}$	$\dfrac{2.870.000 \cdot 100}{2.150.000} = 133{,}49\ \%$	$\dfrac{1.650.000 \cdot 100}{1.770.000} = 151{,}98\ \%$

Die Deckung hat sich im Berichtsjahr verschlechtert, weil das Eigenkapital und auch das langfristige Vermögen in Summe nicht im gleichen Maße gewachsen sind wie das Anlagevermögen, dessen Zunahme aber vor allem im Finanzanlagevermögen erfolgte. Das Sachanlagevermögen ist dagegen allein durch Eigenkapital gedeckt. Die finanzielle Stabilität kann daher als sehr gut beurteilt werden.

2.4.1.5   Beurteilung der Zahlungsfähigkeit (Liquidität)

2.4.1.5.1   Liquiditätsgrade

Die Liquidität gibt an, inwieweit die verfügbaren flüssigen Mittel ausreichen, um die in kurzer Frist fälligen Verpflichtungen (= kurzfristiges Fremdkapital) zu begleichen. Ideal ist, wenn die vorhandenen liquiden Mittel dazu ausreichen. Inwieweit dies zum Bilanzstichtag der Fall war, wird in der **statischen** (d. h. auf einen einzigen Zeitpunkt bezogenen) Liquiditätsanalyse mit der **Liquidität I** (**Barliquidität**) ausgedrückt.

Werden den liquiden Mitteln die kurzfristigen Forderungen hinzugerechnet und wird die Summe dem kurzfristigen Fremdkapital gegenübergestellt, ergibt sich **Liquidität II (einzugsbedingte** Liquidität). Diese sollte 100 % nicht unterschreiten.

Die **Liquidität III (umsatzbedingte** Liquidität) bezieht das gesamte Umlaufvermögen, also auch alle Vorräte, in den Zähler ein. Dieser Einbezug ist mit größerer Unsicherheit behaftet, wenn der Abverkauf der Endprodukte und Handelswaren nicht überwiegend aufgrund bereits geschlossener Kaufverträge feststeht; Rohstoffe können in der Regel erst nach ihrer Verarbeitung zu Endprodukten in flüssige Mittel verwandelt werden. Daher wird für die Liquidität III ein Wert von mindestens 200 % gefordert.

Bezeichnung	Kennzahl allgemein	Beispielswert Berichtsjahr	Beispielswert Vorjahr
Liquidität I	$\dfrac{\text{Flüssige Mittel} \cdot 100}{\text{Kurzfrist. Fremdkapital}}$	$\dfrac{110.000 \cdot 100}{400.000} = 27,5\,\%$	$\dfrac{85.000 \cdot 100}{95.000} = 89,47\,\%$
Liquidität II	$\dfrac{(\text{Flüssige M.} + \text{Ford.}) \cdot 100}{\text{Kurzfrist. Fremdkapital}}$	$\dfrac{645.000 \cdot 100}{400.000} = 161,25\,\%$	$\dfrac{405.000 \cdot 100}{95.000} = 426,32\,\%$
Liquidität III	$\dfrac{\text{Umlaufvermögen} \cdot 100}{\text{Kurzfrist. Fremdkapital}}$	$\dfrac{1.120.000 \cdot 100}{400.000} = 280\,\%$	$\dfrac{1.015.000 \cdot 100}{95.000} = 1.068,4\,\%$

Für das Berichtsjahr ergibt sich eine in Bezug auf Liquidität I zwar schwache, ansonsten aber sehr zufrieden stellende Liquidität, während am Vorjahresstichtag eine unwirtschaftliche Überliquidität bestand, die durch geeignete Maßnahmen wie Schuldenabbau oder kurzfristige Geldanlage zu vermeiden gewesen wäre.

2.4.1.5.2 Dynamische Liquiditätsplanung

Die Zahlungsfähigkeit des Unternehmens allein auf Basis der Bilanz beurteilen zu wollen wäre für das Unternehmen allerdings fahrlässig: Die Bilanz stellt lediglich den Zustand am – im Analysezeitpunkt lange vergangenen – Stichtag dar; gerade der Bestand an liquiden Mitteln ändert sich aber kurzfristig (meist mehrmals täglich). Zur Sicherstellung der allzeitigen Liquidität, die unbedingt notwendig ist (Zahlungsunfähigkeit ist ein Insolvenzgrund!), ist eine **zukunftsbezogene, dynamische Liquiditätsplanung** anhand eines **Finanz-** oder **Liquiditätsplans** unerlässlich. Eine dynamische Liquiditätsbetrachtung kann folgende Kennzahlen einbeziehen:

Bezeichnung	Kennzahl allgemein
Kreditorenlaufzeit (in Tagen)	$\dfrac{\varnothing \text{ Verbindlichkeiten LL} \cdot 360}{\text{Materialaufwand}}$
Debitorenlaufzeit (in Tagen)	$\dfrac{\varnothing \text{ Warenforderungen} \cdot 360}{\text{Umsatzerlöse}}$
Lagerdauer (in Tagen)	$\dfrac{\varnothing \text{ Vorräte} \cdot 360}{\text{Materialaufwand}}$

Die Kreditorenlaufzeit ist der Zeitraum zwischen dem Eingang einer Lieferantenrechnung und ihrer Bezahlung. Er sollte länger sein als die Debitorenlaufzeit (Zeitraum zwischen Kundenrechnungsstellung und Zahlungseingang), aber nicht so lang, dass Skontofristen verstreichen; denn der Verzicht auf Skontoziehung ist in der Regel der denkbar teuerste Kredit.

Eine wesentliche Größe der Liquiditätsbetrachtung ist der **Umsatzüberschuss**, d. h. der Überschuss der Einnahmen aus Umsätzen über die Betriebsausgaben. Er steht für Investitionen zur Verfügung. Eine Ausprägungsform der Ermittlung des Umsatzüberschusses ist der → **Cashflow**.

2.4.1.6 Analyse des Erfolgs

2.4.1.6.1 Aufbereitung der Erfolgsrechnung: Ergebnisse und »Earnings«

Auch die Gewinn- und Verlustrechnung muss für Analysezwecke aufbereitet werden. Für die Beispiel-GmbH ergibt sich die folgende Erfolgsrechnung (nach Gesamtkostenverfahren):

Erfolgsrechnung	Berichtsjahr		Vorjahr	
	€	€	€	€
Umsatzerlöse		6.410.000		5.040.000
± Bestandsveränderung Erzeugnisse		62.000		118.000
+ aktivierte Eigenleistungen		101.000		0
+ sonstige betriebliche Erträge		**67.000**		**42.000**
= Gesamtleistung		**6.640.000**		**5.200.000**
– Materialaufwand		4.275.000		3.105.000
= Rohergebnis		**2.365.000**		**2.095.000**
– Personalaufwand	1.184.875		1.255.175	
– sonstige betriebl. Aufwendungen	543.710		385.400	
= ordentliches Betriebsergebnis vor Abschreibung (EBITDA)		**636.415**		**454.425**
– Abschreibungen		300.000		280.000
= Ordentliches Betriebsergebnis (EBIT)		**336.415**		**174.425**
+ Zins- und zinsähnliche Erträge	2.700		1.200	
– Zins- und zinsähnliche Aufwendungen	45.000		43.000	
= Finanzergebnis	**–42.300**	**–42.300**	**–41.800**	**–41.800**
= Ergebnis der gewöhnl. Geschäftstätigkeit		**294.115**		**132.625**
+ außerordentliche Erträge	0		0	
– außerordentliche Aufwendungen	0		0	
= außerordentliches Ergebnis	**0**		**0**	
= Ergebnis vor Steuern (EBT)		**294.115**		**132.625**
– Steuern		44.115		18.625
= Jahresüberschuss/Jahresfehlbetrag		**250.000**		**114.000**

Ergebnisse

– Das **Ergebnis der gewöhnlichen Geschäftstätigkeit** beinhaltet diejenigen Aufwendungen und Erträge, die aus der üblichen, regulären Betätigung des Unternehmens resultieren.

– Das **außerordentliche Ergebnis** besteht dagegen aus denjenigen Geschäftsfällen, die auf außerhalb des normalen Geschäftsbetriebs angesiedelte Betätigungen und Ereignisse (etwa Gewinne aus Anlagenverkauf oder aus der Auflösung ganzer Geschäftsbereiche; Erträge aus der Auflösung von Rückstellungen; Kosten eines Börsenganges; Aufwendungen aus einem Schadensfall) zurückzuführen sind.

– Beide Ergebnisse zusammen ergeben das **Ergebnis vor Steuern**. Hiervon werden die Steuern vom Einkommen und Ertrag abgezogen, wobei für Zeiträume vor dem 1.1.2008 zu berücksichtigen ist, dass die Gewerbesteuer als Betriebsausgabe abgesetzt werden kann und damit ihre eigene Bemessungsgrundlage sowie diejenige der Körperschaftsteuer mindert. Endergebnis ist das **Ergebnis nach Steuern**, das den **Jahresüberschuss** oder **Jahresfehlbetrag** darstellt.

Earnings

Die in der Ergebnisanalyse mittlerweile verbreiteten »**Earnings**«-**Kennziffern**, deren wichtigste in das obige Schema eingearbeitet sind, sind den oben dargestellten »Ergebnissen« ähnlich, aber nicht mit ihnen identisch. Leider gilt auch für sie eine uneinheitliche Auffassung in Literatur und Praxis: Was z. B. unter dem EBIT verstanden wird, kann von Unternehmen zu Unternehmen differieren.

Es bedeuten

EBT Earnings before Taxes: Ergebnis vor Steuern

EBIT Earnings before Interest and Taxes: Ergebnis vor Zinsen und Steuern

EBITDA Earnings before Interest, Taxes, Depreciation and Amortization: Ergebnis vor Zinsen, Steuern, Abschreibungen auf Sachanlagen und Abschreibungen auf immaterielle Vermögenswerte. Sind Abschreibungen auf immaterielle Vermögenswerte, z. B. den Firmenwert, vorgenommen worden, kann hier noch eine Zwischenkennzahl gebildet werden, die nur die Abschreibungen auf das immaterielle Anlagevermögen beinhaltet, nämlich der **EBITA** (Earnings before Interest, Taxes and Amortization).

2.4.1.6.2 Rentabilitätsrechnung

Mittels der Rentabilitätsrechnung kann ermittelt werden, in welchem Maße sich der Einsatz von Kapital gelohnt hat.

Unterschieden wird nach

– Rentabilität des Eigenkapitals (**Unternehmerrentabilität**),

– Rentabilität des Gesamtkapitals (**Unternehmungsrentabilität**),

– Umsatzrentabilität (**Umsatzverdienstrate**).

Zur Berechnung der Rentabilitäten wird der »bereinigte Jahresgewinn« benötigt. Dieser ergibt sich durch Herausrechnung des außerordentlichen Ergebnisses aus dem GuV-Jahresüberschuss:

Jahresüberschuss gem. GuV
– außerordentliche Erträge
+ außerordentliche Aufwendungen

= bereinigter Jahresgewinn

Bei Einzelunternehmen und Personengesellschaften muss der so ermittelte Jahresgewinn außerdem um den Unternehmerlohn für die mitarbeitenden Inhaber gekürzt werden, weil nur so ein Vergleich mit Kapitalgesellschaften möglich ist, die die Gehälter der geschäftsführenden Gesellschafter aufwandswirksam gebucht haben.

Eigenkapital und Gesamtkapital werden nicht als Jahresendwerte, sondern als Durchschnittswerte der jeweiligen Periode berücksichtigt. Hierzu wird das arithmetische Mittel aus Jahresanfangs- und Jahresendbestand gebildet. Für ein mit dem Kalenderjahr übereinstimmendes Geschäftsjahr gilt:

$$\varnothing \text{ Eigenkapital} = \frac{\text{Eigenkapital am 1.1.} + \text{Eigenkapital am 31.12.}}{2}$$

$$\varnothing \text{ Gesamtkapital} = \frac{\text{Gesamtkapital am 1.1.} + \text{Gesamtkapital am 31.12.}}{2}$$

Bezeichnung	Kennzahl allgemein	Beispielswert Berichtsjahr	Beispielswert Vorjahr*)
Eigenkapitalrentabilität	$\dfrac{\text{Bereinigter Jahresgewinn} \cdot 100}{\varnothing \text{ Eigenkapital}}$	$\dfrac{250.000 \cdot 100}{1.650.000} = 15,15\ \%$	$\dfrac{114.000 \cdot 100}{1.650.000} = 6,91\ \%$
Gesamtkapitalrentabilität	$\dfrac{(\text{Bereinigter Jahresgewinn} + \text{Zinsaufwd.}) \cdot 100}{\varnothing \text{ Gesamtkapital}}$	$\dfrac{295.000 \cdot 100}{3.027.500} = 9,74\ \%$	$\dfrac{157.000 \cdot 100}{2.645.000} = 5,94\ \%$
Umsatzrentabilität	$\dfrac{\text{Bereinigter Jahresgewinn} \cdot 100}{\text{Umsatzerlöse}}$	$\dfrac{250.000 \cdot 100}{6.410.000} = 3,9\ \%$	$\dfrac{114.000 \cdot 100}{5.040.000} = 2,26\ \%$

*) unter folgenden Annahmen: Eigenkapital am 1.1. des Vorjahres: 1.650.000 €;
Gesamtkapital am 1.1. des Vorjahres: 2.505.000 €

Waren die Eigenkapital- und die Gesamtkapitalrentabilität im Vorjahr noch schwach, sind die Werte im Berichtsjahr angesichts einer angenommenen landesüblichen Geldanlagenverzinsung von 5,0 % akzeptabel. Die Differenz zwischen Eigenkapitalrentabilität und Marktverzinsung von hier 10,15 % stellt die **Risikoprämie** *dar, die das Unternehmen als Lohn für das eingegangene* **Unternehmerwagnis** *erhalten hat.*

Die Gesamtkapitalrentabilität liegt im Berichtsjahr über dem marktüblichen Zins für Fremdkapital, der mit 8 % angenommen wird. Die Aufnahme weiterer Fremdkapitals für Investitionen würde – eine anschließend unveränderte Gesamtkapitalrentabilität vorausgesetzt – daher zu einer Erhöhung der Eigenkapitalverzinsung führen. Diese Hebelwirkung ist als → **Leverage Effect** *bekannt.*

2.4.1.6.3 Umschlagskennzahlen

Aus der Erfolgsrechnung können – teilweise unter Hinzuziehung der Werte aus der aufbereiteten Bilanz – eine Reihe von Kennzahlen abgeleitet werden, die Aussagen über die Wirtschaftlichkeit des betrieblichen Leistungserstellungsprozesses ermöglichen, nämlich

– Kennzahlen des Lagerumschlags,
– Kennzahlen des Forderungsumschlags und
– Kennzahlen des Kapitalumschlags.

Die Kennzahlen des Lagerumschlags werden in Kapitel 7 behandelt. Die wichtigsten Kennzahlen des Forderungs- und des Kapitalumschlags – hier nur für das Berichtsjahr errechnet – enthält die folgende Tabelle.

Bezeichnung	Kennzahl allgemein	Beispielswert Berichtsjahr
∅ Forderungsbestand	$\dfrac{\text{Forderungen 31.12.} + \text{Forderungen 01.01.}}{2}$	$\dfrac{535.000 + 320.000}{2} = 427.500$
Umschlagshäufigkeit der Forderungen	$\dfrac{\text{Umsatzerlöse}}{\varnothing \text{ Forderungsbestand}}$	$\dfrac{6.410.000}{427.500} = 14,99\ (\approx 15\text{-mal})$
Durchschnittliche Kreditdauer	$\dfrac{360}{\text{Umschlagshäufigkeit d. Ford.}}$	$\dfrac{360}{15} = 24\ (\text{Tage})$
∅ Eigenkapital (EK)	$\dfrac{\text{EK 31.12.} + \text{EK 01.01.}}{2}$	$\dfrac{1.650.000 + 1.650.000}{2} = 1.650.000$
Umschlagshäufigkeit des Eigenkapitals	$\dfrac{\text{Umsatzerlöse}}{\varnothing \text{ Eigenkapital}}$	$\dfrac{6.410.000}{1.650.000} = 3,89\ (\approx 3,9\text{-mal})$
Umschlagsdauer des Eigenkapitals	$\dfrac{360}{\text{Umschlagshäufigkeit des EK}}$	$\dfrac{360}{3,9} = 92,3\ (\text{Tage})$

Die **durchschnittliche Kreditdauer** gibt an, dass die Kunden der GmbH ihre Rechnungen im Durchschnitt nach 24 Tagen bezahlt haben. Bei unterstellten Zahlungsbedingungen »binnen 7 Tagen abzüglich 2 % Skonto, binnen 30 Tagen ohne Abzug« erfolgte die Zahlung also im Schnitt jenseits der Skontofrist, aber ohne die Kreditdauer voll auszuschöpfen. Eine raschere Bezahlung wäre wünschenswert, wenn dadurch die Ausschöpfung von Skonto bei eigenen Lieferantenrechnungen möglich wird.

Die **durchschnittliche Kapitalumschlagshäufigkeit** und -dauer kann in gleicher Weise, wie hier für das Eigenkapital gezeigt, auch für das Gesamtkapital berechnet werden. Je höher die Umschlagshäufigkeit (und je geringer dementsprechend die Umschlagsdauer), desto geringer muss das eingesetzte Kapital sein. Durch eine Verringerung des Kapitaleinsatzes bei gleich bleibendem Gewinn würde die Rentabilität gesteigert. Für die Höhe des Wertes als solchem kann keine Empfehlung abgegeben werden; hier ist vielmehr die Entwicklung über mehrere Perioden zu beobachten.

2.4.1.6.4   Cashflow und Working Capital

Von besonderem Interesse für jedes Unternehmen ist die Selbstfinanzierungskraft, also die Fähigkeit, aus der eigenen Betätigung heraus Mittel für Investitionen, Schuldentilgung und Ausschüttungen an Anteilseigner zu erwirtschaften. Die Kennzahl, die den für diese Zwecke verfügbaren Betrag angibt, ist der Cashflow (auch in den Schreibweisen Cash-Flow, Cash Flow).

Zur **direkten Ermittlung** des Cashflow werden alle im laufenden Geschäftsbetrieb anfallenden zahlungswirksamen Eingänge um die Betriebsausgaben vermindert (**Umsatzüberschuss**). Diese Ermittlung ist jedoch relativ aufwändig, weswegen meist eine indirekte Ermittlung erfolgt.

Bei der **indirekten Berechnung** geht man von der Annahme aus, dass der Bilanzgewinn im Wesentlichen in barer Form vorliegt. Ihm werden alle unbaren Erträge (z. B. Erträge aus der Auflösung von Wertberichtigungen) abgezogen und alle unbaren Aufwendungen hinzugezählt; denn letztere haben zwar den Gewinn buchhalterisch, aber nicht durch einen Zahlungsmittelabfluss gemindert (z. B. die Abschreibungen oder die Zuführung zu Rückstellungen). Eine häufige Form der Berechnung ist die folgende:

Jahresüberschuss
+ Abschreibungen
− Zuschreibungen
+ Zuführung zu Rückstellungen
− Auflösung von Rückstellungen

= **Cashflow**

Der so definierte Cash Flow gibt die zugeflossenen Finanzmittel aus dem Betriebsprozess eines Jahres wieder. Wurde er aus dem Ergebnis vor Steuern oder aus dem Ergebnis vor Steuern und Zinsen ermittelt, wird er als Brutto-Cashflow bezeichnet, da er für die Verwendung für Schuldentilgung, Ausschüttung oder Rücklagenbildung für Investitionen noch nicht vollständig zur Verfügung steht. Seine Bereinigung errechnet sich wie folgt:

Brutto-Cashflow
− Steuerzahlungen (falls aus dem Ergebnis vor Steuern ermittelt)
− Zinszahlungen (falls aus dem Ergebnis vor Zinsen ermittelt)
− Privatentnahmen (nur bei Kapitalgesellschaften)
± Zuführung zu / Auflösung von Rücklagen

= **Netto-Cashflow**
± Investitionen / Desinvestitionen

= **Free Cashflow**

Der Free Cashflow steht für Ausschüttungen an die Gesellschafter frei zur Verfügung.

Die Literatur kennt zahlreiche weitere, in Nuancen abweichende Berechnungen des Cashflow. Als wichtiger Liquiditätsindikator wird das **Working Capital** angesehen. Hierunter ist die Differenz des Umlaufvermögens und der kurzfristigen Verbindlichkeiten zu verstehen. Je größer das verbleibende, nicht kurzfristig finanzierte Umlaufvermögen ist, desto größer ist die finanzielle Beweglichkeit und Sicherheit des Unternehmens.

2.4.1.6.5 Die Bewegungsbilanz

Die Schlussbilanz als stichtagsbezogene Rechnung kann nichts über die Mittelbewegungen im laufenden Jahr aussagen. Die Veränderungen von Bestandspositionen, die Rückschlüsse auf Mittelherkunft und Mittelverwendung zulassen, werden erst im Vergleich zweier aufeinander folgender Bilanzen ersichtlich. Zur Darstellung der Mittelflüsse während einer Berichtsperiode bedarf es daher einer Bewegungsbilanz. Die folgende Darstellung zeigt die Bewegungsbilanz für die Beispiel-GmbH im Berichtsjahr, die aus der aufbereiteten Bilanz des Berichts- und des Vorjahrs leicht abgeleitet werden kann:

Mittelverwendung			Bewegungsbilanz		Mittelherkunft
I. Zunahme der Aktiva			**I. Zunahme der Passiva**		
1. Investition im AV			1. Eigenkapital		
Sachanlagen	150.000		Stammkapital		400.000
Finanzanlagen	230.000	380.000	2. Fremdkapital		
2. Zugänge im UV			Langfristiges Fremdkapital		
Forderungen LL	215.000		Pensionsrückstellungen	30.000	
Flüsse Mittel	25.000	240.000	Darlehensverbindlichk.	150.000	180.000
			Kurzfristiges Fremdkapital		
II. Abnahme der Passiva			Kurzfristige Rückstellungen	60.000	
Auflösung von Rücklagen		400.000	Kurzfristige Verbindlichkeiten	245.000	305.000
			II. Abnahme der Aktiva		
			Abnahme der Vorräte		135.000
		1.020.000			**1.020.000**

Die Bewegungsbilanz verdeutlicht, dass insgesamt 1.020.000 € als verfügbare Finanzierungsmittel bewegt wurden. Zwar geht die Bewegung innerhalb des Eigenkapitals »nur« auf eine Umwidmung von Gewinnrücklagen in Stammkapital zurück, aber es wurde auch erhebliches Fremdkapital neu zur Verfügung gestellt, und der Abbau der Vorräte führte zu nennenswerten Umsatzerlösen. Auf der Vermögensseite haben sich diese Zuflüsse vorrangig in langfristigen Anlagen niedergeschlagen.

Von besonderem Interesse ist die Untersuchung, in welchem Maße Abschreibungen zur Finanzierung des Anlagevermögens beigetragen haben. Dabei handelt es sich um eine Rückflussfinanzierung, denn Abschreibungen werden in die Verkaufspreise einkalkuliert und fließen mit den Erlösen an das Unternehmen zurück.

Aus dem Anlagenspiegel der GmbH ist die folgende Anlagenentwicklung ablesbar:

Auszug aus dem Anlagenspiegel	Zugänge	Abgänge zu AK/HK	Korrektur der kumulierten Abschreibungen*)	Finanzierung aus Abgängen	Abschreibungen der Periode
Sachanlagen	500.000	200.000	150.000	50.000	300.000
Finanzanlagen	230.000	–	–	–	–
Gesamt	**730.000**	**200.000**	**150.000**	**50.000**	**300.000**

*) Wenn die Abgänge zu Anschaffungs- bzw. Herstellungskosten bewertet werden, müssen die für die abgehenden Vermögensteile zuvor gebildeten kumulierten Abschreibungen aus der Position »kumulierte Abschreibungen« wieder herausgerechnet werden!

*Mit Einbezug der Zugänge und Abgänge im Anlagevermögen und der Abschreibungen
wird die Bewegungsbilanz noch aussagefähiger:*

Mittelverwendung			Bewegungsbilanz			Mittelherkunft
I. Zunahme der Aktiva			**I. Zunahme der Passiva**			
1. Investition im AV			1. Eigenkapital			
Sachanlagen	500.000		Stammkapital			400.000
Finanzanlagen	230.000	730.000	2. Fremdkapital			
2. Zugänge im UV			Langfristiges Fremdkapital			
Forderungen LL	215.000		Pensionsrückstellungen		30.000	
Flüssige Mittel	25.000	240.000	Darlehensverbindlichk.		150.000	180.000
			Kurzfristiges Fremdkapital			
II. Abnahme der Passiva			Kurzfristige Rückstellungen		60.000	
Auflösung von Rücklagen		400.000	Kurzfristige Verbindlichkeiten		245.000	305.000
			II. Abnahme der Aktiva			
			Abnahme der Vorräte			135.000
			III. Finanzierung			
			aus Abgängen		50.000	
			aus Abschreibungen		300.000	350.000
		1.370.000				**1.370.000**

*Setzt man die Zugänge im Anlagevermögen zur Finanzierung aus Abgängen und
Abschreibungen ins Verhältnis, zeigt sich, dass die Neuinvestitionen zu knapp 48 % aus
Abschreibungen und Anlagen finanziert wurden. Wird die Berechnung allein auf die Netto-
Investitionen (730.000 € – 50.000 €) und die Abschreibungen (300.000 €) bezogen,
ergibt sich immer noch ein Anteil von 44 %.*

2.4.1.6.6   Grenzen der Jahresabschlussanalyse

Die Grenzen der Jahresabschlussanalyse ergeben sich aus dem Umfang und der Qualität
der Informationen, die der Analyse zugrunde gelegt werden:

– Zum einen sind die Daten des Jahresabschlusses (Bilanz und GuV) reine Vergangen-
heitswerte; aus der Analyse sollen aber Schlüsse **für die Zukunft** gezogen werden.

– Weiterhin enthält der Jahresabschluss nur Daten in Geld oder Geldeswert. Für ein Ge-
samtbild des Unternehmens reicht dieses Datenmaterial nicht aus: Beispielsweise wäre
hierfür auch eine Aussage über die **Qualität des Managements** zu treffen.

– Die Daten, mit denen die Analyse dann durchgeführt wird, sind nicht nur veraltet und
unvollständig, sondern, auch infolge bilanzpolitischer Wahlrechtsausübungen, die den
Ansatz unterschiedlicher Bewertungsverfahren und -methoden zur Folge haben, nur
bedingt vergleichbar.

2.4.2   Sonstige betriebswirtschaftliche Auswertungen

Die wichtigste Quelle für betriebswirtschaftliche Auswertungen ist die bereits in diesem
Kapitel ausführlich und vollständig behandelte Kosten- und Leistungsrechnung. Auf ihr
wiederum fußt das betriebliche **Controlling**, das später noch ausführlich behandelt wird.
Den dabei und in sonstigen Auswertungen angewandten Methoden der Betriebsstatistik
wird ausreichender Raum gewidmet.

2.5 Planungsrechnungen

Die Plankostenrechnung ist ein Instrument des betrieblichen Controlling. Sie berechnet zukünftige Kosten auf der Basis festgestellter Ist-Kosten vergangener Perioden und ermöglicht dadurch einen späteren Soll-Ist-Vergleich und die Analyse der dabei ggf. festgestellten Abweichungen.

Die Ergebnisse der Plankostenrechnung können als Grundlage für die Festlegung von **Budgets** dienen.

Folgende Verfahren werden unterschieden:

- **Starre Plankostenrechnung:** Diese unterscheidet nicht nach fixen und variablen Kosten. Bei diesem Verfahren werden die Kosten für einen im Voraus bestimmten Beschäftigungsgrad geplant und später mit den tatsächlich aufgelaufenen Kosten verglichen:

  Plankosten – Ist-Kosten = Kostenabweichung

  Die Anwendung dieses Verfahrens ist nur sinnvoll, wenn der Beschäftigungsgrad feststeht, d. h. wenn Plan- und Istbeschäftigung nicht voneinander abweichen können.

- **Flexible Plankostenrechnung:** Dieses Verfahren kann als **Vollkostenrechnung** oder als Grenzplankostenrechnung (Grenzkosten = diejenigen Kosten, die dadurch entstehen, dass eine weitere Einheit hergestellt wird), also eingebettet in ein Teilkostenrechnungssystem, durchgeführt werden. Nachfolgend wird die flexible Plankostenrechnung auf Vollkostenbasis ausführlich behandelt.

2.5.1 Flexible Plankostenrechnung

Woran liegt es, wenn geplante Werte nicht eingehalten werden? Abweichungen zu analysieren ist eine wesentliche Aufgabe des Controlling. Voraussetzung für eine Abweichungsanalyse, die auch dann noch »funktioniert« und Erkenntnisse liefert, wenn die tatsächlich produzierten Mengen/Leistungen (die Ist-Beschäftigung) von den geplanten Mengen/Leistungen (Planbeschäftigung) abweichen, ist eine Planungsrechnung, die die Planbeschäftigung und die mit ihr einhergehenden Kosten ermittelt und dabei zwischen fixen und variablen Kosten unterscheidet.

2.5.1.1 Flexible Plankostenrechnung als Vollkostenrechnung

Plankosten orientieren sich an der geplanten Beschäftigung, also an der für die betrachtete Periode geplanten Produktionsmenge oder den geplanten Fertigungs- bzw. Maschinenstunden. Die Planung dieser Größen orientiert sich durchweg an einem oder mehreren Engpässen. Häufig ist der zu erwartende Absatz der limitierende Faktor; oft sind in der Praxis auch beschränkt zur Verfügung stehende Maschinenkapazitäten zu beachten.

In jedem Falle kann eine **Planbeschäftigung** ermittelt werden, die in die notwendigen Einsatzmengen (an Verbrauchsmaterial, an Arbeitsstunden usw.) umgerechnet werden kann. Diese wiederum werden mit ihren von der Kostenrechnung ermittelten Preisen bewertet. Auf diese Weise werden **Planeinzelkosten** für jede einzelne Kostenart (Materialplaneinzelkosten, Fertigungsplaneinzelkosten) innerhalb der Kostenstelle ermittelt. Dabei werden **feste Verrechnungspreise** zugrunde gelegt, die meist Mittelwerte aus Einzelpreisen verschiedener abgelaufener Perioden darstellen. In der Abweichungsanalyse werden diese festen Verrechnungspreise sowohl bei der Ermittlung der Sollkosten als auch der Istkosten zugrunde gelegt: Deswegen spielen Preisabweichungen in der Analyse keine Rolle.

Einzelkosten stellen durchweg variable Kosten dar. Im Rahmen der flexiblen Plankostenrechnung auf Vollkostenbasis sind aber auch die **Gemeinkosten** zu berücksichtigen. Diese sind meist teilweise fix und teilweise variabel und müssen entsprechend aufgeteilt werden. Die Aufteilung basiert entweder auf detaillierten Untersuchungen oder auf der Anwendung mathematisch-statistischer Methoden.

Wegen der besonderen Bedeutung der Plankostenrechnung für die Kostenkontrolle steht in der nachfolgenden Darstellung die Durchführung von

– **Soll-Ist-Vergleichen** und

– **Abweichungsanalysen**

im Mittelpunkt.

Die flexible Plankostenrechnung **als → Vollkostenrechnung** unterscheidet in

– **Beschäftigungsabweichung** (**BA**), die diejenigen Kostenabweichungen beziffert, die allein auf die Abweichung des tatsächlichen Beschäftigungsgrades vom geplanten Beschäftigungsgrad zurückzuführen sind:

> BA = Verrechnete Plankosten – Sollkosten

> Verrechnete Plankosten = tatsächliche Auslastung x Plankostensatz

$$\text{Sollkosten} = \frac{\text{var. Plankosten x Istbeschäftigung}}{\text{Planbeschäftigung}} + \text{fixe Plankosten}$$

– **Verbrauchsabweichung** (**VA**), die diejenigen Kostenabweichungen beziffert, die auf andere Ursachen als den von der Planung abweichenden Beschäftigungsgrad zurückzuführen sind. Mögliche Ursachen sind z. B. ein gegenüber der Planung höherer Materialverbrauch, ein größerer Personaleinsatz oder das Auftreten unerwarteter Kosten.

> VA = Sollkosten – Istkosten

Nur diese Abweichung kann dem Kostenverantwortlichen angelastet werden; und dabei kann von »Anlasten« nur gesprochen werden, wenn das Ergebnis ein negatives Vorzeichen trägt – ebenso können natürlich positive Abweichungen auftreten.

Sofern die Planung keine vollkommen neue Leistung betrifft, können die von der Kostenrechnung gelieferten Werte aus Vorperioden für die Planung der zukünftigen Perioden herangezogen werden.

Nachfolgend wird die Anwendung der Plankostenrechnung an einem bewusst einfach gehaltenen Beispiel verdeutlicht.

Das Schulungscenter der XY GmbH bietet regelmäßig Tagesseminare zur PC-Bedienung ein. An fixen Kosten fielen im EDV-Schulungsbereich im Vorjahr 40.000 € an. Dabei handelte es sich vor allem um Personalkosten, verrechnete Abschreibungen und Raumkosten. Die variablen Kosten der Kursdurchführung betrugen im Vorjahr für 60 Tagesseminare 30.000 €. Bei den variablen Kosten wird keine Preissteigerung erwartet, während bei den Fixkosten aufgrund neuer Tarifabschlüsse eine Steigerung um 4 % veranschlagt wird. Für das zu planende Jahr wird allerdings wegen geplanter umfangreicher Neueinstellungen mit 100 Tagesseminaren gerechnet.

Die GmbH plant also folgende Kosten ein:

geplante Fixkosten: 40.000 € · 1,04 = 41.600 €

geplante variable Kosten: $\dfrac{30.000\ €}{60}$ *· 100 =* 50.000 €

*Gesamte **Plankosten**:* 91.600 €

*Plankosten je Seminar (**Plankostensatz**) = 91.600 € : 100 Seminare = 916 €,
davon entfallen 500 € auf variable und 416 € auf verrechnete fixe Kosten.*

*Im Folgejahr kommt es leider wegen eines unerwarteten Konjunktureinbruchs nicht zu den erwarteten Neueinstellungen. Deswegen werden statt der erwarteten 100 Seminare nur 75 durchgeführt. Am Jahresende wird festgestellt, dass durch die EDV-Seminare insgesamt 79.100 € an Kosten (= **Istkosten**) verursacht wurden.*

*Die starre Plankostenrechnung errechnet die Kosten**abweichung** wie folgt:*

Plankosten	91.600 €
Ist-Kosten	79.100 €
Abweichung	12.500 €

Es wurden 12.500 € weniger aufgewendet. Die starre Plankostenrechnung kann allerdings die Frage nach den Ursachen nicht beantworten.

War die Planung tatsächlich so »falsch«, oder ist die Abweichung durch die geringere »Ausbringungsmenge« zu erklären?

*Die **flexible Plankostenrechnung** nimmt folgende Berechnungen vor:*

1. Schritt: Errechnung der Beschäftigungsabweichung (BA)

Verrechnete Plankosten = 75 (durchgeführte Seminare) · 916 (Plankostensatz) = 68.700 €

Sollkosten $= \dfrac{50.000\ €\ (var.\ Plankosten)}{100\ (Planbeschäftigung)}$ *· 75 (Istbeschäftigung) + 41.600 € (Fixkosten)*

= 79.100 €

BA = 68.700 € (verr. Plankosten) – 79.100 € (Sollkosten) = – 10.400 €

Dies bedeutet: Im Rahmen der Plankosten wurde jedem Seminar ein Fixkostenanteil von 416 € zugerechnet. Da aber 25 Seminare weniger als angenommen durchgeführt wurden, konnten 25 x 416 € = 10.400 € nicht umgelegt werden.

Würde es sich bei den Seminaren um ein Produkt handeln, das das Unternehmen zu einem bestimmten Preis verkauft und wäre dieser Preis auf Basis von Plankosten kalkuliert worden, wäre dieser Befund nachteilig; denn der Betrag von 10.400 € wäre aufgrund des geringeren Absatzes tatsächlich nicht rückverdient worden. Wäre von vornherein bekannt gewesen, dass nur 75 statt 100 Seminare durchgeführt werden, wären die Fixkosten von vornherein mit 41.600/75 = 554,67 € je Seminar umgelegt worden, was insgesamt zu einem höheren Preis (nämlich 554,67 € + 500 € = 1.054,67 €) geführt hätte.

2. Schritt: Errechnung der Verbrauchsabweichung (VA)

Die Abweichung der Istkosten von den Sollkosten beträgt hier

VA = 79.100 € – 79.100 € = 0

Fazit: Es wurden genau die Kosten verursacht, die gemäß der Planung zu erwarten waren. Dem Verantwortlichen kann für seine Managementleistung weder ein Fehler angelastet noch eine Ersparnis bescheinigt werden.

2.5.1.2 Flexible Grenzplankostenrechnung

Die flexible Grenzplankostenrechnung berücksichtigt nur variable Kosten. Um eine Grenzplankostenrechnung durchführen zu können, muss daher auf der Kostenstellenebene zwischen fixen und variablen Kosten unterschieden werden. Damit wird es möglich, die Sollkosten nicht nur als starren Betrag mit Gültigkeit für einen bestimmten Beschäftigungsgrad, sondern als Kurve anzugeben und mit den tatsächlichen Kosten auch dann zu vergleichen, wenn die tatsächliche Beschäftigung nicht der geplanten Beschäftigung entsprochen hat.

Eine Berechnung der Beschäftigungsabweichung entfällt, weil die verrechneten variablen Plankosten bei jedem Beschäftigungsgrad den variablen Sollkosten entsprechen. Berechnet wird lediglich die Verbrauchsabweichung, die zum gleichen Ergebnis führt wie bei der oben gezeigten Vollkostenrechnung. Auf ein Rechenbeispiel wird hier deshalb verzichtet.

2.5.2 Grundlagen der Prozesskostenrechnung

Die traditionellen Systeme der Kosten- und Leistungsrechnung stellen die Fertigungsbereiche ins Zentrum ihrer Untersuchungen. Heute kommt aber den die Produktion flankierenden Bereichen, etwa Materialbeschaffung, Marketing und Vertrieb, Forschung und Entwicklung usw., auch hinsichtlich der hier verursachten Kosten immer größere Bedeutung zu.

Weitere Kritik an der herkömmlichen KLR richtet sich gegen die Praxis, Gemeinkosten auf Basis von Einzelkosten über Zuschlagssätze umzulegen. Diese Kritik wird zum einen damit begründet, dass in vielen Unternehmen die Gemeinkosten inzwischen einen weitaus größeren Anteil an den Gesamtkosten ausmachen als die Einzelkosten; zum anderen wird darauf hingewiesen, dass bedeutende Kostenanteile auftragsbezogen anfallen und deswegen nicht einfach proportional auf die Mengeneinheiten einer Produktart umgelegt werden können.

Mit der Prozesskostenrechnung wird von Teilen der Fachwelt ein System vorgeschlagen, dem eine andere »Philosophie« zugrunde liegt. Die Grundzüge dieses Systems sollen nachfolgend kurz beschrieben werden.

Zusammenfassung von Tätigkeiten zu Teilprozessen

Die Prozesskostenrechnung geht von folgenden Überlegungen aus:

– Alle Gemeinkosten hängen ursächlich mit den Tätigkeiten zusammen, die in den einzelnen Kostenstellen ausgeübt werden.

– Logisch zusammengehörige Tätigkeiten können zu Teilprozessen zusammengeführt werden. Hauptkriterium dieser Zusammenführung ist das gemeinsame Arbeitsergebnis.

Beispiel:

*Im Eingangslager müssen eingehende Lieferung anhand des Lieferscheins auf Richtig-
keit, Vollständigkeit und Schadenfreiheit kontrolliert werden. Diese Tätigkeiten setzen das
Vorhandensein von menschlicher Arbeitskraft, Räumen usw. voraus. Sie sind also ursächlich für das Entstehen von Gemeinkosten. Zusammen mit logisch zugehörigen, auf
dasselbe Arbeitsergebnis ausgerichteten Tätigkeiten wie Lieferungsentgegennahme,
Reklamation und Eingangsmeldung an Lager und Einkauf bilden diese Tätigkeiten den
Teilprozess »Materialannahme«.*

Bestimmung der Gemeinkosten eines Teilprozesses

Bei richtiger Anwendung können alle Tätigkeiten, die in einer Kostenstelle ausgeführt werden, restlos auf eine überschaubare Anzahl von Teilprozessen verteilt werden. Nun gilt es,
die Gemeinkosten dieser Kostenstelle auf diese Teilprozesse zu verrechnen:

– Löhne, Lohnnebenkosten und Raumkosten können den Tätigkeiten im Allgemeinen
  direkt zugeordnet werden.

– Alle anderen **primären Gemeinkosten** (vgl. → Betriebsabrechnungsbogen) können
  auf Basis der im jeweiligen Tätigkeitsbereich vorhandenen Anlagevermögenswerte (im
  Fall der kalkulatorischen Abschreibungen), Investitionen (bei kalkulatorischen Zinsen)
  oder Arbeitnehmeranzahl (wenn keine plausiblere Basis gegeben ist, etwa bei der antei-
  ligen Zurechnung von Aufwandssteuern, kalkulatorischen Wagnissen und Unterneh-
  merlöhnen usw.) verrechnet werden.

– Für **sekundäre Gemeinkosten** (Umlagen; vgl. → Betriebsabrechnungsbogen) muss
  ein plausibler Verteilungsschlüssel gefunden werden, wobei durchaus eine Verteilung
  vorgenommen werden kann, die sich nur auf einige Teilprozesse erstreckt.

Beispiel:

*Für die Kostenstelle »Material« wurden Gemeinkosten in Höhe von 56.240 € (vgl. BAB in
Abschn. 2.3.1.3.2, Tabelle b) ermittelt. Im Zuge einer Zerlegung nach dem oben geschilderten
Verfahren wird nun ermittelt, dass davon 21.945 € auf den Teilprozess »Materialannahme«
entfallen. Die restlichen Gemeinkosten werden vollständig auf die anderen Teilprozesse der
Kostenstelle (»Materialeinlagerung«, »Materialausgabe«, »Materialverwaltung«) verrechnet.*

Festlegung von Maßgrößen und Errechnung der Prozesskostensätze

Am Ende der Berechnungen soll für jede Ausführung eines Teilprozesses ein Prozesskostensatz angegeben werden können. Deswegen ist es nun notwendig, geeignete Maßgrößen zu identifizieren. Dabei wird von der Frage ausgegangen, ob es für alle Tätigkeiten
dieses Teilprozesses einen gemeinsamen quantifizierbaren Kostenverursacher (»Kosten-
treiber«) gibt.

Beispiel:

*Als geeignetste gemeinsame Maßgröße für alle Tätigkeiten des Teilprozesses »Materialan-
nahme« wird die Zahl der Lieferungen angesehen. Für andere Teilprozesse der Kostenstelle »Material« werden andere Maßgrößen identifiziert: Für die Materialeinlagerung ist es die
Zahl der Einlagervorgänge, für die Materialausgabe die Zahl der Materialanforderungen. In
der abgelaufenen Periode waren 284 Lieferungen zu bearbeiten. Damit lassen sich folgende Prozesskosten innerhalb einer Lieferung (»**Teilprozesskostensatz**«) errechnen:*

$$\frac{Teilprozesskosten}{Maßgröße} = \frac{21.945 \; €}{285 \; Lieferungen} = 77 \; €/Lieferung$$

Für manche Teilprozesse wird sich kein solcher Kostenverursacher identifizieren lassen. Die Kosten dieser Teilprozesse werden anteilig auf die anderen Teilprozesse, für die Maßgrößen bestimmt werden konnten, verrechnet.

Beispiel:

Für den Teilprozess »Materialverwaltung« kann keine sinnvolle Maßgröße bestimmt werden. Seine Kosten werden daher auf die anderen Teilprozesse, für die Maßgrößen gefunden wurden, umgelegt:

Von insgesamt 56.240 € Stellengemeinkosten der betrachteten Periode entfielen 11.248 € auf den Teilprozess »Materialverwaltung«. Der **Umlagesatz** *für den Teilprozess »Materialannahme« errechnet sich nun – unter Einbezug des oben ermittelten Teilprozesskostensatzes – wie folgt:*

$$Umlagesatz = \frac{11.248 \text{ €}}{56.240 \text{ €} - 11.248 \text{ €}} \cdot 77 \text{ €} = 19,25 \text{ €/Lieferung}$$

Der Prozesskostensatz beträgt insgesamt 77 € + 19,25 € = 96,25 €/Bestellposition.

Hauptprozesse und Hauptprozesskostensätze

Über die Grenzen der Kostenstellen hinweg können Teilprozesse zu Hauptprozessen zusammengefasst werden, für die – durch Zusammenlegung der Prozesskostensätze der einzelnen einbezogenen Teilprozesse – dann Hauptprozesskostensätze angegeben werden können. Bedingung hierfür ist allerdings, dass alle einbezogenen Teilprozesse die gleichen Kostenverursacher (= Maßgrößen) aufweisen. Diese Bedingung lässt sich aber, wenn überhaupt, nur für kurze »Prozessketten« und nicht für ganze Kernprozesse oder Wertschöpfungsketten erfüllen. Vor allem aus diesem Grund wird die Sinnhaftigkeit der Prozesskostenrechnung für die Anwendung außerhalb des Fertigungsbereichs von vielen Fachleuten in Zweifel gezogen.

Als Vollkostenrechnung eignet sich die Prozesskostenrechnung nicht als Grundlage für kurzfristige Entscheidungen.

Literaturverzeichnis

Abels, H.: Wirtschafts- und Bevölkerungsstatistik, Grundlagen mit Beispielen, 4. Aufl., Wiesbaden 1993

Baßeler, U., Heinrich, J., Utecht, B.: Grundlagen und Probleme der Volkswirtschaft, 18. Aufl., Köln 2006

Beck´sches Handbuch der Rechnungslegung, München 2005

Camp, R.C.: Benchmarking, München, Wien 1994

Coenenberg, A.G.: Jahresabschluss und Jahresabschlussanalyse, 20. Aufl., 2005

Däumler, K.D.: Betriebliche Finanzwirtschaft, Herne, Berlin 1997

Däumler, K.D., Grabe, J.: Kostenrechnung 2. Deckungsbeitragsrechnung, Herne, Berlin 2002

Falterbaum, H., Beckmann, H.: Buchführung und Bilanz. Steuerrecht für Studium und Praxis, Osnabrück 2001

Gabler Kompakt Lexikon Wirtschaft, 9. Aufl., Wiesbaden 2006

Gabler Wirtschaftslexikon, 16. Aufl., 2004

Haberstock, L., Breithecker, V.: Kostenrechnung I - Einführung, Berlin 2002

Kosiol, E.: Kosten- und Leistungsrechnung: Grundlagen, Verfahren, Anwendungen, Berlin, New York 1979

Meyer, C.: Bilanzierung nach Handels- und Steuerrecht, 17. Aufl., Herne, Berlin 2006

NWB-Textausgabe: Wichtige Gesetze des Wirtschaftsprivatrechts, 9. Aufl., Herne, Berlin 2008

NWB-Textausgabe: Wichtige Steuergesetze. Mit Durchführungsverordnungen, 56. Aufl., Herne, Berlin 2008

Schierenbeck, H.: Grundzüge der Betriebswirtschaftslehre. Studienausgabe., München 2008

Schmalen, H.: Grundlagen und Probleme der Betriebswirtschaft. 13., überarb. Aufl., Köln 2006

Schmidt, E.-H. et al: Der Technische Betriebswirt, Lehrbuch 1, 8. Aufl., Hamburg 2008

Statistisches Bundesamt Deutschland: Amtliche Statistik, www.destatis.de

Wöhe, G., Döring, U.: Einführung in die allgemeine Betriebswirtschaft, 23., vollst. neu bearb. Aufl., München 2008

Stichwortverzeichnis

Der Wirtschaftsfachwirt Lehrbuch 1 © FELDHAUS VERLAG, Hamburg

Der Wirtschaftsfachwirt Lehrbuch 1 © FELDHAUS VERLAG, Hamburg

Der Wirtschaftsfachwirt Lehrbuch 1 © FELDHAUS VERLAG, Hamburg

Der Weg nach oben beginnt auf Seite eins.

Wer heute in der Berufswelt bestehen will, baut am besten auf eine solide Ausbildung – und sorgt mit gezielter Weiterbildung dafür, auch morgen noch auf dem neuesten Wissensstand zu sein. Der FELDHAUS VERLAG mit seinem umfassenden Angebot ist dabei der richtige Partner.

Unsere Titel auf einen Blick:

Fachwissen und Praxis des Ausbilders
- Handlungsfeld Ausbildung
- Prüfungs-Check Ausbildereignung
- Die Ausbilder-Eignung
- Der Berufsausbilder
- Der Ausbilder vor Ort
- Das Ausbilder-Lexikon
- Berufsbildung –
  handelnd lernen, lernend handeln
- Prüfungen – ein Lotteriespiel?
- Die Auswahl von Auszubildenden
- Objektives Beurteilen von Auszubildenden
- Betriebliche Beurteilung von Auszubildenden
- Rhetorik und Kinesik für Ausbilder
- Ratgeber Berufsausbildung
- Materialien zur Berufsbildung (18 Bände)

Mitarbeiterauswahl/Mitarbeiterführung
- Schwierige Mitarbeitergespräche
- Wie wähle ich den richtigen Mitarbeiter aus?
- Erfolgreiche Mitarbeiterführung

Büroberufe
- Betriebliches Rechnungswesen
- Management im Chefsekretariat

Außenhandel/Seeschifffahrt
- Verkehrslehre des Außenhandels
- Repetitorium Betriebslehre Außenhandel
- Der Ausbilder an Bord

Reiseverkehrskaufleute
- Stadt, Land, Fluss

Gastgewerbe
- Ausbildungsprogramm Gastgewerbe (12 Bände)
- Französisch im Gastgewerbe

Ausbildungsnachweise
- für alle Berufe

Testverfahren
- Grundwissen-Test für Auszubildende

Formulare
- für die Berufsausbildung

Ordnungsmittel
- Ausbildungsordnungen und -rahmenpläne

Fremdsprachen
- Handelskorrespondenzen für Französisch, Spanisch, Italienisch, Englisch, Japanisch
- Umgangssprache Spanisch, Japanisch

Beruf und Weiterbildung
- Kompetenz: Weiterbildung
- Ratgeber Berufliche Weiterbildung
- Ratgeber Berufliche Neuorientierung
- Ratgeber Fernstudium
- Wirtschaftsmathematik und Statistik
- Grundwissen Qualitätsmanagement
- Qualitätssicherung
- Mathematik und Statistik
- Physik und Chemie
- Der Industriemeister
- Der Technische Betriebswirt
- Der Industriefachwirt
- Der Wirtschaftsfachwirt
- Personalfachkauffrau/Personalfachkaufmann
- Der Handwerksmeister
- Management im Chefsekretariat

Windmühle Verlag
- Unser Partnerverlag – mehr unter www.windmuehle-verlag.de

Alles für Ausbildung und Aufstieg!

FELDHAUS VERLAG
22122 Hamburg
www.feldhaus-verlag.de

Telefon 040 679430-0
Fax 040 67943030
post@feldhaus-verlag.de

■**FELDHAUS**
DER BILDUNGSVERLAG

Das WINDMÜHLE-Verlagsprogramm: Fachbücher für Führungskräfte auf den Gebieten Personalentwicklung/Personalführung · Aus- und Weiterbildung · Erwachsenenbildung und Fachbücher mit Seminarkonzepten für Trainer, Dozenten und Personalentwickler.

Arbeitshefte Führungspsychologie

- Psychologie der Persönlichkeit
- Grundlagen der Führung
- Führungsstile – Management by Objectives
- Motivation
- Kommunikation I
- Besprechungen zielorientiert führen
- Arbeitsmethodik
- Gezielte Verhaltensänderung
- Transaktions-Analyse
- Psychologie der Gesprächsführung
- Anti-Stress-Training
- Konflikttraining
- Erfolgreiche Teamführung
- Psychologische Grundlagen im Führungsprozess
- Mitarbeiter-Coaching
- Methodik der Konfliktlösung
- Entwicklung zur Führungspersönlichkeit
- Chancenorientiertes Management in der Praxis
- Kommunikation macht gesund
- Innovative Teamarbeit
- Führungsprinzip Achtsamkeit
- Rhetorik und Präsentation
- Projektmanagement
- Neue Ideen mit System
- Soziale Kompetenz
- Der Kontinuierliche Verbesserungsprozess (KVP)
- Coaching und Führung
- Customer Relationship Management
- Intervision
- Kooperativ führen mit Regeln und Autorität
- Effizientes Verhandeln
- Motivation durch Zielvereinbarungen
- Gestaltung personalwirtschaftlicher Prozesse
- Talent Management
- Soft Skills
- Führen in Projekten
- Kreativität und Innovation
- Techniken geistiger Arbeit
- Positive Psychologie in der Führung
- SMPLT Spirituell – mental – psychisches Leadershiptraining
- Personalbeurteilungssysteme

Arbeitshefte Personalpraxis

- Taschenbuch Personalbeurteilung
- Die Stellenbeschreibung
- Das Vorstellungsgespräch
- Mobbing, Bullying, Bossing
- Techniken der Personalentwicklung
- Schwierige Mitarbeitergespräche

Personalentwicklung/Personalführung

- Ich bin dann mal im Seminar...
- Organizing Talent
- Bereit zur Veränderung?
- Moderationsfibel
- Das Prinzip der minimalen Führung
- Lizenz zum Führen?
- Erfolg durch Coaching
- Führung: Theorie und Praxis
- Führung: Übungen für das Training mit Führungskräften
- Kündigungsgespräche
- Business Talk
- Die ersten Tage im Betrieb
- Das AC in der betrieblichen Praxis
- AC als Instrument der Personalentwicklung
- Qualitätsstandards für Personalentwicklung in Wirtschaft und Verwaltung

Methodik/Didaktik

- ModerationsMethode
- KurzModeration
- Winning Group Results
- Seminar für Trainer
- Beratung in Aktion
- Verhalten und Einstellungen ändern
- Das pädagogische Rollenspiel in der betrieblichen Praxis

Seminarkonzepte/Übungen/Moderationspraxis

- So entkommen Sie der Falle Stress
- Quellen der Gestaltungskraft
- Mehr Erfolg im Team
- Strategien der Konfliktlösung
- Die Teamfibel
- Icebreaker
- 111 x Spaß am Abend
- Arbeitskatalog der Übungen und Spiele
- Übungen zur Transaktionsanalyse
- Kreativ sein kann jeder
- Das Outdoor-Seminar in der betrieblichen Praxis
- So und nicht anders – Ingenieure im Coaching
- Kurskorrektur Schule
- KonfliktModeration in Gruppen
- Prozesskompetenz in der Projektarbeit
- Visualisieren in der Moderation
- Kundenkonferenz
- Potential: Konflikte
- SeminarModeration
- Woran Workshops scheitern

 **WINDMÜHLE**   WINDMÜHLE VERLAG · PF 730240 · 22122 Hamburg
Telefon +49 40 679430-0 · **www.windmuehle-verlag.de**

Änderungen der Rechnungslegung durch das Bilanzrechtsmodernisierungsgesetz (BilMoG)

Eine Übersicht von
Dipl.-Ök. Elke-H. Schmidt M. A.

Am 25. Mai 2009 trat das Bilanzrechtsmodernisierungsgesetz (BilMoG) in Kraft. Mit dieser seit 1985 weitreichendsten Reform des Bilanzrechts (mit dem Bilanzrichtliniengesetz wurden mehrere EG-Richtlinien in deutsches Recht umgesetzt) gehen gravierende Änderungen der Rechnungslegungsvorschriften einher. Diese sind vorwiegend handelsrechtlicher Art, betreffen aber in geringerem Umfang auch das Einkommensteuergesetz (EStG).

Die aus der Reform resultierenden neuen Vorschriften über den Jahresabschluss sind gem. Art. 66 des Einführungsgesetzes zum Handelsgesetzbuch (EGHGB) ab dem Geschäftsjahr 2010 zwingend auf die Handelsbilanz anzuwenden, können jedoch freiwillig – dann aber vollumfänglich – bereits 2009 angewendet werden.

Die Änderungen sind also bereits eingetreten, in die betroffenen Gesetze eingearbeitet und von aktueller praktischer Relevanz. Dennoch hat der Verlag bislang z. T. darauf verzichtet, die neuen Vorschriften in die bestehenden Lehrbücher einzuarbeiten, weil nach heutigem Informationsstand davon ausgegangen werden kann, dass der neue Rechtsstand in den Fortbildungsprüfungen der Industrie- und Handelskammern, auf die unsere Lehrwerke vorbereiten wollen, erst ab 2011 berücksichtigt wird. Der Grund hierfür ist vor allem darin zu sehen, dass Jahresabschlüsse nach neuem Rechtsstand vor Ablauf des Jahres 2010 die Ausnahme darstellen werden; aber sicherlich liegt dieser Regelung auch der Gedanke zugrunde, dass Teilnehmenden an laufenden Lehrgängen kein grundlegendes »Umlernen« zugemutet werden sollte. Für die Prüfungsvorbereitung dieser Kandidaten sind Lehrbücher nach »altem« Rechtsstand also durchaus von Vorteil.

Andererseits möchte der Verlag natürlich sicherstellen, dass die Lehrwerke für seine Nutzer auch über den 31. Dezember 2010 hinaus vollen Umfangs von Nutzen sind. Daher erfolgt mit dieser Beilage eine Einführung in die wichtigsten Änderungen des Bilanzrechts.

Nachfolgend werden jedoch die aktuell mit dem Inkrafttreten des BilMoG eingetretenen Neuerungen nicht einfach »aufgezählt«: Vielmehr sollen, um der komplexen Thematik gerecht zu werden, die grundlegenden Veränderungen, die die Rechnungslegung und Bilanzierung in Deutschland durch das Bemühen um europäische und internationale Vereinheitlichung in den letzten Jahren erfahren hat, im Zusammenhang dargestellt werden. Deswegen ist auch von US-GAAP und von Internationaler Rechnungslegung nach IAS/IFRS die Rede; weitere Informationen dazu sind in den FELDHAUS-Lehrbüchern zu finden.

1 Anpassung an internationale Standards: Das deutsche Bilanzrecht in Bewegung

1.1 Die Handelsbilanz alter Prägung

»Die« Bilanz deutscher Unternehmen war und ist die Handelsbilanz. Sie stellt die Vermögensteile und Schulden des Unternehmens nach den »Grundsätzen ordnungsgemäßer Buchführung« dar, den GoB also, die in verschiedenen Paragraphen im »Dritten Buch Handelsbücher« des Handelsgesetzbuchs (HGB) ab § 238 enthalten sind. Diese GoB sollen im Wesentlichen bewirken, dass die in der Bilanz dargestellten Gegenstände vollständig und eindeutig dargestellt werden. Kerngedanke der Handelsbilanz aber ist das Vorsichtsprinzip, mit dem eine »vorsichtige« Bewertung sichergestellt werden soll.

Bei Anwendung des Vorsichtsprinzips, das in § 252 Abs. 1 Nr. 4 HGB (unverändert) festgeschrieben ist, gilt: Grundsätzlich sind alle Gegenstände mit ihren tatsächlichen Werten darzustellen. Wenn aber mehrere Werte – etwa ein Anschaffungswert und ein davon abweichender Zeitwert – zur Auswahl stehen, greift die »vorsichtige« Bewertung, was bedeutet, dass ein Vermögensgegenstand mit dem niedrigeren, ein Schuldenstand mit dem höheren Wert ausgewiesen werden kann oder gar muss (Niederstwert- bzw. Höchstwertprinzip). Gewinne dürfen erst dann ausgewiesen werden, wenn sie tatsächlich »realisiert«, also in Geld oder einen Rechtsanspruch auf Auszahlung umgewandelt wurden (Realisationsprinzip), Verluste müssen dagegen bereits dann ausgewiesen werden, wenn ihr Eintritt wahrscheinlich ist (Imparitätsprinzip) – auch dann, wenn der Verlust erst zwischen dem Abschlussstichtag und dem Tag der Aufstellung des Jahresabschlusses bekannt geworden ist (Wertaufhellungsprinzip).

Mit dem Vorsichtsprinzip wird ein Hauptmotiv der handelsrechtlichen Jahresabschlussvorschriften umgesetzt, nämlich der Gläubigerschutz: Wer einem Kaufmann einen Wert anvertraut hat oder anvertrauen will, soll davor in Schutz genommen werden, dass dieser ihm mit seinen Geschäftszahlen falsche Sicherheit vermittelt, indem er sich »reicher macht, als er ist« – im Zweifel soll er sich lieber »ärmer machen« –, oder dass in Situationen, in denen eine gewisse Wahrscheinlichkeit für eine Gläubigerschädigung besteht, dennoch Gewinne ausgeschüttet werden. Gläubiger sind nicht nur Kreditinstitute: Jeder, der einem Kaufmann Waren liefert oder Dienste leistet, ohne dafür sofort seine Bezahlung zu erhalten, und jeder, der Anzahlungen leistet, ohne dafür sofort den Gegenwert zu erhalten, ist ebenso Gläubiger. Auch Arbeitnehmer, die eine Arbeitsleistung für das Unternehmen erbringen und dafür erst nachträglich ihren Arbeitslohn empfangen, sind Gläubiger. Keine Gläubiger, aber auch (wenn auch aus Sicht des bisherigen HGB nachrangig) schützenswert sind die an einem Unternehmen beteiligten Gesellschafter sowie Anleger, die vor einer auf »geschönten« Zahlen beruhenden Anlageentscheidung bewahrt werden sollen.

Der hohe Stellenwert des Vorsichtsprinzips und des daraus resultierenden Gläubigerschutzes ist allerdings eine Besonderheit der deutschen Rechnungslegung. Nach internationalen Regeln steht der Informationsgedanke im Vordergrund: Dabei soll der Jahresabschluss vor allem Anlegern und Anlageinteressierten ein möglichst realistisches Bild der wirtschaftlichen Lage des Unternehmens vermitteln. Gläubigerschutz ist kein ausdrückliches Ziel. Aus diesem Unterschied in der »Philosophie« der Rechnungslegung resultiert eine mangelhafte Vergleichbarkeit von nach deutschem und z. B. US-amerikanischem Recht erstellten Jahresabschlüssen, die in Zeiten globaler Kapitalströme nicht zufriedenstellen kann.

1.2 Internationalisierung der Buchführung: GAAP, IAS und IFRS

Die US-GAAP

Ein erster Schritt in Richtung auf eine neue »Philosophie« in Buchführung und Jahresabschluss war der im Jahr 2000 von der EU gefasste Beschluss, die Buchführung von in Europa niedergelassenen Unternehmungen an die US-amerikanischen Regeln der Buchführung (»General Accepted Accounting Principles«, kurz: US-GAAP) anzupassen. Nun waren die Buchführungsregeln für die Staaten der Europäischen Union zu diesem Zeitpunkt auch untereinander keineswegs gleich, sodass dieser Beschluss zugleich einen Schritt in Richtung auf eine weitere Vereinheitlichung des Rechnungswesens in Europa darstellte.

Die US-GAAP sind allerdings kein Gesetzbuch wie das HGB, sondern ein von privaten Organisationen erarbeitetes Regelwerk. Für uns in Deutschland mag es ungewöhnlich sein, dass die Regeln der Rechnungslegung, der Buchführung und des Jahresabschlusses nicht vom Gesetzgeber aufgestellt werden. Die Methode der Rechtsfindung in den USA ist aber grundsätzlich eine andere als in Deutschland. Das dort praktizierte »Case Law« (Fallrecht) stützt sich bei der Beurteilung eines Falles auf Traditionen und früher entschiedene Fälle (Präzedenzfälle), d. h. Rechtsprechung erfolgt nicht auf der Basis eines allgemein gültigen Rahmens aus Gesetzen und Verordnungen (»Code Law«), sondern aufgrund vorangegangener Rechtsprechung. Aus dieser können Regeln abgeleitet werden, die als Anleitung für künftiges Handeln gelten können, aber die Erstellung eines solchen Regelwerks ist in den USA nicht Aufgabe des Gesetzgebers. Üblicherweise stellen umfangreiche Sammlungen von Urteilen, die in juristischen Bibliotheken zugänglich sind, das Auffinden »passender« Präzedenzfälle sicher. Auch für die Rechnungslegung gilt im Grundsatz »Case Law«, was, vereinfacht gesagt, bedeutet, dass »man es richtig macht, wenn man es so macht, wie es bisher richtig war.« Wie aber war es bisher richtig? Hier ist ein Regelwerk hilfreich, und da die darin enthaltenen Regeln die Wirtschaft betreffen, erscheint es nur konsequent, dass amerikanische Wirtschaftsunternehmen eine Stiftung finanzieren, die als Trägerin des für die Entwicklung von Rechnungswesen-Standards maßgeblichen »Financial Accounting Standards Board« (FASB) mit Sitz in Norwalk (Connecticut) fungiert. Das FASB wird allerdings von einer staatlichen Stelle, nämlich der für die Kontrolle des Wertpapierhandels in den USA zuständigen US-Börsenaufsichtsbehörde »Securities and Exchange Commission« (SEC) kontrolliert.

Der Hauptunterschied zwischen den Regeln des deutschen HGB und den US-GAAP besteht in der Zielsetzung: Nicht der nach HGB so wichtige Gläubigerschutz, sondern die Information von Kapitalgebern (Anlegern wie auch Fremdkapitalgebern) ist Hauptzweck des Jahresabschlusses nach US-GAAP. Der Jahresabschluss soll die wirtschaftliche Situation des Unternehmens möglichst realistisch, nicht pessimistisch eingefärbt wiedergeben und Entscheidungshilfen für Anleger bieten. Aus diesen unterschiedlichen Sichtweisen ergeben sich zwangsläufig Unterschiede bei der Einbeziehung von Positionen in den Jahresabschluss und bei ihrer Bewertung, auf deren Überwindung die Bilanzrechtsreform abzielt.

Ein anderer wesentlicher Unterschied betrifft den Zusammenhang zwischen dem Jahresabschluss und der Gewinnbesteuerung: Ein Jahresabschluss nach US-GAAP hat keinerlei Bedeutung für die Berechnung der Steuer, weil er keine Aussagen über ausschüttungsfähige Gewinne trifft und keine steuerlichen Bemessungsgrundlagen liefert. Auch der nach HGB-Vorschriften ermittelte Gewinn ist nicht Grundlage der Besteuerung, aber durch bestimmte Hinzu- und Abrechnungen kann der steuerliche Gewinn aus dem Handelsbilanzgewinn hergeleitet werden. Vor allem aber resultieren aus dem das deutsche Bilanzrecht prägenden Maßgeblichkeitsprinzip nach bisher geltendem Recht Rückwirkungen rein steuerlicher Vorschriften auf die Handelsbilanz (»umgekehrte Maßgeblichkeit«), die einer realistischen Darstellung der Vermögens- und Ertragsverhältnisse im Wege stehen. Wie es sich damit verhielt und was sich durch die Neuregelungen geändert hat, wird in Abschnitt 2 beleuchtet.

Warum sind nun die US-GAAP für uns von Bedeutung?

Lange Zeit waren die US-GAAP die einzigen Rechnungslegungsregeln, die über ihre nationale Bedeutung hinaus auch von übernationalem Interesse waren. Ihre besondere Bedeutung auch für nicht-US-amerikanische Unternehmen resultierte daraus, dass ihre Anwendung Voraussetzung für die Notierung von Aktienwerten an US-amerikanischen Börsen, darunter vor allem der bedeutenden New Yorker Wertpapierbörse (»New York Stock Exchange«, NYSE), war. Deutsche – und andere nicht-US-amerikanische – Unternehmen konnten dort bis 2007 nur zugelassen werden, wenn sie einen Abschluss vorlegten, der nach US-GAAP erstellt war. Erstes deutsches Unternehmen an der NYSE war 1993 die Daimler-Benz AG[1], die eigens zum Zweck der Börsenzulassung zusätzlich zu ihrem nach HGB-Regeln aufgestellten Konzernabschluss eine Überleitungsrechnung (»Reconciliation«) erstellte, aus der ein US-GAAP-konformer Abschluss resultierte. Inzwischen wurden mit den IFRS, von denen gleich die Rede sein wird, internationale Rechnungslegungsstandards entwickelt, die in Form der IASB-IFRS (»Full IFRS« im Gegensatz zu den ins europäische Recht übernommenen »EU-IFRS«) seit 2007 für die Notierung nicht-US-amerikanischer Unternehmen an amerikanischen Börsen anerkannt sind. Durch diese Entwicklung büßen die US-GAAP mehr und mehr von ihrer faktischen Weltgeltung ein.

IASB / IFRS

Für kapitalmarktorientierte Unternehmen (d. h. Unternehmen, die mit den von ihnen ausgegebenen Papieren an einem organisierten Wertpapierhandelsmarkt teilnehmen bzw. teilnehmen wollen) gelten in der EU seit 2005 einheitliche Rechnungslegungsstandards (International Financial Reporting Standards – IFRS). Zuständig für deren (Weiter)Entwicklung ist das International Accounting Standards Board (IASB), ein regelmäßig in London zusammentretendes Expertengremium, dessen Vorschläge nach Durchlaufen eines Anerkennungsverfahrens der EU-Kommission zu verbindlichem EU-Recht werden können.

---

[1] Im April 2010 waren Aktien von 6 DAX-Unternehmen an der NYSE notiert: neben der Daimler AG die Deutsche Bank, die Deutsche Telekom (die allerdings ihr Delisting angekündigt hat), SAP, Siemens und Fresenius Medical Care. Einige in den letzten Jahren notierte Unternehmen (z. B. Bayer, E.ON) hatten sich – auch wegen des hohen Aufwands der Abschlusserstellung – bereits wieder zurückgezogen.

Ebenso wie die US-GAAP unterscheiden sich die IFRS von den Vorschriften des HGB vor allem darin, dass nicht das Vorsichtsprinzip und der diesem zugrunde liegende Gedanke des Gläubigerschutzes im Mittelpunkt steht, sondern die Informationsfunktion gegenüber den Investoren. IFRS und US-GAAP sind nicht völlig identisch, weisen aber weitaus größere Gemeinsamkeiten untereinander auf als mit den Rechnungslegungsvorschriften des deutschen HGB, von denen sie sich teilweise erheblich unterscheiden.

Die Zulassung zum Prime Standard an der Frankfurter Wertpapierbörse, dem gesetzlich regulierten Börsensegment mit den höchsten Transparenzanforderungen, ist neben anderen Anforderungen an die Anwendung internationaler Rechnungslegungsstandards (entweder IFRS oder US-GAAP) gebunden.

Der Abschluss nach IFRS entbindet ein deutsches Unternehmen jedoch nicht von der Pflicht zur Erstellung einer Handelsbilanz nach HGB.

1.3 Das Bilanzrechtsmodernisierungsgesetz (BilMoG)

Mit den Regelungen des Bilanzrechtsmodernisierungsgesetzes (BilMoG) vom 25. Mai 2009 wurde ein wesentlicher Schritt zur Annäherung der handelsrechtlichen Vorschriften an die internationale Rechnungslegung unternommen, auch wenn der Schwerpunkt der Reform auf Deregulierungen zugunsten kleiner und mittlerer Unternehmen lag. Ausdrückliches Ziel der Bilanzrechtsreform war, Rückwirkungen steuerlicher Vorschriften auf den handelsrechtlichen Jahresabschluss, wie sie nach bis dahin geltendem Recht möglich waren und häufig sogar zwingend auftraten, auszuschließen, da derartige Verflechtungen, die die Darstellung der tatsächlichen Ertrags- und Vermögenslage erheblich verfälschen können, in den IFRS nicht existieren.

Das BilMoG ist ein Artikelgesetz, mit dem Änderungen vorrangig im Bereich des Handelsrechts, vornehmlich im Handelsgesetzbuch, jedoch auch im Einkommensteuerrecht bewirkt wurden. Wie bereits erwähnt, sind die neuen Vorschriften gem. Art. 66 EGHGB ab dem Geschäftsjahr 2010 zwingend anzuwenden. Eine Anwendung auf den Jahresabschluss 2009 ist möglich, muss dann aber vollumfänglich erfolgen, d. h. es ist nicht möglich, teilweise altes und teilweise neues Recht anzuwenden.

2 Handelsbilanz und Steuerbilanz: Gilt der Maßgeblichkeitsgrundsatz noch?

Die Handelsbilanz leistet den Vorschriften des Handelsgesetzbuchs Genüge und ist diejenige Bilanz, die von publizitätspflichtigen Unternehmen beim elektronischen Bundesanzeiger einzureichen ist. Das in ihr ermittelte Jahresergebnis ist aber nicht Bemessungsgrundlage für die Ertragsbesteuerung: Deren Basis liefert die Steuerbilanz oder eine Nebenrechnung, in der das Ergebnis der Handelsbilanz nach steuerrechtlichen Vorgaben korrigiert wird[2]. Bis 1999 kamen viele kleinere und mittlere Unternehmen mit einer einzigen Bilanz – der so genannten »Einheitsbilanz« – aus, die beiden Zwecken gerecht wurde. Durch zahlreiche seitdem ergangene Vorschriften, aus denen sich zwingend abweichende Bewertungen ergaben, wurde die Erstellung einer Einheitsbilanz jedoch mehr und mehr vereitelt. Dennoch bestand weiterhin ein enger Zusammenhang zwischen der Handels- und der Steuerbilanz.

Was hat es nun mit der Maßgeblichkeit auf sich?

Nach § 5 Abs. 1 S. 1 EStG alter und neuer Fassung

> »...ist für den Schluss des Wirtschaftsjahres das Betriebsvermögen anzusetzen (§ 4 Abs. 1 Satz 1), das nach den handelsrechtlichen Grundsätzen ordnungsmäßiger Buchführung auszuweisen ist«.

Damit ist die Gültigkeit der GoB ins Einkommensteuerrecht ausgedehnt; die handelsrechtlichen Vorschriften sind also für die Ableitung der Steuerbilanz »maßgeblich«. Diese Maßgeblichkeit erstreckt sich aber weit über die GoB-Gültigkeit hinaus und bedingte nach bisherigem Recht weitreichende, teils komplizierte Abhängigkeiten zwischen Handels- und Steuerbilanz mit Rückwirkung in die umgekehrte Richtung. So war vielfach bereits vor Einstellung eines Werts in die Handelsbilanz zu prüfen, welche Bewertungsmöglichkeiten das Steuerrecht zuließ. War dort kein Wertansatz zwingend vorgeschrieben, sondern die Wahl eines vom Handelsbilanzansatz abweichenden Wertes im Rahmen einer Kann-Bestimmung zugelassen, konnte dieses Wahlrecht nur ausgeübt werden, indem der steuerlich erwünschte Wert zunächst in der Handelsbilanz hergestellt wurde (»umgekehrte Maßgeblichkeit«). Damit flossen steuerliche Bewertungswahlrechte in den handelsrechtlichen Abschluss ein.

Das folgende Beispiel soll dies verdeutlichen:

> Ein Unternehmer möchte eine neu angeschaffte Maschine in der Steuerbilanz degressiv abschreiben, weil der damit einhergehende Abschreibungsbetrag höher – und die sofortige Steuerersparnis damit größer – ist als im Falle einer linearen Abschreibung. § 7 Abs. 2 S. 2 EStG lässt dies auch zu, allerdings in Form einer Kann-Bestimmung und keineswegs zwingend. Daraus folgt nach bisherigem Recht, dass zunächst im Handelsabschluss eine degressive Abschreibung vorgenommen werden muss. Die Möglichkeit hierzu eröffnet § 254 HGB in der bis 28. Mai 2009 geltenden Fassung[3]. Der auf diese Weise ermittelte Handelsbilanzansatz ist dann maßgeblich für den Ansatz im steuerlichen Abschluss, in dem jetzt – wie gewünscht – ebenfalls die degressive Abschreibung vorgenommen werden darf.

Aus dem Beispiel wird deutlich, in welcher Weise bislang Rückwirkungen steuerlicher Vorschriften auf den handelsrechtlichen Abschluss möglich und sogar zwingend waren. Es war aber ausdrückliches Ansinnen der Bilanzrechtsreform, solche Rückwirkungen auszuschließen, weil derartige Verflechtungen, wie bereits dargestellt, in den IFRS nicht existieren und ein Hauptzweck der Reform schließlich darin bestand, das deutsche Bilanzrecht an die internationalen Rechnungslegungsregeln anzupassen. Mit dem Ziel, die Steuerbilanz vom handelsrechtlichen Jahresabschluss abzukoppeln, wurde daher mittels Art. 3 BilMoG ins Einkommensteuerrecht eingegriffen.

§ 5 Abs. 1 S. 1 EStG neuer Fassung (hier künftig abgekürzt »n. F.«) erhielt die folgende Fortsetzung:

> »...es sei denn, im Rahmen der Ausübung eines steuerlichen Wahlrechts wird oder wurde ein anderer Ansatz gewählt«.

Hieraus wird deutlich, dass in Fällen wie dem geschilderten Abschreibungsbeispiel eine vorwegnehmende Anpassung der Handelsbilanz an den gewünschten steuerlichen Ansatz nicht mehr erforderlich ist.

---

[2] Eine rechtliche Pflicht zur Erstellung einer eigenständigen Steuerbilanz existiert nicht.

[3] Wegen des inzwischen vollständig geänderten Inhalts des § 254 HGB wird dieser hier im alten Wortlaut (gültig bis 28. Mai 2009, hier: Satz 1) wiedergegeben:
»Abschreibungen können auch vorgenommen werden, um Vermögensgegenstände des Anlage- oder Umlaufvermögens mit dem niedrigeren Wert anzusetzen, der auf einer nur steuerrechtlich zulässigen Abschreibung beruht.«

Für derartige Fälle trifft § 5 Abs. 1 S. 2 und 3 EStG n. F. folgende Festlegungen:

»Voraussetzung für die Ausübung steuerlicher Wahlrechte ist, dass die Wirtschaftsgüter, die nicht mit dem handelsrechtlich maßgeblichen Wert in der steuerlichen Gewinnermittlung ausgewiesen werden, in besondere, laufend zu führende Verzeichnisse aufgenommen werden. In den Verzeichnissen sind der Tag der Anschaffung oder Herstellung, die Anschaffungs- oder Herstellungskosten, die Vorschrift des ausgeübten steuerlichen Wahlrechts und die vorgenommenen Abschreibungen nachzuweisen.«

Fazit

Die »umgekehrte Maßgeblickkeit« gibt es nicht mehr: Steuerliche Wahlrechte können unabhängig von der Handelsbilanz ausgeübt werden. Wahlrechte, die sowohl im Handels- als auch im Steuerrecht bestehen, können in beiden Bilanzen unterschiedlich ausgeübt werden.

Die Fortführung unseres obigen Beispiels verdeutlicht die Tücken der Umstellung:

Nach neuer Rechtslage ist eine degressive Abschreibung für 2009 und 2010 in der Steuerbilanz zulässig. Für die Handelsbilanz darf diesem Ansatz für 2009 noch gefolgt werden, es sei denn, das Unternehmen hätte sich entschieden, die Regelungen nach BilMoG bereits im Jahresabschluss 2009 in Gänze anzuwenden. Für 2010 ist die degressive Abschreibung als rein steuerlich motivierte Methode jedoch in der Handelsbilanz nicht mehr zulässig. Für vor 2009 begonnene Abschreibungen hat ein Methodenwechsel auf die lineare Abschreibung, im Falle einer in 2009 begonnenen Abschreibung eine erfolgswirksame Zuschreibung zu erfolgen (Art. 66 Abs. 5 EGHGB).

ACHTUNG! Die Maßgeblichkeit in ihrer Wirkrichtung von der Handels- zur Steuerbilanz ist keinesfalls aufgehoben: Nach wie vor sind die Vorschriften des HGB maßgeblich für die steuerliche Gewinn-ermittlung, sofern das Steuerrecht keine abweichende Regelungen enthält. Infolge erheblicher Irritationen in der Praxis erging diesbezüglich am 12. März 2010 ein Schreiben des Bundesministeriums der Finanzen, in dem dies ausdrücklich bestätigt wurde.

3 Was ändert sich sonst noch durch das BilMoG?

Nachfolgend werden wesentliche Änderungen der handelsrechtlichen Rechnungslegung infolge der Bilanzrechtsmodernisierung aufgeführt. Die Aufzählung ist ausdrücklich nicht als vollständig zu verstehen. Bei tiefer gehendem Interesse wird die Hinzuziehung spezieller Fachliteratur empfohlen. Soweit nicht anders angegeben, entstammen alle angegebenen §§ dem HGB (ggf. mit dem Zusatz a. F. = alter Fassung).

Änderung nur für Einzelkaufleute

§ 241a wurde neu ins HGB aufgenommen. Danach brauchen Einzelkaufleute, die in zwei aufeinanderfolgenden Geschäftsjahren nicht mehr als 500.000 € Umsatzerlöse und 50.000 € Jahresüberschuss aufweisen, die §§ 238 bis 241 sowie § 242 Abs. 1–3 nicht anzuwenden, d. h. sie sind von der Pflicht zur Buchführung, zur Erstellung eines Inventars und zur Aufstellung von Eröffnungsbilanz, Schluss-bilanz und Gewinn- und Verlustrechnung befreit. Sie müssen künftig nur eine Einnahmen-Überschuss-Rechnung aufstellen.

Änderungen für alle Kaufleute/Unternehmen

– Der derivative Geschäfts- oder Firmenwert nach § 246 Abs. 1 S. 4 (zuvor sinngemäß § 255 Abs. 4) ist nunmehr zu aktivieren und gem. § 253 Abs. 3 planmäßig abzuschreiben. Zuvor galt ein Aktivierungswahlrecht.

– Bislang war die Aktivierung selbst geschaffener immaterieller Vermögensgegenstände des Anlagevermögens verboten. Mit § 248 Abs. 2 n. F. können diese nunmehr als Aktivposten in die Bilanz aufgenommen werden (Ausnahmen: selbst geschaffene Marken, Drucktitel, Verlagsrechte, Kundenlisten oder vergleichbare Gegenstände). Ihre Herstellungskosten sind nach der neuen Vorschrift des § 255 Abs. 2a die bei ihrer Entwicklung anfallenden Aufwendungen gemäß der Herstellungskostendefinition aus Absatz 2 desselben Paragraphen, wobei eine strikte Abgrenzung von Entwicklung und (nicht zur Aktivierung berechtigender) Forschung vorzunehmen ist: »Können Forschung und Entwicklung nicht verlässlich voneinander unterschieden werden, ist eine Aktivierung ausgeschlossen.«

– Mit der Reform sind alle (!) bisherigen handelsrechtlichen Passivierungswahlrechte entfallen. Die bisherigen Wahlrechte bezüglich der Sonderposten mit Rücklageanteil (§ 247 Abs. 3 a. F.), Rückstellungen für unterlassene Instandhaltungsaufwendungen, die nach Ablauf der Frist gem. § 249 Abs. 1 S. 1 nachgeholt werden (§ 249 Abs. 1 S. 2 a. F.) und bestimmte andere Aufwandsrückstellungen (§ 249 Abs. 2 a. F.) können nur noch für das vor dem 1. Januar 2010 begonnene Geschäftsjahr ausgeübt werden. Für andere als in § 249 Abs. 1 genannte Zwecke dürfen keine Rückstellungen gebildet werden.

– § 253 Abs. 2 n. F. enthält neu geregelte Abzinsungsvorschriften für Rückstellungen mit Laufzeiten von mehr als einem Jahr. Eine wesentliche Änderung betrifft den bei der Abzinsung heranzuziehenden Zinsfuß, der steuerlich auf 6 % festgeschrieben ist (§ 6a Abs. 3 Nr. 2 S. 3 EStG), handelsrechtlich nach herrschender Auffassung jedoch zwischen 3 % und 6 % anzusetzen war. Nunmehr wird der bei der handelsrechtlichen Wertermittlung ein über sieben Geschäftsjahre gebildeter Durchschnittszinssatz zugrunde gelegt (§ 253 Abs. 2 HGB), der von der Deutschen Bundesbank monatlich ermittelt und bekannt gegeben wird.

– Bei der Anwendung des Niederstwertprinzips sind die bisherigen Unterschiede zwischen Einzelunternehmern und Personengesellschaften einerseits und Kapitalgesellschaften andererseits entfallen: Nunmehr gelten die bisher nur für die Kapitalgesellschaften anwendbaren Regeln für alle Unternehmensformen.

Dies betrifft

   – das Abschreibungsverbot für nicht-abnutzbares Anlagevermögen mit Ausnahme des Finanzanlagevermögens bei nicht-dauerhafter Wertminderung, das nun auch für Nicht-Kapitalgesellschaften gilt;

   – das jetzt auch auf Nicht-Kapitalgesellschaften ausgedehnte Verbot außerplanmäßiger Abschreibungen für abnutzbares Anlagevermögen bei nicht-dauerhafter Wertminderung;

   – das nunmehr generell geltende Wertaufholungsgebot. Einzige Ausnahme ist die Beibehaltungspflicht (!) beim entgeltlich erworbenen Firmenwert von Nicht-Kapitalgesellschaften: eine Wertaufholung nach einer einmal erfolgten Wertminderung ist hier nicht zulässig.

Mit dem Wegfall des Beibehaltungswahlrechts ist eine wichtige Möglichkeit zur Bildung stiller Reserven entfallen. Nach neuem Recht werden Einzelunternehmen, Personengesellschaften und Kapitalgesellschaften in dieser Hinsicht gleich behandelt.

Änderungen, die nur Kapitalgesellschaften betreffen

- Für die Einordnung der Kapitalgesellschaften in Größenklassen gelten gem. § 267 n. F. die folgenden Grenzen:

Kapitalgesellschaften		
kleine	mittlere	größere
Bilanzsumme		
≤ 4,840 Mio €	≤ 19,250 Mio €	≤ 19,250 Mio €
Umsatzerlöse		
≤ 9,680 Mio €	≤ 38,500 Mio €	≤ 38,500 Mio €
Zahl der Arbeitnehmer im Jahresdurchschnitt		
≤ 50 AN	≤ 250 AN	≤ 250 AN

- Kapitalmarktorientierte Kapitalgesellschaften, die nicht zur Aufstellung eines Konzernabschlusses verpflichtet sind, müssen ihren Jahresabschluss um eine Kapitalflussrechnung und einen Eigenkapitalspiegel erweitern (§ 264 Abs. 1 n. F.).
- Bisher konnten Aufwendungen für die Ingangsetzung oder Erweiterung des Geschäftsbetriebs als Bilanzierungshilfe aktiviert werden. Sie hatten eine mögliche Ausschüttungssperre zur Folge. Mit der Reform ist die Grundlage für dieses Aktivierungswahlrecht entfallen: § 269 a. F. wurde ersatzlos gestrichen.
- Mit Inkrafttreten des BilMoG sind eine Reihe von Veränderungen bei der Ermittlung und Bilanzierung latenter Steuern eingetreten. Passive latente Steuern können, insbesondere wenn sie mit der Bilanzierung selbst geschaffener immaterieller Vermögensgegenstände des Anlagevermögens in Verbindung stehen, ursächlich für eine begrenzte Gewinnausschüttung sein (§ 268 Abs. 8 n. F.). Auf Einzelheiten soll hier nicht eingegangen werden.
- Die vor Inkrafttreten des BilMoG geltende Regelung bot zwei Alternativen für den Ausweis der ausstehenden eingeforderten und nicht eingeforderten Einlagen. Dabei konnten die insgesamt ausstehenden und davon eingeforderten Einlagen auf der Aktivseite vor dem Anlagevermögen offen ausgewiesen werden (Bruttoausweis), oder die eingeforderten Einlagen wurden unter den Forderungen aufgeführt und die nicht eingeforderten Einlagen in der Hauptspalte der Passivseite abgesetzt (Nettoausweis). Nach neuem Rechtsstand (nach BilMoG) sind ausstehende, nicht eingeforderte Einlagen auf das gezeichnete Kapital vor dem Posten »Gezeichnetes Kapital« offen abzusetzen, der verbleibende Betrag ist als Posten »Eingefordertes Kapital« in der Hauptspalte der Passivseite auszuweisen. Der eingeforderte, aber noch nicht eingezahlte Betrag ist unter den Forderungen gesondert auszuweisen und entsprechend zu bezeichnen (§ 272 Abs. 1 S. 3).

© 2010
FELDHAUS VERLAG GmbH & Co. KG
Postfach 73 02 40, 22122 Hamburg
Telefon 040 679430-0 · Fax 040 67943030
www.feldhaus-verlag.de · post@feldhaus-verlag.de